JEAN GARRIGUES

LES HOMMES PROVIDENTIELS

Histoire d'une fascination française

ÉDITIONS DU SEUIL
*25, bd Romain-Rolland, Paris XIVe*

ISBN : 978-2-02-097457-8

www.seuil.com

« Il apparaît de temps en temps sur la face de la terre des hommes rares, exquis, qui brillent par leur vertu, et dont les qualités éminentes jettent un éclat prodigieux. Semblables à ces étoiles extraordinaires dont on ignore les causes, et dont on sait encore moins ce qu'elles deviennent après avoir disparu, ils n'ont ni aïeuls ni descendants ; ils composent seuls toute leur race. »

Jean de La Bruyère, *Les Caractères ou les mœurs de ce siècle*, 1710.

« L'imagination populaire simplifie les conditions du monde réel ; elle suppose que pour faire son bonheur, il suffit d'un homme de bonne volonté. »

Maurice Barrès, *L'Appel au soldat*, 1900.

Introduction

« Il y a des sentiments qui sont si forts qu'il n'y a pas de mots assez grands pour les dire », déclare Nicolas Sarkozy, le 14 janvier 2007, sur la scène dressée au palais des Sports de la porte de Versailles, au moment où il lance la campagne présidentielle qui va l'amener à l'Élysée.

Seul face à une foule que les images télévisuelles nous montrent galvanisée, il incarne la figure du chef qui doit conduire le peuple, *via* une scène triangulaire symbolisant la direction à suivre, vers l'idéal tant espéré, c'est-à-dire vers « la France d'Après », figurée au fond du décor par un paysage paisible et un ciel d'un bleu profond.

Parce que « notre modèle républicain est en crise », et parce que « cette crise est avant tout morale », parce qu'il faut trancher le nœud gordien d'une société bloquée, il offre aux Français la foi d'un prophète et la volonté d'un guide, « la farouche détermination, l'énergie infinie » qu'il ira « puiser dans la part la plus profonde » de lui-même.

Oubliée la politique, balayée l'argumentation, congédié le programme ; c'est le sentiment qui emporte tout sur son passage, la lucidité, la raison critique, le cartésianisme français, pour laisser place au triomphe de l'irrationnel et du prophétique. Seul face à la foule qui le réclame et l'acclame, l'histrion du gaullisme, l'ex-banni de la chiraquie, le ministre du « coup d'éclat permanent » et des provocations incendiaires se mue en homme d'État, en rassembleur, en héritier du gaullisme et de l'histoire de France. « Le Consulat est de retour [1] », écrira le journaliste Alain Duhamel,

1. Alain Duhamel, *La Marche consulaire*, Paris, Plon, 2009, p. 12.

comparant Sarkozy à Bonaparte. Pour la énième fois dans notre histoire, le candidat à l'élection présidentielle entend incarner une vieille fascination française : l'homme providentiel.

Une pulsion ancestrale

C'est une histoire vieille comme le monde, qui s'enracine dans la conception providentialiste de l'Histoire, née des récits bibliques. La fonction du sauveur est d'assumer les malheurs et la souffrance de son peuple, comme l'a fait Moïse, et de le guider vers la terre promise et vers le bonheur. Elle s'incarne dans la personne du roi comme envoyé de la Providence et Oint du Seigneur, tel que le présentent *Les Grandes Chroniques de France*, éditées pour la première fois en 1380[1]. Elle s'illustre par les nombreux récits et anecdotes légendaires qui accompagnent le règne d'Henri IV, modèle du roi réformateur, qui passera sans encombre dans le panthéon contemporain par le truchement de l'historien Ernest Lavisse.

La France républicaine est ainsi prête à accueillir et célébrer un héros de la trempe de Bonaparte, aux côtés des Mirabeau, Carnot, Danton, mais aussi de Vercingétorix, du Guesclin, Bayard ou Turenne, figures tutélaires de l'« instituteur national »[2]. Elle vénère Jeanne d'Arc, archétype féminin de l'homme providentiel[3]. Le XIXe siècle devient le siècle de Jeanne, saluée par Jules Michelet et Henri Martin, bien avant la canonisation de 1920[4]. Son mythe s'impose comme l'un des lieux de mémoire sélectionnés par Pierre Nora pour raconter « les » France, au même titre que Charlemagne, Paris ou le coq gaulois[5]. Faut-il en faire l'archétype du sauveur, « le

1. Bernard Guénée, « "Les Grandes Chroniques de France". *Le Roman aux roys* (1274-1518) », *in* Pierre Nora (dir.), *Les Lieux de mémoire*, t. I, Paris, Gallimard, « Quarto », 1997, p. 739-758.

2. Ernest Lavisse, *Histoire de France depuis les origines jusqu'à la Révolution*, Paris, Hachette, 1900-1911, 9 vol.

3. Colette Beaune, *Jeanne d'Arc*, Paris, Perrin, 2004, et *Jeanne d'Arc. Vérités et légendes*, Paris, Perrin, 2008.

4. Gerd Krumeich, *Jeanne d'Arc dans l'Histoire*, Paris, Albin Michel, 2000.

5. Michel Winock, « Jeanne d'Arc », *in* Pierre Nora (dir.), *Les Lieux de mémoire*, Paris, Gallimard, t. III-3, 1992.

mythe qui résume tous les autres », à la fois « objet de vénération », « figure centrale de l'imaginaire national » et « clé de notre histoire »[1] ? Notre démarche se situe à un autre niveau. Elle consiste à démonter les mécanismes qui ont rendu possible, au cœur même de la France démocratique et républicaine, cette fascination ancestrale et mystique pour la figure de l'homme providentiel.

Un mythe contemporain

Comme l'écrit François Mitterrand dans *Le Coup d'État permanent*, « les temps du malheur sécrètent une race d'hommes singulière qui ne s'épanouit que dans l'orage et la tourmente[2] ». De Bonaparte jusqu'à de Gaulle, à chaque fois qu'elle a été confrontée à une situation de crise, aux guerres comme aux « fièvres hexagonales » décrites par Michel Winock, la République a eu la tentation d'un homme providentiel, d'un héros capable de nous délivrer de nos malheurs et de nos incertitudes[3].

Dans un essai pionnier, Raoul Girardet a recensé cette fascination pour le « sauveur » parmi les « mythes et mythologies politiques » qui ont imprégné notre histoire contemporaine[4]. Il y souligne notamment la figure d'Alexandre, le héros combattant, qui sert de trame à la généalogie française de l'homme providentiel. « Il faut toujours une traduction plastique aux sentiments des Français, qui ne peuvent rien éprouver sans l'incarner dans un homme », écrivait Maurice Barrès, surtout « un général », « encore plus significatif de force qu'un orateur, car il peut empoigner les bavards »[5]. C'est d'abord Bonaparte, auréolé de ses victoires en Italie et en Égypte,

1. Édouard Balladur, *Jeanne d'Arc et la France. Le mythe du sauveur*, Paris, Fayard, 2003.

2. François Mitterrand, *Le Coup d'État permanent*, Paris, Plon, 1964.

3. Michel Winock, *La Fièvre hexagonale. Les grandes crises politiques (1871-1968)*, Paris, Calmann-Lévy, 1986.

4. Raoul Girardet, *Mythes et mythologies politiques*, Paris, Seuil, « Points », 1986, p. 63-96. Lire aussi Didier Fischer, *L'Homme providentiel. Un mythe politique en République de Thiers à de Gaulle*, Paris, L'Harmattan, 2009.

5. Maurice Barrès, *Le Roman de l'énergie nationale*, t. 2 : *L'Appel au soldat*, Paris, Grasset, 1900, p. 52.

et qui fait main basse sans coup férir sur la République[1]. Puis vient le général Boulanger, ministre de la Guerre adulé des foules, et que nous avons décrit dans un précédent livre comme la caricature de cette pulsion française[2]. Georges Clemenceau, le vieux lutteur radical, devient « le Père la Victoire » dans la tourmente de novembre 1917[3]. Le maréchal Pétain, héros de Verdun, se voit confier à 84 ans les pleins pouvoirs par une classe politique défaillante[4]. Et la quintessence de cette légende militaire est bien sûr le général de Gaulle, l'homme du 18 juin 1940, plébiscité deux fois pour remettre la France sur de bons rails[5]. Ce sont les référents majeurs de notre panthéon messianique contemporain, en tout cas les plus étudiés par les historiens.

Mais point n'est besoin d'un uniforme pour incarner le sursaut national, et il convient de redécouvrir les autres figures d'hommes providentiels qui s'agrègent à ce panthéon des sauveurs. Plébiscité par les Français en décembre 1848, Louis-Napoléon Bonaparte y a toute sa place, en dépit de la légende noire qui l'a ensuite discrédité aux yeux des républicains[6]. Les pères fondateurs de la Troisième République, Léon Gambetta et Adolphe Thiers, ont pâti quant à eux du rejet de la république parlementaire, alors qu'ils furent des héros populaires en leur temps[7]. De même pour les « pères tranquilles » de l'entre-deux-guerres, Raymond Poincaré rappelé pour sauver le franc en juillet 1926 et Gaston Doumergue pour dénouer

1. Jean Tulard, *Napoléon ou le mythe du sauveur*, Paris, Fayard, 1987 ; Nathalie Petiteau, *Napoléon, de la mythologie à l'histoire*, Paris, Seuil, 1999 ; Annie Jourdan, *Mythes et légendes de Napoléon*, Paris, Privat, 2004 ; Sudir Hazareesingh, *La Légende de Napoléon*, Paris, Seuil, « Points », 2008.

2. Jean Garrigues, *Le Général Boulanger*, Paris, Olivier Orban, 1991, rééd. Paris, Perrin, 1999.

3. Michel Winock, *Clemenceau*, Paris, Perrin, 2007.

4. Didier Fischer, *Le Mythe Pétain*, Paris, Flammarion, 2002.

5. Brigitte Gaïti, *De Gaulle prophète de la Cinquième République, 1946-1962*, Paris, Presses de Sciences-Po, 1998 ; Maurice Agulhon, *De Gaulle. Histoire, symbole, mythe*, Paris, Plon, 2000.

6. Éric Anceau, *Napoléon III. Un Saint-Simon à cheval*, Paris, Tallandier, 2008.

7. Jean-Marie Mayeur, *Léon Gambetta. La Patrie et la République*, Paris, Fayard, 2008 ; Pierre Guiral, *Adolphe Thiers. Ou de la nécessité en politique*, Paris, Fayard, 1986.

la crise de février 1934, deux archétypes du Cincinnatus français[1]. Ou pour les deux figures marquantes de la Quatrième République, l'obscur Antoine Pinay, devenu en mars 1952 le rédempteur de l'économie française, et l'ardent Pierre Mendès France, porteur en juin 1954 des espoirs de toute une génération[2].

Mais peut-on rassembler dans une même étude des figures aussi différentes que Napoléon Bonaparte, qui façonna le XIXe siècle, le général Boulanger, étoile filante du populisme protestataire, Gaston Doumergue, le retraité de Tournefeuille, ou Antoine Pinay, l'homme au chapeau mou, incarnation du Français moyen au pouvoir ? C'est le pari de cet ouvrage, qui se propose d'identifier les invariants et les évolutions d'une représentation messianique commune à tous ces personnages de notre histoire républicaine. Si divers que soient les circonstances de leur avènement, leurs personnalités, leurs ambitions, leurs parcours et leurs mythes, ils nous semblent reliés par le fil conducteur d'une fascination collective pour l'homme du recours. Chacun à sa façon, de la plus prestigieuse à la plus commune, ils nous renvoient aux mystères du « charisme » et de la « confiance », qui sont l'un des enjeux de ce livre.

Une fascination française

L'exemple des dictateurs totalitaires, Hitler, Mussolini, Staline, nous rappelle que la fascination providentialiste n'est pas réservée à la France contemporaine[3]. De George Washington à Barack Obama, la grande démocratie américaine n'a pas échappé à la tentation du sauveur miracle, de même que l'Angleterre avec Winston Churchill. On peut même considérer que l'histoire du monde au

1. François Roth, *Raymond Poincaré*, Paris, Fayard, 2000 ; Jean Rives, *Gaston Doumergue. Du modèle républicain au Sauveur suprême*, Toulouse, Presses de l'IEP de Toulouse, 1993.

2. Sylvie Guillaume, *Antoine Pinay ou la confiance en politique*, Paris, Presses de la FNSP, 1984 ; Éric Roussel, *Pierre Mendès France*, Paris, Gallimard, 2007.

3. Voir *Parlement(s). Revue d'histoire politique*, sous la direction de Jean Garrigues, n° 13 : « L'Homme providentiel », 2010.

XXe siècle a été faite par une cohorte d'hommes « providentiels », issus des guerres civiles, des guerres mondiales ou des mouvements de décolonisation, tels Mao en Chine, Franco en Espagne, Salazar au Portugal, Ceausescu en Roumanie, Castro à Cuba, Perón en Argentine, Bourguiba en Tunisie, Senghor au Sénégal ou Soekarno aux Philippines.

Mais il est particulièrement intéressant d'étudier la récurrence de ce phénomène dans l'une des plus vieilles démocraties du monde, apparemment l'une des moins disposées à tomber dans le piège de la fascination. Bien que contestés, déchus, parfois même bannis, nos hommes providentiels ont laissé une trace d'exception, une image originale, qui les a parfois élevés au rang du mythe. Napoléon Bonaparte et Charles de Gaulle seraient-ils les seuls à la hauteur de cette « entrée en légende » ? Si l'on en croit André Malraux, le Général est par excellence « l'homme légendaire », capable d'assumer à la fois « le malheur et l'espoir », « échappant au destin » en triomphant des « forces du mal »[1]. Mais d'autres sauveurs républicains comme Léon Gambetta, Adolphe Thiers, Georges Clemenceau, Raymond Poincaré, Pierre Mendès France ou même Antoine Pinay ont eux aussi mérité l'hommage de la postérité. À rebours de la doctrine républicaine, hantée par le spectre du césarisme, et qui tendait à dépersonnaliser le pouvoir, chacun d'entre eux a su imposer non seulement une politique, mais aussi un style, une image, parfois même une incitation au rêve et à l'absolu. Si leur trace est parfois diffuse, voire controversée, elle nous permet néanmoins de remonter à eux, à la construction du mythe et aux ingrédients de leur renommée.

Notre démarche, on l'aura compris, se situe au confluent de l'histoire politique et de l'histoire des représentations, dans un champ où l'émotion, la sensibilité, la subjectivité et la mémoire télescopent les données plus rationnelles de l'élection, du jeu institutionnel ou du rapport des forces entre les partis. Il sera surtout question d'une rencontre entre le désir collectif d'un peuple et la prophétie d'un sauveur, c'est-à-dire d'une alchimie complexe où les mots et les images comptent tout autant que les faits. Quels sont les ingrédients

1. André Malraux, *Les Chênes qu'on abat*, in *Œuvres complètes*, Paris, Gallimard, « Bibliothèque de la Pléiade », 1996, t. 3, p. 593 et 665.

qui la composent selon les différentes époques de notre histoire contemporaine ? Comment transmuer un contexte de crise en appel au sauveur ? Quelles circonstances, mais aussi quelle stratégie, quels moyens, quel discours, quelle propagande, quelles images pour aboutir à cette figure indispensable s'imposant à la Nation tout entière ?

Puis il faut passer de l'état de grâce, qui suit la prise du pouvoir, au culte de la personnalité, qui seul permet d'entretenir le mythe. Dès lors, comment cette figure idéale, voire fantasmée du sauveur peut-elle se confronter aux enjeux du réel ? Quels sont ses hérauts, ses thuriféraires, ses idolâtres, mais aussi ses caricatures et ses détracteurs ? Faut-il opposer l'homme providentiel des droites au grand homme adulé par les gauches ? Quels sont ses rapports avec le populisme ou l'autoritarisme ? Enfin, quand la disgrâce succède à l'idolâtrie, puis quand le chêne s'abat, comment resurgit le mythe, comment se réinstalle pour la postérité la figure du sauveur ?

Telles sont les questions qui se posent à nous, et qui en appellent beaucoup d'autres. Pour y répondre, l'historien se heurte évidemment aux écueils du temps long, aux pièges de l'anachronisme et de la disparité des sources. On ne « pense » pas l'homme providentiel aujourd'hui comme on se le représentait au lendemain de la Révolution française. « L'espace public » s'est profondément modifié, et avec lui toute analyse de l'opinion et des sentiments collectifs. La problématique du régime d'historicité est par ailleurs omniprésente[1]. Il n'est pas question pour nous d'empiler les vignettes biographiques, ce qui n'aurait aucun intérêt analytique, mais les nécessités de la contextualisation nous conduiront forcément à dissocier des périodes, voire des moments, tout en soulignant la récurrence du phénomène. Les sources seront disparates et hétérogènes en fonction des époques, mais aussi en fonction de la censure ou de la stature même de l'homme providentiel.

Aux deux extrémités de la chaîne chronologique, il est évident que le corpus de l'époque gaullienne, rassemblant aussi bien l'abondante correspondance adressée au Général que la presse écrite ou les sources radiophoniques et télévisuelles, contraste avec celui des

1. François Hartog, *Régimes d'historicité. Présentisme et expériences du temps*, Paris, Seuil, 2003.

époques impériales, soumises au contrôle de la vie politique, à la censure de la presse et de l'édition, mais plus riches de rituels, de récits ou de brochures hagiographiques. D'autre part, certaines personnalités de notre corpus, certaines périodes sont plus pauvres que d'autres en matériaux. Si l'on compare par exemple Raymond Poincaré et le général Boulanger, on constate que leur catalogue hagiographique est inversement proportionnel à leur place dans notre histoire.

Notre étude sera donc nécessairement déséquilibrée par la disparité qualitative et quantitative de nos sources. Elle tiendra compte par ailleurs des acquis de l'historiographie, souvent très riche pour ce qui concerne les « mythologies » de Bonaparte, Pétain ou de Gaulle, plus lacunaire pour les autres. Nous reviendrons parfois sur les terres déjà labourées, en marquant le sillon de nos prédécesseurs, mais nous aurons aussi à cœur d'explorer les terres en friche, à chaque fois que les instruments archivistiques nous seront donnés. On découvrira dans les pages qui suivent des fonds inédits ou fort peu exploités jusque-là, concernant notamment Napoléon III, Adolphe Thiers, Léon Gambetta, le général Boulanger, Pierre Mendès France et le général de Gaulle. Ils nous révèlent à quel point cette fascination de l'homme providentiel imprègne notre histoire républicaine depuis deux siècles. C'est donc à une relecture de cette histoire politique contemporaine que nous entendons convier nos lecteurs.

PREMIÈRE PARTIE

L'espérance

Et comme l'espérance est violente. Ce titre d'un ouvrage de Claude Mauriac [1], tiré d'un vers fameux de Guillaume Apollinaire appliqué au messianisme gaullien, résume selon nous la pulsion récurrente de la société française en attente d'un homme providentiel. Napoléon en est le modèle, héros victorieux qui tranche le nœud gordien des avanies du Directoire. Son fantôme resurgit chaque fois que la France entre en crise, comme si notre histoire contemporaine n'était qu'une longue résurrection de cette image du sauveur. Mais c'est un fantôme polymorphe qui se transforme et évolue en fonction des circonstances.

C'est ainsi que le premier XIXe siècle nous apparaît comme écrasé par la figure de Bonaparte, nouvel Alexandre auréolé de ses conquêtes révolutionnaires, et dont la légende servira ensuite de matrice à celle de son neveu Louis-Napoléon. En référence à l'ouvrage monumental que ce dernier consacra au premier consul de Rome, nous appellerons cette époque le temps de César. La deuxième époque est celle de la Troisième République, démocratie parlementaire qui se méfie des dictateurs. Mais elle est marquée par l'obsession de la défense patriotique, incarnée par les combattants de la démocratie, Gambetta et Clemenceau : nous l'appellerons le temps de Périclès, en pensant au « stratège » athénien qui défendit sa cité contre l'invasion spartiate. La troisième époque, qui commence à la fin de la Grande Guerre, est dominée par la recherche du père protecteur, rassurant et expérimenté, de Poincaré

1. Claude Mauriac, *Le Temps immobile*, t. 3 : *Et comme l'espérance est violente*, Paris, Grasset, 1976.

à Pétain : c'est à l'évidence le temps de Cincinnatus, qui par deux fois exerça la dictature pour sauver l'unité romaine, au détriment de la plèbe, avant de retourner cultiver son champ. Enfin, la quatrième époque, qui s'ouvre à la libération de la France, suscite un nouveau type d'homme providentiel, dont la vocation primordiale serait de reconstruire la société sur de nouvelles bases. C'est l'archétype de Solon, qui fut, nous dit Plutarque, « le réformateur de l'État, pour établir les lois nouvelles », et, bien qu'« ayant refusé la monarchie », « ne s'en porta point plus mollement ou plus lâchement pour cela au gouvernement des affaires », et « ne fléchit point par crainte des plus puissants »[1].

On nous rétorquera bien sûr que cette chronologie est approximative. Elle annexe par exemple Lamartine au temps de César, alors qu'il se rêvait plutôt en Solon. Elle intègre Adolphe Thiers au temps de Périclès, alors qu'il représente l'image même de Cincinnatus. Par ailleurs, elle est télescopée par des figures plus ou moins marquantes et atypiques de sauveurs, depuis le comte de Chambord jusqu'à Pierre Poujade, en passant par le général Boulanger, ou par les matamores de l'extrême droite des années 1930, qui ne sont pas réductibles aux figures archétypales évoquées plus haut. Enfin, il est évident que des similitudes existent entre les uns et les autres, des jeux de miroirs et de références qui nous interpellent, bousculant les régimes et les époques pour dessiner des traditions ou des invariants. Les sauveurs d'exception, tels Bonaparte, Gambetta, Clemenceau ou de Gaulle, contrastent avec ceux de la normalité, tels Poincaré, Doumergue ou Pinay. De même peut-on opposer la veine bonapartiste à celle des populistes Boulanger et Poujade, et surtout à celle des grands démocrates, de Gambetta à Mendès France.

Mais rappelons-nous qu'il s'agit ici de marquer la spécificité de chaque époque, telle qu'elle enrichit le répertoire traditionnel du sauveur, issu de la tradition chrétienne, par les circonstances particulières qui façonnent son histoire, sa légende et le moment historique de son apparition. L'image de chacun d'entre eux est

1. Traduction *in* Jacques Amyot, *Les Vies des hommes illustres, Grecs et Romains, comparées l'une avec l'autre par Plutarque de Chéronée*, Paris, 1559, p. 59.

indissociable des enjeux et des représentations de son temps. Il ne s'agit pas d'un inventaire des familles politiques, mais d'une chronologie de l'espérance collective. Voici donc, pour commencer, une brève histoire subjective de la France contemporaine obsédée par l'attente de l'homme providentiel.

CHAPITRE I

Le temps de César

La première moitié du XIXe siècle français est dominée par une légende, celle de Napoléon Bonaparte. Légende en marche sous le Consulat et l'Empire, légende noire sous la Restauration, légende récupérée par la monarchie de Juillet, enfin légende fondatrice du Second Empire. C'est au nom de son héritage légendaire que Louis-Napoléon se présentera aux Français en 1848, face à un autre personnage auréolé lui aussi de sa propre légende, le poète « national » Alphonse de Lamartine. Entre le prestige napoléonien et le souffle épique de la liberté, la France de la Seconde République devra choisir.

L'attente du « messie botté »

« Toute la population militaire, civile et faubourienne se précipitait vers Bonaparte comme vers une existence nouvelle. » C'est ainsi que Barras, vivant symbole des tares du Directoire, reconnaît dans ses *Mémoires* la force irrésistible du prestige bonapartiste au moment du 18 brumaire.

Comment en est-on arrivé là ? Comment ce petit général corse de 30 ans à peine, détesté par une grande partie des dirigeants politiques, a-t-il pu atteindre de tels sommets de popularité ? La réponse est contenue dans les centaines d'ouvrages qui racontent son irrésistible ascension vers le pouvoir. Nous les résumerons par deux récits mémoriels, l'un du comte Molé, qui fut ministre sous l'Empire et sous la monarchie de Juillet, l'autre du chansonnier républicain Béranger, surnommé « l'homme-nation » par Lamartine. Pour le premier, « la France, déchirée au-dedans par des factions, au-dehors ses armées détruites et ses frontières envahies, sentait le besoin d'un homme qui dût à l'éclat de sa réputation et à l'ascendance de son génie une autorité que nul n'osait lui contester[1]… ». Pour le second, « la France avait besoin d'un gouvernement fort qui la sauvât des Jacobins et des Bourbons, de l'incertitude et de l'anarchie […]. Ce grand homme pouvait seul tirer la France de l'abîme où le Directoire avait fini par la précipiter[2] ». Sans tenir lieu de preuve, ces deux témoignages complémentaires reflètent l'état d'esprit d'une grande partie de l'opinion de l'époque, en attente d'un glaive protecteur et d'un chef rassembleur.

Certes, les historiens ont montré que le bilan du Directoire n'était pas aussi catastrophique que l'a présenté la propagande de Bonaparte avant et après le 18 brumaire. Néanmoins, lorsqu'il débarque à Fréjus, de retour d'une glorieuse campagne d'Égypte, le 9 octobre 1799, il semble que la France soit mûre pour un héros militaire prêt à la guérir de ses divisions et de ses impuissances. Depuis Thermidor, les factions se déchirent, les complots et les coups de force se succèdent, et la guerre fait rage. « Insensiblement, tout se désorganise, tout se décompose », dit un rapport de police du 19 prairial an VII[3]. Pénurie, cherté, disettes, épidémies sont le lot commun des Français.

Afin de réprimer les insurrections royalistes de 1796, les directeurs se sont tournés une première fois vers les militaires, sollicitant Lazare Hoche, le plus populaire d'entre eux. Mais sa mort prématurée en septembre 1797 a privé la République de son héros le plus emblématique.

Devenu l'homme fort du Directoire en mai 1799, Sieyès est confronté à la pression constante des oppositions, les jacobins sur sa gauche et les royalistes sur sa droite. Renonçant à une révision constitutionnelle impossible à obtenir des assemblées parlementaires, il comprend qu'il lui faut un glaive pour imposer un régime

1. Mathieu Molé, *Souvenirs d'un témoin de la Révolution et de l'Empire, 1791-1803*, Paris, Librairie Marc, 1939.

2. Pierre-Jean de Béranger, *Ma biographie*, Paris, Garnier Frères, 1868, p. 68.

3. Cité dans Denis Woronoff, *La République bourgeoise de Thermidor à Brumaire, 1794-1799*, Paris, Seuil, « Points », 1972, p. 195.

d'ordre aux Conseils. Augereau, Bernadotte, Jourdan s'étant publiquement déclarés en faveur des jacobins, il se tourne d'abord vers celui qui est le plus favorable à ses idées, le général Barthélémy Joubert, second de Bonaparte lors de la campagne d'Italie. Mais Joubert est mortellement blessé lors de la bataille de Novi, le 15 août 1799. Il pense alors au général Moreau, qui commande l'armée d'Italie depuis avril 1799, mais ce dernier hésite, et les plans de Sieyès semblent dans l'impasse à la fin de l'été.

C'est alors que Napoléon Bonaparte choisit d'interrompre sa campagne d'Égypte pour rentrer opportunément en France. Et c'est là que se produit le phénomène de cristallisation messianique qui fabrique le mythe de l'homme providentiel. Auréolé de ses victoires, il est accueilli par les foules non seulement comme un héros militaire, mais comme un véritable sauveur. De la proue de son navire, dans la baie de Saint-Raphaël, il voit ses admirateurs se jeter dans des embarcations pour venir à sa rencontre, aux cris de « Vive Bonaparte ! ». Sans se soucier de l'indispensable quarantaine des navigateurs, on le porte en triomphe sur les quais de Fréjus. Selon la presse, il aurait alors embrassé le sol de France, comme un symbole de la fusion retrouvée entre l'homme providentiel et la Nation.

À chaque village qu'il traverse en remontant vers Paris, la foule se masse sur son passage en acclamant son nom. « À la vue du grand homme, l'enthousiasme fut à son comble, l'air retentit d'acclamations et du cri "Vive Bonaparte !", raconte le général Boulart. C'était la première fois que je voyais cet être prodigieux. Je le contemplai avec une sorte d'avidité, j'étais dans un état extatique[1]. » Le 11 octobre à Lyon, illuminée et pavoisée de tricolore, on tire des fusées et la foule est si dense que sa voiture doit rouler au pas. Lorsqu'il quitte son hôtel, et malgré l'heure matinale, on l'acclame aux cris de « Vive Bonaparte, le sauveur de la patrie ! ».

Le 13 octobre, dès que la nouvelle de son retour est connue, les Parisiens se rassemblent devant sa demeure, rue de la Victoire, en chantant *La Marseillaise* et en criant son nom. Le général Thiébault témoigne de cet enthousiasme populaire à « chaque coin de rue », des « musiques des régiments de la garnison » qui

1. Jean-François Boulart, *Mémoires (1792-1815)*, Paris, La Librairie illustrée, Paris, s.d., p. 67-68.

parcourent Paris « en signe d'allégresse publique, entraînant à leur suite des flots de peuple et de soldats », des « illuminations improvisées dans tous les quartiers »[1]. Au théâtre de la République, la représentation est interrompue aux cris de « Vive Bonaparte ! » et « par des applaudissements tumultueux et plusieurs fois répétés », se souvient Thibaudeau, décrivant « dans toute la salle comme une commotion électrique ». Lorsqu'il vient rendre compte au Directoire, on s'agglutine devant le palais du Luxembourg. « Tout conspirait en faveur d'un héros qui semblait protégé par une puissance invisible et tenir du prodige », écrira dans ses *Mémoires* l'ancien comte d'Empire[2].

Au regard de l'Histoire, les atermoiements du complot organisé par Sieyès ainsi que les résistances au 18 brumaire remettent sérieusement en cause cette vision messianique du miracle bonapartiste. Nous verrons par ailleurs dans un prochain chapitre que l'image de l'homme providentiel a été soigneusement fabriquée par Bonaparte et son entourage depuis le début de la campagne d'Italie. C'est ainsi qu'il a pu incarner le « désir d'avenir » d'une France en crise. Mais toujours est-il qu'une véritable mythologie surgit de ce moment de grâce, où Bonaparte impose sa légende comme la seule réponse aux angoisses d'une nation désemparée. C'est cette légende qui va inspirer la première moitié du XIXe siècle, alimentant le mythe jusqu'à nos jours.

Le moment Lamartine ?

Lorsque, au mitan du XIXe siècle, la France traverse une nouvelle période de désarroi collectif, frappée de plein fouet par la crise économique et divorcée de ses élites, ce n'est pas à la légende bonapartiste qu'elle se réfère tout d'abord. Louis-Napoléon, qui prétend l'incarner, n'est alors qu'un obscur comploteur inconnu du

1. Général-baron Thiébault, *Mémoires, 1782-1820*, t. III : *1799-1806*, Paris, Plon, 1895, p. 56-57.

2. Antoine-Claire Thibaudeau, *Mémoires (1799-1815)*, cité in *Napoléon Bonaparte. L'œuvre et l'histoire*, t. 4, vol. 2 : *Les Grands Commis*, Paris, Club français du livre, 1971, p. 329-332.

grand public, exilé à Londres. Le héros du jour n'est pas un guerrier mais l'un des plus illustres écrivains romantiques, dont l'*Histoire des Girondins*, publiée en 1847, métamorphose le prestige en célébrité. Il reflète les rêves de gloire de sa génération, marquée par la légende de Bonaparte. Il incarne un moment politique où le religieux et le politique s'interpénètrent profondément, non seulement par le ralliement d'une partie du clergé à la République, mais aussi par l'imprégnation du récit et des valeurs providentialistes dans le débat public. C'est pourquoi le moment Lamartine nous apparaît à la fois comme un épisode emblématique du temps messianique de César-Bonaparte, mais aussi comme une étape importante dans la généalogie symbolique de l'homme providentiel.

« L'Ange populaire »

« Je te l'avais bien dit, ô mon divin poète ! / Que le peuple était fier de t'avoir à sa tête [...] / Qu'il mettrait sur ton front une couronne sainte / Dont jamais empereur ne vit sa tête ceinte [...] / Notre tâche est remplie ; à toi, nouveau Moïse, / De conduire le peuple à la terre promise [...] / Toi notre bon génie envoyé sur la terre / Afin d'anéantir le joug du prolétaire [...] / Reçois le nom sacré de l'Ange populaire[1]... » C'est ainsi que l'on célèbre Lamartine à l'aube de la révolution de 1848.

Député depuis quinze ans, il a su exprimer mieux que tout autre l'aspiration romantique et mystique de toute une génération à la liberté et à la fraternité. On se souvient de son discours du 13 mars 1834, où il s'était fait le porte-parole « d'une jeunesse ardente et sans emploi de ses forces surabondantes », rêvant « la république, l'anarchie, le désordre ». On se souvient aussi de sa formule fameuse lors de la discussion de l'Adresse, le 10 janvier 1839 : « La France est une nation qui s'ennuie[2]. » Déjà à cette époque il se rêvait un destin providentiel, écrivant à son ami Paul Carné, le 14 août 1835, qu'il entendait « se poser d'une manière forte,

1. François Barrillot, *Lamartine, ou l'Ange du peuple*, Paris, Imprimerie de Wittersheim, 1848.

2. Formule reprise par Pierre Viansson-Ponté dans *Le Monde* en février 1968.

grande, désintéressée et un doigt vers l'avenir, devant le pays jusqu'à ce que, dégoûté de ses exploitations de tout genre, et dans une circonstance critique, il vienne nous offrir le pouvoir». S'il repoussait au moment du retour des cendres la «religion napoléonienne», il exprimait néanmoins son admiration pour celui qui «aurait pu être le Washington de l'Europe» s'il s'était fait «la providence du peuple»[1].

Et n'est-ce pas ce rôle qu'il entend jouer face à la déliquescence de la monarchie de Juillet? Sollicité pour un poste ministériel, il écrit à Aimé Martin son ambition de «prendre force dans le pays pour lui être utile un jour dans les extrémités», en devenant «un homme de réserve»[2]. À Pagès de l'Ariège, il affirme en 1842: «Dans quatre ans [...] le pays leur échappera [...], nous nous en emparerons avec la force que donnent la lutte et la popularité de l'opposition, et, si Dieu nous assiste, nous le sauverons[3]!» C'est alors que paraît le premier numéro du journal dédié à sa cause, *Le Progrès de Saône-et-Loire*, proclamant dans son premier éditorial du 3 novembre 1842: «Nous, hommes de progrès, nous l'acceptons, nous le nommons notre guide!»

Cette image du «guide» est d'ailleurs reprise par George Sand dans une lettre envoyée à Lamartine au lendemain de son discours du 27 janvier 1843, tiré à plus de cent mille exemplaires et dans lequel il a dénoncé «le vice [...] dans le système tout entier». Félicitant le député-poète d'avoir fait passer «l'idée et la pensée du siècle», l'égérie des républicains espère le voir «devenir le chef véritable, l'âme, le guide, l'inspirateur» de l'opposition au régime de Guizot[4]. Il l'avoue lui-même dans une lettre à Arlès-Dufour, le 4 juillet 1843: «J'ai un but [...]; personne ne le sait, excepté moi; j'y marche au pas que le temps comporte[5].» Son *Histoire des Girondins*, publiée en huit volumes du 17 mars au 11 juin 1847, le pose définitivement comme un prophète républicain. «J'ai gagné

1. Discours du 26 mai 1840.
2. Lettre du 4 octobre 1840, citée *in* Henri Guillemin, *Lamartine. L'homme et l'œuvre*, Paris, Boivin, 1940, p. 71.
3. Lettre du 22 septembre 1842, citée *ibid.*, p. 76.
4. George Sand, *Lettres d'une vie*, Paris, Gallimard, «Folio», 2004.
5. Cité par Henri Guillemin, *Lamartine*, *op. cit.*, p. 78.

mon petit Austerlitz», écrit-il à son ami Ronot, le 20 mars 1847. «On dit partout que cela sème le feu dur des grandes révolutions et que cela améliore le peuple pour les révolutions à venir. Dieu veuille !»[1]. Des milliers de personnes se pressent pour le voir au banquet républicain organisé dans son fief de Mâcon, le 18 juillet 1847. En dépit d'un violent orage qui emporte tentes et mâts, il prononce son discours dans la pluie et le vent, comme une vivante métaphore du sauveur dans l'adversité[2]. Le 19 février 1848, au sortir de la réunion des députés d'opposition au restaurant Durand, place de la Madeleine, il prononce une de ces formules fameuses qui construisent la légende de l'homme providentiel : «J'irai seul, suivi de mon ombre[3].» Au terme du processus révolutionnaire entamé le 22 février 1848, le nom de Lamartine, écrit Victor Hugo, «est dans toutes les bouches et la pensée dans toutes les âmes [...]. Il n'était jusqu'ici qu'illustre, il est devenu populaire, et l'on peut dire qu'il tient dans sa main Paris[4]».

Paris dans sa main

Exagération lyrique sans doute ? Mais il est certain que Lamartine bénéficie d'une popularité exceptionnelle, qu'il ne doit pas seulement à son engagement politique, mais à sa notoriété de «poète national», connu et reconnu. C'est ainsi qu'il peut s'attribuer le poste le plus prestigieux du gouvernement provisoire constitué le 24 février, celui des Affaires étrangères, sous les acclamations des tribunes du Palais-Bourbon. Escorté par la foule, il se rend à l'Hôtel de Ville, lieu emblématique des véritables consécrations populaires. Il y est chahuté, menacé même par les plus radicaux, qui voient en lui un complice de la monarchie déchue. Mais c'est l'occasion pour lui d'ajouter quelques nouvelles pages glorieuses à sa légende.

1. *Correspondance d'Alphonse de Lamartine*, Paris, Valentine de Cessiat, 1875, t. 6, p. 232.

2. Discours à la Chambre des députés, 11 février 1848.

3. *Souvenirs sur Lamartine, par son secrétaire intime Charles Alexandre*, Paris, Charpentier, 1884, p. 75.

4. Victor Hugo, *Choses vues*, Paris, Gallimard, «Folio», 1972, p. 285.

À ceux qui réclament sa tête il répond : « Ma tête, citoyens ? Plût à Dieu que vous l'eussiez, vous, en ce moment, sur vos épaules, vous seriez plus calmes et plus sages, et l'œuvre de votre révolution se ferait mieux[1]. » Au matin du 25 février, contemplant la foule qui se presse devant l'Hôtel de Ville, il dit à Hugo : « Voyez, c'est la mer[2] ! » Le général de Gaulle saura s'en souvenir en août 1944. Puis vient l'épisode fameux du choix du drapeau, lorsque Lamartine, juché sur une chaise de paille, explique à la foule pourquoi il faut préférer au drapeau rouge « ce drapeau de sang », le « drapeau tricolore » qui « a fait le tour du monde avec le nom, la gloire, et la liberté de la patrie »[3].

Lors de la grande manifestation du 27 février, qui voit les membres du gouvernement provisoire se rendre à pied de l'Hôtel de Ville à la place de la Bastille sous les acclamations d'une foule innombrable, postée jusque sur les toits, Lamartine est le plus applaudi. L'écrivain et historien Elias Regnault le décrit tel un messie « impérieux et superbe », « changeant les colères [...] en attendrissements et les imprécations en pleurs »[4]. Lui-même, parlant de lui à la troisième personne dans ses *Mémoires politiques*, affirme que le « peuple avait conçu pour lui cet enthousiasme que l'énergie, même quand elle lui résiste, inspire à la multitude ». Il raconte qu'« un attroupement immense se forma sur ses pas, l'enveloppa et inonda la place Royale », si bien qu'il ne put « échapper à un triomphe populaire [...] qu'en courant s'abriter » chez Victor Hugo[5]. Et dans son édition du 1er mars, le journal légitimiste *La Mode* croit déceler en lui un « homme providentiel ».

Lors de la grande fête de la Fraternité organisée le 20 avril à l'Étoile, c'est aux cris de « Vive Lamartine ! » que défilent les troupes de la garde nationale. Trois jours plus tard, il est élu dans

1. *Souvenirs sur Lamartine, par son secrétaire intime Charles Alexandre, op. cit.*, p. 80.

2. Victor Hugo, *Choses vues*, *op. cit.*, p. 291.

3. *Souvenirs sur Lamartine, par son secrétaire intime Charles Alexandre, op. cit.*, p. 90.

4. Cité par Fernand L'Huillier, *Lamartine en politique*, Strasbourg, Presses Universitaires de Strasbourg, 1993, p. 180.

5. Alphonse de Lamartine, *Mémoires politiques*, in *Œuvres complètes*, Paris, 1860-1866, t. 38, vol. 2, p. 420.

dix départements, totalisant plus d'un million sept cent cinquante mille voix sur son nom. « Sa popularité était sans bornes à Paris, en France, en Allemagne, en Italie, en Amérique », peut-on lire dans ses *Mémoires politiques.* « Il ne pouvait faire un pas dans la rue sans soulever les acclamations ; elles le suivaient jusque dans sa demeure et interrompaient son sommeil »[1]. Mais ce témoignage relève plus de la mythomanie que de l'objectivité. La popularité fragile de Lamartine ne résistera pas aux journées de juin 1848.

« La popularité m'a abandonné »

Au lendemain de la révolte populaire, durement réprimée, Lamartine est définitivement rejeté par le monde ouvrier. « On peut dire de la chute de la Commission exécutive et en particulier de Lamartine : le pied leur a glissé dans le sang. C'est vrai, à la lettre, dans des flots de sang », écrit Sainte-Beuve dans ses *Cahiers* au soir du 24 juin 1848. Le prolétariat parisien ne lui pardonne pas son « apostasie », pour reprendre le titre d'un pamphlet socialiste de l'époque : « Ah ! quel démon, Lamartine, t'anime ? / Quel génie infernal te pousse vers l'abîme ? / Aux accents indignés du peuple qui frémit, / Ne reconnais-tu pas que ton astre pâlit ? [...] / Qu'as-tu fait de ce temps où, rempli d'espérance, / Chacun voyait en toi le sauveur de la France[2] ? »

Lamartine mesure-t-il l'ampleur de sa disgrâce ? « Ce qui s'est fait, écrit-il à sa nièce le 1er juillet, c'est Dieu seul qui l'écrira au livre de mes décharges [...]. Cela ne sera beau et compris que Là-Haut[3]. » Son discours du 6 octobre 1848, réclamant le suffrage universel pour l'élection du président de la République, semble indiquer qu'il croit encore en son étoile : « Le pouvoir, dans les républiques, est dans la popularité, ou il n'est nulle part [...]. *Alea jacta est !* Que Dieu et le peuple prononcent ! Il faut laisser quelque

1. *Ibid.*, t. 39, vol. 3, p. 307.

2. *L'Apostasie de Lamartine, par l'auteur du Socialisme commandé par la nature, la justice et la vérité*, Paris, 1849.

3. Cité par Henri Guillemin, *Lamartine*, *op. cit.*, p. 92.

chose à la Providence ! » Retiré sur ses terres mâconnaises, où sa popularité reste intacte, sa perception tronquée du rapport des forces électorales entretient un moment ses fausses espérances. « Je suis submergé de démonstrations honnêtes », écrit-il à son ami Champvans, le 27 octobre, estimant que Louis-Napoléon Bonaparte « n'aura pas ici plus d'un huitième des voix » et que lui-même sera « en majorité non douteuse dans les campagnes »[1]. Certains le considèrent encore comme un recours, à l'instar d'Eugène Pelletan qui le voit arbitrer le duel entre Cavaignac et Bonaparte[2]. Une brochure *Au peuple français, peuple souverain*, publiée par Henri Bordeaux, de la Seine-Inférieure, le désigne comme celui « qui a toutes les qualités qu'il faut pour occuper un si vaste emploi, qui brûle d'être utile à son pays », et qui rendra la France « définitivement heureuse »[3]. Mais ce discours messianique se heurte aux réalités politiques, qui le montrent sévèrement battu au lendemain du 10 décembre.

Si l'on en croit ses *Mémoires politiques*, Louis-Napoléon lui aurait demandé dès le lendemain de l'élection de devenir son vice-président lors d'une mystérieuse entrevue secrète à la tombée de la nuit, au bois de Boulogne[4]. Mais son influence politique est en réalité réduite à néant, comme l'illustre sa rentrée discrète à l'Assemblée, le 26 décembre, un seul député se levant pour lui serrer la main[5]. Ses partisans le déplorent, dénonçant « la calomnie politique » dont il a été victime : « T'en souvient-il encore, ô notre belle gloire, / De ce jour déjà loin resté dans ma mémoire, / Où, suspendant ta lyre aux lambris du saint lieu, / Comme l'apôtre ardent sous le souffle de Dieu [...] / Tu voulus, Lamartine, empli du Dieu vivant, / [...] De l'ordre universel qu'avait chanté ta voix / Dans le chaos humain faire passer les lois[6] ? » Mais il le reconnaît lui-même dans une lettre envoyée le 7 avril 1849 au *Journal des*

1. *Correspondance d'Alphonse de Lamartine*, *op. cit.*, p. 499.
2. Lettre du 12 novembre 1848, *ibid.*, p. 520.
3. Bibliothèque nationale de France (BNF), Lb 54-1613.
4. *Mémoires politiques*, *op. cit.*, t. 4, p. 56-60.
5. Victor Hugo, *Choses vues*, *op. cit.*, p. 427, 435.
6. Henri Baudrillart, *La Calomnie politique. À Lamartine*, Paris, Joubert, 1849.

débats : « La popularité m'a abandonné parce qu'elle est la popularité, c'est-à-dire du vent qui souffle où il veut. Je ne la regrette pas ; je me borne à attendre du temps un peu de justice… »

La force d'un nom

Qui aurait dit un an plus tôt que Lamartine, le poète national, l'historien de la Révolution, l'homme fort du gouvernement provisoire, abandonnerait la place du sauveur providentiel à l'héritier des Bonaparte, comploteur raté, moqué pour son accent germanique lors de son premier discours à l'Assemblée, le 26 septembre 1848 ? L'explication nous vient de François Guizot, dans ses *Mémoires* : « L'expérience, écrit-il, a révélé la force du parti bonapartiste, ou, pour dire plus vrai, du nom de Napoléon. C'est beaucoup d'être à la fois une gloire nationale, une garantie révolutionnaire et un principe d'autorité. Il y a là de quoi survivre à de grandes fautes et à de longs revers [1]. »

« L'ombre de l'Empereur »

Ce capital symbolique, cette « gloire nationale » qu'il doit à son oncle, Louis-Napoléon se l'approprie dès son entrée sur la scène politique française, lors de sa première tentative de soulèvement militaire à Strasbourg, le 30 octobre 1836. Dans sa proclamation au peuple français, il se présente « avec le testament de l'Empereur Napoléon d'une main et son épée d'Austerlitz de l'autre », voué « à l'accomplissement d'une grande mission », celle de « vaincre ou mourir pour la cause du peuple » [2].

Distribuée dans les casernes au début de l'année 1840, une brochure apologétique, rédigée par Persigny, le présente comme le sosie de Napoléon Ier, nouveau César dont il serait le nouvel

1. François Guizot, *Mémoires pour servir à l'histoire de mon temps*, Paris, 1859, t. 2, p. 203.

2. « Proclamation au peuple français », citée in *Histoire complète de Louis-Napoléon Bonaparte*, 1848, p. 15 (BNF, 8 Lb54-1643).

Octave[1]. Débarquant près de Boulogne-sur-Mer, le 6 août 1840, pour un nouvel et improbable coup d'État, il se réclame à nouveau de ce glorieux héritage : « Je sens derrière moi l'ombre de l'Empereur qui me pousse en avant. Je ne m'arrêterai que lorsque j'aurai repris l'épée d'Austerlitz, remis les aigles sur nos drapeaux et le peuple dans ses droits [...]. Venez à moi et ayez confiance dans la mission providentielle que m'a léguée le martyr de Sainte-Hélène[2] ! »

On sait comment l'aventure s'achèvera piteusement dans une cellule du fort de Ham. Mais le germe est semé. Dans un pays où le souvenir ou la légende de Napoléon constituent le plus petit dénominateur commun, abreuvé de médailles, d'images d'Épinal, d'almanachs, de romans, de pièces de théâtre, de dessins de Charlet ou de chansons de Béranger, l'héritier de la légende impériale peut légitimement nourrir quelques espérances lorsqu'il rentre en France en 1848. C'est l'année où le peintre Raffet crée son chef-d'œuvre, *La Grande Revue ou la nuit du Cinq Mai*, où Chateaubriand publie ses *Mémoires d'outre-tombe* et où Victor Hugo publie son poème sur Waterloo. La gloire de l'Empire est dans tous les esprits.

« Rappelons-nous tous les bienfaits de Napoléon et sa grandeur infinie. Nommons tous Napoléon-Louis Bonaparte, neveu du grand Napoléon ; il est digne de son oncle par son courage et par ses idées démocratiques », proclament les affiches du Comité napoléonien que le général Piat, héros de la Grande Armée, a constitué pour le soutenir. La Société du Quinze Août, dont l'intitulé commémore l'anniversaire de Napoléon Ier, revendique plusieurs dizaines de milliers d'adhérents, caricaturés par Daumier sous les traits de « Ratapoil », vieux grognard armé d'un gourdin, portant redingote et moustache. De même, les feuilles bonapartistes lancées à cette époque sont-elles toutes plus ou moins inspirées par la légende impériale : *Le Napoléonien*, qui revendique quarante-cinq mille lecteurs, décrit Louis-Napoléon comme le « représentant de l'ère la plus brillante que jamais la France [...] ait fait luire aux yeux de l'univers ébloui », puis comme « l'homme de la situation », le

1. *Lettres de Londres*, citées par Elias Regnault, *Histoire de huit ans, 1840-1848*, Paris, Jeanmaire, 1881, p. 124.
2. *Histoire complète de Louis-Napoléon Bonaparte*, *op. cit.*, p. 52.

« génie tutélaire dont la France a besoin » et qui seul « peut sauver le pays »[1] ; *L'Aigle républicaine*, dans son édition du 17 juin 1848, présente les « Paroles d'un revenant ou lettre de l'Empereur à son neveu », assorties de leurs portraits et de chants en leur honneur ; *Le Petit Caporal*, de tendance conservatrice, est illustré d'une image de Bonaparte avec chapeau et redingote ; enfin, le numéro 3 du *Napoléon républicain* met en scène l'Empereur conseillant aux Français « un homme qui soit tout à vous comme je le fus », car « il faut que le peuple souverain fasse sortir [...] fréquemment du Suffrage Universel un pouvoir unitaire, personnifié dans un chef unique et responsable ».

Bien qu'il ne soit pas candidat, Louis-Napoléon est élu le 4 juin dans quatre départements, en Corse, en Charente-Inférieure, dans l'Yonne et dans la Seine. « Vive l'Empereur ! À bas la République ! » entend-on à Paris au soir de sa quadruple élection, et l'on défile plusieurs soirs de suite sur les boulevards aux cris de « Poléon ! Poléon ! » sur l'air des lampions. Le 10 juin, sur la fausse rumeur de sa venue à l'Assemblée nationale, plusieurs milliers de partisans l'attendent place de la Concorde en acclamant le nom de Napoléon[2]. En quelques jours, on voit se multiplier les brochures, les chansons, les médailles, les gravures, les lithographies, les portraits et, plus surprenant, les boîtes d'allumettes, les petits drapeaux le représentant au côté de l'Empereur, avec ses cousins ou seul avec lui, parfois même la main sur l'estomac comme son oncle, parfois aussi en habit militaire, entouré des aigles impériales, le N impérial flottant dans les étoiles. « La lettre de son nom est un symbole de gloire, c'est le signe sauveur de la patrie », peut-on lire dans *Le Napoléonien* du 20 juin 1848. « Je suis républicain dans l'âme / Pourtant j'aime Napoléon », dit une chanson illustrée par l'image légendaire de l'Empereur, la main dans sa redingote, et qui conclut : « Il faudrait un Napoléon / Pour soutenir la Nation »[3].

Après sa démission de l'Assemblée le 18 juin, une nouvelle campagne est menée en septembre, et le souvenir de Napoléon Ier y reste omniprésent. Une affiche reproduit notamment le manifeste du

1. *Le Napoléonien*, nos 2 et 3.
2. Éric Anceau, *Napoléon III*, *op. cit.*, p. 121.
3. Auguste Playoult, *Napoléon et le Républicain*, Paris, 1848.

général Montholon, ancien aide de camp de l'Empereur et son exécuteur testamentaire, réclamant avec Louis-Napoléon le « bien-être du peuple, la liberté défendue contre tous les genres de despotisme, l'égalité réelle, la fraternité vraie ». Après sa réélection triomphale dans les mêmes départements ainsi qu'en Moselle le 21 septembre, une chanson célèbre ce nouveau succès, sur l'air des *Trois Couleurs*, le livret étant illustré par une gravure intitulée « L'ombre de l'Empereur le présente à la France » : « France, merci ! nos souvenirs de gloire / De ton grand cœur ne sont point effacés ; / France, tu viens d'honorer ma mémoire [...] / À mon filleul aujourd'hui tends la main. » Et Victor Hugo, qui le soutient, s'exalte au souvenir de la légende impériale : « Ce n'est pas un homme qui revient, c'est une idée. C'est la troisième fois depuis cinquante ans que le porteur de ce grand nom, Napoléon, rentre à Paris. La première fois Napoléon revenait de l'île d'Elbe : c'était son génie. La seconde, Napoléon revenait de Sainte-Hélène : c'était son fantôme. La troisième, Napoléon revient d'Angleterre : c'est son souvenir[1]. »

« L'oncle dans le neveu »

S'il est candidat à l'élection présidentielle le 26 octobre 1848, c'est parce que, dit-il, la France « regarde le nom » qu'il « porte comme pouvant servir à la consolidation de la société ébranlée jusque dans ses fondements ». Visitant à cheval les casernes pour entretenir la légende impériale, il fait diffuser des images, des estampes, des gravures qui l'associent à son oncle. L'affiche « Napoléon et ses neveux » le montre avec l'Empereur et ses cousins Bonaparte. « Son nom est un symbole, un phare d'espérance », dit la chanson *Histoire de Louis-Napoléon*, écrite par Albert Dabée. « Son programme pour le peuple, ce sont les bulletins de la Grande Armée ; ce sont toutes ces voix qui murmurent encore aujourd'hui, après avoir tonné jadis », commente *L'Événement*, le journal de Victor Hugo. Depuis le QG de campagne présidentielle installé à l'hôtel du Rhin, Persigny étoffe la « bande à Poléon » en recrutant notamment parmi les anciens militaires, les chômeurs, les

1. *L'Événement*, 23 septembre 1848.

boutiquiers en difficulté. Les séances du Comité central électoral, au manège Fitte ou à la salle Valentino, attirent tellement de nostalgiques de l'Empire que les directeurs de théâtre se plaignent de la concurrence[1]. Daumier croque le prétendant en train de voguer vers un rivage présidentiel sur le bicorne impérial traîné par un aigle déplumé, tandis que Cham le montre ressortant le vieil uniforme prêté par son oncle. Et Louis-Napoléon reconnaît bien volontiers dans son manifeste aux électeurs du 27 novembre 1848 que la confiance des Français s'adresse bien plus au nom des Bonaparte « qu'à moi-même, qui n'ai rien fait encore pour mon pays ».

De fait, l'image de l'Empereur semble omniprésente dans la campagne présidentielle. « Il faut un nom ! Un nom populaire et sublime, / [...] Qui soit solennisé par un culte fervent, / Qui soit comme une base à l'ère qui se fonde, / Tel que Napoléon ! le premier nom du monde [...]. / Oui, nous honorerons l'oncle dans le neveu... », écrit Auguste Barthélémy dans *Vox populi, vox Dei*[2]. Halbert d'Angers, l'un de ses premiers biographes, met en scène l'oncle et le neveu se disant adieu à la Malmaison[3]. Un autre hagiographe, « vétéran de la Grande Armée », escamote le roi de Rome pour faire de Louis-Napoléon l'« héritier direct » qui « manquait aux destins de l'empire fondé par [le] génie » de Napoléon Ier[4]. Certains prétendent même que ce dernier est encore vivant, conseiller de son neveu, et qu'il aurait assisté à une séance de l'Assemblée. À Paris et à Lyon sont distribués des bulletins de vote avec le nom de Louis-Napoléon Bonaparte rédigé de l'écriture de Napoléon Ier, avec en exergue « Napoléon électeur ». C'est ainsi que la légende rejoint le mythe, et que Louis-Napoléon, plébiscité par les masses rurales, est élu le 10 décembre 1848 à la présidence de la République. « Le soleil d'Austerlitz a éclairé le vote du

1. *Le Charivari*, 4 décembre 1848.
2. BNF, Ye 969-84.
3. Halbert d'Angers, *Biographie complète de Louis-Napoléon Bonaparte représentant du peuple*, Chez Sirou, 1848, p. 18.
4. *Histoire du prince Louis-Charles-Napoléon Bonaparte, neveu de l'Empereur, depuis sa naissance jusqu'à son admission à l'Assemblée nationale comme représentant du peuple, par un vétéran de la grande armée*, Paris, 1848.

10 décembre[1] », commente un journal lyonnais. La première sortie du prince-président est d'ailleurs une visite aux Invalides pour se recueillir sur le tombeau de l'Empereur. « Cette puissance inouïe du *sentiment*, à une époque toute positive, révélait l'instinct véritable du pays, observe Auguste Romieu, le nom magique de Napoléon retentit comme une immense clameur, et le proscrit qui le portait fut élevé sur un pavois[2]. »

1. *Le Courrier de Lyon*, 13 décembre 1848.
2. Auguste Romieu, *L'Ère des Césars*, Paris, Ledoyen, 1850, p. 127-129.

CHAPITRE II

Le temps de Périclès

Lorsque s'installe la Troisième République sur les décombres du Second Empire, l'homme providentiel a mauvaise presse, et pour cause. La série de caricatures dessinées par Paul Hadol sous le titre *La Ménagerie impériale*, représentant Napoléon III en vautour et Eugénie en grue, reflète bien la virulence de la presse et de l'opinion républicaines à l'encontre de l'empereur déchu. La République renaissante, libérale et bourgeoise, se jure bien de ne pas retomber dans les errements idolâtres des régimes précédents, et de garder la tête froide face aux apprentis dictateurs. Ses débuts sont difficiles, et nombreux sont ceux qui attendent un sauveur monarchiste. Leur espoir repose sur les trop frêles épaules du comte de Chambord, muré dans son intransigeance. D'autres espèrent, mais en vain, que le vieil orléaniste Adolphe Thiers leur offrira une restauration. Pourtant, parvenu au pouvoir dans la posture d'un Cincinnatus, il méritera cette formule du *Temps*, le grand journal républicain : « M. Thiers, pendant deux ans, a été le Périclès de la République française[1]. »

D'autres encore croiront avoir trouvé la perle rare en Boulanger, bruyant va-t-en-guerre d'une nation chahutée par la première grande crise économique et sociale du monde industriel, et tourmentée par le remords de la défaite. « Cette angoisse vague, le désir, la soif d'être rassuré à tout prix, par n'importe quoi, est à l'origine du boulangisme, la suprême tentative de libération d'un peuple rendu presque aveugle, qui cherche sa route à tâtons[2] », écrira

1. *Le Temps*, 6 septembre 1877.

2. Georges Bernanos, *La Grande Peur des bien-pensants* (1931), Paris, Gallimard, 1998, p. 175.

Georges Bernanos en 1931. Mais « le Général Revanche » ne sera pas le « fossoyeur de la République » dont rêvaient les chefs royalistes.

Il se fond malgré lui dans cette époque des sauveurs démocrates et patriotes, Léon Gambetta et Georges Clemenceau, qui le dominent de leur stature d'hommes d'État. Par amour de la république, l'un et l'autre endossent l'armure du guerrier pour la défendre, dessinant au regard de l'Histoire une nouvelle image de l'homme providentiel. Comme pour Thiers, c'est celle du stratège athénien qui revient dans la bouche de Georges Clemenceau : « En pleine démocratie, Périclès, par la force de son éloquence, sut garder un pouvoir personnel, sans aspect de dictature ; c'était, en quelque sorte, la dictature de la persuasion[1] ! »

Le héros et le sage

Lors de la campagne électorale décisive de 1877, deux hommes aussi différents qu'on puisse l'être sont associés pour diriger le camp républicain face aux conservateurs de l'ordre moral. Le premier, Adolphe Thiers, est un vétéran de la politique qui a gouverné sous Louis-Philippe avant de mener l'opposition libérale contre Napoléon III. L'autre, Léon Gambetta, est un jeune loup du radicalisme, qui lui aussi s'est levé contre le Second Empire avant de conduire la défense patriotique. L'un est un jeune héros, l'autre un vieux sage. Mais l'un et l'autre, Périclès et Cincinnatus, représentent dans l'imaginaire républicain une figure de sauveur.

Le patriote de 1870

S'il a toujours refusé d'incarner l'image de l'homme providentiel, qu'il avait tant combattue sous le Second Empire, Léon Gambetta apparaît comme tel pour beaucoup de Français dans les années décisives de fondation de la Troisième République.

1. *Sur la démocratie. Neuf conférences de Clemenceau*, rapportées par Maurice Segard, Paris, Librairie Larousse, 1930, p. 27.

Le grand public l'a découvert le 13 novembre 1868 lors de sa plaidoirie en faveur de Charles Delescluze, le directeur du *Réveil*, inculpé pour avoir lancé une souscription en faveur d'un monument dédié à Baudin, martyr du 2 décembre. « Il y a dix ans à pareille heure, je suis entré en effraction sur la scène du monde[1] », écrira-t-il, conscient d'avoir commencé ce jour-là le récit de sa légende. « C'était à coups de tonnerre qu'il plaidait la cause de son client, le déporté de Cayenne. C'est en prenant à la gorge les hommes de décembre qu'il réclamait l'acquittement du proscrit [...]. Le lendemain, Léon Gambetta était illustre[2] », confirme Jules Claretie, commentant cette entrée en scène fracassante.

Après son élection à Belleville et à Marseille en juin 1869, « le nom de Gambetta [...] était dans toutes les bouches ; on le voyait déjà, jeune, plein de sève, se prendre corps à corps avec l'empire libéral[3] », nous dit un ouvrage hagiographique. L'énergie de la jeunesse, la force de régénération : c'est bien l'idée qui domine dans la première brochure qui lui est consacrée à cette époque[4]. On le découvre passionnément républicain, meneur des protestataires du lycée de Cahors contre le coup d'État du 2 décembre, dévorant « in-folios et opuscules » pour réussir son droit à Paris, gagnant son premier procès le 25 août 1861, puis devenant celui qui « représentera [...] l'avènement de la génération nouvelle », et dont le portrait circule déjà « dans toutes les mains »[5].

Son discours au corps législatif du 5 avril 1870, pour s'opposer au plébiscite réclamé par Napoléon III, le fait entrer dans la légende parlementaire. C'est le discours « le plus beau, le plus brillant, le plus éloquent, le plus politique qui ait été prononcé depuis longtemps », si l'on en croit *Le Journal de Paris*. Tribun de la République, il est l'homme qui proclame la déchéance de l'Empire, au balcon de l'Hôtel de Ville de Paris le 4 septembre 1870. Nommé

1. *La Revue de Paris*, lettre à Léonie Léon, 14 novembre 1878.

2. Jules Claretie, *Portraits contemporains*, Paris, Librairie illustrée, 1875, p. 86.

3. Anonyme, *Gambetta, 1869-1879*, avec un portrait d'André Gill et un autographe, Paris-Genève, Sandoz et Fischbacher, 1879, p. 27.

4. Louis-Ariste Passerieu, rédacteur de *L'Émancipation*, *Gambetta, avec portrait et autographe*, Paris, Plataut et Roy, 1869.

5. *Ibid.*, p. 31.

ministre de l'Intérieur du gouvernement de la Défense nationale, il se pose d'emblée comme le combattant à outrance, héritier de Danton et de Lazare Carnot. En témoigne sa déclaration du 21 septembre 1870, à l'occasion de l'anniversaire de la proclamation de la République : « Ils ont tenu leur serment ; ils ont vaincu et la République de 1792 est restée dans la mémoire des hommes comme le symbole de l'héroïsme et de la grandeur nationale. »

Alors que le ministre des Affaires étrangères Jules Favre commence à négocier avec Bismarck, le 19 septembre, demandant un armistice pour organiser des élections législatives, Gambetta est tendu vers un seul but : libérer le territoire. D'où son départ spectaculaire en ballon, le 7 octobre 1870, depuis la place Saint-Pierre de Montmartre, à destination de Tours, où il ira organiser la résistance française contre l'envahisseur prussien. « Le peuple, le corps, était séparé de Gambetta, sa tête. Il n'hésita pas : il franchit en ballon les lignes ennemies[1] », pourra-t-on lire dans l'*Almanach Gambetta*. Si l'on en croit le *Journal des débats* du 8 octobre, une « foule considérable », « qui se donnait rendez-vous depuis trois jours » en attendant des conditions météorologiques favorables, s'est rassemblée pour assister au décollage des deux ballons. « Des cris prolongés de "Vive la République !" et de "Vive Gambetta !" » saluent l'ascension de *L'Armand Barbès*, où a pris place le ministre, et du *George Sand*, qui l'accompagne. Au milieu d'une foule enthousiaste, en présence de célébrités comme Victor Hugo et Alphonse Daudet, le départ en ballon est un moment fort de la geste gambettiste, immortalisé par le photographe Nadar et par le peintre Pierre Puvis de Chavannes. Sur son tableau, intitulé *Le Ballon*, une femme de Paris, fusil à la main, tend le bras en geste d'espoir vers le ballon de Gambetta qui s'élève vers le lointain.

Après un voyage mouvementé, une balle prussienne ayant même effleuré la main de Gambetta au-dessus de Chantilly, le ballon héroïque finit par atterrir près de Montdidier, d'où ses occupants gagnent Amiens puis Rouen. C'est là, le 8 octobre, qu'entre en scène l'orateur populaire Gambetta, jusque-là connu surtout des élites par ses plaidoiries ou par ses discours parlementaires. « Que

1. *Almanach Gambetta*, publié par *La République française*, Paris, 1880, p. 10.

tous les intérêts particuliers disparaissent. Que chacun fasse abnégation de tout sentiment personnel, pour ne songer qu'au salut du pays [...]. Si nous ne pouvons faire un pacte avec la victoire, faisons un pacte avec la mort ! » harangue le tribun, devenu l'incarnation du patriotisme[1]. Son collaborateur Charles de Freycinet, futur président du Conseil, écrit dans son journal que la population de Tours « eut comme une secousse électrique[2] » à l'arrivée de Gambetta, le 9 octobre. « Lorsque la France apprit que Gambetta était arrivé, ce fut un frisson de confiance et d'ardeur par tout le pays », rapporte Jules Claretie, ajoutant qu'il « apportait à la patrie sa jeunesse, son ardeur et sa foi », et que « la France en avait besoin »[3]. Ce jour-là, il apparaît sans doute à beaucoup comme une incarnation de l'homme providentiel.

Par ses communiqués, publiés dans les journaux, se diffuse en tout cas le volontarisme d'un grand patriote. À la nouvelle de la capitulation de Bazaine, le 30 octobre, il s'exclame : « Français ! Élevez vos âmes et vos résolutions à la hauteur des périls qui fondent sur la patrie : il dépend encore de nous de laisser la mauvaise fortune et de montrer à l'univers ce qu'est un grand peuple qui ne veut pas périr... » Le 30 décembre, il lance aux Bordelais : « Jurons tous la guerre à outrance »[4]. Et l'appel est entendu, comme en témoigne par exemple ce poème, célébrant le sauveur patriote : « Ta voix puissante enfante des héros ! / Et des quatre coins de France / Les glaives sortent des fourreaux, / Contre l'envahisseur tout un peuple s'avance ! [...] / Ô prodige des temps nouveaux ! / Ta main ne tient pas une épée ! / Jeune tribun, nos généraux / Prononcent des discours [...] / Tu fournis l'épopée[5]. »

1. *Dépêches, circulaires, décrets, proclamations et discours de Léon Gambetta, membre du gouvernement de la Défense nationale, ministre de l'Intérieur et de la Guerre (4 septembre 1870-6 février 1871)*, publiés par Joseph Reinach, Paris, Charpentier, 1886-1891, 2 vol.

2. Charles de Freycinet, *Souvenirs, 1848-1878*, Delagrave, Paris, 1912, t. 1.

3. Jules Claretie, *Histoire de la révolution de 1870-1871*, Paris, La Librairie illustrée, 1877, p. 376.

4. *Dépêches, circulaires, décrets, proclamations et discours de Léon Gambetta*, *op. cit.*

5. *Gambetta par la caricature et par l'estampe*, provenance inconnue, vol. 1, 22 janvier 1871 (BNF).

Pourtant, revenu à Bordeaux le 29 janvier 1871 après avoir organisé l'armée des Vosges, puis celle de la Loire, puis celle du Nord, il apprend que ses collègues du gouvernement ont signé l'armistice réduisant à néant tous ses efforts. S'adressant directement aux Français le 31 janvier, il proteste contre « ce pacte infâme » en leur demandant de jurer « comme des hommes libres, de défendre envers et contre tous la France et la République »[1]. Cet acte de dissidence à l'égard de son propre gouvernement est un pas de plus franchi vers la symbolique du sauveur, dépositaire de l'histoire de la France, et investi d'une mission qui subordonne la légitimité institutionnelle à la légitimité populaire, la seule qui vaille à ses yeux. La même démarche poussera le général de Gaulle à la rébellion en juin 1940.

S'il choisit de démissionner le 6 février 1871, n'étant plus « en communion d'idées ni d'espérance » avec le gouvernement, son image du sauveur est-elle pour autant effacée ? « C'est maintenant que commence notre tâche la plus difficile, la plus ingrate, celle qui réclame le plus de patience, de fermeté et d'études, fonder un vrai parti républicain et garder la République[2] », écrit-il de Saint-Sébastien à Antonin Proust. Ce volontarisme républicain lui vaut des attaques virulentes des conservateurs, comme dans ce pamphlet décrivant « la dictature de Gambetta » comme « la plus extravagante, la plus stupide, la plus insolente des tyrannies sous laquelle la bêtise humaine ait pu courber une nation »[3]. Un autre polémiste accuse ce « dictateur de province » d'avoir foulé « aux pieds les lois de son pays, méconnaissant les usages élémentaires des sociétés civilisées », abusant « de son pouvoir pour bouleverser le pays tout entier au profit de ses ambitions »[4]. Un pamphlet légitimiste, dédié au comte de Chambord, lui reproche d'avoir abandonné Paris aux Prussiens et d'être le « fossoyeur » qui a « fermé le tombeau » de la Nation vaincue[5]. Ces accusations totalement fantaisistes sont

1. *Ibid.*

2. *Lettres de Gambetta, 1868-1882*, recueillies et annotées par Daniel Halévy et Émile Pillias, Paris, Grasset, 1938, lettre n° 115.

3. H.-R. Blandeau, *La Dictature de Gambetta*, Paris, Librairie Amyot, 1871.

4. Georges d'Heylli, *La Guerre dans la province. Télégrammes militaires de M. Léon Gambetta, 1870-1971*, Paris, L. Beauvais, 1871, p. 5.

5. Paul Timon-David, *L'Odyssée gambettiste, 1870-1871*, Paris, Dentu, 1872, p. 2, 70.

d'ailleurs reprises par l'extrême gauche, qui ne lui pardonne pas d'avoir trahi les Parisiens lors de la Commune. Un polémiste « républicain radical » le décrit comme « un vaniteux », « capable de faire de beaux discours », mais « incapable de faire des actes », et qui « a consommé notre ruine, sans nous rendre le plus petit service »[1].

Pourtant chacun reconnaît ses qualités exceptionnelles, y compris ses adversaires. Michel Chevalier, ancien conseiller de Napoléon III, voit en lui « un chef éloquent, énergique, audacieux[2] ». Le pamphlet monarchiste cité plus haut reconnaît que cet « homme d'État [...] l'attire », et que la foule, « qui est en somme la grande majorité et la grande maîtresse, a admiré cet homme » parce qu'elle « a compris, dans son bon sens, que le but poursuivi était le plus grand et le plus noble qu'un citoyen pût se proposer »[3]. Quant au journal *Le Gaulois*, il estime dans son édition du 17 septembre 1871 que « Gambetta, avec tous ses défauts, malgré les trous qu'il y a dans son caractère, dans son talent et dans ses actes, sera toujours supérieur à tous ses collègues, sans exception ».

Pour la majorité des républicains, c'est l'enthousiasme et l'admiration qui dominent, comme l'atteste par exemple cette adresse que lui envoient les membres d'un comité de souscription ouverte en Alsace pour lui offrir une sculpture de Bartholdi : « Vos nobles efforts nous ont donné et nous donnent chaque jour la mesure de ce que nous pouvons attendre » et de « ce que nous vous devons »[4]. En témoignent par ailleurs des chansons à sa gloire, dont celle-ci, tout simplement intitulée *Gambetta*, et qui le présente comme un sauveur : « [...] Français, respect à Gambetta, / Respect à cette âme héroïque / Qui protège la République / Contre les rois, les potentats. / [...] Ah ! Nous choisirons tous, j'espère, / Le drapeau du grand orateur, / On a beau dire et beau faire, / C'est lui notre

1. Arsène Gomber, *Notes sur la dictature de Gambetta*, Antibes, Marchand, 1872, p. 3.

2. *Gambetta par Gambetta. Lettres intimes et souvenirs de famille*, publié par Jean-Baptiste Gheusi, Paris, Ollendorff, 1909, p. 323.

3. Georges d'Heylli, *La Guerre dans la province*, *op. cit.*, p. 5.

4. Adresse du 9 mai 1872, in *Discours et plaidoyers politiques de M. Gambetta*, publiés par Joseph Reinach, Paris, Charpentier, 1885, t. 2, p. 267-268.

libérateur[1]. » Élu par neuf départements en février 1871, puis réélu lors des élections complémentaires cinq mois plus tard, il peut vérifier que sa popularité n'est pas ternie par son échec politique.

Comment, dans ces conditions, ne pas croire en son étoile ? « La France est bien bas, les esprits sont bien troublés, bien obscurcis », écrit-il à son père de Bordeaux le 19 février 1871, ajoutant aussitôt : « N'importe, j'irai comme par le passé, droit mon chemin, serviteur convaincu de l'idée de justice qui est le fond de la Révolution française, et malgré le jugement des hommes je ferai ce que me dicte ma conscience »[2]. Il y a dans cette obstination surhumaine, dans cette conviction de détenir la vérité, le caractère distinctif de l'homme providentiel.

L'artisan de la paix

Si Gambetta a voulu sauver la République par la guerre, Thiers va l'installer par la paix. On lui sait gré de s'être opposé au vote des crédits de guerre, dans la nuit du 15 au 16 juillet 1870, essuyant les quolibets et les huées du corps législatif. Ayant eu raison contre tous, le vieux chef libéral apparaît après la débâcle comme l'homme du recours.

Opposant déterminé mais pragmatique au Second Empire, il est respecté par les modérés de tous bords. Son discours du 11 janvier 1864 sur les « libertés nécessaires », écouté dans un silence religieux, a suscité au corps législatif un tonnerre d'applaudissements sur les bancs de l'opposition, puis une manifestation spontanée de la foule parisienne, venue acclamer l'orateur libéral devant son hôtel particulier de la place Saint-Georges. À l'issue d'un autre de ses grands discours, prononcé le 3 mai 1867, l'écrivain royaliste Xavier Marmier affirme que « tout le monde, depuis les plus hauts rangs de la société, jusqu'aux classes populaires, le lit et l'admire »[3].

C'est le cas par exemple d'un jeune étudiant en droit venu l'écouter ce jour-là, et qui révèle un véritable culte pour le vieux

1. *Gambetta*, Marseille, Imprimerie Doucet, 1872.
2. *Gambetta par Gambetta*, *op. cit.*, p. 329.
3. Xavier Marmier, *Journal (1848-1890)*, Genève, Droz, 1968, p. 292.

chef libéral, qualifié d'« espoir de la France » : « Né en province, de parents dont les idées politiques étaient les vôtres, leurs vœux vous suivaient dans toutes vos entreprises, et vous étiez le sujet de leurs entretiens le soir auprès du foyer [...]. Au collège, vous étiez l'étoile bienfaisante qui guidiez mes pas sur la route du travail[1]. » Sans exagérer l'importance de ce témoignage, il nous apparaît néanmoins représentatif de toute une France provinciale de la petite et moyenne bourgeoisie, qui fait grande confiance à M. Thiers.

Cette confiance est d'ailleurs partagée par les dirigeants du gouvernement provisoire, qui lui demandent de se lancer le 13 septembre 1870 dans une tournée diplomatique capitale visant à plaider la cause de la République, à Londres, à Vienne, à Saint-Pétersbourg, puis à Turin. De même pour les orléanistes, qui voient en lui l'homme de la paix, c'est-à-dire du salut : « Il n'y a que vous, cher monsieur Thiers, qui puissiez faire entendre au pays cette dure vérité », lui écrit Albert de Broglie le 14 octobre 1870, ajoutant qu'il s'agit de « sauver » la France[2].

Et tandis que le jeune Gambetta sonne le clairon des dernières charges, le vieux diplomate s'emploie dans la coulisse à préserver les intérêts de la France envahie, négociant avec Bismarck à partir du 1er novembre. Une brochure publiée à l'époque souligne la « force physique » de ce septuagénaire, sa « vigueur d'esprit qui reste toujours prête », sa « sagesse politique également à l'abri des faiblesses et des témérités, des ressentiments, des passions et des préjugés ». Plus que tout autre, « dans ce siècle si agité par des révolutions profondes », il semble réunir toutes les qualités de l'homme d'État, « orateur, ministre, historien, ayant été mêlé aux grandes affaires de l'Europe ». C'est pourquoi, ajoute l'auteur, « il ne résistera pas aux appels reconnaissants et confiants du pays, qui s'empresseront de l'y convier »[3].

1. Cité dans Daniel Halévy, *Le Courrier de M. Thiers. D'après les documents conservés au département des manuscrits de la Bibliothèque nationale*, Paris, Payot, 1921, p. 395-396.

2. *Ibid.*, p. 416.

3. Sydney Renouf, *Monsieur Thiers. Sa vie politique, sa mission en 1870*, Tours, Mame, 1870, p. 3 et 31.

Si le patriotisme de Gambetta s'exprime dans sa capacité exceptionnelle mais désordonnée à galvaniser les restes de l'armée française, celui de Thiers se fonde sur l'expérience diplomatique de l'ancien ministre de Louis-Philippe et sur son aptitude au compromis. « De même que la situation est venue à Gambetta par le désespoir et la passion, elle vient évidemment à vous par la raison et le besoin de renaissance[1] », lui écrit le comte de Montalivet. C'est ce qui explique son triomphe lors des élections du 8 février 1871 : il est plébiscité dans vingt-six départements contre seulement dix pour Gambetta, l'autre figure du sauveur.

Reconnaissons cependant que cette belle victoire électorale repose essentiellement sur le vote des ruraux, du Pas-de-Calais au Lot-et-Garonne et du Finistère aux Hautes-Alpes, impatients d'en finir avec la guerre et de reprendre les travaux des champs. Dans les villes républicaines, où la guerre à outrance est le courant dominant, Gambetta, Hugo, Louis Blanc sont les héros plébiscités. À Marseille, sa ville natale, Thiers n'est classé que douzième, alors que Gambetta arrive en deuxième position. Et à Paris, où le jeune avocat républicain est quatrième, Thiers l'orléaniste n'est que le quarante-deuxième élu. Le scrutin du 8 février confirme bien le dédoublement de la figure du sauveur, l'urbain et le rural, le jeune chef de guerre et le vieux sage, le patriote intransigeant et le négociateur habile.

L'élection de Thiers à la tête du pouvoir exécutif de la République française, le 17 février 1871, semble marquer la prééminence de la figure du vieux sage, volant au secours de la patrie pour une ultime mission républicaine. Après avoir endossé la toge de Cassandre, voilà qu'il revêt celle de Cincinnatus. « L'Assemblée ne pouvait hésiter à remettre le Gouvernement entre les mains de M. Thiers. Elle n'avait pas à le choisir, elle n'avait qu'à suivre les indications du pays », écrira Jules Simon, car « tout le monde, amis et ennemis, savait qu'il était notre seul homme d'État, et que son nom était pour nous une protection, une force morale »[2].

1. Lettre du 31 janvier 1871, citée par Daniel Halévy, *Le Courrier de M. Thiers*, *op. cit.*, p. 424.

2. Jules Simon, *Le Gouvernement de M. Thiers, 1871-1873*, 3e éd., Paris, Calmann-Lévy, 1879, t. 1, p. 67.

Répondant au « gage de confiance » qui lui a été donné, mais qui est aussi un « fardeau accablant », Adolphe Thiers déclare que son seul « sentiment » est « celui de l'obéissance immédiate, absolue à la volonté du pays, qui doit être d'autant plus obéi, d'autant mieux servi, d'autant plus aimé, qu'il est plus malheureux »[1]. Si l'on en croit le journaliste John Lemoinne, nulle dérive césariste n'est à craindre, car c'est « l'acclamation nationale qui porte d'instinct M. Thiers à la présidence du pouvoir exécutif », « parce que M. Thiers n'est qu'un simple citoyen » et parce que « nous en avons assez de l'engeance fatale » du « sauveur »[2]. C'est pourtant cette image qui va s'imposer aux Français, au détriment des monarchistes.

Le rendez-vous manqué du sauveur monarchique

S'il est un moment de notre histoire républicaine où les monarchistes semblent en mesure de donner une incarnation au mythe du sauveur, c'est bien dans les années incertaines et chaotiques des débuts de la Troisième République. « Je ne doutais pas que la Monarchie ne sortît logiquement, nécessairement des désastres de l'Empire et des extravagances de la République imposée le quatre septembre 1870[3] », écrira le comte de Falloux dans ses souvenirs.

L'attente d'Henri V

Les objets à son effigie qui circulent dans le pays, médailles, bustes, gravures, insignes, broches, ainsi que les nombreux ouvrages, brochures, libelles et pamphlets conservés à la Bibliothèque nationale nous montrent à quel point le prétendant légitimiste est attendu à cette époque. À ses visiteurs il offre une croix en pendentif, dite « croix des partisans », ornée d'une couronne royale

1. *Annales de l'Assemblée nationale*, vol. I, 19 février 1871.
2. *Journal des débats*, 18 février 1871.
3. Comte de Falloux, *Mémoires d'un royaliste*, Paris, Librairie académique Perrin, 1888, p. 443.

surmontant des fleurs de lys sur fond bleu, avec cette devise circulaire : « L'heure est à Dieu et la parole est à la France. » Une brochure, l'opposant à « Napoléon IV », le prince impérial, décrit comme « un prince à peine sorti de l'enfance », affirme que le « salut » doit venir du comte de Chambord, prétendant au trône sous le nom d'Henri V, « celui dont le nom est sur toutes les lèvres », parce qu'il incarne une « armée régénérée », « composée par tous les enfants de la famille française sans exception », et qui « reviendra avec ce double caractère de roi et de père »[1].

Une autre brochure, vendue 25 centimes, affirme que « celui que la Providence a marqué du sceau royal est parfaitement à la hauteur de sa mission, par son patriotisme et son honnêteté autant que par son grand amour de la France et de la justice [...], digne en tout point de continuer l'œuvre, trop souvent interrompue, de Saint Louis, d'Henri IV et de Louis XVI[2] ». Georges de Cadoudal, neveu du chef chouan et conseiller général du Morbihan, décrit « l'éclat lumineux et pur d'un front fait pour le diadème », ainsi que « l'extrême sympathie de son sourire et d'une voix qui vous remue jusqu'au fond des entrailles ». Il est le sauveur qui doit « arracher le pays à la bourbe des révolutions », « l'élever au-dessus de lui-même en lui présentant un idéal de foi et d'honneur », c'est-à-dire restaurer la monarchie chrétienne inspirée de l'Ancien Régime[3].

D'autres reproduisent les vers messianiques composés à la naissance du prétendant, en septembre 1820, par les deux plus grands poètes du temps, alors légitimistes. Alphonse de Lamartine célébrait « La naissance du duc de Bordeaux » dans ses *Premières Méditations* : « Le monde attend une parole, / La terre a besoin d'un héros ! » Et Victor Hugo exaltait son baptême dans ses *Odes et Ballades* : « Peuples, ne doutez pas ! Chantez votre victoire ! / Un sauveur naît, vêtu de puissance et de gloire ; / Il réunit le glaive et le sceptre en faisceau ; / Des leçons du malheur naîtront des jours

1. *Napoléon IV et Henri V*, brochure anonyme, 2e éd., 1872, p. 10 et 20 (BNF).

2. *Henri V peint par lui-même, 1842-1871*, Montpellier, s.d. (BNF).

3. Georges de Cadoudal, *Monsieur le comte de Chambord, d'après sa correspondance*, Paris, C. Dillet, 1872, p. 5-10 (BNF, 8 Lb 57-3455).

prospères, / Car de soixante rois, ses pères / Les ombres veillent sur son berceau. »

On évoque aussi les professions de foi du futur Henri V, la première étant datée du 19 janvier 1844 : « Dieu, en me faisant naître, m'a imposé de grands devoirs envers la France ; je ne les oublierai jamais. Quand il m'appellera à les remplir, je serai prêt, sans vanité et sans faiblesse[1]. » Une autre a été publiée sous la Seconde République, le 5 octobre 1848 : « Tous les événements passés disparaissent pour moi en présence des hauts intérêts de la France, qu'il s'agit de sauver au bord d'un effroyable abîme. [...] Si la Providence m'appelle sur le trône, je prouverai, je l'espère, que je connais l'étendue et la hauteur de mes devoirs[2]. » Elles conduisent à son manifeste du 9 octobre 1870, rédigé à la frontière franco-suisse, et qui entend le poser en prétendant au pouvoir. Aux Français, « livrés aux plus douloureuses épreuves », il demande que « le deuil de la patrie soit le signal du réveil et des nobles élans », c'est-à-dire que « la France consente à rentrer dans les voies que la Providence lui a tracées », « celles de l'union de la Maison de Bourbon et de la France ». Et l'homme providentiel conclut en proposant au pays de se « dévouer tout entier à son bonheur »[3].

Le grand refus du comte de Chambord

De fait, la restauration apparaît imminente au printemps 1871, grâce aux initiatives menées par le comte de Paris, chef des orléanistes, pour se rapprocher du comte de Chambord. Mais c'est compter sans l'intransigeance du prétendant légitimiste, dont le manifeste, daté du 5 juillet 1871, proclamant son attachement au drapeau blanc de l'Ancien Régime, marque selon Falloux « l'évanouissement certain d'une restauration monarchique ». Dans l'histoire de l'homme providentiel, ce manifeste est un véritable paradoxe, car il exprime tout à la fois la conviction du recours

1. Comte de Chambord, *Mes idées*, Paris, Giraud, 1872.

2. Georges de Cadoudal, *Monsieur le comte de Chambord, d'après sa correspondance*, *op. cit.*

3. *Le Journal des débats*, 19 octobre 1870.

messianique et son renoncement. S'il se déclare « prêt à tout » pour sauver « la France, cruellement désabusée par des désastres sans exemple », il se refuse à lui faire le « sacrifice de son honneur », car, affirme-t-il, « Henri V ne peut abandonner le drapeau blanc d'Henri IV »[1]. En refusant de se rallier au drapeau tricolore, auquel l'immense majorité des Français est profondément attachée depuis un demi-siècle, le comte de Chambord tourne le dos non seulement à la fusion monarchique, mais aussi et surtout à son destin de sauveur.

Il récidive d'ailleurs en 1873, alors même que la chute de Thiers et l'avènement de l'ordre moral lui offrent une seconde chance de restauration. La figure du maréchal Mac-Mahon, le nouveau président de la République, peut-elle lui porter ombrage ? On pourrait le supposer en lisant l'éditorial enflammé que consacre Saint-Genest au vainqueur de Magenta dans *Le Figaro* du 27 mai 1873 : « En vérité il y a eu quelque chose de providentiel dans la destinée du maréchal. Au milieu de cet immense désastre, Empereur, généraux, hommes d'État [...], tous ont été broyés par les événements ; mais lui, renversé sur le champ de bataille, ne semble avoir été frappé que pour surnager à cet immense naufrage [...]. Il y a comme une immense espérance !... » Mais si le maréchal apparaît aux monarchistes comme le sauveur du moment, « la seule force qui pourra nous soutenir au-dessus de l'abîme », leur espérance se tourne vers le prétendant légitimiste. « La France en détresse attend un chef, elle attend un maître », déclare l'évêque de Poitiers, Mgr Pie, le 28 mai 1873, lors d'un pèlerinage à Chartres réunissant plus de vingt mille fidèles, dont cent quarante députés. La visite du comte de Paris chez le comte de Chambord, à Frohsdorf, le 5 août 1873 et sa reconnaissance du prétendant légitimiste comme le seul « représentant du principe monarchique de la France » semblent à nouveau ouvrir la voie au sauveur. Carrosses aux armes d'Henri V, costumes, défilé et cérémonie d'intronisation : tout se met en place pour le retour du futur roi. Mais, le 31 octobre 1873, paraît dans *L'Union* une lettre de sa main qui ferme définitivement la porte à la fusion des familles royalistes. Au nom de la « vérité » qu'il doit à la France, il se refuse une nouvelle fois au « sacrifice de [son] hon-

1. Comte de Falloux, *Mémoires d'un royaliste*, *op. cit.*, p. 477.

neur », c'est-à-dire à l'abandon du drapeau blanc. « Je suis le pilote nécessaire, le seul capable de conduire le navire au port, parce que j'ai mission et autorité pour cela », écrit-il. Mais cette incarnation messianique, inaugurant « un règne réparateur », ne saurait découler à ses yeux de ce qu'il appelle « un acte de faiblesse ».

Pour ses partisans, dont le journal *L'Union* est le porte-parole, l'intransigeance ultraciste s'inscrit dans la cohérence d'une conception millénariste de l'Histoire, qui fait dépendre la restauration de l'intervention divine. Écrivant à « la seule personne qu'il a plu à Dieu de nous désigner pour être à la tête de notre gouvernement », l'un de ces ardents légitimistes s'exclame : « Puisse enfin la lumière céleste dissiper de ses rayons bienfaisants les ténèbres qui rendent obscure votre politique[1]. » Mais la lumière providentielle a cessé de briller avec le « grand refus » du comte de Chambord, et le fossé ne cesse de se creuser entre lui et la France[2]. Sa tentative de retour à Versailles, à la fin du mois de novembre 1873, se heurte à l'hostilité de Mac-Mahon, pourtant de sensibilité monarchiste, qui refuse de le présenter à l'Assemblée nationale.

« Il faut, pour que la France soit sauvée, que Dieu y rentre en maître pour que j'y puisse régner en roi[3] », écrit encore le comte de Chambord à Albert de Mun, le 20 novembre 1878, alors même que la République s'engage dans une ère de laïcité triomphante. Comment s'étonner dans ces conditions que les légitimistes soient « vivement contrariés par le peu d'effet que leurs brochures, leurs journaux, leurs démonstrations extérieures produisent sur la masse électorale[4] » ? On indique même que « plusieurs députés légitimistes, dont le prince de Léon, attaquent vivement le comte de

1. Armand-Louis Ménard, *Lettre de M. le comte de Chambord à M. Chesnelong expliquée par elle-même*, 6 janvier 1874, Paris, Wattelier (BNF, 8 Lb 57-4682).

2. Duc de Castries, *Le Grand Refus du comte de Chambord*, Paris, Hachette, 1970 ; Daniel de Montplaisir, *Le Comte de Chambord, dernier roi de France*, Paris, Perrin, 2008 ; Georges Poisson, *Le Comte de Chambord, Henri V*, Paris, Pygmalion, 2009.

3. Cité par Dubosc de Pesquidoux, *Le Comte de Chambord d'après lui-même. Étude politique et historique*, Paris, Palmé, 1887, p. 320.

4. Rapport du 10 août 1881, Archives de la préfecture de police (APP), dossier B/A 90.

Chambord, lui reprochant sa mollesse et son inertie », et qu'en Vendée « les républicains sont arrivés à persuader les paysans qu'il était mort »[1].

Tout autre cependant est le jugement que le général de Gaulle, renonçant lui aussi au pouvoir en janvier 1946, portera sur l'attitude du prétendant légitimiste : « C'est qu'il n'avait plus confiance en la France, qu'il savait qu'on ne pouvait plus rien faire de la France, qu'il a préféré voir la monarchie morte une fois pour toutes et sans avoir participé à cette décadence », dit-il à Claude Mauriac, regrettant que la France de 1871 n'ait pas voulu « accomplir l'effort nécessaire » pour préparer la « revanche » contre l'Allemagne sous la bannière du prétendant devenu roi. À ses yeux, ce sont donc les Français qui n'ont pas été à la hauteur de l'héritier légitimiste, et non l'inverse. Et il ajoute ce parallèle : « Ce que le comte de Chambord a refusé d'être, c'est vraiment ce que vous voulez que je sois ? »[2].

« Le roi est mort ! »

Quoi qu'il en soit, l'inertie du prétendant légitimiste laisse à cette époque une sorte de vide messianique qui pourrait expliquer la réapparition de la thèse séculaire de la fausse mort du dauphin. Dans son édition du 16 février 1882, *Le Figaro* fait état d'un article de *La Nouvelle Revue* établissant que Louis XVII n'est pas mort dans sa prison du Temple, et qu'il a vécu jusqu'en 1872 sous le nom de La Roche, en Vendée, aux environs de Savenay. Un ouvrage publié la même année s'étonne du nombre « effrayant » des « sectaires qui cherchent dans leur prétendant un prophète et un apôtre »[3]. De son côté, un ancien sous-préfet de Dreux demande « aux féaux de la monarchie de renoncer à des préférences qui appartiennent au passé », afin que, « le livre du Christ à la main, M. Gambetta, l'illustre représentant de la République Française, et M. le comte de Chambord, le loyal champion de la légitimité, travaillent ensemble

1. Rapport du 24 août 1881, *ibid.*
2. Claude Mauriac, *Un autre de Gaulle. Journal, 1944-1954*, Paris, Grasset, 1970, p. 225.
3. Léon de La Sicotière, *Les Faux Louis XVII*, Paris, Palmé, 1882, p. 11.

au bonheur du peuple, à la régénération de notre chère et malheureuse France »[1]. L'alliance est plus qu'improbable, au regard du fossé politique qui les sépare, mais c'est le rapprochement symbolique entre deux figures du sauveur qui nous intéresse ici.

Cela dit, la disparition du comte de Chambord, le 24 août 1883, sonne le glas de tous les fantasmes. « Que l'Europe ait encore des rois ou des simulacres de rois, elle sent qu'elle vient de perdre le vrai roi. Le roi est mort[2] ! » se lamente la presse légitimiste. « Son souvenir se perpétuera dans l'histoire. Il dominera son siècle après sa mort comme pendant sa vie », s'enflamme un de ses partisans, persuadé que le comte de Chambord « a préparé la restauration de notre pays »[3]. Plus lucide, *L'Univers* constate que « c'est un principe qui succombe, un régime qui finit », que « l'ère de la monarchie chrétienne est close pour la France », et donc que « la France, abandonnée par Dieu, ne peut plus espérer le salut ».

Seul *Le Gaulois* fait mine de croire en la transmutation de l'illusion messianique vers le prétendant orléaniste, en titrant : « Henri V est mort ! Vive Philippe VII[4] ! » Le comte de Paris lui-même n'y croira jamais vraiment, pas plus que le comte de Chambord n'aspirait à monter sur le trône d'une république sans Dieu. « M. le comte de Paris voulait régner [...] moins par ambition que par devoir », écrira le comte d'Haussonville, son confident, ajoutant même que « pas un jour il n'eut la pensée que le trône de Juillet pût être rétabli à son profit »[5]. À en croire ce proche du prince, il y a pourtant eu un moment, « à la suite des élections de 1885 », où « la monarchie eut du vent dans les voiles ». C'est à cette époque que le comte de Paris, faisant quelques courses rue Vivienne, aurait provoqué une véritable émeute, avant d'être acclamé par les foules « à tous les passages à niveaux », les femmes agitant leurs mouchoirs et jetant des fleurs à sa vue, sur le trajet du train l'emmenant à Lisbonne où il allait marier

1. Alfred Sirven, *Le Christ, Chambord et Gambetta*, Paris, Ghio, 1876, p. 10 et 27.

2. *Le Monde*, 26 août 1883.

3. Dubosc de Pesquidoux, *Le Comte de Chambord d'après lui-même*, *op. cit.*

4. *Le Gaulois*, 26 août 1883.

5. Comte d'Haussonville, *Le Comte de Paris. Souvenirs personnels*, Paris, Calmann-Lévy, 1895, p. 24 et 38.

sa fille[1]. Cet enthousiasme populaire expliquerait le vote de la loi d'exil en juin 1886, obligeant le comte de Paris à se réfugier en Angleterre, où il finira ses jours. Mais le biographe reconnaît que son grand homme, s'il « avait toutes les qualités à l'aide desquelles se conserve et se défend un trône », manquait peut-être de « ces dons qui sont utiles pour le conquérir : la grâce extérieure, l'art de la mise en scène, et, si l'on veut, l'ardeur irréfléchie »[2]. En somme, le comte de Paris n'avait ni l'ambition, ni le courage politique, ni le charisme nécessaires pour incarner la figure du sauveur.

C'est pourquoi, alors même qu'il se retire à jamais sur son Aventin de Sheen House, le parti royaliste reporte ses espoirs sur un général bravache, « possédant au plus haut point l'art de la mise en scène, ayant par conséquent ce qu'il fallait pour arriver à une popularité éphémère », et qui pourrait lui servir de « bélier » pour enfoncer les portes de la République[3]. C'est ainsi qu'apparaît sur la scène politique le général Boulanger.

Le Général Revanche

Le populisme est inhérent à l'attraction du sauveur. Comment en effet prétendre sauver le peuple si l'on ne parle pas en son nom ? Mais il s'agit de savoir si l'apprenti sauveur entend simplement se faire le porte-parole de la multitude ou au contraire lui imposer sa vision du monde et son projet pour l'avenir. La réalité est toujours à mi-chemin entre ces deux pulsions qui délimitent l'espace de la rencontre dialectique entre un homme et un peuple. Certains, tels Bonaparte, Gambetta, Clemenceau, Mendès France, de Gaulle, entendent appliquer leur grand dessein à la France, au risque de se voir désavoués. D'autres au contraire prétendent d'abord et avant tout faire entendre la voix du plus grand nombre auprès des élites, accusées de l'avoir oubliée. Ceux-là penchent vers la démagogie ou, pire, vers le populisme.

Le général Boulanger, archétype français de ces sauveurs populistes, apparaît au moment où la France traverse une crise écono-

1. *Ibid.*, p. 42.
2. *Ibid.*, p. 74-75.
3. *Ibid.*, p. 56.

mique et sociale grave liée à la récession mondiale, mais aussi une crise morale, une crise de confiance envers les élites dirigeantes de la République. La vie politique française est alors marquée par les divisions et les affrontements qui déchirent les républicains modérés et leurs alliés radicaux, incapables de s'entendre pour exercer durablement le pouvoir. Face à la puissante Allemagne de Bismarck, les Français attendent un nouveau Gambetta, un patriote inflexible, capable de redonner au pays la fierté perdue lors de la défaite de 1871. Boulanger est l'homme de la situation.

Comparé aux sauveurs qui l'ont précédé, auréolés de leur gloire, du prestige de leur nom, de leur expérience ou de leur éloquence, il est le premier à construire son image sur du rien ou du presque rien. C'est en cela que son aventure est passionnante à étudier, comme la première expérience de fabrication *ex nihilo* de l'homme providentiel[1]. En un peu plus d'un an passé au ministère de la Guerre, il réussit à devenir la personnalité la plus populaire du pays, épousant les fantasmes collectifs d'une opinion française déboussolée, en manque d'un chef charismatique.

Une légende militaire

Boulanger endosse tout d'abord l'uniforme du héros, laissé vacant par la légende bonapartiste, et que Gambetta le patriote s'était approprié au temps de la défense nationale. Le service de presse de l'armée, voué au commentaire de ses moindres faits et gestes, fait savoir qu'il a gagné ses galons sous le Second Empire, en Kabylie, en Italie et en Indochine, avant de se distinguer pendant la guerre de 1870 dans la défense de Champigny-sur-Marne, où il a récolté une balle dans l'épaule droite ainsi que la Légion d'honneur. Son rôle dans la reconquête du Paris communard par les Versaillais est en revanche passé sous silence par son premier biographe, Alfred Barbou, et par tous ceux qui vont le suivre[2]. Rappelons néanmoins qu'il a été cité le 18 mai 1871 à l'ordre de l'armée et

1. Jean Garrigues, *Le Général Boulanger*, *op. cit.*
2. Alfred Barbou, *Le Général Boulanger. Sa vie militaire et politique*, Paris, Alfred Duquesne, 1886, p. 103.

promu commandeur de la Légion d'honneur[1]. Chargé de diriger la mission française pour le centenaire de Yorktown en octobre 1881, puis directeur de l'infanterie au ministère de la Guerre en avril 1882, il a montré son goût de la parade au commandement des troupes d'occupation en Tunisie. « Il aime décidément beaucoup ce qu'on appelle le fla-fla », écrit le résident général Paul Cambon, ajoutant que Boulanger « est en correspondance avec toutes les feuilles de choux qui constituent la presse de Tunis » et qu'il « ne dit pas un mot sans le faire connaître à la presse »[2]. C'est ainsi qu'il a commencé à dessiner son image de héros patriote, multipliant les provocations envers la communauté italienne de Tunis, jusqu'à son rappel en métropole le 27 juillet 1885.

La célébration du 14 juillet 1886 se déroule comme un triomphe antique, Boulanger caracolant sur son cheval noir Tunis, précédé de ses spahis et escorté par plus de quatre cents officiers, le buste droit, la tête haute, la barbe frémissante, coiffé d'un bicorne à plumes blanches, sanglé dans un dolman turquoise à baudrier noir et couvert de décorations. *Le Journal des débats* du 15 juillet observe que « les badauds ont remplacé le cri accoutumé de "Vive la République !" par celui de "Vive Boulanger !" ». Au lendemain de la revue, l'hebdomadaire illustré *La Frontière* lui dédie sa première page, *L'Estafette* offre à ses lecteurs sa photo en pied, et *Le Figaro* lui consacre un numéro spécial en couleur[3]. Les camelots parisiens vendent pour 10 centimes une plaquette de quatre pages, imprimée par l'éditeur Clavel, où il apparaît à cheval, comme Napoléon III sur les images d'Épinal : « C'est un beau garçon en même temps qu'un bel homme », « son œil bleu est vif et clair », son nez « d'un dessin très pur surmonte une forte moustache blonde », car il « appartient à cette forte race des Bretons qui a donné à la France tant de vaillants soldats et d'illustres hommes de guerre ». Face à la polémique déclenchée par cette brochure, Boulanger lui-même est obligé d'assigner l'imprimeur afin que cesse la publication, mais plus de cent vingt mille exemplaires ont déjà été

1. Jean Garrigues, *Le Général Boulanger*, *op. cit.*, p. 21-22.

2. Paul Cambon, *Correspondance (1870-1924)*, t. 1 : *1870-1898*, Paris, Grasset, 1940.

3. Jean Garrigues, *Le Général Boulanger*, *op. cit.*, p. 66.

écoulés en quelques semaines. Le livret de la chanson *En rev'nant d'la revue*, écrite par Delormel et Garnier, créée par Paulus, connaît un succès similaire. Tout le monde entonne le célèbre refrain : « Moi j'faisais qu'admirer / Notr' brav' général Boulanger »[1]. D'où ce commentaire de Maurice Barrès : « Cette revue, reproduite par les dessinateurs, commentée par les journaux et les cafés-concerts, c'est l'attitude » où Boulanger s'est « fixé dans nos imaginations »[2].

Un héros populaire

Toute la presse note au lendemain du 14 juillet que le peu charismatique président du Conseil Charles de Freycinet, surnommé « la souris grise », a reçu les quolibets de la foule massée à Longchamp, tandis que Boulanger était acclamé comme un héros. Ce qui nous renvoie au deuxième aspect de cette étape d'habilitation au désir collectif, et qui a trait à la dimension populaire du ministre de la Guerre.

Populaire, il l'est auprès de ses hommes, du moins si l'on en croit les innombrables témoignages invoqués par ses hagiographes. « Il savait non seulement se faire obéir mais encore se faire aimer[3] », écrit Alfred Barbou pour expliquer la brillante carrière du général. C'est un archétype familier de la légende de Bonaparte, et que l'on retrouvera ensuite accolé à celle de Clemenceau comme du maréchal Pétain. Toujours est-il que le ministre Boulanger se présente ostensiblement comme un ministre paternaliste, multipliant les tournées auprès des hommes de troupe, dont il améliore l'ordinaire, remplaçant les gamelles par des assiettes et les paillasses par des sommiers.

Est-ce un homme du peuple, à l'instar des généraux de la Révolution et de l'Empire ? Alfred Barbou reste elliptique sur le sujet, se contentant de rappeler qu'il est le fils d'un avoué breton, établi ensuite à Paris[4]. En fait, il semble qu'Ernest Boulanger, le père,

1. *Ibid.*, p. 65.
2. Maurice Barrès, *L'Appel au soldat*, *op. cit.*, p. 52.
3. Alfred Barbou, *Le Général Boulanger*, *op. cit.*, p. 106.
4. *Ibid.*, p. 9.

rongé par ses goûts de luxe, ait surtout laissé des dettes à ses enfants[1]. S'il n'est pas à proprement parler un fils du peuple, du moins le général n'est-il pas issu de l'aristocratie qui continue à occuper certains bastions de l'armée, notamment la cavalerie et la marine. Il s'en prend d'ailleurs à ces dernières avec une vigueur exceptionnelle, gage de son engagement républicain.

Adepte de ce que l'on appellera beaucoup plus tard le « coup d'éclat permanent », il fonctionne dans la provocation systématique, comme il avait commencé à le faire à Tunis. C'est ainsi qu'il sanctionne le 26 janvier 1886 les officiers de la 2e brigade de cavalerie de Tours, accusés de professer ouvertement leur antirépublicanisme, ce qui lui permet de répondre à la Chambre à une interpellation du député monarchiste Gaudin de Villaine, le 1er février, en se présentant comme celui qui assure « le respect de la République ». Le 13 mars, il se pose même comme le protecteur des ouvriers grévistes de Decazeville : « Notre armée, c'est la nation d'aujourd'hui. Est-ce que nos ouvriers, soldats d'hier, auraient quelque chose à redouter de nos soldats d'aujourd'hui, ouvriers de demain ? Ne vous plaignez pas car peut-être, à l'heure où je vous parle, chaque soldat partage-t-il avec un mineur sa soupe et sa ration de pain. »

Sans même consulter le président du Conseil Freycinet, il applique à la lettre la loi du 23 juin 1886 interdisant le territoire aux membres des familles ayant régné en France, rayant des cadres de l'armée une pléiade d'orléanistes, dont le comte de Paris, mais aussi le duc d'Aumale, qui l'avait pourtant fait nommer général de brigade en 1880. Le débat qui s'ensuit à la Chambre lui permet d'apparaître une nouvelle fois comme un républicain intransigeant, le 13 juillet 1886, à la veille de la célébration nationale qui marque son triomphe. Et c'est pourquoi les Parisiens, s'ils reprochent à Freycinet sa mollesse face aux conservateurs, ne ménagent pas leurs applaudissements au général-ministre de la Guerre, qui apparaît comme le premier défenseur de la République.

1. Jean Garrigues, *Le Général Boulanger*, *op. cit.*, p. 10.

Le sabre qu'on attendait

« Il a compris que la France humiliée avait soif d'un prince ou tout au moins d'un soldat ; et puisque la nation aime le panache, il s'est mis à agiter le sien devant la foule [1] !... », explique le journaliste Philippe de Grandlieu. C'est le troisième aspect de l'incarnation boulangiste, et sans doute le plus décisif : avec lui, enfin, la France retrouve le héros patriotique qu'elle attendait depuis Gambetta. Lorsqu'il inaugure le Cercle militaire, le 1er juillet 1886, escorté de plusieurs milliers d'admirateurs, le très austère quotidien *Le Temps* sort de sa réserve pour applaudir cette « manifestation patriotique, avec des cris mille fois répétés de "Vive la France ! Vive l'Armée !" », « des choses dont on ne se lasse jamais, qui réconfortent l'esprit et le cœur » [2].

À l'hippodrome, le 14 novembre 1886, pour la fête annuelle de l'Association des sociétés de gymnastique de France, il reçoit un « tonnerre d'applaudissements », suivis par cette harangue de Paul Déroulède, le chef de la Ligue des patriotes, reprise par tous les participants : « Vive la France ! Vive le patriotisme ! Vive le général Boulanger ! » [3]. La Société des volontaires de 1870-1871 ne s'y trompe pas, qui lui offre la présidence d'honneur. En outre, le ministère de la Guerre finance discrètement une kyrielle de petits journaux revanchards, tels que *La Défense nationale*, *La France militaire* et surtout *La Revanche*, qui tire à cent cinquante mille exemplaires son premier numéro. *La France régénérée* affirme que « la guerre est inévitable » et que « Boulanger saura la gagner ». Enfin se multiplient les chansons bellicistes, telles que *Le Réveil de la France*, *La Marseillaise de la revanche*, *Notre général bien-aimé*, *À bas Bismarck et vive Boulanger*.

L'affaire Schnaebelé lui donne, en avril 1887, l'occasion de manifester son nationalisme intransigeant sur la scène internationale. L'arrestation par les Allemands de ce commissaire de police français, accusé d'espionnage, permet à Boulanger de se distinguer

1. *Le Figaro*, 25 juillet 1886.
2. *Le Temps*, 2 juillet 1886.
3. *Le Figaro*, 15 novembre 1886.

dans la surenchère patriotique, faisant savoir à toute la presse qu'il est prêt à la mobilisation. Les efforts cumulés du président Grévy et du chancelier Bismarck, qui autorise la libération de Schnaebelé le 30 avril, mettront heureusement un terme à ces gesticulations. Mais le bénéfice symbolique est considérable pour le ministre de la Guerre, qui est apparu pendant la crise comme l'incarnation de l'honneur national. « Bismarck, gare au tabac ! » proclame une chanson d'Hector Masson, dont le livret représente le général adossé à la frontière franco-allemande, attendant de pied ferme le chancelier prussien. « Prépare-toi, soldat de France », dit le livret d'une autre chanson, écrite par Charles Mordacq, chantée par M. Huet de l'Opéra-Comique, et qui montre le général, sabre au clair sur son cheval Tunis, entraînant les troupes. Un poète lui dédie son recueil : « On ne redoute plus l'orage ; / Désormais un poignet de fer / Saura conjurer le naufrage [...]. / Le port se nomme la Vengeance, / Et le pilote, Boulanger »[1]. Enfin, une autre chanson aux accents providentialistes, écrite par Villemer et interprétée par Marius Richard à la Scala, lui confère un surnom à la mesure de sa popularité : « D'un éclair de ton sabre / Éveille l'aube blanche. / À nos jeunes drapeaux, / Viens montrer le chemin. / Pour marcher vers le Rhin / Parais, nous t'attendons, / Ô Général Revanche. »

Le martyr des élites

Cette image forte du Général Revanche, qui l'inscrit à la fois dans la tradition de Bonaparte et dans celle de Gambetta, s'enrichit quelques semaines plus tard de l'auréole du martyr. La chute du gouvernement Goblet, le 17 mai 1887, fournit en effet l'occasion aux républicains modérés, inquiets de la popularité grandissante du général, de l'écarter du nouveau gouvernement constitué le 30 mai par Maurice Rouvier. Aux yeux des partisans de Boulanger, il s'agit d'une « trahison nationale », pour reprendre les termes de l'ancien communard Henri Rochefort, devenu, à la tête de son journal *L'Intransigeant*, l'un de ses plus ardents supporters. Le 23 mai, à l'occasion d'une élection partielle dans la Seine, il appelle à ins-

1. Saint-Eman, *L'Exilé*, Paris, Léon Vanier, 1887, p. 10.

crire le nom de Boulanger sur les bulletins de vote, en signe de protestation, et plus de trente-neuf mille électeurs le suivent. Le journal *La Lanterne* lance en sa faveur une campagne de pétitions qui remporte en quelques semaines un succès considérable dans les cercles républicains, les loges maçonniques, les sociétés de tir ou les conseils municipaux.

Au lendemain de la formation du cabinet Rouvier, le 30 mai, on frôle l'émeute dans le quartier de l'Opéra, où la foule déborde les forces de l'ordre aux cris de « C'est Boulanger qu'il nous faut ! », reprenant le titre d'une chanson créée pour la circonstance par Louis Gabillaud, auteur, éditeur et libraire, qui fait ses choux gras du boulangisme. Ce dernier récidive d'ailleurs avec *La Déclaration du général Boulanger*, puis avec une autre chanson intitulée *Il reviendra !* Pour le seul mois de juin 1887, les camelots distribuent sur les boulevards les livrets de *La Boulangère* d'Antonin Louis, *Il faut qu'il revienne* et *Celui que nous voulons* d'Omnès, *La Vérité sur le général Boulanger* de Vérax et *Le Sauveur de la France* d'André Magué[1]. Par ailleurs, la librairie Boulanger lance une collection intitulée « Les Livres du peuple », des petits volumes de trente-six pages dont le deuxième, rédigé par Jules Lermina, fait l'apologie du général. « Vous avez de l'âme, ce qui est énorme par le temps qui court », « vous êtes essentiellement Français et jusqu'au bout des ongles », écrit un officier en retraite dans un ouvrage qui oppose l'ardeur patriotique de Boulanger à l'inertie du gouvernement Rouvier[2]. Une brochure anonyme, dénonçant le « sommeil somnambulique » de « nos plats gouvernants », réclame une pétition pour « le faire revenir tout de suite », car « il nous faut, tout de suite, de bons pilotes », et « le Général est, dans ces derniers temps, le seul qui se soit révélé »[3]. Le 24 juin, au cirque d'Hiver, lors du meeting de la Ligue des patriotes, Paul Déroulède affirme que « si Gambetta existait, il n'eût pas chassé le seul ministre qui fasse peur à l'Allemagne ». Par le

1. Jean-Yves Mollier, *Le Camelot et la Rue. Politique et démocratie au tournant du XIXe et du XXe siècle*, Paris, Fayard, 2004, p. 103.

2. M. de Grammont, *M. Rouvier et le général Boulanger devant le pays*, Paris, Dentu, 1887, « Avant-propos ».

3. Jean, *La Manière de le faire revenir tout de suite. L'avenir de la France et le général Boulanger*, Paris, R. Meunier, 1887, p. 11.

truchement du « poète de la revanche », la filiation est ainsi clairement désignée entre le héros de 1870 et le « brave général » qui a tenu tête à Bismarck, celui que *L'Intransigeant* désigne désormais comme « l'ennemi du général Boulanger[1] ».

Sérénade pour un général

C'est d'ailleurs un portrait de Gambetta et un du général Chanzy, autre héros emblématique de la guerre de 1870, que Paul Déroulède remet solennellement au général, à la gare de Lyon, le 8 juillet 1887, première grande « journée » de la saga boulangiste. Nommé le 29 juin au commandement du 13e corps d'armée à Clermont-Ferrand, il quitte Paris pour rejoindre sa nouvelle affectation, qui ressemble à une mise à pied. De son hôtel particulier jusqu'à la gare de Lyon, il défile dans un landau découvert, suivi par une vingtaine d'autres où ont pris place les personnalités qui le soutiennent, et accompagné par des dizaines de milliers de sympathisants, qui chantent : « Il reviendra, / Quand le tambour battra, / Quand l'étranger menacera notre frontière, / Il sera là, / Et chacun le suivra, / Pour le cortège il aura / La France entière ! »

On crie, on vocifère « Vive Boulanger ! À bas Ferry ! À bas Grévy », et le cocher du général a toutes les peines du monde à s'extraire de ce magma humain. Au trot dans la rue de Rivoli, puis au galop jusqu'à la gare, il est acclamé par une foule d'admirateurs et de curieux. À la gare de Lyon, plus de huit mille personnes l'attendent, d'après les rapports de la préfecture de police. « Il y a là un monde très mêlé, un tiers de bourgeois, un tiers d'ouvriers, un tiers de gamins, dont quelques-uns n'ont pas dix ans », raconte *Le Figaro* du 9 juillet. « Formidable sérénade d'une foule à la fenêtre d'un wagon, pour un général », s'enflammera Maurice Barrès, député boulangiste, dans *L'Appel au soldat.* La marée humaine défonce les grilles, submerge le service d'ordre et envahit les voies, et la locomotive emportant le général aura toutes les peines du monde à s'extraire de la foule, avec plus d'une heure et demie de retard.

1. *L'Intransigeant*, 26 juin 1887.

Puis, quand le pouvoir s'enlise, en octobre 1887, dans les marais nauséabonds du scandale des décorations, impliquant Daniel Wilson, le gendre du président Jules Grévy, c'est à cœur joie que les partisans de Boulanger dénoncent la République corrompue[1]. Sadi Carnot ayant succédé à Grévy le 3 décembre, il charge le radical René Goblet de former un nouveau gouvernement de « concentration républicaine ». Attiré par la perspective de retrouver le portefeuille de la Guerre, Boulanger lui fait savoir qu'il est prêt à lui apporter son concours, mais Goblet échoue dans ses négociations, et c'est le modéré Ernest Tirard qui devient président du Conseil. Privé d'un avenir ministériel, le général se lance alors dans une aventure personnelle à la conquête du pouvoir. « Vous croyez peut-être que vous vous trouvez en face d'un parti politique. Pas du tout. Vous êtes en face d'une manifestation religieuse », lancera Georges Clemenceau au lendemain du triomphe électoral de Boulanger à Paris, le 27 janvier 1889. « Oui, ajoute-t-il, M. Boulanger, c'est le messie, c'est le sauveur, c'est le fétiche ; partout où il se présente, la vertu de son nom est efficace »[2]. Le général d'opérette, raillé par les républicains de gouvernement, semble alors prêt à endosser les habits de l'homme providentiel, que sa popularité lui destine. Mais a-t-il les épaules assez solides ?

« La France a M. Clemenceau »

« La question Boulanger, c'est un malheur, c'est notre malheur à tous [...]. Cette popularité est venue trop vite, à quelqu'un qui aimait trop le bruit, ou, pour être plus juste, qui ne le fuyait pas assez. Car cette popularité, c'est la nôtre, c'est celle que nous aurions dû avoir, que le Parlement républicain a toujours refusée, depuis que nous sommes maîtres du pouvoir. On nous l'a volée, cette popularité[3]. » Ainsi parlait Clemenceau en juillet 1887, au moment où sa « créature », le général Boulanger, commençait à voler de ses propres ailes, occupant l'espace de la représentation

1. Jean-Yves Mollier, *Le Camelot et la Rue*, *op. cit.*, p. 120.
2. Chambre des députés, 31 janvier 1889.
3. *Annales de la Chambre des députés*, 11 juillet 1887.

laissé vacant par la république parlementaire. Trente ans plus tard, à l'heure du conflit mondial, Clemenceau semble attendu à son tour comme le nouveau Périclès.

Sa force en novembre 1917, c'est de cumuler l'expérience de Thiers, la fougue patriotique de Gambetta et le charisme de Boulanger. Lorsque éclate la Première Guerre mondiale, en août 1914, cet alerte septuagénaire a vécu à la fois la guerre de 1870, la montée en puissance de l'esprit revanchard et l'exercice du pouvoir de 1906 à 1909. Patriote infatigable, tombeur de ministères, dreyfusard indomptable, mais aussi « premier flic de France », il peut incarner sinon l'image d'un rassembleur, du moins celle de l'énergie et de la fermeté. C'est en tout cas l'opinion de la prestigieuse revue britannique *The Fortnightly Review* du 1er décembre 1908 : « L'Allemagne a 60 millions d'habitants, la France n'en a que 40, mais elle a M. Clemenceau [...]. La France, dans une crise, trouverait probablement en lui un des plus grands ministres de la Guerre qu'elle ait jamais eus. La direction dans le sens politique aussi bien que dans le sens militaire est presque tout en France, et la personnalité de M. Clemenceau n'est pas le moindre de ses atouts. »

Son courage personnel ne fait aucun doute pour personne. Il l'a prouvé dès le 18 mars 1871, en se précipitant sur la butte Montmartre, ceint de son écharpe de maire, afin de raisonner la foule en révolte. De même le 22 décembre 1892, en provoquant en duel Paul Déroulède qui l'avait accusé de traîtrise à la tribune de la Chambre deux jours plus tôt. Il l'a démontré encore le 26 février 1898 en échangeant à nouveau quelques balles avec l'antisémite Édouard Drumont, après avoir ouvert les colonnes de son journal *L'Aurore* au « J'accuse » de Zola.

Ce courage exceptionnel va de pair avec sa passion républicaine et son patriotisme intransigeant. « Pour la patrie », titre-t-il dans *L'Aurore* du 12 mai 1905, récusant le pacifisme naïf de Gustave Hervé et de ses amis, et rappelant que « le surgissement et le développement des patries est le fait humain par excellence ». Son patriotisme est lucide, réfléchi, comme il le prouve en refusant l'aventurisme de Delcassé lors de la première crise franco-allemande au sujet du Maroc. Mais c'est un patriotisme sans faille, imprégné de l'esprit de revanche gambettiste. D'où son discours au Sénat, le 10 février 1912, pour s'opposer à la ratification du traité franco-allemand de novembre 1911, signé selon lui « sous le canon d'Agadir » : « De bonne foi, nous voulons la paix [...] parce que nous en avons besoin pour refaire notre pays. Mais enfin, si on nous impose la guerre, on nous trouvera. »

Cette posture du patriote fait la trame de son nouveau journal *L'Homme libre*, sorti des presses le 5 mai 1913, et dont l'éditorial du 21 mai, « Pour la défense nationale », soutient la loi des trois ans. Dans l'édition du 23 août 1914, au lendemain de la défaite de Charleroi, il s'exclame : « Le peuple français n'est pas vaincu. Sa valeur, son endurance ne sont pas épuisées et ne pourront pas l'être tant qu'il restera assez de France pour qu'un homme puisse y poser les deux pieds. » S'il incarne pour certains le ministère de la parole, il apparaît de plus en plus aux yeux de l'opinion publique comme la conscience républicaine du patriotisme à outrance, dans la continuité de Carnot et de Gambetta. « De sa dernière dent, il veut mordre, mordre encore... et mourir ! » dit la légende d'un dessin de Sirat, qui le représente en « Vieux Tigre », la bave aux lèvres, enchaîné comme son journal par la censure [1].

Cette campagne de presse conduit Raymond Poincaré, son vieil adversaire, à l'appeler à la présidence du Conseil le 16 novembre 1917. « Mais comment refuser à l'opinion à peu près unanime des meilleurs patriotes une combinaison qu'ils croient leur offrir les garanties recherchées ? » s'expliquera Poincaré dans ses souvenirs. « Je vois les défauts terribles de Clemenceau, son orgueil immense, sa mobilité, sa légèreté, ajoute-t-il, mais ai-je le droit de l'écarter, alors que, en dehors de lui, je ne puis trouver personne qui réponde aux nécessités de la situation ? » [2]. C'est ainsi que « l'homme libre », défenseur acharné des principes de la laïcité et de la démocratie, se retrouve au cœur de la guerre dans la posture d'un sauveur messianique, héritier symbolique d'une tradition autoritaire qu'il a toujours combattue. Nous montrerons plus loin à quel point il a su incarner, au meilleur sens du terme, cette figure d'homme providentiel.

1. *La Griffe*, 26 janvier 1917. *L'Homme libre* est devenu *L'Homme enchaîné* depuis le 9 octobre 1914.

2. Raymond Poincaré, *Au service de la France. Neuf années de souvenirs*, Paris, Plon, 1926-1933, 10 vol., t. IX : *L'Année trouble, 1917*, p. 373, 16 novembre 1917.

CHAPITRE III

Le temps de Cincinnatus

L'entre-deux-guerres est une période de doute et d'angoisse pour la société française, ballottée par les crises monétaires, financières, économiques et sociales, et confrontée à la montée des totalitarismes européens, porteurs de graves périls. Le temps n'est plus aux grands projets et aux grandes espérances de l'Empire ou de la Troisième République naissante. Le temps n'est plus au patriotisme échevelé de la revanche sur l'Allemagne, car le traumatisme de la Grande Guerre imprègne encore les chairs et les consciences. Faut-il un prophète, un dictateur illuminé à la manière d'un Mussolini ou d'un Hitler ? Certains le souhaitent, certains l'exigent, notamment à l'extrême droite, mais ils ne sont pas la majorité. La France des terroirs, la France profonde souhaiterait plutôt un homme d'expérience, un rassembleur, un protecteur, un conservateur, capable de la rassurer et de lui redonner confiance pour sortir du marasme dans lequel elle est plongée.

Le syndrome de l'Union sacrée

Qu'attendent les Français à l'été 1926, en pleine panique financière, alors que le franc s'effondre par rapport à la livre sterling britannique et que les anciens combattants, soutenus par l'extrême droite, manifestent aux alentours du Palais-Bourbon ? Ils espèrent un expert et un père, un spécialiste avéré des questions monétaires et surtout un rassembleur de la Nation. Un nom s'impose : celui de Raymond Poincaré. Celui qui a « incarné l'union sacrée aux heures tragiques de la guerre, écrit *Le Temps*, peut incarner aujourd'hui, aux heures difficiles de la crise financière, l'union nationale que tous les Français, sauf les amateurs de désordre, réclament». Il semble, peut-on lire dans le même journal, qu'un «souffle irrésistible porte le ministère d'union nationale» car le «pays sent d'instinct que, seul, il peut être l'instrument de son salut financier»[1]. Inventeur de l'«Union sacrée» dans son message aux chambres du 4 août 1914 et artisan du «Verdun financier» qui a mis fin à la crise des changes de l'hiver 1924, Poincaré apparaît comme l'homme du recours.

À l'inverse d'un Boulanger, propulsé au premier plan de la scène politique après quelques mois au ministère de la Guerre, c'est à la longue, sinon à l'usure, que l'élu de Commercy a conquis ses galons de sauveur. L'expérience et le prestige accumulés dès 1890, date à laquelle il a été élu rapporteur général du budget, lui permettent d'apparaître aux yeux de l'opinion non seulement comme un spécialiste des questions financières et monétaires, mais aussi et surtout comme un homme d'État d'une envergure exceptionnelle.

Dès sa première nomination à la tête du gouvernement, le 14 janvier 1912, il semble bénéficier d'une forte notoriété, soulignée dans *Le Temps*, quotidien de référence : «M. Poincaré est accueilli par l'opinion en France et à l'étranger avec une ferveur presque sans précédent.» Une bonne partie de la presse républicaine parisienne, ainsi que des journaux de province comme *La Dépêche de Toulouse* ou *L'Est républicain*, le présentent dès cette époque comme un homme providentiel, capable de faire face à la montée des périls extérieurs. Lorsqu'il est élu président de la République par le Congrès réuni à Versailles, le 17 janvier 1913, *Le Journal des débats* se réjouit que les parlementaires aient «répondu aux espoirs que le peuple tout entier avait mis» en eux, et affirme que «cette victoire a été accueillie partout avec un sentiment profond de satisfaction, de sécurité, de fierté», car «toute la France voulait que l'homme qui a pour mission de la représenter devant l'Europe [...] fût digne d'elle par son expérience, son prestige, sa valeur personnelle». Toujours si l'on en croit le récit du *Journal des débats*, il semble qu'une «clameur formidable» ait accueilli le nouveau président à sa sortie du château de Versailles, qu'une foule nombreuse

1. *Le Temps*, 23 juillet 1926.

l'ait acclamé lors de son trajet entre le palais et la gare, et que trois à quatre mille supporters enthousiastes soient venus l'attendre à Paris, gare des Invalides, aux cris de « Vive Poincaré ! », agitant casquettes et mouchoirs. Ne surinterprétons pas l'enthousiasme d'un journal qui lui a toujours été favorable, mais constatons que la satisfaction semble bien quasi générale, aussi bien à droite, où *Le Figaro* estime que « la France est entre de bonnes mains », qu'à gauche, où *Le Radical* reconnaît ses qualités d'« homme d'État ».

Treize ans après, lorsque chute le cabinet Briand, le 17 juillet 1926, c'est encore vers lui que l'on se tourne. L'annonce d'un cabinet dirigé par le radical Herriot a provoqué une telle panique financière qu'il a été renversé le jour même de la présentation de son gouvernement, le 21 juillet. Un dessin de Nob, intitulé *L'Abandonné*, représente le franc assis derrière l'enceinte du Palais-Bourbon et demandant à Marianne si elle ne voit « rien venir »[1]. La presse se demande ce que « sera ce gouvernement de demain que le pays attend et que la Chambre demande », en proposant une réponse : « Le nom seul de son chef doit rétablir la confiance »[2].

Clemenceau en retraite, Briand et Herriot discrédités, Poincaré s'impose comme le recours ultime, sollicité par le président de la République Gaston Doumergue pour former le nouveau cabinet. *Le Temps* souligne que « la presse étrangère est à peu près unanime à applaudir la constitution en France d'un gouvernement d'union nationale et de concentration républicaine capable de faire renaître la confiance et de mener à bien la tâche si urgente du redressement financier[3] ». Élu président de la Chambre, Raoul Péret résume l'état d'esprit général en affirmant que « dans l'union des esprits et des cœurs, la France puisera une vitalité nouvelle », et que nul ne songera « à se dérober à l'appel du pays qui s'inquiète, mais qui espère... »[4]. À la tête d'un cabinet d'union nationale, où siègent cinq anciens présidents du Conseil, Briand, Herriot, Painlevé, Barthou et Leygues, sonne l'heure du rassembleur Raymond Poincaré, qui endosse à 66 ans les habits du sauveur providentiel.

1. *Le Rire*, 24 juillet 1926.
2. *Le Temps*, 22 juillet 1926.
3. *Ibid.*, 23 juillet 1926.
4. *Ibid.*, 28 juillet 1926.

La valse des sauveurs

« Ils finiront bien par me renverser à force de me bousculer ! » s'exclame Poincaré sur un dessin de Gassier en couverture du *Cyrano* du 3 mars 1929, qui le représente « aspirant au repos » au milieu de la cohue des prétendants. Et, de fait, sa démission en juillet 1929 plonge à nouveau la République dans une période d'instabilité et d'incertitudes, qui voit pas moins de seize gouvernements se succéder en moins de cinq ans, jusqu'à la journée tragique du 6 février 1934. Cela fait le miel de l'extrême droite nationaliste, antiparlementaire et populiste, qui connaît une embellie depuis le début des années 1930, tant sur le terrain idéologique que sur celui des organisations. Et c'est dans ce bouillon de culture hétérogène que commence la valse des sauveurs.

Pour la plupart d'entre eux, les références messianiques sont empruntées au panthéon national, beaucoup plus qu'aux dictateurs étrangers de l'époque. « Les martyrs ne s'oublient jamais. Jeanne d'Arc n'a jamais été l'objet d'une vénération aussi fervente ; et le souvenir de Bonaparte, sauveur de la patrie, reconstructeur de la société française, n'a jamais hanté plus de cerveaux que dans la présente anarchie[1] », peut-on lire dans *L'Ami du peuple*, le journal du parfumeur milliardaire François Coty, qui se verrait bien lui-même en homme providentiel. Son ami Albert Surier, dans *L'Éveil de la Corse*, exalte en Coty « l'homme seul », qui mène une « lutte fantastique » contre la « horde » des partis politiques, attaquant « sans répit », allant « débusquer » l'ennemi « jusqu'au fond de ses repaires », allumant « un phare qui éclaire d'un jour cru les sombres silhouettes des plus grands malfaiteurs de l'Histoire »[2]. Mais, en dépit de sa fortune et de son empire de presse, Coty n'est qu'un franc-tireur, contesté au sein même de sa famille politique et raillé par bien des observateurs.

D'autres aspirent-ils à endosser les habits de l'homme providentiel ? Si l'on se réfère à la liste, évidemment subjective, des « six candidats Führers » proposée par l'hebdomadaire radical *La*

1. *L'Ami du peuple*, 26 novembre 1933.
2. Reproduit dans *Le Figaro*, 4 et 19 avril 1932.

Lumière dans son édition du 11 avril 1936, on rencontre deux chefs ligueurs, le colonel de La Rocque et Pierre Taittinger, un grand patron très engagé en politique, François de Wendel, un franc-tireur de la droite, Henri de Kerillis, et deux anciens présidents du Conseil, Pierre Laval et André Tardieu. Cette liste, loin d'être exhaustive, nous révèle les rumeurs, les craintes et les fantasmes qui agitent l'opinion de gauche à l'aube du Front populaire. Prenons-la comme telle, en essayant d'y débusquer des éléments de réalité.

Ceux que l'on n'attend pas

Éliminons d'emblée le grand industriel François de Wendel, président du Comité des forges et régent de la Banque de France, dont l'image, assimilée à celle des « deux cents familles », est trop éloignée des masses, voire honnie par le peuple de gauche, pour lui permettre d'aspirer à jouer le rôle du sauveur[1]. Si l'on en croit les rapports de police en juillet 1935, Wendel « soutient M. Laval, de toute son influence », considérant que « le président du Conseil est le dernier atout du régime tel qu'il existe »[2]. Il est vrai que Laval est à cette époque l'un des Français les plus populaires, en tout cas le seul à s'être vu décerner le titre d'« homme de l'année » par le magazine *Time* en 1931, lors de son premier passage à la présidence du Conseil, et classé deuxième derrière le maréchal Pétain dans un jeu-référendum organisé en novembre 1934 par *Le Petit Journal* afin de désigner le meilleur « dictateur républicain ». Mais sa politique déflationniste, qui pousse dans la rue les fonctionnaires en colère, ainsi que ses échecs sur le front international, notamment son inertie complice au moment de l'invasion de l'Éthiopie par les Italiens, ne tardent pas à le faire descendre de son piédestal. Sa démission en janvier 1936 semble sonner le glas de ses ambitions.

Écartons aussi Henri de Kerillis, ardent polémiste du journal *L'Époque*, militant des Jeunesses patriotes jusqu'en 1935, député à

1. Jean-Noël Jeanneney, *François de Wendel en République. L'argent et le pouvoir (1914-1940)*, Paris, Seuil, 1976.

2. Notes « Jean » sur les partis et les hommes politiques, 1918-1936, Archives nationales (AN), F7 12960, p. 8553, 4 juillet 1935.

plusieurs reprises, mais dont la personnalité anticonformiste l'a écarté des responsabilités gouvernementales et surtout d'une véritable notoriété nationale. On pourrait presque en dire autant de Pierre Taittinger, héros de la Grande Guerre, député de Paris à partir de 1924 et fondateur des Jeunesses patriotes la même année. À la différence de Kerillis, Taittinger peut disposer d'une organisation qui revendique jusqu'à cent mille membres en 1934. Pour ses militants, il semble bien qu'il incarne une figure d'homme providentiel, si l'on en croit cet éditorial enflammé d'un responsable régional : « C'est vraiment un chef [...]. C'est un lutteur de cent batailles, un vétéran [...], un poète qui vous emporte sur ses ailes vers les cimes [...], un réalisateur qui bâtit patiemment, jour par jour, son œuvre grandiose. Et de lui à cette foule vont des courants de sympathie profonde [1]. » De même peut-on évoquer le portrait élogieux que lui consacre Jacques Audran dans l'hebdomadaire *Gringoire* du 27 septembre 1935, le décrivant comme un « écuyer » médiéval au « tranquille courage », « le geste allègre, la parole jeune et claire, le visage à la fois énergique et railleur », et affirmant que son « nom est aujourd'hui un drapeau », qui « n'a pas donné toute sa pleine mesure ». Mais le chef des Jeunesses patriotes, transformées en Parti national républicain et social après leur dissolution, puis fondues en 1937 dans le Front de la liberté lancé par Doriot, ne dispose ni de l'aura ni des troupes nécessaires pour se lancer dans une aventure personnelle. À cette époque, il rentre dans le rang des petits chefs de l'extrême droite, tels Marcel Bucard ou Jean Renaud, incapables d'incarner une alternative au Front populaire.

Le chevalier-patriote

Le colonel de La Rocque, au contraire, est à la tête de la plus grande organisation politique de l'époque, le Parti social français. Lorsqu'il a pris, en 1931, la direction de l'organisation des Croix-de-Feu, son prestige de héros de la Grande Guerre et son aptitude à

1. Francis d'Azambuja, chef de la Légion méditerranéenne, « Des hommes, un chef », *L'Alerte. Organe mensuel des Jeunesses patriotes de la région lyonnaise*, 1er avril 1930.

commander en ont fait d'emblée un leader charismatique, une sorte de chevalier-patriote qui fascine les anciens combattants. « La flamme l'anime, l'éclaire, et il y a une telle intensité de vie que, dès les premiers mots, le contact est définitif avec cette foule qui se laisse prendre à la puissante étreinte de ce conquérant[1] », raconte le délégué de Constantine, relatant un discours du colonel en Algérie. « Votre voix de chef aimé a sonné le garde-à-vous[2] », lui écrit un adhérent de Seine-et-Oise. Au sein de son organisation, il est considéré par beaucoup comme un homme providentiel, paré de toutes les vertus, « fondu au rude creuset des batailles », à la « décision prompte », au « jugement sûr », à la « droiture sans égale » et à la « bonté sans comparaison »[3].

Au lendemain du 6 février 1934, où il a refusé de marcher sur le Palais-Bourbon, il gagne une stature et une légitimité nouvelles qui en font l'homme fort de la droite, respecté et craint par ses alliés de la veille comme par ses adversaires. *L'Action française*, dépitée par sa fidélité aux institutions républicaines, l'attaque avec virulence, déplorant que les « lions soient conduits par un âne », l'âne « Casimir », surnom dont on l'affuble, en référence au héros de la comtesse de Ségur[4]. Mais le quotidien modéré *Le Temps* consacre un article important à cette organisation « qu'on connaissait assez mal avant le 6 février », soulignant le dynamisme de son chef, « jeune, ardent, étranger à la politique et aux politiciens »[5]. La gauche elle-même en fait, bien à tort, une sorte d'incarnation de toutes les droites antirépublicaines. En témoigne par exemple cette planche dessinée en 1935 par Cabrol pour le Parti communiste, représentant « Monsieur le président-général-colonel en retraite de réserve comte Casimir Basile de La Rocque du 6 février de l'électricité », coiffé non seulement de son képi, mais aussi d'une mitre ecclésiastique et d'une couronne monarchique, et muni d'une croix

1. *Le Flambeau*, avril 1931, p. 11.
2. Jean Bertheaud, AN, fonds 541 AP 81, n° 37, 3 août 1930.
3. Discours de Maurice Genay, président des Croix-de-Feu, 24 juillet 1931, cité dans *Le Flambeau*, août 1931.
4. Cité par Jacques Nobécourt, *Le Colonel de La Rocque, 1885-1946. Ou les pièges du nationalisme chrétien*, Paris, Fayard, 1996, p. 256.
5. *Le Temps*, 27 janvier 1935.

gammée nazie et d'un gourdin comme les fascistes. C'est contre lui que se concentrent les clameurs lors du rassemblement populaire du 14 juillet 1935, marqué par les cris de « La Rocque au poteau ! ».

Peut-on dire pour autant que le colonel de La Rocque fait figure d'homme providentiel de la droite au moment du Front populaire ? Si l'on en croit le livre-témoignage que lui consacre en 1935 Paul Chopine, ancien délégué général à la propagande des Croix-de-Feu, il aspire à devenir un « chef fasciste », appelant « directement aux instincts inconscients du "Français moyen" », travaillant « comme Hitler » à « créer une mystique qui remplace la critique et la raison » pour « désindividualiser des milliers d'hommes en les astreignant à une discipline militaire »[1]. C'est un portrait accablant de La Rocque, décrit à la fois comme « très autoritaire, et jaloux d'être seul à commander », et comme un « comédien forcené », acharné « à créer autour de lui une mystique personnelle » dans un perpétuel « souci de cabotinage »[2].

Mais ce portrait à charge d'un ligueur déçu ne doit pas être pris au pied de la lettre, loin de là. Le colonel de La Rocque a prouvé le 6 février 1934 qu'il n'avait rien à voir avec les aventuriers en chemise noire ou brune, et l'étiquette fasciste est bien étrangère à ce croisé de l'Union sacrée patriotique[3]. Il est significatif que *Le Petit Journal* du 14 juillet 1937, premier numéro du quotidien désormais dirigé par le colonel, ne montre aucune photo de lui, et que son éditorial, titré « Salut public », affirmant son respect de la légalité et des institutions républicaines, ne contienne aucune allusion à la figure du chef ou à une aventure personnelle. Dans l'éditorial du 4 avril 1939, il rappelle sa « révérence à l'égard du régime et du chef de l'État » Albert Lebrun. « Rien n'est moins authentique que ce masque de dictateur qu'on applique au colonel de La Rocque », explique l'académicien Jacques de Lacretelle, dénonçant « l'imagerie d'Épinal » qui l'associe au « souvenir d'un

1. Paul Chopine, *Six Ans chez les Croix-de-Feu*, Paris, Gallimard, 1935, p. 12, 15, 20.

2. *Ibid.*, p. 149.

3. Voir Albert Kéchichian, *Les Croix-de-Feu à l'âge des fascismes. Travail, famille, patrie*, Paris, Champ Vallon, 2006.

général au cheval noir», c'est-à-dire Boulanger[1]. «Il aime à répéter qu'il faut [...] construire les systèmes pour les hommes et non faire plier les hommes sous les systèmes. N'est-ce pas tout le contraire des dictateurs[2] ?», s'insurge l'écrivain... qui, il est vrai, est rédacteur au *Flambeau*, le journal des Croix-de-Feu.

Même à gauche, la menace d'une dictature de La Rocque ne semble pas vraiment prise au sérieux. Le caricaturiste Jean Effel, que l'on ne peut soupçonner de complaisance envers le colonel, choisit de le représenter sur un cheval à bascule, dans la posture de Bonaparte, main droite sur l'estomac et coiffé d'une cocotte en papier en guise de bicorne. Il y a dans cette caricature toute la dérision presque pathétique d'un apprenti sauveur condamné à l'échec. Sur d'autres dessins, Effel s'amuse de son surnom familier de «Casimir», cuisiné à toutes les sauces du ridicule: «Casimiraculé», il est représenté en Jeanne d'Arc entendant les voix d'un aristocrate à monocle et d'un capitaliste au gros cigare, censés figurer ses bailleurs de fonds; «Casimirmillon», il est vêtu en gladiateur, affrontant dans l'arène Léon Blum en rétiaire; «Casimironton-Casimirontaine», sur l'air de *Malbrough s'en va-t-en guerre*, souligne les atermoiements de ce combattant indécis, avec cette finale cruelle: «Ne sait s'il attaqu'ra»[3].

Si nous nous sommes attardés sur ces caricatures, c'est parce qu'elles résument l'aventure politique du colonel de La Rocque, contesté dans sa propre organisation et fourvoyé dans l'impasse de son légalisme républicain. Dans le marigot des organisations d'extrême droite, il apparaît même comme une sorte de pestiféré au moment du Front populaire. «Il ne peut venir à l'idée de personne, parmi les dissous du Parti franciste, de se rallier sous la houlette de Monsieur de La Rocque[4]», écrit par exemple Marcel Bucard. «Je ne saurais admirer ou seconder les efforts de ces prétendus meneurs d'hommes qui font des combattants français de fades imitateurs des

1. Jacques de Lacretelle, *Qui est La Rocque ?*, Paris, Flammarion, 1936, p. 3 et 8.

2. *Ibid.*, p. 12.

3. Jean Effel, *Le Colonel de La Rocque*, dessins parus dans *Le Canard enchaîné* et *Marianne*, Paris, Gallimard, 1936.

4. *Le Franciste*, 5 juillet 1936.

troupes de l'Armée du Salut[1] », s'exclame André Tardieu lors d'une réunion organisée salle Pleyel, le 28 mai 1936, en réponse aux clameurs de militants favorables à La Rocque. La cruauté de ces attaques nous renvoie à la division chronique de l'extrême droite française de l'époque. Elle se manifeste avec éclat lors du procès de l'automne 1937 opposant le colonel à son ancien bras droit Pozzo di Borgo, qui l'accuse d'avoir touché des fonds secrets de Tardieu, ce dernier confirmant d'ailleurs l'accusation. À cette occasion, Xavier Vallat, défenseur de Pozzo di Borgo et lui-même ancien Croix-de-Feu, traitera son ancien chef de « mythomane persévérant[2] ».

« L'homme de demain »

Plus indulgent, mais avec condescendance, Jacques Doriot décrit le colonel de La Rocque comme « un bon officier français, ennemi du désordre[3] ». Lui-même ne se verrait-il pas en homme providentiel ? Si l'on en croit le journaliste et écrivain Clément Vautel, « pour beaucoup de gens, à commencer par les gens du monde », c'est Doriot le « sauveur », « un révolutionnaire assagi qui nous débarrassera du socialo-communisme », « un tribun », « un homme d'action », dont certains commencent à dire « C'est notre Hitler ! »[4]. Exclu du Comité central du Parti communiste en juin 1934 mais fort de son prestige de tribun ouvrier, il appelle à « livrer » contre le Front populaire « le combat suprême pour l'indépendance du pays », affirmant sa confiance dans « le peuple de ce pays assez ardent pour m'y suivre et pour gagner »[5].

La vocation messianique du personnage est clairement suggérée dans une brochure imprimée dans son fief de Saint-Denis à l'été

1. *L'Action française*, 29 mai 1936.

2. Cité par Jacques Nobécourt, *Le Colonel de La Rocque, 1885-1946*, *op. cit.*, p. 613.

3. Victor Barthélémy, *Du communisme au fascisme*, Paris, Albin Michel, 1978, p. 103.

4. *Le Cyrano*, 10 juillet 1936, p. 8-9.

5. Jacques Doriot, *La France ne sera pas un pays d'esclaves*, Paris, Les Œuvres françaises, 1936, p. 130.

1936, sous le titre *Doriot, l'homme de demain ?*. Pour l'ancien journaliste de *L'Action française* Pierre Dominique, qui ouvre le bal de cette hagiographie, les autres chefs de l'extrême droite ne sont pas à la hauteur, et seul Doriot est en mesure de mener à bien ce qu'il appelle « la seconde révolution française »[1]. Paul Guitard, ancien rédacteur de la revue communiste *Clarté*, décrit longuement « l'homme » Doriot, ses « mains plébéiennes et rudes, aptes à saisir le cœur des masses populaires », « le type de ce que la classe ouvrière peut donner de mieux à une nation »[2]. Bertrand de Jouvenel, radical converti au doriotisme, montre aux lecteurs « ce que disent à Doriot les voix de Saint-Denis » (écrit, il faut le noter, en lettres gothiques), c'est-à-dire que « l'émancipation et l'unité doivent être recommencées à chaque génération », soulignant la dimension historique de son héros[3]. « Quelque chose commence », s'exalte Pierre Drieu La Rochelle, commentant la photo du tribun Doriot en chemise à la tribune lors du congrès de fondation des 27 et 28 juin 1936 à la mairie de Saint-Denis. « Devant une salle remplie d'hommes semblables à lui, qui avaient cherché et souffert, et erré, Doriot a parlé pendant trois heures d'horloge. Il a bien mouillé sa chemise et il a raconté toute son histoire ; notre histoire, depuis dix-sept ou dix-huit ans. » C'est la fusion archétypique du sauveur identifié à son peuple et à son histoire collective, et menant à la symbolique solaire, « le soleil de juin qui fera mûrir le blé et les fruits »[4].

Succès immédiat pour ce nouvel homme providentiel, qui rassemblerait autour de lui plus de cent vingt mille militants en novembre 1936, si l'on en croit les chiffres de son journal, *L'Émancipation nationale*. Le cérémonial fascisant du parti, le salut du bras droit, ainsi que le serment prêté « au PPF, à son idéal, à son chef » renvoient aux modèles prophétiques des dictatures voisines. De même pour l'hymne du parti, *France, libère-toi !*, écrit par l'ouvrier métallurgiste André Henry, et qui se conclut par cette exhortation : « Écoute Doriot qui t'appelle / Enfant de France vers le plus noble

1. *Doriot, l'homme de demain ?*, Saint-Denis, 1936, p. 5-6.
2. *Ibid.*, p. 3.
3. *Ibid.*, p. 19.
4. *Ibid.*, p. 15.

but. » Et Drieu La Rochelle de s'extasier au moment du premier congrès du PPF, organisé le 9 novembre 1936 : « Devant nous, Il a pris à bras-le-corps toute la destinée de la France, il l'a soulevée à bout de bras comme un grand frère herculéen »[1].

Fasciné lui aussi par le charisme du tribun, Éric Labat, membre du service d'ordre du PPF, y voit un « miracle de la puissance physique au service de la parole », « une sorte de viol énorme et collectif par une puissance d'une virilité élémentaire »[2]. Ce que Drieu interprète quant à lui comme la sublimation de l'élément mâle correspondant à « cette générosité féminine de la nation[3] ». Doriot est donc présenté à la fois comme le guide, le rassembleur, le grand frère, mais aussi comme le fiancé de la France, et même celui qui peut la féconder. C'est une thématique récurrente dans l'histoire des hommes providentiels depuis Bonaparte. « À vrai dire, je n'ai pas connu dans ma génération d'homme ayant reçu à tel point du ciel des qualités d'homme d'État[4] », écrira Pierre Pucheu, transfuge des Croix-de-Feu passé dans le camp doriotiste. C'est pourquoi l'ancien député communiste Simon Sabiani lui lance, lors d'un meeting aux arènes du Prado de Marseille : « Nous avons trouvé notre chef [...] et désormais nous combattrons à ses côtés, pour la rénovation de l'âme française[5]. » Mais ce sont des paroles de militant, qui seront vite démenties par le déclin du PPF.

« Le mirobolant »

Si nous reprenons l'inventaire du journal *La Lumière* évoqué plus haut, il reste un candidat à la dictature républicaine qui, au cœur des années 1930, fait pour beaucoup figure de champion : c'est André Tardieu, personnalité brillante et charismatique de la droite libérale,

1. Pierre Drieu La Rochelle, *Avec Doriot. Recueil d'articles parus dans L'Émancipation nationale*, Paris, Gallimard, 1937, p. 80.
2. Éric Labat, *Les places étaient chères*, Paris, La Table ronde, 1969, p. 124-125.
3. Pierre Drieu La Rochelle, *Avec Doriot*, *op. cit.*, p. 146.
4. Pierre Pucheu, *Ma vie*, Paris, Durand-Amiot, 1948, p. 139.
5. *L'Émancipation nationale*, 27 juillet 1936.

surnommé « le mirobolant » par Léon Daudet, et qui pourrait prétendre à cette époque au statut de sauveur potentiel. Dans *L'Écho de Paris* du 1er février 1934, à quelques jours de la grande manifestation des ligues, Henri de Kerillis le présente même comme la « dernière chance de sauver la République ». Le même jour, les éditions Flammarion sortent à grand tapage un recueil de ses articles publiés depuis quelques mois dans le journal *L'Illustration* sous le titre évocateur *L'Heure de la décision*. Il s'y montre obsédé par la « décadence » de la France et par la nécessité de restaurer un pouvoir fort, dans l'héritage de Louis XI, d'Henri IV, de Napoléon Ier et de Clemenceau, dont il fut le disciple, le collaborateur et le ministre. Et, de fait, pour une bonne partie des élites de la droite, André Tardieu apparaît comme la seule personnalité politique d'envergure capable de dénouer la crise de la société française.

Depuis la fin de la Grande Guerre, il a su en effet incarner à la fois l'héritage du patriotisme intransigeant de son mentor Clemenceau et l'aspiration de toute une génération à la modernité. Dès le premier numéro de son journal *L'Écho national*, le 10 janvier 1922, il se fixait pour but de dire la « vérité » à la France, « trahie par les détenteurs du pouvoir », et « de réveiller en France le sens de la victoire ». À longueur de colonnes, il réclamait des « chefs », capables de « se battre », et qu'on « les voie en première ligne »[1]. S'il a accepté en juillet 1926 le portefeuille des Travaux publics dans le gouvernement d'union nationale de Poincaré, c'est « parce que la France était en danger de mort » et « parce que le but, défini par les faits et par l'autorité du chef, fournissait sans débats préalables une base ferme à l'action commune »[2].

C'est ainsi qu'il s'est construit une image d'homme d'État volontariste, incarnant mieux que tout autre la relève politique de sa génération. « À mesure que les chefs légués par les générations précédentes s'approchent du soir inéluctable de leur vie, on se tourne vers M. André Tardieu, et on le salue non seulement comme une grande réalité présente, mais encore comme la ressource et l'espérance de demain[3] », commente le juriste Joseph Barthélémy. Quand il est appelé à la présidence du Conseil, en novembre 1929,

1. *L'Écho national*, 30 juin 1922 et 20 octobre 1923.
2. Discours de Belfort, 3 juillet 1927, dans *Le Temps*, 4 juillet 1927.
3. *Revue politique et parlementaire*, septembre 1927, p. 335.

beaucoup saluent en lui un homme providentiel, « le représentant d'une nouvelle génération politique », portant « avec lui de grands espoirs » et amenant un « souffle d'air pur » au-dessus « des intrigues de couloirs et des disputes de partis »[1].

Dès 1930, plusieurs ouvrages élogieux lui sont consacrés. « C'est le meilleur, le plus solide, le mieux armé, le plus captivant qui l'a emporté[2] », écrit le journaliste Maurice Privat. L'ancien député Michel Missoffe, son ami, le présente comme « orgueilleux, volontaire, laborieux, combatif, violent, généreux, sceptique et optimiste », et d'une « fidélité sensible » à son mentor Clemenceau[3]. Ajoutons qu'il est adoubé par l'autre grande figure de la politique française, Raymond Poincaré, qui chante ses louanges dans *L'Excelsior* du 28 février 1930, le classant « parmi les plus grands chefs », « un homme d'État de premier ordre », « un meneur d'une trempe exceptionnelle », et qui selon lui « possède la confiance de la nation ». Et le sénateur Henry de Jouvenel, père de Bertrand et ancien ministre de Poincaré, de s'exclamer : « Voici enfin l'heure de Tardieu. Enfin ? Oui, il y a longtemps que nous l'attendions. Nous, qui ? Ceux de son parti ? Non, ceux de son âge[4]. »

Pourtant ce même Jouvenel figure parmi les principaux interpellateurs de Tardieu lorsque celui-ci est renversé par le Sénat, le 4 décembre 1930, au terme d'une année de gouvernement tumultueuse, qui a vu communistes et socialistes dénoncer le pouvoir « personnel » et « factieux » de ce libéral volontariste[5]. Léon Blum s'inquiète que la majorité de Tardieu « n'existe plus que pour lui et par lui », « l'unique communauté » étant « celle du chef », « l'unique lien, celui du serment de fidélité réciproque », ce qui le met « hors de la République »[6]. Le communiste Félicien Challaye le décrit comme un « aspirant dictateur », doté d'un « égoïsme formidable et sans frein, avide jadis d'argent, aujourd'hui de pou-

1. *L'Écho de Paris* et *Le Journal*, 8 novembre 1929.

2. Maurice Privat, *Les Heures d'André Tardieu et la crise des partis*, Paris, Les Portiques, 1930, p. 244.

3. Michel Missoffe, *La Vie volontaire d'André Tardieu. Essai de chronologie animée, 1876-1929*, Paris, Flammarion, p. VI et 191.

4. *Revue des vivants*, décembre 1929, p. 40.

5. *Le Populaire*, 13 et 20 décembre 1930.

6. *Ibid.*, 13 décembre 1930.

voir»[1]. Plus grave encore pour sa majorité, les radicaux l'ont pris en grippe, à l'image de l'hebdomadaire *La Voix*, qui compare son ministère au «gouvernement du 16 mai» et lui désigne comme «grands ancêtres» Napoléon III, le maréchal Mac-Mahon et le général Boulanger[2]. Le député radical François Albert voit en lui «un admirable fourrier de la dictature[3]». Et un rapport de police nous dit que «chez les radicaux et leurs amis SFIO, on n'appelle plus M. Tardieu que "le Nouveau Boulanger"[4]».

Cette suspicion de dictature explique en partie l'échec de son second passage à la tête du gouvernement, à partir du 20 février 1932. C'est l'époque où *La Vie socialiste* le surnomme «l'homme au micro entre les dents», en référence à son utilisation jugée abusive des discours radiodiffusés lors de la campagne électorale. Le radical Édouard Herriot dénonce quant à lui un «système de candidature officielle» qui ramène aux «mœurs du Second Empire et de l'affiche blanche»[5]. Il y voit même un glissement «vers une sorte de fascisme[6]». Et la presse de gauche croit déceler dans ses projets de révision constitutionnelle un «programme de fascisation des institutions», la «néo-boulange» ou une «croisade fasciste en montant comme Boulanger un cheval noir»[7].

En fait, Tardieu regarde beaucoup plus du côté des États-Unis que de celui de l'Italie mussolinienne ou de l'Allemagne fasciste. S'il a un modèle, c'est le président américain Theodore Roosevelt, dont la rencontre a constitué un grand «choc» dans sa vie. Son ami et biographe Michel Missoffe croit déceler «dans leur biographie, dans leur politique, dans leur caractère, de bien remarquables similitudes», ainsi qu'un même «idéal politique» de «conjonction des centres»[8]. S'il est volontariste et dirigiste, c'est à la manière du

1. Félicien Challaye, *Un aspirant dictateur. André Tardieu*, Paris, Éd. de la Révolution prolétarienne, 1929, p. 3.
2. *La Voix*, 3 et 17 novembre 1929.
3. *La Dépêche du Midi*, 18 octobre 1930.
4. Rapport du 16 juillet 1930, ministère de l'Intérieur, police générale (AN, F7 12957).
5. *Le Temps*, 18 avril 1932.
6. *La Dépêche de Toulouse*, 24 avril 1932.
7. *Le Populaire*, 24 janvier et 7 février 1933 ; *La Frontière*, 18 février 1933.
8. Michel Missoffe, *La Vie volontaire d'André Tardieu*, *op. cit.*, p. 89-90.

président populiste ou d'un entrepreneur fordiste et non à celle d'un dictateur autoritaire. Mais il est vrai que les ligues le considèrent avec sympathie, parfois même comme un rassembleur des droites. En 1931, les Croix-de-Feu du colonel de La Rocque organisent des manifestations en sa faveur, à Toulouse en avril, à Paris en octobre et à Bordeaux en décembre[1]. De son côté, Pierre Taittinger salue les « remarquables articles » publiés par Tardieu dans *L'Illustration* et *La Liberté* sur la « nécessité de l'action »[2]. Ce même Taittinger exige un gouvernement composé d'« hommes neufs », « désignés en dehors du Parlement », « exception faite pour André Tardieu qui a en lui d'exceptionnelles facultés d'adaptation, de renouvellement et de vigueur »[3]. Pourtant, au lendemain du 6 février 1934, lorsque la République se cherche un rassembleur, ce n'est pas au « mirobolant » Tardieu qu'elle offre la présidence du Conseil. Celui qui se voit confier les rênes du pouvoir représente, à première vue, tout le contraire de Tardieu, l'expérience face à l'audace, le conservatisme face à la modernité : c'est Gaston Doumergue, le vieux sage de Tournefeuille. Commence alors une séquence symbolique dont l'aboutissement sera le 10 juillet 1940, avec l'octroi des pleins pouvoirs au recours ultime, le maréchal Pétain.

Du sage de Tournefeuille au héros de Verdun

Pourquoi rassembler dans notre étude deux personnalités aussi différentes que celles du radical Doumergue, enraciné dans la tradition de la Révolution française, et du maréchal Pétain, admiré par les droites et proche des Croix-de-Feu ? D'abord, parce que l'un et l'autre correspondent dans les années 1930 au même fantasme d'ordre, d'unité et de conservation sociale qui imprègne une grande partie de l'opinion française, face aux projets du Front populaire. Ensuite, parce que pour les plus extrémistes ils incarnent la possibi-

1. François Monnet, *Refaire la République. André Tardieu, une dérive réactionnaire (1876-1945)*, Paris, Fayard, 1993, p. 451.
2. *L'Alerte,* avril 1934.
3. « Vers les pleins pouvoirs », *ibid.*, mai 1935.

lité d'une régénération politique morale, par la rupture avec le système parlementaire honni.

C'est ce qu'attend par exemple le « socialiste national » Gustave Hervé en novembre 1933, espérant voir apparaître « l'homme providentiel, l'homme de caractère, de décision, d'audace et d'intelligence » qui aurait « assez de popularité et de prestige pour balayer le malfaisant et grotesque régime parlementaire qui, depuis quarante ans, conduit le pays au tombeau »[1]. Plus d'un an après, déplorant l'échec de l'« expérience Doumergue » dans un ouvrage fameux, intitulé *C'est Pétain qu'il nous faut*, Hervé y voit « la condamnation de la méthode des réformettes et de la pâte guimauve pour guérir un organisme national qui est envahi par la gangrène ».

L'échec du « sage de Tournefeuille », figure du Cincinnatus républicain, lui apparaît donc comme la preuve ultime de la nécessité du recours à Pétain. C'est pourquoi il n'est pas incongru de les associer dans la même séquence historique de la fascination française pour l'homme providentiel.

« Un père de la patrie »

Pourquoi Doumergue en février 1934 ? D'une part, parce que c'est un vieux sage, un homme d'expérience, qui a fait la preuve de sa compétence en occupant à plusieurs reprises des fonctions ministérielles, et même la présidence du Conseil du 9 décembre 1913 au 9 juin 1914. D'autre part, parce que c'est un radical très modéré qui a maintes fois démontré son aptitude au compromis républicain. Refusant de s'engager en faveur du cartel des gauches, il a été élu président de la République le 13 juin 1924.

En tant que chef de l'État, il a effectué en mars 1930 une visite d'urgence dans les départements inondés du Sud-Ouest, qui a profondément marqué les esprits dans le registre compassionnel[2]. Rompant avec les rituels protocolaires, il a effectué un périple de

1. *L'Ami du peuple*, 14 novembre 1933.

2. Dominique Versavel, « Le voyage de Gaston Doumergue dans le Sud-Ouest inondé », *Arkheia, revue d'histoire. Histoire, mémoire du vingtième siècle en Sud-Ouest*, n° 4, 2001.

plus de six cents kilomètres sur les routes défoncées de la région, s'arrêtant pour parcourir les ruines, tête baissée dans la boue des décombres, discutant avec les victimes, félicitant les sauveteurs, au diapason des populations traumatisées. La presse régionale et nationale a fait ses gros titres sur le chef de l'État réconfortant les populations sinistrées, multipliant les photographies du premier des Français immergé dans son peuple souffrant[1]. Au-delà de la fonction traditionnelle du souverain thaumaturge, nul doute que cette image de proximité compassionnelle aura joué un rôle dans la construction de l'image authentiquement populaire qui caractérise celui que l'on surnomme affectueusement « Gastounet ».

C'est pourquoi ce retraité de la politique apparaît comme le rassembleur idéal au sortir de la crise du 6 février 1934, susceptible de préserver la présence des radicaux au pouvoir en les associant aux figures de la droite. À son arrivée à Paris, Poincaré en personne vient lui donner l'accolade, comme pour marquer un passage de témoin. Ce que souligne l'éditorial du *Temps* : « La Marne et Verdun [...] demeurent dans l'histoire comme des exemples de ce que l'on appelle le "miracle français". Le redressement effectué par M. Poincaré en 1926 en est un autre [...]. Le redressement qui s'annonce avec l'entrée en scène de M. Gaston Doumergue et le retour à l'esprit d'union ne tarderont pas [...]. C'est parce que M. Doumergue est vénéré de tous pour la dignité de sa vie politique, pour son bon sens et pour son patriotisme, qu'on voit maintenant en lui l'homme dont la nation a besoin[2]. » C'est ainsi que réapparaît la figure de l'homme providentiel faiseur de « miracle », associée à l'image du républicain patriote. Henri de Kerillis y voit la résurgence « d'une sorte de rite », « l'appel à un vieillard, à un père de la patrie dont la longue expérience et le patriotisme ont fait leurs preuves »[3].

Lorsque Doumergue est conduit à la démission dix mois plus tard, en novembre 1934, Kerillis en fait une « victime des politiciens et des francs-maçons[4] ». Une lettre que lui envoie Tardieu en

1. *Le Petit Parisien*, 9 mars 1930.
2. *Le Temps*, 9 février 1934.
3. *L'Écho de Paris*, 9 février 1934.
4. *Ibid.*, 13 novembre 1934.

dit long sur l'état d'esprit messianique de la droite à cette époque : « Il n'y a de salut possible que dans une refabrication de l'âme française, à qui nos parlementaires n'entendront jamais rien. » Tardieu ajoute que son rôle sera désormais de « préparer le pays par la parole et par la plume » à ce renouveau spirituel[1]. Mais c'est un autre ex-ministre de Doumergue qui porte désormais les espoirs de recours : le maréchal Pétain.

« Le plus populaire des chefs de guerre »

L'idée a justement commencé à émerger après la chute du cabinet Doumergue, à l'occasion du jeu-référendum lancé le 20 novembre 1934 par *Le Petit Journal* en vue de désigner le meilleur « dictateur » possible pour la France. Il proposait une liste de quarante noms, de gauche comme Léon Blum, Marcel Cachin ou Édouard Herriot, de droite comme Paul Reynaud ou André Tardieu, voire d'extrême droite comme le colonel de La Rocque ou Charles Maurras, examinant toutes ces candidatures à la loupe dans les semaines qui ont suivi. Celle de Pétain est analysée dans l'édition du 2 décembre (hasard ou symbole ?) comme celle du « plus populaire des chefs de guerre », « une des plus nobles figures de la France [...] dans laquelle la bonté humaine s'associe harmonieusement à la gloire des vainqueurs ». Proclamés dans l'édition du 11 janvier 1935, les résultats du vote, qui a réuni 194 785 lecteurs, le placent en tête avec 38 561 voix, devant Pierre Laval et Gaston Doumergue... et Marianne en quatrième position.

Sans avoir valeur de sondage, ce résultat atteste non seulement d'une popularité exceptionnelle, mais d'une politisation incontestable de son image. Plus explicite encore est cet éditorial d'Henri Allaix, délégué régional des Jeunesses patriotes, publié en juin 1935 sous le titre « Toute maison divisée périra », et qui contient tous les ingrédients de l'appel au sauveur : « La France est destinée à sombrer par la faute de ses enfants, et le temps est proche où l'ultime catastrophe s'accomplira [...]. Le Pays commence à comprendre quc scul un grand chef à la tête d'un Comité de salut public

1. Lettre du 9 mars 1935, AN, fonds André Tardieu, 324 AP 56.

patriote peut rénover l'âme française, la sauver de l'anarchie, de la misère et de la honte [...]. Son nom ? Vous le connaissez tous. Il resplendit du plus bel éclat comme une étoile de première grandeur au firmament des gloires éternelles du Monde : Pétain. Qu'attend-on donc pour l'appeler à diriger les destinées du pays [1] ? »

Il faut dire que le « héros de Verdun », figure tutélaire du sauveur ultime, cumule dans son image la bravoure de Bonaparte, la séduction de Boulanger, la popularité de Clemenceau et la sagesse de Thiers. Sa bravoure, il l'a prouvée en Belgique, dès le mois d'août 1914, à la tête d'une brigade d'infanterie, puis, à partir de février 1916, en dirigeant la défense de Verdun contre les assauts du *Kronprinz*. En première page du *Petit Journal* du 3 mars 1916 apparaissait pour la première fois aux lecteurs « un grand chef : le général Pétain », dont la modestie naturelle, l'« horreur de tout ce qui est publicité », la résistance physique exceptionnelle et surtout la popularité naturelle auprès de ses hommes commençaient à esquisser ce qui deviendrait le « mythe Pétain [2] ».

Cette popularité s'est naturellement épanouie lorsque, nommé commandant en chef le 15 mai 1917, il a fait face au désarroi moral et aux mutineries des poilus. Remise en cause aujourd'hui par les historiens, cette image de proximité et de bienveillance envers la troupe était sa marque de fabrique. Georges Clemenceau, en le faisant nommer maréchal de France, saluait en lui un « beau caractère de chef français qui met en garde ses troupes contre l'abus de la force, et leur recommande dans le triomphe la dignité, la générosité [3]... ». Raymond Poincaré, lui remettant à Metz son bâton de maréchal le 8 décembre 1918, le félicitait d'avoir « obtenu du soldat français tout ce » qu'il lui avait « demandé », parce qu'il l'avait « compris » et « aimé » [4].

Célébrant l'entrée des troupes françaises à Metz, délivrée par Pétain, *L'Illustration* consacrait sa couverture ainsi qu'un long article à ce nouveau Lazare Carnot, « organisateur de la victoire » et « révélation de la guerre ». Le journaliste se disait persuadé que « la

1. *L'Alerte*, juin 1935.
2. Didier Fischer, *Le Mythe Pétain*, *op. cit.*
3. *Journal officiel*, 23 novembre 1918.
4. *Le Temps*, 9 décembre 1918.

légende [composerait] avec la vie du maréchal Pétain la plus belle image d'Épinal » et que « ce grand cerveau, cette volonté puissante [seraient] encore utiles à son pays [...] pour reconstituer après la victoire »[1]. Ainsi a commencé la fabrication du mythe pétainiste, qui, dès cette époque, a porté ses fruits.

Lisons par exemple le poème dithyrambique que lui envoie la jeune Annie Layet, le 22 février 1923 : « Pour refouler les Huns aux champs catalauniques / Dieu permit qu'un héros, sur l'heure, se trouvât ; / Pour sauver le péril des hordes germaniques / La France d'aujourd'hui, qu'un génie se levât. / Comme Napoléon, dans l'horreur des batailles, / Eut à porter le poids d'une œuvre de Titan... / Exemple d'un effort unique dans sa gloire, / Nous inclinons vers vous nos fronts reconnaissants ; / Salut, Verdun ! Pétain, au fronton de l'Histoire / Rien ne séparera vos deux noms triomphants[2]. » Ainsi s'est installée une légende providentialiste, alimentée par les trois figures du héros, du chef et du père.

Élu à l'Académie française en 1929, nommé en 1931 inspecteur général de la défense aérienne lorsqu'il prend sa retraite à 75 ans, il devient l'une des figures de référence de la République, le dernier survivant des chefs de la Grande Guerre. Le recevant sous la Coupole au fauteuil du maréchal Foch, son ami Paul Valéry lui attribue « d'immenses services rendus à la France », « les mérites les plus solides couronnés par les dignités les plus élevées »[3]. L'historien Didier Fischer relève dans la presse pas moins de quatre-vingts épithètes glorieuses accolées à son nom à l'occasion de cette réception. Les plus enthousiastes privilégient surtout l'image du chef et celle du vainqueur de Verdun, mais aussi ses qualités intellectuelles jugées hors normes[4]. Léon Blum lui-même salue en lui « la modestie, la gravité, le scrupule réfléchi et sensible » qui « imposent la sympathie »[5]. Mais retenons surtout le « miracle » salué par Valéry,

1. *L'Illustration*, 30 novembre 1918.

2. Cité par Didier Fischer, *Le Mythe Pétain*, *op. cit.*, p. 142.

3. *Discours prononcés dans la séance publique tenue par l'Académie française pour la réception de M. le Maréchal Pétain, le jeudi 22 janvier 1931*, Paris, Firmin-Didot, 1931.

4. *Ibid.*, p. 133 et 148.

5. *Le Populaire*, 25 janvier 1931.

d'avoir repris les mutins, « tous ces cœurs mécontents », « pour les rendre à la patrie »[1]. Pétain n'est donc pas seulement un chef de guerre, mais un faiseur de miracle, ce qui augure d'une destinée providentielle.

Lorsque Gaston Doumergue l'appelle au ministère de la Guerre dans son gouvernement d'union nationale, le 9 février 1934, c'est l'incarnation de la patrie en danger qui est honorée, le symbole du « retour à l'ordre et à l'autorité », le symbole « d'une nation qui ne donne pas sa démission, qui veille sur sa sécurité, sur son armée, sur ses amis »[2]. Pour *Le Jour*, il incarne « la vertu sous les armes ». Pour *Le Petit Parisien*, il est « le plus grand, le plus pur de nos chefs militaires ». *Le Journal* vante « sa stature, son calme, sa parole nette », et *Le Figaro* « un défenseur digne de la victoire ».

Quelques mois plus tard, le journaliste Raymond Cartier décrit le premier discours du maréchal-ministre à la Chambre avec une dévotion quasi cultuelle : « Quelle belle figure ! Les larges arcades sourcilières, les gros sourcils modèlent le haut du visage avec de vigoureux reliefs. La moustache blanche tombe autour d'une bouche énergique, au pli sévère. La haute taille n'a pas fléchi d'un pouce sous le poids des ans et les deux mains se posent énergiquement sur la tribune, dans une attitude naturelle de commandement[3]. » C'est la marque d'une idolâtrie patriotique qui répond aux angoisses et aux attentes d'une partie de l'opinion.

C'est Pétain qu'il nous faut !

Après la chute de Doumergue, le 8 novembre 1934, l'image du patriote fait place à celle du guide. En réserve de la politique, il raconte à Paul Valéry que le président de la République Albert Lebrun « en larmes s'est mis à genoux devant lui, lui demandant de rester » au gouvernement[4]. Dans l'édition du 11 février 1935 de

1. *Discours prononcés dans la séance publique tenue par l'Académie française…*, *op. cit.*
2. *La Croix*, 9 février 1934.
3. *L'Écho de Paris*, 15 juin 1934.
4. Paul Valéry, *Cahiers*, Paris, CNRS, 1957-1961, t. XVII, p. 632.

son journal *La Victoire*, Gustave Hervé réclame « une république autoritaire », conduite soit par Pétain, soit par Weygand, autre gloire militaire de la Grande Guerre. Mais ce dernier n'apparaît plus dans l'édition du 14 février, Hervé estimant que son image trop réactionnaire ne lui permettrait pas de rassembler les Français. En revanche, Pétain lui semble la figure idéale du chef, « en dehors et au-dessus des partis ». Comparé au vieux maréchal Hindenburg, élu président de la République dans l'Allemagne en crise de 1925, « Pétain est la bouée de sauvetage pour la France en plein gâchis ». Et Gustave Hervé de lancer la formule fameuse, répétée ensuite à longueur d'articles mais aussi sous la forme d'une brochure plusieurs fois rééditée : « C'est Pétain qu'il nous faut ! »

C'est alors que les ralliements commencent et que les langues se délient. *Le Jour* de Léon Bailby en appelle au héros de Verdun, au nom de la menace allemande. « Ceux qui nous gouvernent n'ont pas l'énergie de penser. Devant la menace, c'est au chef de se lever et d'imposer coûte que coûte sa volonté », écrit André Suarès dans l'édition du 21 février 1935, demandant « que M. le Maréchal prenne enfin la parole ». Le même journal apporte par ailleurs un soutien enthousiaste à l'article publié par Pétain dans *La Revue des Deux Mondes* du 1er mars 1935, et réclamant l'extension du service militaire d'un à deux ans. Cette mesure ayant été votée le 15 mars, mais seulement à titre provisoire, les thuriféraires du Maréchal n'ont pas de mots assez durs contre « les intérêts électoraux des politiciens radicaux-socialistes ». C'est ce qui pousse *Le Jour* du 22 juin à réclamer « l'heure du chef », sans le nommer, mais « un chef sans étiquette et sans parti, un chef tout court », dans lequel chacun reconnaît le Maréchal.

Dans *L'Action française* du 3 avril 1935, Léon Daudet demande que Pétain soit appelé à la présidence du Conseil, « avec les pleins pouvoirs », afin que le « spectre de la guerre » soit « momentanément écarté ». *Le Jour* du 19 avril s'indigne que Flandin n'ait pas donné son approbation officielle au voyage prévu par le Maréchal à Rome, à la tête d'une délégation d'anciens combattants, et au cours duquel il devait remettre la médaille militaire à Mussolini : « A-t-on craint la popularité du vieux maréchal ? C'est ignorer vraiment qu'elle ne peut être affectée ni de plus ni de moins. » Et, dans l'édition du 21 avril, Suarès de s'exclamer : « Vienne ! Ah, vienne enfin l'homme au cœur puissant qui relève tout ce qui tombe ! »

Le 1er juin 1935, le Maréchal accepte un poste de ministre d'État dans le gouvernement formé par Ferdinand Bouisson, qui réclame des pouvoirs exceptionnels pour résoudre la crise. Gouvernement mort-né, certes, mais dans lequel on souligne « le grand nom du maréchal Pétain », propre à « se concilier l'opinion » et à « inspirer confiance »[1]. Dans un numéro spécial publié le 30 novembre 1935 par le journal de gauche *Vu*, le député radical Pierre Cot, ex-ministre de l'Air et futur ministre du Front populaire, estime lui aussi que le Maréchal, « parce qu'il est le chef moral de notre armée et qu'il fut le plus humain et le plus près de notre misère », serait l'homme idéal pour assurer l'ordre en période de crise : « Certains trouveront mon idée étrange ou dangereuse ; je pense être approuvé par tous ceux qui ont vu cette chose étonnante : le regard du maréchal Pétain. »

La thématique du regard est en effet essentielle dans la construction du charisme pétainiste, comme c'est le cas pour le charisme mussolinien ou hitlérien. Dans la première hagiographie consacrée au Maréchal, l'écrivain Joseph Paluel-Marmont souligne l'importance de ce regard « extraordinairement droit, tendu comme la trajectoire d'un projectile à grande vitesse initiale, comme lui précis et pénétrant », et auquel, selon lui, le jeune Pétain « a dû ses premiers succès »[2]. Reléguant Foch, Clemenceau et Poincaré au second plan de la mythologie victorieuse, l'écrivain souligne la fonction salvatrice de Pétain : « Qui saurait dire aujourd'hui ce qui serait alors advenu, s'il nous avait manqué[3] ! » Et cette image de sauveur est associée à ses vertus humaines : « Et comme le mal était surtout moral, c'est avant tout le cœur qui eut à donner. Pétain tâta le pouls des hommes et leur donna le sien à écouter. Les aimant, il se pencha sur leur misère[4]. » Plus encore que le prestige du héros, c'est l'humanité du père qui se dégage de cette hagiographie pétainiste. Elle prépare explicitement la figure du recours.

1. *Le Journal des débats*, 2 juin 1935.
2. Joseph Paluel-Marmont, *Pétain*, Paris, Denoël et Steele, « Célébrités d'hier et d'aujourd'hui », 1935, p. 4.
3. *Ibid.*, p. 3.
4. *Ibid.*, p. 20.

Comme à Verdun

À la chute du Front populaire, certains à droite peuvent encore croire en la « dictature républicaine » du radical Édouard Daladier, qui présente son gouvernement comme « un gouvernement de défense nationale ». Dans son allocution radiodiffusée du 10 avril 1938, il apparaît typiquement dans la posture de Cincinnatus, n'ayant « pas recherché le pouvoir », mais, face aux « graves difficultés » sur « nos frontières », acceptant de faire son « devoir de républicain et de Français ». Et, de fait, la plus grande partie des Français lui accordent, à l'instar de Wladimir d'Ormesson dans son éditorial du *Figaro* du 11 avril, un « préjugé favorable ».

La confiance en Daladier ressemble même à un triomphe, lorsqu'il revient de signer les accords de Munich, le 30 septembre 1938. En réalité, les sondages, qui viennent de faire leur apparition en France, nous montrent que l'enthousiasme est nuancé, puisque 37 % des Français désapprouvent les accords, tandis que 57 % les approuvent, 6 % s'abstenant[1]. Mais la foule le plébiscite, venue l'acclamer à l'aérodrome du Bourget, où il est « immédiatement entouré, happé et presque soulevé de terre », « des milliers de mains » agitant « mouchoirs et chapeaux », et tout au long de la route jusque sous les fenêtres de son bureau au ministère de la Guerre, où l'on continue à l'applaudir[2]. « L'accueil de la foule ne fut pas moins généreux que celui du soleil[3] », écrira l'un des rares hagiographes de Daladier, essayant d'entretenir le culte de son héros.

Par ailleurs, les enquêtes d'opinion effectuées en 1939 nous montrent que Daladier bénéficie « comme président du Conseil d'une réelle popularité », « régulièrement grandissante jusqu'à la déclaration de guerre »[4]. Il la doit au redressement économique qu'il accompagne d'une main de fer contre les syndicats, mais aussi à sa posture de fermeté envers l'Allemagne, une posture que

1. Chiffres publiés dans la revue *Sondages*, juin-août 1939.
2. *Le Figaro*, 1er octobre 1938.
3. Yvon Lapaquellerie, *Édouard Daladier*, Paris, Flammarion, 1940, p. 186.
4. Bulletin de l'IFOP, 1er juillet 1945, p. 133.

renforce la personnalisation du pouvoir, notamment l'utilisation systématique de la radio pour s'adresser aux Français. « Aujourd'hui, comme toujours, je veux dire au pays toute la vérité », lance-t-il par exemple le 4 mai 1938 sur les postes d'État, annonçant la stabilisation du franc. À chaque grande décision, à chaque tournant de son action, c'est directement aux citoyens, voire aux individus qu'il s'adresse, par-dessus le Parlement, comme par exemple le 21 août 1938, lorsqu'il annonce l'aménagement de la loi des quarante heures afin de « remettre la France au travail ». Le 29 mars 1939, « c'est d'abord en homme » qu'il entend s'adresser « aux Français et, par-delà les frontières » de la France, « à tous ceux qui, dans le monde, ont un cœur loyal et généreux ». La posture de l'homme providentiel est indissociable de ce rapport fusionnel avec le peuple.

Mais Daladier a-t-il l'étoffe du sauveur ? À son arrivée au pouvoir, en avril 1938, c'est à Pétain que préfère en appeler Charlet dans un dessin intitulé « Comme à Verdun… Au secours ! ». Devant la Chambre des députés dont les colonnes se fissurent, prêtes à se disloquer, on voit Marianne suppliant, à terre, le bras tendu vers l'ombre du Maréchal[1]. Un an plus tard, un autre dessin du même Charlet, portant le même titre, semble résumer le chemin parcouru par le thème du recours pétainiste : on y voit une Marianne hiératique et belle s'avançant, telle une promise, vers le Maréchal en grand uniforme et décorations, chef de guerre invincible, et qui répond « présent » à l'appel de la France[2].

On voit bien ici à quel point la légende militaire et le récit national prennent le pas sur la tradition républicaine et parlementaire dans l'élaboration de la figure messianique du recours. Ce qui manque à Doumergue, à Tardieu ou à Daladier, c'est l'onction sacrée de la guerre, incarnée par Pétain. À l'écart du système politique, lui seul peut apparaître comme le « nouveau Clemenceau », le « chef », le sauveur combattant, réclamé par Henri de Kerillis[3]. Appelé par l'extrême droite comme par de nombreux modérés,

1. *Le Cyrano*, 1er avril 1938.
2. *L'Ordre national*, 16 mars 1939.
3. Jean-Yves Boulic, *Henri de Kerillis, 1898-1958. L'absolu patriote*, Rennes, Presses universitaires de Rennes, 1977, p. 173.

respecté par une grande partie de la gauche, héros de Verdun, grand sage et prophète du renouveau, ne cumule-t-il pas toutes les qualités du sauveur providentiel ? Au lendemain du 6 février 1934, le jeune rénovateur radical Bertrand de Jouvenel, fils d'Henry, en avait la prescience : « La violence déchaînée, qui l'enchaînera maintenant ? Il faudra, naïfs que vous êtes, mes jeunes camarades, faire appel aux hommes d'ordre qui apparaîtront en sauveurs [...]. Tout rentrera dans l'ordre. Mais quel ordre[1] ? » L'historien peut répondre : l'ordre de Vichy, instauré le 10 juillet 1940.

1. *Vu*, 8 février 1934.

CHAPITRE IV

Le temps de Solon

Les errances et les fautes du régime de Vichy ont-elles guéri les Français de leur fascination pour l'homme providentiel ? C'est ce qu'on pourrait croire à la Libération, dans l'enthousiasme collectif de la démocratie retrouvée.

Mais un nouveau héros s'impose en 1944 comme l'incarnation de la victoire et de l'espérance. Fort de sa légende, il réconcilie les Français avec l'image du sauveur, que Pétain avait flétrie. C'est une image nouvelle, incarnant les espérances de la Libération, alors que celle du vieux maréchal s'était nourrie du désespoir et de l'angoisse. Contrastant avec les peurs de l'entre-deux-guerres, dont Pétain a incarné l'aboutissement symbolique, la figure de l'homme providentiel de l'après-guerre redevient dynamique et jeune, forte de tous les possibles de la reconstruction. Le général de Gaulle, héros combattant, endosse sans coup férir les habits de Solon, lui qui s'est fait connaître par les armes, tel Alexandre ou César.

Mais son départ prématuré du pouvoir en janvier 1946 laisse la place à d'autres rénovateurs de la France nouvelle, parmi lesquels Pierre Mendès France porte les espoirs de la jeune génération. D'autres incarnent ou prétendent incarner cette image d'homme providentiel, tel Antoine Pinay, dans un registre plus traditionnel qui l'apparente à Poincaré, ou Pierre Poujade, qui s'inscrit dans la tradition populiste du général Boulanger. Chacun à sa façon, ils tentent de répondre aux interrogations, aux enthousiasmes, mais aussi aux angoisses d'une France en pleine rénovation démographique, morale, culturelle, économique et sociale, qui hésite entre le modèle traditionnel de l'entre-deux-guerres et la modernité qui s'offre à elle, dans l'élan industriel et urbain des Trente Glorieuses. Si Mendès France incarne les aspirations de cette France dynamique tournée vers le futur, Pinay est l'homme de la France modérée et conservatrice, et Poujade regarde vers le passé. Mais aucun n'est suffisamment fédérateur pour réaliser durablement sur son nom l'unité nationale.

C'est finalement de Gaulle qui, en 1958, s'impose une nouvelle fois comme le recours ultime face au désarroi de la Quatrième République. De l'appel du 18 juin 1940 à celui du 19 mai 1958, une légende s'est construite, qui l'impose comme l'incarnation par excellence de l'homme providentiel.

L'homme qui attendait ?

À la différence des grands patriotes comme Gambetta en 1870 ou Clemenceau en 1917, le général de Gaulle est un homme seul le 18 juin 1940, lorsqu'il entre dans l'Histoire. En forçant le trait, on pourrait même dire qu'il apparaît comme un usurpateur, un autre semblant voué à incarner le refus de l'armistice : Georges Mandel, député de Gironde, ministre de l'Intérieur depuis le 18 mai 1940, « l'homme qu'on attendait [1] ».

« Mandel le Grand »

Pourquoi Mandel ? D'abord, parce qu'il a la légitimité historique de celui qui fut l'un des principaux collaborateurs de Clemenceau aux heures décisives de la Grande Guerre. Ensuite, parce qu'il a manifesté depuis de longues années sa volonté farouche de s'opposer au régime hitlérien. En témoigne son discours très applaudi à la Chambre le 9 novembre 1933, dans lequel il dénonçait la « phobie de l'action » et la « défaillance des caractères » face aux dangers du réarmement allemand, exhortant le gouvernement Sarraut à ne montrer aucune « faiblesse » et à se comporter en « accusateur public » à la tribune de la Société des Nations de Genève [2]. La notoriété de

1. Jean-Noël Jeanneney, *Georges Mandel. L'homme qu'on attendait*, Paris, Seuil, 1991.

2. *Le Temps*, 11 novembre 1933.

celui que Churchill appelle « Mandel le Grand » est internationale. Figure de l'opposition aux accords de Munich, il apparaît à l'heure de la débâcle comme l'un des plus légitimes pour s'opposer à la politique défaitiste de Pétain. Au Conseil des ministres du 13 juin 1940, il est celui qui plaide avec le plus de virulence pour la résistance à tout prix.

Et pourtant, au moment du choix décisif, Mandel se dérobe. Sollicité le 16 juin par le général Spears, envoyé spécial de Churchill, de venir à Londres représenter une alternative française à l'armistice, il répond à son interlocuteur : « On croirait que j'ai peur et que je me sauve. » Trois jours plus tard, alors que l'ambassade britannique met à sa disposition un destroyer, il se dérobe à nouveau, préférant embarquer le 21 juin sur le *Massilia* avec Pierre Mendès France, Édouard Daladier, Jean Zay et une vingtaine d'autres parlementaires, à destination de l'Afrique du Nord. Et c'est au contraire le général de Gaulle, obscur sous-secrétaire d'État à la Défense nationale et à la Guerre, qui vient négocier à Londres avec Churchill, les 16 et 17 juin, avant de lancer son fameux appel du 18 juin 1940.

Pourquoi Mandel refuse-t-il de franchir le Rubicon, lui qui a la vraie légitimité pour le faire ? Son biographe Jean-Noël Jeanneney montre bien que la volonté de ne pas faire dissidence, de ne pas apparaître comme un traître ou un déserteur, est décisive dans ses motivations. De son vrai nom Louis Rothschild, victime privilégiée des attaques antisémites de la presse d'extrême droite depuis qu'il est au pouvoir, Georges Mandel est paralysé par la crainte des accusations qui ne manqueraient pas de surgir, alimentées par les stéréotypes du « juif errant » et de la « juiverie cosmopolite ». Au général Spears, qui le presse de gagner Londres, il répond : « Vous êtes inquiet parce que je suis juif. C'est justement parce que je suis juif que je ne partirai pas demain. » Ce n'est ni un manque de courage ni un défaut de conviction, bien au contraire. Il paiera cher son patriotisme : il sera arrêté à Casablanca, emprisonné par Pétain, remis aux Allemands, puis assassiné par la Milice en juillet 1944. C'est ainsi qu'on attendait Mandel, et que ce fut de Gaulle… l'homme *qui* attendait !

« Le roi de France »

« Charles était toujours le roi de France, il avait toujours sous ses ordres l'armée française », raconte sa sœur aînée Marie-Agnès, décrivant leurs jeux d'enfants. « Voyez-vous, il n'y a pas une époque de ma vie où je n'ai eu la certitude d'être un jour à la tête de la France », aurait-il confié en 1946[1]. « Adolescent, ce qu'il advenait de la France, que ce fût le sujet de l'histoire ou l'enjeu de la vie publique, m'intéressait par-dessus tout », se souvient-il au tout début de ses *Mémoires de guerre*. « En somme, je ne doutais pas que la France dût traverser des épreuves gigantesques, que l'intérêt de la vie consistait à lui rendre, un jour, quelque service signalé quand j'en aurais l'occasion »[2]. Faut-il considérer cet aveu, rédigé dans les années 1950, comme un souvenir véridique ou comme un élément de l'autofabrication du mythe de Gaulle ?

En tout cas, il est certain qu'un patriotisme exacerbé traverse les pages des livres qu'il a publiés dans les années 1930, ainsi que l'allocution radiophonique qu'il prononce sur le front, le 21 mai 1940, à Savigny-sur-Ardres, contre le défaitisme ambiant de la « débâcle », et qui est une sorte de brouillon de l'appel du 18 juin. La « grande bagarre » livrée par sa division près d'Abbeville, le 28 mai, lui vaut l'accolade du général en chef Weygand et l'autorise à écrire au président du Conseil Paul Reynaud, le 3 juin, une lettre qui résonne comme une sommation : « Le pays sent qu'il faut nous renouveler d'urgence. Il saluerait avec espoir l'avènement d'un homme nouveau, de l'homme de la guerre nouvelle… » Trois jours plus tard, il est appelé au sous-secrétariat d'État à la Défense nationale, malgré l'hostilité de Pétain, son ancien mentor.

Cet inconnu de la veille devient en quelques jours la coqueluche de la presse, dont il a tout de suite compris l'utilité. Même *Le Populaire* de Léon Blum reconnaît que « ses théories ont reçu des événements, depuis neuf mois, une éclatante et cruelle confirmation. » À Londres, où il est envoyé le 9 juin pour assurer la coordination

1. Claude Mauriac, *Un autre de Gaulle*, *op. cit.*, p. 198.

2. Charles de Gaulle, *Mémoires de guerre*, t. 2 : *L'Unité*, Paris, Plon, 1954, p. 8.

des armées française et britannique, le *Times* présente la nomination de ce « puissant théoricien, apôtre presque fanatique de l'utilisation massive des chars », « à la fois homme d'action, de rêve et d'abstraction », comme « l'innovation la plus intéressante de M. Paul Reynaud ». Churchill lui propose même d'être le commandant en chef des troupes de l'Union franco-britannique, projet de fédération politique des deux nations concocté par Jean Monnet. Mais cette proposition est aussitôt repoussée par la majorité du gouvernement Reynaud, et notamment par le maréchal Pétain, vice-président du Conseil, qui lance : « C'est un mariage avec un cadavre ! » Entre le héros de Verdun et son ancien protégé, l'opposition stratégique et politique est désormais irréductible. Apprenant la désignation de Pétain à la présidence du Conseil, de Gaulle décide de partir pour Londres, afin d'y devenir l'homme du 18 juin.

Quatre ans plus tard, lorsqu'il descend les Champs-Élysées au milieu de la foule en liesse criant « Vive de Gaulle ! », il est l'homme providentiel, dont l'image restera gravée dans la mémoire collective d'une génération. Nous reviendrons longuement dans un prochain chapitre sur les manifestations de cet engouement pour le sauveur. Mais la France de l'après-guerre, qui panse ses blessures dans l'angoisse de la reconstruction, est-elle prête pour le souffle gaullien ? C'est ce que François Mauriac appelle « l'heure de Pilate », une France « entre gens de la même taille », privée de « ce personnage étrange qui n'est à la mesure de personne, ce type qui finissait par nous fatiguer avec sa grandeur »[1]. Antoine Pinay, « l'homme à tête d'électeur », semble plus à la mesure de la France.

Le Poincaré de Saint-Chamond

À la différence de son modèle Raymond Poincaré, le député-maire de Saint-Chamond est très peu connu du grand public lorsqu'il est nommé chef du gouvernement, le 6 mars 1952. L'anecdote, racontée dans la presse, veut qu'il ait été refoulé par les gardes de l'Élysée lorsqu'il est venu voir le président Auriol, il est vrai

1. *Le Figaro*, 20 novembre 1945.

vers quatre heures du matin, pour mettre au point son investiture[1]. Le choix de Pinay n'est pas sorti des profondeurs de l'opinion, comme ce sera le cas pour Mendès France. C'est le résultat d'une de ces combinaisons ministérielles dont la Quatrième République avait le secret. Elle lui a permis de rassembler sur son nom aussi bien les voix des modérés, dont il était l'une des figures, que celles des radicaux, séduits par sa compétence, celles des démocrates-chrétiens, en échange du portefeuille des Affaires étrangères pour Robert Schuman, et même celles de vingt-sept dissidents gaullistes, qui ont choisi de voter l'investiture pour cet ancien membre du Conseil national de Vichy.

Mais le choix de Pinay, considéré comme un gestionnaire rigoureux et intègre, c'est d'abord et surtout une réponse conjoncturelle à la crise financière et monétaire, dont la presse française fait ses gros titres depuis plusieurs semaines. Un hebdomadaire à fort tirage consacre par exemple un long reportage à la Banque de France, « bastion du franc » en péril, tandis qu'une photographie du « comité Cadillac » montre les « rad-soc » en plein désarroi dans la salle à manger d'Édouard Herriot, président de l'Assemblée nationale et incarnation de l'impuissance des parlementaires. Le « poincarisme », c'est-à-dire « l'art de rattraper le franc au bord de l'abîme », revient « à la mode », constate l'hebdomadaire illustré : « Il y faut un berger, une houlette et le troupeau constant de l'Union nationale »[2].

Dans un premier temps, le président Auriol a sollicité Paul Reynaud, qui prétendait incarner la figure du rassembleur en proposant la solution miracle, c'est-à-dire un « gouvernement d'unité nationale » dans la lignée de l'expérience poincariste de 1926[3]. Mais l'hostilité déclarée des socialistes a poussé le chef de l'État à écarter le ténor historique, qui se voyait, écrit Auriol, comme « l'homme du salut dans toutes les situations désespérées, l'homme autour duquel tous se groupent », et qui « ne peut admettre, quand il n'a pas réussi quelque part, qu'un autre puisse oser tenter »[4].

1. *Paris-Match*, 15 mars 1952.
2. *Ibid.*, 8 mars 1952.
3. *Le Monde*, 2-3 mars 1952.
4. Vincent Auriol, *Journal du septennat, 1947-1954*, Paris, Armand Colin, 1991, p. 180, 4 mars 1952.

C'est ainsi que l'icône des indépendants a laissé place à l'homme tranquille de Saint-Chamond.

Pinay prononce le 6 mars une déclaration d'investiture sobre et sans grand relief, à l'image du Français moyen qu'il entend représenter, mais sérieuse, précise et ferme, se présentant comme celui qui fera « sauter le cliquet », restaurera la « confiance publique » et la « discipline sociale ». Cette déclaration est « un chef-d'œuvre de malhabileté politique, et c'était la suprême habileté[1] », commente un journaliste autorisé. On pense irrésistiblement à Louis-Napoléon Bonaparte, voire à Boulanger, dont les faibles talents oratoires avaient minoré la dangerosité politique. Lui que l'on croyait effacé révèle sa détermination en déclarant : « Je vous ai dit que c'était pour vous l'heure des échéances, c'est maintenant pour vous l'heure du choix. » Aux critiques des gaullistes, des socialistes et surtout des communistes, qui l'accusent avec outrance d'être un « ultra-réactionnaire », il répond par un credo imparable : « être véridique à l'égard du pays ».

De fait, s'il n'est pas encore populaire en mars 1952, il a beaucoup de qualités pour le devenir. « J'avais remarqué Pinay à plusieurs reprises au Conseil des ministres, modeste mais très avisé, très fin [...]. J'ai trouvé chez lui l'image de notre petite bourgeoisie française. Il est honnête, il est droit, il est intelligent [...], il sera populaire, je crois, car on sent chez lui une très grande bonne volonté. Il peut réussir[2] », écrit Vincent Auriol, peu après l'avoir appelé au pouvoir. « La France est vive à s'enflammer. Le nouveau président du Conseil a su allumer la mèche », analyse un journaliste, ajoutant que sa « chance » est « d'être "sorti" à l'instant où la France était lasse d'un même refrain trop longtemps entendu et voulait autre chose [...]. Le Français a su gré à M. Pinay de lui dire : "Votre mal est guérissable. On va changer de remède" »[3]. Bien qu'il soit loin d'être un homme neuf, membre de tous les gouvernements depuis 1948, titulaire du portefeuille des Travaux publics depuis 1950, il apparaît comme un innovateur, un faiseur de miracles, dans la tradition de Poincaré dont il revendique

1. *Paris-Match*, 8 mars 1952.

2. Vincent Auriol, *Journal du septennat, 1947-1954*, *op. cit.*, p. 223, 21 mars 1952.

3. *Paris-Match*, 19 avril 1952.

l'héritage. « En 1926 déjà, on parlait de "miracle" Poincaré. Le mot "miracle" est revenu du fond du souvenir[1]. »

Dans ses Mémoires, le haut fonctionnaire Louis Guitard se souvient d'une visite dans le bureau de Maurice Colrat, ancien ministre de la Justice et ami personnel de Poincaré, qui a épinglé une photographie de Pinay sous celle du sauveur du franc : « Ce sont les mêmes hommes. Leurs mêmes qualités créent dans le pays un climat de confiance[2] », explique Colrat à son visiteur. Pinay est en effet le représentant de la France profonde, cette France de province conservatrice et industrieuse qui vote pour son parti, le Centre national des indépendants et paysans, et dont il est une sorte d'archétype, petit industriel enraciné dans sa région de la Loire depuis 1929, date de sa première élection à la mairie de Saint-Chamond. Avec ses « yeux clairs » et son « sourire avenant », qui nous renvoient aux archétypes employés naguère pour Boulanger ou Pétain, mais aussi avec sa « tête d'électeur beaucoup plus que d'élu », « c'est Monsieur Smith français, c'est Monsieur Dupont appelé à résoudre la grave crise du franc et de la France », nous dit un journaliste manifestement séduit. Suit un photo-reportage confirmant l'exemplarité de son parcours de Français moyen, blessé dans la Somme en 1915, présentant ses enfants, sa petite mairie de Saint-Chamond, la vieille tannerie familiale si caractéristique de la France moyenne des petits entrepreneurs, et s'achevant sur une photo pleine page où il apparaît, la pipe aux lèvres, en costume trois pièces, incarnation de la France un peu vieillotte et rassurante des années 1950[3]. Les Français ont un sauveur qui leur ressemble.

L'effet Mendès

« L'homme avait sa légende depuis déjà longtemps[4] », commente Robert Buron lors de l'arrivée au pouvoir de Pierre Mendès France,

1. *Ibid.*
2. Louis Guitard, *De Gaulle-Mendès France. Aller et retour*, Paris, Jérôme Martineau, 1969, p. 33.
3. *Paris-Match*, 15-22 mars 1952.
4. Robert Buron, *Carnets politiques. Les dernières années de la Quatrième République*, Paris, Plon, 1968, p. 65.

le 19 juin 1954. « D'où vient ce prestige ? » s'interrogeait déjà Albert Fabre-Luce en octobre 1953. C'est « un homme qui ne cherche pas le pouvoir pour lui-même », qui « a donné des marques de caractère incontestables », qui sait parler « aux jeunes, aux purs, que le professionnalisme parlementaire écœure »[1].

À la différence de Pinay, Pierre Mendès France est d'abord légitimé par l'histoire patriotique. Devenu le plus jeune député de France en 1932, il a connu une éphémère carrière de sous-secrétaire d'État dans le cabinet Blum de mars-avril 1938. Arrêté en août 1940 par le gouvernement de Vichy pour avoir tenté de gagner le Maroc à bord du *Massilia*, il s'est évadé et a rejoint Londres en février 1942, où il a combattu dans les Forces aériennes françaises libres. Commissaire aux Finances dans le Comité français d'Alger en novembre 1943, puis ministre de l'Économie nationale dans le gouvernement provisoire formé par le général en septembre 1944, il a instauré dès cette époque une relation particulière entre lui et les Français grâce aux vingt causeries radiophoniques échelonnées du 11 novembre 1944 au 21 mars 1945. « Mon premier devoir est d'être véridique et sincère », car « nous devons nous parler en toute franchise », leur a-t-il dit lors de la première émission.

Homme de principes et de caractère, il n'a pas hésité à démissionner en avril 1945 lorsque de Gaulle a refusé son plan d'austérité budgétaire. Mais cela ne l'a pas empêché d'écrire quelques mois plus tard, dans le journal de sa circonscription, un article rappelant « ce que nous devons tous au Libérateur », au « premier résistant », au « restaurateur de nos libertés intérieures », et exhortant, derrière de Gaulle, à « l'union profonde et résolue de tous les bons Français pour la reconstruction et le relèvement de notre pays »[2].

Dans sa description du Général, « un homme dur, énergique », « tenace, obstiné, volontaire », « qui sait ce qu'il veut, qui se bat de toutes ses forces pour atteindre son but, quand il croit servir l'intérêt de la France », on ne peut s'empêcher de lire en filigrane les qualités du sauveur, telles que Mendès France entend lui aussi les incarner. Cette ténacité et cette volonté se marquent dans son opposition à la

1. Albert Fabre-Luce, pseudo « Sapiens », *Mendès ou Pinay ? Trois mois pour choisir*, Paris, Grasset, 1953, p. 51.

2. *Le Courrier de Neubourg*, 26 septembre 1945.

guerre d'Indochine, « ruineuse matériellement et moralement », à contre-courant des dirigeants de la Troisième Force et d'une opinion publique qui y est majoritairement favorable. En témoigne notamment son discours parlementaire du 22 novembre 1950, au cours duquel il réclame l'indépendance du Vietnam avec le statut d'État neutre et le retrait des troupes françaises : « Ayez le courage de regarder la vérité en face, dit-il aux gouvernants. Ayez le courage de le dire au pays. Entre tant d'obligations écrasantes et qui sont, hélas ! incompatibles, ayez enfin le courage de choisir. » Dans un autre discours, prononcé le 30 décembre 1951, il se livre à un retentissant réquisitoire contre la guerre d'Indochine et ses conséquences désastreuses sur l'économie et la société françaises. Ce discours ayant frappé l'opinion publique, il le publie dans une plaquette dont il rédige lui-même la présentation. Il y gagne notamment l'admiration de la journaliste Françoise Giroud, qui lui consacre un article élogieux dans *France Dimanche*, ainsi que le titre de « Cassandre », décerné par *Le Monde*, et qui sera sa marque de fabrique [1].

Dans tous ses discours, chacun reconnaît la clarté et la précision de son argumentaire, qui fait appel tout autant à l'éthique du droit des peuples qu'à la froide logique des chiffres et de la raison budgétaire. Car, c'est une autre corde à son arc, il est considéré comme un expert des questions économiques et financières, à l'image de Raymond Poincaré, auquel il a consacré sa thèse de doctorat en droit en 1928, assortie d'une lettre exprimant son admiration « pour le grand homme d'État que vous êtes ». À l'orée d'une tournée de conférences aux États-Unis organisée en janvier 1953 par son ami W. Colston Leigh, il reçoit des lettres admiratives de personnalités américaines comme Eugène Meyer, du *Washington Post*, le décrivant comme « un homme des plus hauts caractère, connaissance et capacités », ou comme Henry Morgenthau Jr, ancien secrétaire d'État de Roosevelt, qui voit en lui « l'une des plus exceptionnelles personnalités politiques françaises » [2].

Mais il est surtout porteur des espoirs d'une génération, issue de la Résistance et lassée des atermoiements de la coalition de « Troisième Force » qui gouverne le pays. « Je suis détesté de ceux que

1. Cité par Éric Roussel, *Pierre Mendès France*, *op. cit.*, p. 205.
2. Archives de l'Alliance israélite universelle (AAIU), carton E1 X, divers.

l'on appelle les "grands" hommes politiques de ce pays », mais « j'ai par contre de grands encouragements des jeunes et c'est ce qui compte »[1], écrit-il en mai 1953 au président de la République Vincent Auriol, qui envisage de l'appeler au pouvoir. Nous reviendrons dans un prochain chapitre sur le déclic de son discours d'investiture du 3 juin 1953, applaudi à tout rompre par l'Assemblée et salué par la presse internationale.

La crise ministérielle, qui a duré plus d'un mois, a démontré l'impuissance du régime des partis. Le spectacle désolant de l'élection présidentielle de la fin décembre 1953, embourbée dans des tractations partisanes laborieuses aboutissant à l'élection du peu charismatique René Coty, après douze tours de scrutin, ne redore pas le blason de la Troisième Force. Le désastre militaire de Diên Biên Phu, le 7 mai 1954, lui donne le coup de grâce. « Il est temps que de jeunes hommes comme vous, sans souci de ce qu'on peut dire, prennent l'initiative de donner à ce pays la volonté de salut. Il faut un grand sursaut national, il en est temps[2] ! » lui écrit Auriol le 3 juin 1954, trois semaines avant son arrivée au pouvoir.

Le Boulanger de Saint-Céré

À la France moderniste et urbaine de Pierre Mendès France s'oppose la France rurale et traditionaliste de Pierre Poujade, le papetier de Saint-Céré devenu le porte-parole emblématique des mécontents du régime. Il paraît aussi fort en gueule et bravache que Mendès semble sérieux et grave. Confronté aux doutes et aux frustrations d'une France rurale et artisanale en voie de disparition, sa solution est celle du populisme, incarné naguère, mais dans un autre registre, par le général Boulanger. Son charisme personnel évoque, dans un style très différent, la séduction exercée sur les foules par le Général Revanche. Comme ce dernier, il apparaît comme le syndic des mécontents, le porte-parole du « peuple » trahi par ses élites, au moment où la France de la Quatrième République entre dans la modernité. « Notre démocratie meurt parce que le peuple en est exilé », reconnaît le juriste Maurice Duverger, en

1. Vincent Auriol, *Mon septennat*, Paris, Gallimard, 1970, p. 536-540.
2. AAIU, carton E1 X, divers.

appelant à « réformer le régime » dans *Le Monde* du 13 avril 1956. Estimant que « le poujadisme n'aurait pas eu son ampleur actuelle s'il n'avait traduit d'une certaine façon cette frustration » des petits, il conclut : « Les microbes ne peuvent proliférer si le terrain ne s'y prête pas : notre régime leur prépare un admirable terrain. »

À la tête de son Union de défense des commerçants et artisans, créée en novembre 1953, Pierre Poujade émerge en quelques semaines comme le porte-parole d'une France rurale qui se sent mal aimée et incomprise, la France profonde qui se rebelle contre les technocrates parisiens, la France des petits en révolte contre les gros. Alors que Boulanger, piètre orateur, tirait son charisme de sa prestance et de son prestige militaire, Poujade, dit « Pierrot », se révèle en bras de chemise comme un tribun redoutable, capable d'enflammer les foules qui se pressent dans ses meetings, et de faire converger, le 24 janvier 1955, « à l'assaut de la liberté » plus de cent mille provinciaux vers la porte de Versailles. Il a le don du slogan, de la formule qui fait mouche, de la repartie brutale et de l'image d'Épinal.

C'est à cette occasion que *Paris-Match*, toujours en quête d'images fortes, consacre son premier reportage à « l'étonnant Monsieur Poujade », s'étonnant de la rapidité avec laquelle « le Robin des Bois du commerce français » est parvenu à « accéder à la "une" des grands journaux »[1]. Au terme d'un marathon de plus de cent mille kilomètres et cinq cents meetings en dix-huit mois, il a recueilli six cent mille adhésions et son journal tire à plus de trois cent mille exemplaires. À l'instar de Louis-Napoléon Bonaparte ou de Boulanger, il sillonne les routes de France, la vallée du Rhône, le Midi, le Centre, l'Ouest, car il lui faut incarner physiquement le poujadisme dans la France profonde, qui se sent trahie par ses élites. Lors de son discours de Sens, le 7 janvier 1955, il n'hésite pas à déclarer que Saint-Céré va « devenir le nombril de la France ». Sa gouaille populiste fait recette dans les meetings, constate le journaliste de *Paris-Match* : « À chaque phrase, les applaudissements crépitent, et il ne reste plus au chef qu'à lancer son slogan : "Alors, vous n'en avez pas assez de payer autant d'impôts ?" »[2].

Comme Boulanger naguère, il encourage le culte de sa propre per-

1. *Paris-Match*, 29 janvier 1955.
2. *Ibid.*

sonnalité, « le seul qui a osé se lever pour faire face au fisc », « l'éternel Spartacus », « le modeste papetier qui fait trembler les ministres ». De plus en plus, il apparaît comme un véritable chef charismatique, une sorte de messie régénérateur, engagé dans un dialogue fusionnel avec les Français. « Peuple de France, redresse-toi ! » écrit-il dans le premier numéro de *Fraternité française*. Une photographie publiée dans l'édition de juillet 1955 montre « les mains des citoyens se tendant » vers lui, le « missionnaire du peuple ». On dit que les cotisations des adhérents lui ont offert une bonne partie de sa garde-robe et payé, par souscription, une voiture neuve quand la sienne a été détruite dans un accident. « Faut pas qu'y-z-y touchent à Poujade, parce qu'alors ils commenceraient à comprendre », braille « un gros homme à la face rubiconde », interviewé aux abords du Palais de Justice de Paris, où son héros est appelé à comparaître[1].

À Limoges, en mars 1955, un responsable local le compare même à Jeanne d'Arc. Il s'en défend : « Il ne faut pas me prendre pour une nouvelle Jeanne d'Arc. Mes voix ne viennent pas d'en haut, elles viennent d'en bas. » Mais il accepte l'hommage rendu par ses cadres lors du meeting de Castres, le 16 septembre 1955 : « Vous êtes venus écouter celui que nous aimons tous, non parce que c'est un dieu, mais parce qu'il est toute notre joie de vivre [...], nous montrerons à la face du monde [...] que nous sommes vivants plus que jamais derrière Pierre Poujade. » Le 17 octobre, à Villefagnan, la dimension messianique se fait plus précise encore : « de même qu'il n'y avait pas de christianisme sans Jésus-Christ, il ne peut y avoir d'UDCA sans Poujade ». Il s'agit de mener une sainte cause, « croisade » contre « les Judas de tous les temps », « solidaires jusque dans les enfers ».

Avec une mégalomanie caricaturale, il accepte le culte familial que lui vouent sa femme et ses enfants, dont la chambre est tapissée des photos de leur père. Il n'hésite pas à se mettre en valeur chaque fois que l'occasion s'en présente, comme dans le numéro 8 de *Fraternité française*, où il est décrit comme « un Français de bonne race », revendiquant « son rôle de chef » qui « est d'être à l'avant, celui des troupes derrière ». Le culte du chef culmine dans le même journal avec cette description d'une fin de meeting, qui le montre

1. « En attendant Poujade », *France Observateur*, 6 octobre 1955, p. 19.

entouré d'ouvriers venus lui serrer la main ou lui offrir de petits cadeaux, de mères lui présentant leurs bébés, et d'un « brave travailleur » jouant des coudes pour lui présenter son fils d'une dizaine d'années : « Tu te souviendras plus tard, mon gars, que tu as l'honneur d'être embrassé par M. Poujade, le défenseur du peuple. »[1]

Comme Boulanger, ce grand mégalomane se veut d'abord et avant tout patriote. Bien que son mouvement soit imprégné des relents du maurrassisme, du dorgérisme et du pétainisme, sa grande référence est l'héritage de la Révolution française, revendiqué à longueur de discours, d'articles et d'ouvrages. « L'armée de Valmy, une poignée d'hommes, nos aïeux, sachant le sacrifice que la patrie attendait d'eux, luttèrent, inférieurs en nombre, mais supérieurs en idées, et gagnèrent[2] », lit-on dans son journal. Mais il se réfère aussi à Vercingétorix, aux croquants, aux poilus de Verdun, au Poincaré de l'Union sacrée et au Père la Victoire Georges Clemenceau, qui « dénonçait le défaitisme et la trahison et renversait en pleine guerre le gouvernement ». Distillant la haine des « métèques », des « pédérastes » et des « trusts apatrides », antisémite à l'occasion, son programme est aussi populaire qu'imprécis, à l'image du programme de Boulanger. « Il faut que cela change ! », « Il faut les sortir ! », « Contre les pourris et les traîtres ! », « Sortez les sortants ! », tels sont les slogans populistes qui ponctuent les professions de foi électorales de ses candidats.

« C'est tous des pourris, proclame un militant devant le reporter de *France Observateur*. Y a plus qu'un petit coup à donner et tout saute. Je te le dis, moi, et les six cents députés, y se débinent, comme des lapins atteints de myxomatose. Dans un an, t'entends, on est à l'Élysée[3]. » François Mitterrand, harcelé de réunion en réunion par les militants poujadistes, doit interrompre sa campagne dans la Nièvre. Face à la décomposition de la société française, à la « pourriture », à la « lâcheté », à la « déroute », « à la ruine et à la servitude », les affiches poujadistes exhortent les électeurs à se réveiller et à se révolter contre « les trusts électoraux, le gang des exploitants, le gang des charognards ».

1. *Fraternité française*, 5 novembre 1955.
2. Maurice Nicolas dans *Fraternité française*, 10 décembre 1955.
3. *Ibid.*

Les ambitions de Poujade apparaissent démesurées, car il entend s'appuyer sur « dix ou quinze millions de Français ». Sa grande idée est la convocation de nouveaux États généraux, une idée que la gauche boulangiste avait déjà agitée en 1889, au moment du centenaire de la Révolution française. Comme Boulanger lors de l'élection parisienne du 27 janvier 1889, il connaît son heure de gloire au lendemain des élections du 2 janvier 1956, les cinquante et un élus de ses listes Union et Fraternité rassemblant, à la surprise générale, plus de 2,48 millions de voix, soit 9,2 % des inscrits. Mais le soufflé poujadiste ne tarde pas à retomber, comme naguère le soufflé boulangiste. Dans un premier temps, onze élus sont invalidés, au terme de séances parlementaires houleuses qui voient même un coup de revolver tiré à blanc depuis les tribunes. Poujade est rapidement débordé, trahi par l'aile droite de son mouvement, représentée par les Le Pen, Demarquet ou Ghez, plus proches de Vichy que de la Révolution française. À gauche, il est la cible d'attaques virulentes, *L'Express* allant même jusqu'à le surnommer « Poujadolf ». Le grand rassemblement poujadiste prévu à Paris en octobre 1956 est reporté plusieurs fois, puis carrément annulé, et le poujadisme parlementaire ne tarde pas à se diviser, une partie des élus soutenant l'expédition de Suez alors que Poujade la condamne. Candidat à l'élection partielle du premier secteur de la Seine en janvier 1957, le chef charismatique est lamentablement battu par le candidat du Centre national des indépendants. Il disparaît comme Boulanger de la scène politique, victime de ses limites et de ses outrances, incapable de s'extirper de la posture tribunicienne pour incarner une véritable alternative à la Troisième Force. Seul le général de Gaulle peut alors y prétendre.

De Gaulle, l'éternel retour

L'histoire gaullienne de l'après-guerre est le récit d'une longue attente, jalonnée de crises de doutes et de moments d'espoir, pour le Général et pour ses partisans comme pour les Français en mal d'un homme providentiel.

« L'histoire de France parlera de moi. Les images d'Épinal me raconteront. Mais c'est fini[1]... », se lamente-t-il à l'été 1946. Et pourtant ses fidèles parient dès cette époque sur son retour. « Il ne faut jamais oublier qu'il est un homme de destin, peut-être tragique, de toute façon dramatique », estime André Malraux, persuadé qu'« il parlera un jour, lorsque l'occasion s'en présentera » et « qu'alors les Français auront à choisir »[2]. De même pour Michel Debré : « De Gaulle est beaucoup plus Louis XIV que Richelieu [...]. Je veux dire : fait pour gouverner de haut [...]. Quelle que soit la Constitution, son prestige, la force de la tradition, sa personnalité le désignent – et ne désignent que lui – pour ce poste[3]. » Et si un sondage effectué en février 1946, juste après son départ, montre que seuls 40 % des Français s'en attristent (32 % en sont même satisfaits), les milliers de lettres qu'il reçoit, évoquées notamment par Claude Mauriac, témoignent de la naissance du culte gaulliste.

Même lorsqu'il choisit de se retirer, en 1953, sur son Aventin, la légende du sauveur reste intacte. C'est l'année où est publié le recueil posthume de Georges Bernanos, intitulé *La Liberté, pour quoi faire ?*, et dans lequel le grand écrivain catholique, disparu en 1948, annonce le retour du Général : « La masse française [...], que travaillent incessamment, jour et nuit, les parasites de la politique, cherche aujourd'hui un autre fait irréparable », écrit-il, persuadé que « demain, comme en 1940, elle rencontrera encore quelque part, le moment venu [...], cet homme que vous connaissez bien, dont je n'ai pas besoin de prononcer le nom [...], le même homme pour la même tâche »[4].

En 1957, le général Catroux, figure unanimement respectée de la France libre et de la Quatrième République, rappelle que de Gaulle est « un "héros" au sens que l'Antiquité accordait à ce mot », voire même « une figure unique et sans équivalent dans nos annales », car il a été le seul à « renverser son destin » et à « muer une nation vaincue dans son âme et prostrée sous la défaite en une nation victo-

1. Claude Mauriac, *Un autre de Gaulle*, *op. cit.*, p. 221, 31 juillet 1946.
2. *Ibid.*, p. 174, 19 mars 1946.
3. *Ibid.*, p. 221, 31 juillet 1946.
4. Georges Bernanos, *La Liberté, pour quoi faire ?*, Paris, Gallimard, 1953.

rieuse et à nouveau consciente de sa pérennité »[1]. C'est pourquoi la solitude retrouvée est à ses yeux la condition du mythe. « C'est en cela que réside l'exceptionnelle grandeur du général de Gaulle [...]. Il était seul à l'origine, démuni de tout et armé uniquement de son inébranlable foi en sa Patrie [...]. Les représentants élus de la nation l'ont d'un mouvement spontané élevé sur le pavois du pouvoir, s'engageant tacitement par ce geste à le tenir pour leur guide[2]. »

Au printemps 1958, quand sonne l'heure de la débâcle pour le régime des partis, c'est vers cette figure du héros et du guide que se tourne spontanément une grande partie des Français. En témoignent à nouveau des milliers de lettres, cette fois envoyées au président de la République René Coty, syndic de faillite d'une Quatrième République à bout de souffle[3]. Elles reflètent le sentiment exacerbé du déclin et l'angoisse de la catastrophe qui imprègnent la société française après quatre ans de guerre civile en Algérie. « Quand la patrie est sur le point de périr, le formalisme hiérarchique n'a plus sa place et les citoyens français ont le devoir de donner leur opinion », écrit par exemple Jean-Pierre B., de Lyon, le 6 mai 1958, au nom de l'« immense majorité » du peuple français. « Que Dieu vous assiste en votre méditation dominicale et qu'il vous accorde la grâce [...] en cette heure cruciale, de sauver la France de tous les dangers qui l'entourent », demande Mme Ivan B., du Havre, dans sa lettre du 4 mai. M. A., de Péronne, se réclame quant à lui de Jeanne d'Arc, archétype du sauveur messianique, dans sa lettre du 2 mai : « Si elle revenait sur la terre, elle vous tiendrait ce langage : "En grande pitié est la seigneurie de France, il faut messire bouter hors du Palais-Bourbon tous les truands et appeler au pouvoir le général de Gaulle, le seul homme capable de sauver le pays." »

Nombreux sont les élus locaux ou nationaux qui écrivent au chef de l'État pour le pousser à la décision, à l'instar de Michel Maurice-Bokanowski, député de la Seine, et de Raymond Dronne[4],

1. Général Catroux, préface à Félix Garas, *Charles de Gaulle seul contre les pouvoirs*, Paris, Julliard, 1957, p. 8.
2. *Ibid.*, p. 9-10.
3. AN, secrétariat général et cabinet, correspondance, 4 AG 148.
4. Passé à la postérité pour son rôle dans l'affaire de l'Observatoire.

député de la Sarthe, tous deux Compagnons de la Libération. Beaucoup de lettres émanent aussi des anciens combattants et résistants des deux guerres mondiales. Pierre R., ancien de Rhin et Danube, décrivant le 17 avril « la France au bord du gouffre », demande au chef de l'État d'en finir avec les « présidents du Conseil à la petite semaine » et de donner « à la France un gouvernement fort et énergique, craint et respecté », sous la houlette du « général de Gaulle au glorieux passé ». Même tonalité dans les lettres envoyées le 17 avril par Daniel D., Compagnon de la Libération, ou le 5 mai par la générale L., veuve de guerre, qui voit « notre chère France bien près de l'abîme », ou encore par Maurice D., de Boulogne-sur-Seine, ancien combattant de Verdun, qui appelle à « dissoudre cette maudite chambre que la France entière ne veut plus » et à « appeler un seul Chef avant qu'il ne soit trop tard, le Sauveur de la Patrie ».

Mais les lettres émanent aussi de Français ordinaires, comme Vincent A., « fruits et primeurs » à Quiberon, conseillant à Coty, le 6 mai, d'« envoyer tous nos députés et sénateurs en congé illimité » et de faire « appelle » *(sic)* à l'homme de Colombey. Mme D., Française de Bruxelles, réclame, le 29 mai, « un homme désintéressé et propre à même de mettre de l'ordre » dans une France qui, « depuis l'avènement du Front populaire, souffre d'être gouvernée par des incapables ». Dans le même registre, Mme B., concierge dans le IVe arrondissement de Paris, demande, le 30 mai, « quelqu'un de convenable pour rassembler les Françaises et Français qui ne font pas de politique et d'aucun parti », pour aider à refaire une république « nationale » et faire revivre la France.

Si l'on en croit cet aperçu significatif de nos recherches, la France qui en appelle à de Gaulle est conservatrice, catholique, antiparlementaire, une France qui se donne traditionnellement aux sauveurs. Encore faut-il noter que les quatorze manifestants arrêtés lors des cérémonies du 8 mai 1958, parce qu'ils ont crié « Vive de Gaulle ! » et distribué des tracts « La France est vendue par le système. De Gaulle au pouvoir », sont aussi bien des étudiants de Sciences Po que des employés et des ouvriers du bâtiment[1]. On sait bien que la France gaulliste ne se limite pas à celle de la tradition providentialiste, loin de là. Elle contraste toutefois avec

1. Rapports de police, 8 et 9 mai 1958 (APP, F10 (1958) et G/A F18).

une autre France, notamment celle du Parti communiste, qui manifeste dans ces lettres à Coty une vive hostilité envers de Gaulle. Les comités locaux de l'Union des femmes françaises sont particulièrement présents dans cette correspondance antigaulliste, de même que les syndicats de cheminots. Mais c'est à titre personnel que Clément N., retraité de la SNCF et conseiller municipal communiste de Bagnolet, demande le 29 mai que le Général « soit mis aux arrêts » en tant que « complice des événements d'Alger ». Quant aux mineurs du puits 4 de Lens, ils dénoncent le 1er juin une « investiture contraire à la volonté de l'immense majorité de la nation », et se disent déterminés à « continuer le combat contre le fascisme », « ses meneurs » et « ses comploteurs ».

Ainsi nous apparaissent les deux France les plus activement mobilisées pour ou contre le général de Gaulle, d'une part la France nationaliste et conservatrice, qui attend le sauveur, et d'autre part la France communiste, qui le diabolise. Mais, comme toujours, la vérité est ailleurs, dans la France silencieuse qui attend le Général, sans vraiment le plébisciter. Alors qu'en décembre 1955 seuls 1 % des sondés par l'IFOP citaient de Gaulle comme leur candidat préféré à la présidence du Conseil, il s'est hissé en septembre 1957 à 11 %, derrière Guy Mollet mais devant Mendès France et Pinay, puis passe au premier rang avec 13 % en janvier 1958. Dans *Paris-Presse* du 28 février 1958, Georgette Elgey, sur la foi d'un entretien avec le gaulliste Olivier Guichard, annonce la prochaine « rentrée » du Général, « par des moyens légaux ». Dans *Combat* du 6 mars, Raymond Tournoux affirme que l'Élysée projette de lui confier la tête du gouvernement, avec des « pouvoirs étendus » et en vue d'élaborer « une nouvelle Constitution ». Enfin, dans *Le Monde* du 7 mars, Maurice Duverger pose une seule question : « Quand ? »

C'est la question qui se posait déjà à Sieyès dans les premiers jours de novembre 1799. De Bonaparte à de Gaulle, la France n'a donc pas cessé de guetter l'homme providentiel qui lui permettrait de résoudre ses crises et d'exorciser ses démons. Elle a attendu des guerriers, des patriotes, des protecteurs, des pacificateurs, des conservateurs, des experts, des reconstructeurs ou des modernisateurs. Mais plus que tout, c'est la pulsion du rassemblement qui infuse la construction de ce récit messianique national, adossé à la nostalgie du pouvoir monarchique. Au-delà de toutes les différences contextuelles, qui expliquent l'émergence de telle ou telle figure du sauveur, l'homme providentiel est toujours celui qui réussit à incarner cette aspiration au rassemblement national.

Encore faut-il que cette incarnation se réalise, c'est-à-dire que le charisme et la prophétie du sauveur potentiel coïncident avec les attentes de la société française. L'image de l'homme providentiel ne s'impose pas comme une immanence. Elle est le fruit d'un récit, elle se nourrit d'images et de discours, propres à réaliser l'incarnation. C'est cette fabrique du sauveur qui fera l'objet de la partie suivante.

DEUXIÈME PARTIE

Le recours

Le discours de l'homme providentiel tend à faire croire que son avènement relève d'une sorte d'évidence historique, voire d'une immanence, qui fait se rencontrer naturellement la légende d'un homme et les espérances de son peuple. C'est le sens par exemple du récit mythologique par lequel Napoléon en exil reconstruit sa propre histoire : « Lorsqu'une déplorable faiblesse et une versatilité sans fin se manifestent dans les conseils du pouvoir [...], alors une inquiétude vague se répand dans la société, le besoin de sa conservation l'agite et [...] elle semble chercher un homme qui puisse la sauver [...], que ce sauveur impatiemment attendu donne tout à coup un signe d'existence, l'instinct national le devine et l'appelle, les obstacles s'aplanissent devant lui, et tout un grand peuple, volant sur son passage, semble dire : le voilà[1] ! » Mais cette vision messianique du sauveur n'est évidemment pas satisfaisante pour l'historien. S'il est vrai que le retour de Bonaparte en France, un peu plus d'un mois avant le 18 brumaire, suscite une vague d'enthousiasme populaire, il n'en est pas moins vrai que cette adhésion spontanée a été très largement préparée par la propagande bonapartiste depuis 1797. C'est parce qu'il a su mettre en scène sa légende que le héros d'Italie et d'Égypte se présente au moment de Brumaire comme le recours providentiel.

Et ce qui est vrai pour Bonaparte l'est pour tous ceux qui l'ont suivi. Pour que la rencontre se produise entre l'homme providentiel et son peuple, il faut que cette rencontre ait été préparée par des

1. *Correspondance de Napoléon Ier, publiée par ordre de l'empereur Napoléon III*, Paris, Plon-Dumaine, 1858, t. XXX, p. 303.

mots et par des actes. Le moment de la prise du pouvoir est le fruit d'un processus de conquête visant à faire coïncider dans l'esprit du plus grand nombre l'image du sauveur et les attentes de la société française. Pour certains de nos sauveurs, ce processus s'appuie sur des années de pérégrination aux quatre coins de la France. C'est le moment où se cristallise vraiment l'image du prophète, susceptible d'incarner l'expression collective d'un ensemble, le plus souvent confus, de frustrations, de déceptions, de nostalgies, mais aussi d'espoirs et de rêves. Pour tous, il passe par l'expression, plus ou moins directe, plus ou moins feutrée, d'un objectif, d'une promesse, d'un engagement, voire d'un programme, qui s'expriment par des discours, des allocutions, des manifestes, des articles, des brochures, des ouvrages, des affiches, des représentations. L'incarnation et la prophétie sont les ingrédients indispensables du recours providentiel.

CHAPITRE V

L'incarnation

L'aventure de l'homme providentiel, c'est l'histoire d'une rencontre entre le sauveur et son peuple, donc d'une incarnation. C'est évidemment un processus plus ou moins long ou délicat selon les circonstances et les moyens de communication.

Si la silhouette de Bonaparte est devenue familière à ses troupes, il serait resté un inconnu pour les Français s'il n'avait pas eu, très tôt, le génie de la propagande. Dès son époque, la presse joue un rôle essentiel dans la diffusion du récit plus ou moins légendaire qui construit l'image du sauveur. Plus tard, c'est aussi par la presse que Poincaré et Clemenceau se forgent, chacun à sa façon, une image de grand patriote, et que Pétain se mue en prophète de la régénération. Mais le contact direct avec le peuple reste un élément essentiel de ce travail d'incarnation, depuis les tournées en province de Louis-Napoléon Bonaparte, préparant l'opinion au coup d'État du 2 décembre, jusqu'aux bains de foule du général de Gaulle au temps du RPF. Ayant quitté la scène politique au terme de sa première incarnation messianique, il reste présent dans l'inconscient collectif des Français, telle la statue du Commandeur, jusqu'à son retour en 1958. C'est l'exception gaullienne de la double incarnation. Mais le modèle reste Napoléon Bonaparte.

Le « héros italique »

Pourquoi Bonaparte est-il si populaire lorsqu'il débarque à Fréjus, le 9 octobre 1799 ? Parce qu'il est, comme l'écrit Jean Tulard, « le premier général, depuis César peut-être, à avoir compris l'importance de la propagande ». Nommé commandant en chef de l'armée d'Italie en février 1797, il est le seul à utiliser la presse de façon systématique pour écrire sa légende, et aussi pour dessiner les grandes lignes de son projet politique personnel.

Le voici donc inondant le Directoire de lettres et de proclamations dont il exige la publication dans les journaux officiels. « On ne conserve à Paris le souvenir de rien, dit-il à son secrétaire particulier Bourrienne. Si je reste longtemps sans rien faire, je suis perdu. Une renommée en remplace une autre ; on ne m'aura pas vu trois fois au spectacle que l'on ne me regardera plus. » Inventeur du « coup d'éclat permanent », il se fait journaliste de ses propres exploits. Le *Journal de Bonaparte et des hommes vertueux*, publié à Paris, ne connaîtra que quarante éditions, du 19 février au 31 mars 1797. Plus durable est *Le Courrier de l'armée d'Italie ou le Patriote français à Milan*, confié par Bonaparte à Marc-Antoine Jullien, paraissant dans la capitale lombarde tous les deux jours, mais vendu aussi à Paris et surtout distribué gratuitement aux troupes, du 21 juillet 1797 au 1er décembre 1798. Le premier numéro, qui évoque la « résurrection » de la République, prolonge la proclamation faite aux troupes quelques jours plus tôt, à l'occasion de la fête nationale : « Soldats, je sais que vous êtes profondément affectés des malheurs qui menacent la patrie ; mais la patrie ne peut courir de dangers réels. Les mêmes hommes qui l'ont fait triompher de l'Europe coalisée sont là. Des montagnes nous séparent de la France ; vous les franchiriez avec la rapidité de l'aigle, s'il le fallait, pour maintenir la Constitution, défendre la liberté, protéger le gouvernement et les républicains. »

Plus de deux ans avant le coup d'État du 18 brumaire, la figure du sauveur est donc en gestation, avec les thèmes qui l'escortent, la gloire du vainqueur évidemment, mais aussi la vertu au-dessus des factions, la modération et la « concorde » opposées au désordre et à la division, et surtout la menace de franchir le Rubicon, « volant comme l'éclair et frappant comme la foudre », afin d'assurer la « résurrection » de la patrie en danger. N'est-il pas l'un de ces « hommes dont le pouvoir n'a d'autres bornes que leur volonté quand la vertu des plus sublimes seconde un vaste génie »[1] ?

1. *Le Courrier de l'armée d'Italie ou le Patriote français à Milan*, 23 octobre 1797.

C'est ainsi qu'il est présenté dans *Le Courrier de l'armée d'Italie* quelques jours après la signature du traité de Campoformio, le 17 octobre 1797, à l'apogée de sa gloire militaire, après les moments forts de Lodi et d'Arcole, qui l'ont vu encensé par *Le Journal de Paris* ou *Le Conservateur*. La même pulsion messianique se retrouve sous la plume de Michel Regnault, de Saint-Jean-d'Angély, qui a lancé le 3 août 1797 (16 thermidor an V) *La France vue de l'armée d'Italie*[1]. Son premier article exhorte les « armées » à intervenir « si la lutte entre le corps législatif et le directoire se prolonge, si le gouvernement est encore menacé, insulté par des écrivains qui parlent le langage de nos ennemis ». Son dernier, publié le 26 brumaire an VI, soit le 16 novembre 1797, est tout entier consacré à l'apologie du héros, *imperator* victorieux par « l'audace de ses plans et [...] la ténacité dans leur exécution », par le « talent qu'il eut d'inspirer l'enthousiasme à tout ce qui l'entourait », mais aussi visionnaire, « fondant toutes ses espérances sur la postérité, se plaçant toujours à cinquante ans du moment présent, et vivant dans son avenir, ou, pour dire le mot, dans son immortalité ».

À l'issue des campagnes d'Italie, Bonaparte est donc reconnu non seulement comme *imperator*, mais comme sauveur potentiel. À Paris, les journaux, les gravures, les chansons et les poèmes chantent ses louanges. Gros, élève de David, le représente au pont d'Arcole, drapeau dans une main, sabre dans l'autre, tandis que le sculpteur Cerrachi réalise son premier buste. D'autres, comme Callet, Prud'hon ou Monnet associent le « héros italique » aux allégories de la Paix, de la Renommée et de la Victoire. Au théâtre, on représente *Le Pont de Lodi*, racontant l'un de ses plus beaux faits d'armes, son nom étant acclamé à chaque séance par le public. Banquets et fêtes sont donnés en son honneur, et la rue Chantereine, où il réside, est même rebaptisée « rue de la Victoire ».

Le 10 décembre 1797, lors d'une cérémonie organisée par le Directoire en son honneur au palais du Luxembourg, Talleyrand le place sur orbite : « Ah ! loin de redouter ce qu'on voudrait appeler son ambition, je sens qu'il nous faudra peut-être le solliciter un jour pour l'arracher aux douceurs de sa studieuse retraite. La France

1. Sous-titré : *Journal de politique, d'administration et de littérature française et étrangère*.

entière sera libre : peut-être lui ne le sera-t-il jamais, telle est sa destinée[1]. » Quinze jours plus tard, sa réception à l'Institut, au siège laissé vacant par Lazare Carnot, « l'organisateur de la victoire », ajoute une dimension nouvelle à son prestige de soldat.

Relatant la séance publique du 4 janvier 1798, *Le Moniteur* souligne la « modestie » et le « désintéressement » avec lesquels le héros victorieux a reçu « les éloges que lui ont prodigués les lecteurs et les spectateurs ». Mêlé à la foule, dans son « petit frac gris », « rien n'annonçait l'homme qui a renversé, soutenu ou créé plusieurs États et dont quatre rois et une foule de princes souverains ont imploré la protection ; ni sa taille, ni ses traits, ni sa démarche, ni son ajustement ne pouvaient le faire remarquer ; et cependant, entouré de l'éclat de son nom, il a frappé tous les regards ». Comme l'écrira plus tard l'un de ses officiers, « l'enthousiasme pour Bonaparte est d'autant plus grand que son aspect, sa tenue, sa simplicité contrastent avec sa valeur réelle et avec les airs triomphateurs et pourfendeurs de certains de ses généraux[2] ». C'est ainsi que l'*imperator* apparaît aussi comme tribun de la plèbe. Mais il lui faut aller plus loin dans la légende pour devenir un nouvel Alexandre.

« L'Europe n'est qu'une taupinière. Tout s'use ici. Il faut aller en Orient, toutes les grandes gloires viennent de là ! » confie-t-il à Bourrienne. Emmenant avec lui une cohorte de savants pour une campagne d'Égypte qui s'annonce périlleuse, Bonaparte fait en mai 1798 le double pari de confirmer son image de général invincible et d'apparaître comme le protecteur de la science et de la raison. Bien qu'absent, son nom est sur toutes les lèvres lors du quatrième anniversaire de la naissance du Directoire, le 27 juillet 1798, où sont présentées toutes les œuvres d'art que ses armées ont ramenées d'Italie. Dans le *Journal des hommes libres*, son frère Lucien se charge d'entretenir le culte du héros. Depuis Le Caire, *Le Courrier de l'Égypte* et *La Décade égyptienne, journal littéraire et d'économie politique*, lancés en 1798, le remercient de remettre au goût du jour « les sciences et les arts » négligés par les journaux français, prisonniers des querelles de « partis » et devenus une « arène » où ils

1. *Le Moniteur*, t. XXIX, p. 90.
2. Colonel Noël, *Souvenirs militaires d'un officier du Premier Empire (1795-1832)*, Paris, Librairie des Deux Empires, Paris, 1999, p. 12.

se déchirent « avec acharnement ». À Paris, Lebrun s'exalte dans *La Décade philosophique* : « Héros cher à la paix, aux Arts, à la Victoire, il conquit en deux ans mille siècles de gloire. » Nouvel Alexandre, mais aussi Solon législateur et Mécène protecteur des arts et des sciences, Bonaparte a ainsi construit sa légende.

« Pour la première fois depuis dix ans, un nom propre est dans toutes les bouches [1] », commente Mme de Staël. Avant même le 18 brumaire, son portrait orne déjà les locaux officiels[2]. Son retour, nous l'avons vu plus haut, est célébré avec allégresse dans les rues et dans les cabarets parisiens. Ses partisans s'emploient « à le présenter comme l'homme du destin, à flatter en son nom chaque parti, et à lui conquérir les cœurs par l'espérance d'un avenir » susceptible de rendre « à la tranquillité publique et aux fortunes particulières le caractère de stabilité dont la société ne peut se passer[3] », écrit Cambacérès. « Lorsque arriva la grande nouvelle de son retour inattendu, j'étais à notre cabinet de lecture, au milieu de plus de trente personnes. Toutes se levèrent spontanément en poussant un grand cri de joie », se souvient le chansonnier Béranger, ajoutant, non sans exagération, qu'il « en fut à peu près de même dans toute la France, qui se crut sauvée »[4]. Comment ne pas croire qu'il est revenu pour « sauver la République », comme le proclament les affiches placardées par Roederer dans tout Paris le 18 brumaire ? « Quand on produit de pareils effets sur un peuple, on en est le maître », conclut Béranger, « les sages n'y peuvent rien »[5].

Quatre ans pour un prénom

Élu prince-président en décembre 1848 par la seule magie de son nom et de son héritage, Louis-Napoléon va mettre quatre ans pour se faire un prénom. Il peut s'appuyer sur les nostalgiques de

1. Germaine de Staël, *Dix Années d'exil*, Paris, Fayard, 1996, p. 68.
2. Nathalie Petiteau, *Les Français et l'Empire, 1799-1815*, Avignon, Éd. universitaires d'Avignon, 2008, p. 30.
3. Jean-Jacques Régis de Cambacérès, *Mémoires inédits*, t. 1 : *La Révolution et le Consulat*, Paris, Perrin, 1999, p. 432.
4. Pierre-Jean de Béranger, *Ma biographie*, *op. cit.*, p. 67.
5. *Ibid.*

l'Empire, ceux de la Société du Dix-Décembre, créée en septembre 1849 sous la présidence du général Piat. Il peut compter sur la plume de Granier de Cassagnac, dans *Le Constitutionnel*, ou des journalistes du *Pouvoir*, qui, dans l'édition du 15 juillet 1850, décrivent l'Assemblée comme un « foyer de discordes civiles ». Mais, à la différence de son oncle à l'aube du 18 brumaire, il n'est pas encore connu des masses. C'est pourquoi il doit aller vers elles, pour se montrer, pour expliquer et pour séduire.

On le voit beaucoup à Paris, à cheval ou dans son coupé aux armes impériales, dans les écoles, les hôpitaux et les casernes, où il partage l'ordinaire du soldat. Il parade le 21 mai 1849 au Champ-de-Mars, où il passe en revue quarante mille hommes. Son arrivée, au son des tambours et des fanfares, est saluée par la troupe aux cris de « Vive Napoléon ! Vive le président ! », ce qui en dit long sur l'assimilation qui se fait dans leur esprit. Si l'on en croit la presse libérale, « ces cris, cet enthousiasme ont trouvé de nombreux échos dans la foule qui couronnait les tertres du Champ-de-Mars »[1]. Mais l'enjeu majeur se situe surtout en province, dans cette France rurale qui l'a plébiscité sans le connaître le 10 décembre 1848. En quatre ans de présidence, il n'accomplit pas moins de seize « tournées », qui lui permettent de couvrir cinquante départements.

Enchaînant les visites et les inaugurations, les remises de décorations, les présidences de banquets, il ne se déplace jamais sans sa « police de poche », un petit carnet dans lequel sont littéralement « fichés » les édiles qu'il doit rencontrer, de façon à leur glisser à chacun le petit mot qui flatte[2]. Il se fait accompagner de journalistes à sa solde, chargés de donner à la visite un écho national, tandis que les brigades d'acclamation de la Société du Dix-Décembre lancent la « claque » lorsque le besoin s'en fait sentir.

Le train est son moyen de transport privilégié, lorsque c'est possible. En avril 1849, empruntant la ligne Melun-Troyes, il se fait un devoir de descendre à chaque station « pour satisfaire au besoin que l'on avait de le voir ou de l'entendre[3] ». À Chartres, le 6 juillet suivant, il inaugure en grande pompe la ligne reliant à Paris le chef-

1. *Le Journal des débats*, 22 mai 1849.
2. Éric Anceau, *Napoléon III*, *op. cit.*, p. 168.
3. *Le Progrès de l'Aube*, 30 avril 1849.

lieu de l'Eure-et-Loir, se réclamant de saint Bernard, qui vint y prêcher la deuxième croisade, et d'Henri IV, sacré dans cette ville, « venant demander à la religion de bénir le retour à la paix et à la concorde »[1]. À Amiens, le 16 juillet 1849, plus de cent cinquante mille personnes se pressent pour le voir présider la distribution des drapeaux aux gardes nationales du département de la Somme. Les cris répétés de « Vive Napoléon ! » et de « Vive Louis-Napoléon ! » ne cessent de se faire entendre tout au long du défilé, si l'on en croit *Le Moniteur universel*. À la préfecture, le banquet est donné dans la salle même où Napoléon Ier avait signé le traité d'Amiens, ce que ne manque pas de souligner son neveu. De même, le président de la cour d'appel évoque-t-il la mémoire du « grand homme qui vous a légué sa gloire » et qui a « tiré la France de l'anarchie »[2].

C'est ainsi que se prépare l'appel au sauveur, avec, il faut bien le dire, des fortunes diverses. Inaugurant à Angers la nouvelle ligne reliant la ville à la capitale, le 29 juillet 1849, il se heurte à une « réception assez froide de la garde nationale et de la population », aux cris de « Vive la République ! »[3]. En août 1850, dans les terres républicaines de l'est de la France, il est plusieurs fois chahuté par la foule. À Montbard, en Côte-d'Or, le frère du maire lui-même grimpe sur la voiture présidentielle en hurlant « Vive la République ! »[4].

La stratégie d'incarnation de Louis-Napoléon Bonaparte oscille en permanence entre les nécessités du légalisme républicain et sa volonté de préparer les esprits à une restauration impériale. Il s'en défend lors de son passage à Tours, le 1er août 1849, où il affirme « devant trente mille personnes », venues « de tous les points du département », qu'il ne médite nullement « quelque entreprise semblable au 18 brumaire », car, dit-il, « les coups d'État n'ont aucun prétexte » et « les insurrections n'ont aucune chance de succès »[5]. Ce que souligne *Le Moniteur universel*, journal de la présidence, en estimant que ce voyage de cinq jours dans les départements de

1. *Le Journal des débats*, 8 juillet 1849.
2. *Ibid.*, 17 et 18 juillet 1849.
3. *Ibid.*, 1er août 1849.
4. *L'Ordre*, 22 août 1850.
5. *Ibid.*

l'Ouest donne « le démenti le plus éclatant aux bruits absurdes dont l'opinion s'est émue », car un « coup d'État » entraînerait « une effroyable anarchie où la fortune de la France s'abîmerait »[1].

À Strasbourg, le 21 août 1850, où une « foule immense » se presse sur son passage et aux fenêtres, le clou du feu d'artifice est l'apparition de la devise « Vive la République ! »[2]. Mais il reçoit à la préfecture plus de mille cinq cents officiers, sous-officiers et soldats de l'Empire, qui défilent aux cris de « Vive Napoléon ! Vive l'Empereur ! » et auxquels il distribue des pièces d'or[3].

À Caen, le 5 septembre 1850, il est accueilli au son des cloches et des salves d'artillerie, sous un arc de triomphe de « proportions colossales », et, nous dit la presse libérale, les cris de « Vive Napoléon ! » couvrent ceux de « Vive la République ! ». Devant un public qui lui est acquis, il estime que « si des jours orageux devaient reparaître et que le peuple voulût imposer un nouveau fardeau au chef du gouvernement, ce chef, à son tour, serait bien coupable de déserter cette haute mission[4] ». À Cherbourg, deux jours plus tard, les soldats du 18e de ligne, qu'il passe en revue, puis les convives du banquet organisé à l'arsenal s'écrient « Vive Napoléon ! » à son arrivée. Là encore, il n'hésite pas à invoquer le modèle de l'homme du 18 brumaire, qui « vint à une époque où la nation fatiguée de révolutions lui donna le pouvoir nécessaire pour abattre l'anarchie, combattre les factions et faire triompher [...] les intérêts généraux du pays »[5].

À Carentan, où se dresse un arc de triomphe, certains s'écrient « Vive l'Empereur ! ». À Saint-Lô, le 9 septembre, des jeunes filles vêtues de blanc lui offrent un bouquet surmonté d'un aigle formé de fleurs[6]. Et lors de son retour à Paris, au soir du 12 septembre 1850, accueilli par une « foule nombreuse » aux abords du chemin de fer de Rouen, ce sont à nouveau les cris de « Vive Napoléon ! » qui se mélangent à ceux de « Vive la République ! »[7].

1. *Le Moniteur universel*, 3 août 1849.
2. *Le Journal des débats*, 24 août 1850.
3. *Ibid.*, 25 août 1850.
4. *Ibid.*, 7 septembre 1850.
5. *Ibid.*, 9 septembre 1850.
6. *Ibid.*, 12 septembre 1850.
7. *Ibid.*, 13 septembre 1850.

La revue militaire de Satory, le 10 octobre 1850, qui voit les cavaliers crier « Vive l'Empereur ! » au passage du prince-président, constitue un tournant politique majeur car elle ouvre un conflit entre le chef de l'État et l'opposition parlementaire. Le général Changarnier, commandant de la garde nationale et de la division militaire de Paris, ayant blâmé officiellement cette manifestation de bonapartisme intempestif, il est révoqué le 9 janvier 1851. S'ensuit une violente polémique, marquée par quatre jours de débats passionnés à l'Assemblée législative. C'est l'occasion pour Adolphe Thiers d'exprimer dans la séance parlementaire du 17 janvier son indignation envers cette répétition de « l'ère des Césars », « celle où les légions proclamaient l'empereur », et de prôner la résistance contre Louis-Napoléon : « Si l'Assemblée cède aujourd'hui, il n'y a plus qu'un pouvoir [...]. L'empire est fait »[1].

Mais la fronde des députés ne reflète pas l'opinion de la France des notables ruraux et de la majorité silencieuse, de plus en plus acquise au prince-président. La campagne de pétitions lancée sous l'impulsion des préfets en mai 1851 pour obtenir une révision constitutionnelle prolongeant les pouvoirs de Louis-Napoléon obtient en quelques semaines plus de 1,1 million de signatures, notamment dans les campagnes du Bassin parisien, de Normandie, du Poitou, des Charentes, de l'Aquitaine et du Nord-Est, terres « labourées » lors des voyages présidentiels. Ce dont peut se prévaloir le prince-président dans son discours de Dijon du 1er juin 1851, annonçant « une nouvelle phase de notre ère politique ».

La brochure publiée par Granier de Cassagnac, appelant « les vieux soldats » à soutenir « la révision de la Constitution » voulue par le prince-président, lui-même soucieux d'acquitter « la dette du passé » envers les grognards de l'Empire, apparaît comme une nouvelle étape dans la préparation du coup de force. De même pour le message adressé, le 9 novembre 1851, par Louis-Napoléon aux officiers des régiments nouvellement arrivés à Paris : « Si la gravité des circonstances [...] m'obligeait à faire appel à votre dévouement, il ne me faillirait pas, j'en suis sûr, parce que, vous le savez, je ne vous demanderais rien qui ne soit d'accord avec mon droit. »

1. *Le Moniteur universel*, n° 18, 18 janvier 1851, p. 183-187.

Dans la presse républicaine et libérale, l'indignation est vive contre les « velléités aventureuses » du prince-président[1]. À la tribune de l'Assemblée, le général Changarnier se pose en protecteur des représentants du peuple, menacés par Louis-Napoléon : « L'armée ne désire pas plus que vous voir infliger à la France les misères et les hontes du gouvernement des Césars alternativement imposé et renversé par des prétoriens en débauche[2]. » Mais l'attaque la plus rude vient de Victor Hugo : « Quoi ! Après Auguste, Augustule ! Quoi ! Parce que nous avons eu Napoléon le Grand, nous aurions Napoléon le Petit[3] ! » La formule fera date, mais elle n'empêchera pas Louis-Napoléon, fort de son incarnation providentielle, de franchir le Rubicon au matin du 2 décembre 1851.

Gambetta, le héraut de la République

Si Gambetta a un point commun avec Napoléon III, dont il fut l'un des plus farouches adversaires, c'est d'avoir lui aussi parcouru l'Hexagone pour se faire connaître des Français. Écarté brutalement du pouvoir en février 1871, il repart en campagne quelques mois plus tard pour une sorte de tournée électorale quasi permanente, qui ne s'achève véritablement qu'après la victoire définitive des républicains en octobre 1877, et dont l'aboutissement politique sera son retour au pouvoir en novembre 1881.

Peut-on comparer cette longue pérégrination du « commis voyageur » de la démocratie aux tournées présidentielles de Louis-Napoléon Bonaparte, leurs motivations et leurs moyens étant diamétralement opposés ? Tandis que l'entreprise bonapartiste vise à une reconnaissance personnelle, dans la perspective du coup d'État, Gambetta se fait d'abord et avant tout le « commis voyageur » d'une idée, d'un projet politique, alors même que la République est menacée par le gouvernement d'ordre moral. S'il s'agit avant tout pour Louis-Napoléon de se faire connaître et de se faire aimer par la

1. *Le Journal des débats*, 3 janvier 1851.
2. *Le Moniteur universel*, 4 juin 1851, p. 1573.
3. *Ibid.*, 18 juillet 1851, p. 2044.

mise en scène de sa propre gloire, Gambetta essaie de convaincre par la force de persuasion du discours. Si Louis-Napoléon joue la carte de l'homme providentiel, Gambetta la rejette explicitement au nom de la démocratie.

Pourtant on peut considérer que le tribun républicain s'inscrit aussi, presque malgré lui, dans une démarche d'incarnation messianique. Pour beaucoup d'observateurs, ses tournées électorales au service de la République apparaissent comme une marche vers le pouvoir. C'est l'interprétation que lui donnent ses adversaires, y compris à gauche, l'accusant d'aspirer à la dictature. « La bassesse humaine a toujours besoin d'une idole », écrit le radical Henry Maret, « on n'a plus Bonaparte, on n'a plus Rouher, on n'a plus Morny, mais on a Gambetta »[1]. Le journaliste Louis Ulbach regrette « ces parodies un peu césariennes, ce recrutement par l'enthousiasme, cette usurpation du sentiment public, au profit d'un seul[2] ». Des rapports de police signalent que l'on « critique généralement très vivement, surtout dans le monde républicain, les ovations que se fait faire M. Gambetta », que l'on « trouve qu'il va un peu loin » et que l'on « se demande avec inquiétude quels projets cachent ses voyages que d'aucuns comparent avec ceux du Prince Napoléon en 1852 »[3]. D'autres estiment qu'il est « absolument passé à l'état de Dieu[4] ». On oublie que Gambetta rejette systématiquement les manifestations d'idolâtrie en sa faveur, et qu'il en appelle à la « retenue démocratique » qui se défie de la personnalisation du sauveur[5].

« Je n'en rougis pas ; je suis en effet un voyageur et un commis de la démocratie. C'est ma commission, je la tiens du peuple[6] », confie Gambetta à la presse, au moment d'entamer une de ses tournées en province qui l'ont fait surnommer par ses détracteurs le « commis voyageur » de la démocratie. « Il est allé dans tous les

1. *Le Mot d'ordre*, 7 avril 1880.

2. *La Cloche*, 7 octobre 1872.

3. Rapport du 11 octobre 1878 (APP, B/A 22).

4. Rapport du 27 avril 1875 (*ibid.*, B/A 918).

5. Yves Deloye, « Le charisme contrôlé. Entre grandeur et raison : la posture publique de Léon Gambetta », *Communications*, n° 69, 2000.

6. *Le Figaro*, 22 avril 1872.

départements porter sa parole éloquente », « il a semé partout la lumière et la vérité, aux acclamations enthousiastes de ses innombrables auditeurs », dit une brochure de 1872, alors qu'il revient des terres royalistes de l'Ouest[1]. La presse de droite l'accuse de préparer son auditoire, de mettre en scène un « concert d'adulation préparé pour caresser les oreilles du grand homme », d'embaucher des « braillards commandés » pour « faire la claque »[2], ou d'« exciter la foule » en personnalisant la « populace »[3], mais chacun est bien forcé de reconnaître l'« effet magique » de l'éloquence gambettiste[4]. À la différence des « tournées » de Louis-Napoléon Bonaparte ou des voyages présidentiels des années futures, son succès ne doit rien aux préparations préfectorales, bien au contraire. Alors qu'il prend quelques jours de repos chez ses amis Adam à Golfe-Juan, il est ainsi accueilli au retour d'une promenade : « En traversant un village du joli nom de Vallauris, j'ai trouvé sur la grand-place du bourg une foule compacte, hommes, femmes, enfants, maires et adjoints, qui m'attendait. Il a fallu s'exécuter [...] et j'ai prêché à mes ouailles républicaines mon ordinaire sermon[5]... » Discours imprévu, qui atteste non seulement de ses talents de tribun, mais aussi de l'attente quasi mystique du sauveur.

« Sa voix, étouffée » à l'Assemblée nationale, « dans l'étroit théâtre de Versailles », reprend, « sous le ciel libre, au contact de la foule émue, toute son ampleur et toute sa puissance »[6]. Camille Pelletan décrit ses discours comme une bataille, « calme d'abord, s'animant par degrés, jusqu'à ce que la lutte s'irrite, jusqu'à ce qu'enfin, le combat définitivement engagé, il se jette avec toute sa passion oratoire dans la mêlée, secouant sa tête au-dessus de la foule soulevée[7] ». Malade, il sort de la tribune épuisé, exsangue,

1. *Gambetta*, illustré par Jules Rouquette, Paris, Bureau des célébrités contemporaines, 1872, p. 10.

2. *Le Pays*, 22 septembre 1872.

3. Le *Times*, cité dans « Gambetta jugé par ses contemporains. Préface au discours du Cirque », *La Défense*, 11 octobre 1877.

4. Pierre Chanlaine, *Gambetta. Père de la République*, Paris, Tallandier, 1932, p. 133.

5. Lettre à Léonie Léon, 3 janvier 1874, bibliothèque de l'Assemblée nationale.

6. *Le Peuple souverain*, 4 octobre 1872.

7. Camille Pelletan, titre du journal inconnu, 1877 (APP, B/A 917).

voire crachant le sang. Inaugurant un monument Gambetta à Nice, le 26 avril 1909, Clemenceau saluera sa « puissance irrésistible d'attraction, de concentration, d'impulsion », le charisme tribunicien de celui qui « se donnait pour prendre, c'est-à-dire pour que l'auditoire se donnât à son tour ». Rappelons par ailleurs que la plupart de ses discours, repris en sténographie par son ami Paul Detot, sont ensuite publiés dans les journaux républicains, et les plus importants diffusés en brochures dans tout le pays. Son journal, *La République française*, n'est qu'un « encensoir perpétuel, créé par M. Gambetta lui-même pour être balancé devant lui-même[1] », ironise le clérical Louis Veuillot lors du voyage du tribun républicain en Savoie. N'empêche que Raymond Poincaré s'en souviendra, un demi-siècle plus tard : « Nous autres, adolescents, qui voyions en Gambetta la personnification de la République, nous nous répétions les passages les plus ardents des discours d'Amiens, de Belleville, du Château d'Eau[2]. »

Le 14 juillet 1872, par exemple, en dépit de pluies torrentielles, près de deux mille partisans, la plupart vêtus de leurs blouses de paysans, se pressent à La Ferté-sous-Jouarre pour l'écouter[3]. Héraut de la République en marche, le voici à Saint-Étienne, à Lyon, à Chambéry, où il brave l'interdiction promulguée par le marquis de Tracy, préfet de Savoie, à Thonon-les-Bains, où cinq bateaux à vapeur remplis de spectateurs venus des deux rives l'acclament, à Annecy et surtout à Grenoble, où il est accueilli le 26 septembre 1872 par plus de « six mille partisans enthousiastes[4] ». Il y prononce un discours fameux annonçant l'apparition d'un « nouveau personnel politique électoral », une « couche sociale » nouvelle qui prend la place des anciens partis. Mais la presse conservatrice, ne retenant que son aventure personnelle, le traite à cette occasion de « tyran » ou de « dauphin présidentiel qui parcourt la France et se montre de profil à ses sujets »[5].

1. *L'Univers*, 27 septembre 1872.
2. Discours du 31 mars 1912 aux Jardies.
3. *Le Temps*, 16 juillet 1872.
4. *Ibid.*, 28 septembre 1872.
5. *Le Journal des débats*, 27 septembre 1872 ; « Le dauphin s'amuse », *Paris-Journal*, 28 septembre 1972.

Le deuxième moment fort des pérégrinations du « commis voyageur » est la campagne menée pour les élections législatives de mars 1876, où il se présente personnellement à Lille, Avignon, Bordeaux et Marseille. Son discours est celui d'un militant de la démocratie parmi d'autres, prônant « une république sortie du consentement de la nation, respectueuse des droits de tous, fermement résolue à se défendre, mais écartant toute occasion de troubles et de conflits [1] ». Mais ce que souligne la presse, c'est l'engouement populaire suscité par la personnalité même de Gambetta, surtout par ses talents de tribun. Ils sont ainsi trois mille à l'applaudir près d'Avignon, dans les anciens locaux des usines Pierre, et le même nombre à Orange, où le parc du notable républicain qui l'héberge est envahi par la foule qui le réclame[2]. À Bordeaux, le 12 février, une réunion doit être annulée au cirque Lamartinie, car le public est trois fois plus nombreux que prévu, et ils sont au moins dix mille à l'acclamer devant le balcon de l'hôtel de la Paix où il est descendu. À Marseille enfin, le 16 février, la foule s'assemble devant le Grand Théâtre lyrique, où il assiste à la représentation du *Moïse* de Rossini. Lorsque Pharaon s'exclame : « Voilà le soleil, il paraît et tout s'incline dans la nature », les spectateurs se lèvent, les acteurs s'arrêtent et tout le monde crie : « Vive Gambetta ! Vive la République ! »[3]. Nous sommes bien dans le registre de l'homme providentiel.

Au soir du 16 mai 1877, il raconte à sa maîtresse Léonie Léon « l'immense acclamation du peuple de Paris » qui l'a accueilli à son arrivée au Grand Hôtel, où allait se tenir la réunion plénière des gauches : « J'ai failli être étouffé sous l'enthousiasme de la foule ; les cris de vive la République, vive Gambetta remplissaient l'air [...]. C'est à grand-peine que j'ai obtenu que l'on se retirât sans bruit, après l'assurance donnée que le droit était en bonnes mains et que le triomphe final viendrait couronner leurs vœux[4]. » Réélu à

1. Discours au Grand Théâtre de Lille, 6 février 1876, cité dans *Le Temps*, 9 février 1876.

2. *Ibid.*, 12 février 1876.

3. Cité par John Patrick Bury, *Gambetta and the Making of the Third Republic*, Londres, Longman, 1973, p. 278.

4. *Lettres de Gambetta, 1868-1882*, *op. cit.*, lettre n° 309.

Belleville dès le premier tour du 14 octobre, il vérifie sa popularité exceptionnelle au soir du 21 novembre 1877, lorsque la foule des Parisiens l'acclame à la sortie d'une représentation d'*Hernani* à laquelle il vient d'assister en compagnie de l'auteur, Victor Hugo[1]. Est-ce le héros Gambetta que l'on applaudit, aux côtés de l'autre grand homme de la gauche, ou le porte-drapeau de la République qui vient de triompher ? Ce qui est sûr, c'est qu'une forme de messianisme se cristallise à cette époque sur le commis voyageur de la démocratie.

La tournée-marathon qu'il effectue dans le Rhône, pendant les vacances parlementaires de l'été 1878, nous apparaît comme son sacre républicain, alors même qu'il n'occupe encore aucune fonction majeure dans la République. C'est ainsi qu'à Andancette des arcs de triomphe sont dressés avec les inscriptions « Vive Gambetta ! Vive la République ! ». Parti de Valence « au milieu d'une énorme affluence », un millier de personnes l'ayant accompagné sur le quai de la gare, il arrive un peu plus tard à Romans, où se presse « la population des campagnes environnantes », des petites filles lui présentant des bouquets de dix pas en dix pas tandis que des fleurs sont lancées des fenêtres. À Grenoble, le 9 octobre, lors du banquet auquel assiste son père, un toast est porté à l'« illustre défenseur » de la République, qui reçoit des bouquets de fleurs tricolores. Le 12 octobre, lors de son départ, une foule « énorme » l'escorte vers la gare, où il doit prendre le train le ramenant à Paris. À La Tour-du-Pin, où il fait halte, plus de trois mille personnes « ont envahi les quais de la gare et tous les alentours », ainsi qu'à Bourgoin, où, malgré la nuit, la foule se masse autour du train et ne cesse de l'acclamer jusqu'à son départ[2].

Nonobstant les imprécations de l'extrême droite comme de l'extrême gauche, qui dénoncent son « césarisme par influence[3] », l'accusent de postuler à la dictature, ou qui le décrivent comme un parvenu, « gros, gras, dodu », aux « tiroirs bourrés de liasses d'actions » et à la « fortune colossale »[4], la question de l'arrivée au

1. *Le Temps*, 23 novembre 1877.
2. *Ibid.*, 13 et 14 octobre 1878.
3. *Le National*, 26 septembre 1880.
4. Edmond Béraud, *Gambetta dictateur*, Paris, Librairie H. Oudin, 1881, p. 2.

pouvoir de Gambetta se pose très sérieusement à partir du moment où il siège au perchoir de la Chambre. Plusieurs de ses proches lui reprochent même d'avoir laissé Grévy se faire élire président de la République. Son amie Juliette Adam lui en fait ouvertement grief, au soir du 30 janvier 1879 : « Ce n'est pas pour vous voir président à sonnette que nous avons tant lutté, tant combattu[1]. » Sur le trajet du convoi officiel menant à Cherbourg le chef de l'État et le président de la Chambre, le 8 août 1880, la presse note que les cris de « Vive Gambetta ! » l'emportent sur ceux de « Vive Grévy ! ». La sortie nocturne de Gambetta, à l'issue des cérémonies officielles, provoque une véritable émeute, telle que sa voiture ne peut plus avancer ni reculer. Sous les acclamations, il improvise alors une harangue, vers dix heures du soir, au milieu de la fête et des illuminations, tandis que le chef de l'État est déjà rentré à son hôtel. « Ne faisons point de personnalité », demande Gambetta à ses admirateurs. Mais, le lendemain soir, une foule immense crie son nom à l'entrée du café du Grand Balcon, où il prend la parole. Et *Le Temps*, journal pourtant favorable à Grévy, reconnaît que « c'était un spectacle indicible que celui de ces cinquante mille personnes poussant le même cri sous l'impression du plus irrésistible courant de sympathie qui ait jamais passionné une foule[2] ». Lorsque Grévy finit par l'appeler à la présidence du Conseil, le 14 novembre 1881, c'est un véritable héros populaire qui arrive au pouvoir.

Est-ce à dire qu'il essaie d'apparaître comme le sauveur ? Si l'on en croit certains rapports de police, son « voyage césarien » sur sa terre natale de Cahors aurait « irrité les hommes de tous les partis, les républicains surtout », qui « reconnaissent l'homme utile », mais « ne veulent pas de l'homme providentiel »[3]. Mais de son côté, Émile Zola écrit son admiration pour cet homme qui « grandit démesurément, emplit la France, emplit le monde de sa personne, beaucoup plus que Voltaire », tel un « Dieu » qui « semble devoir disposer à jamais de nos destinées »[4]. C'est aussi ce que suggèrent

1. Juliette Adam, *Après l'abandon de la revanche*, Paris, Lemerre, 1910, p. 29.
2. *Le Temps*, 9-11 août 1880.
3. Rapport du 11 juin 1881 (APP, B/A 923).
4. Émile Zola, « Gambetta », *Le Figaro*, 13 décembre 1880.

les rédacteurs de l'*Almanach Gambetta*, le décrivant « au faîte de la puissance », « celui vers qui toutes les lorgnettes convergent, questionnant sa sérénité silencieuse, en attendant que toutes les mains se tendent vers lui, et que toutes les bouches lui crient : "Sauvez-nous ! Nous périssons" »[1].

La réclame boulangiste

Comment incarner l'image de l'homme providentiel sans avoir la légitimité historique qui l'accompagne, c'est-à-dire sans le prestige militaire d'un Bonaparte ou le passé républicain et patriotique d'un Gambetta ? C'est le défi auquel est confronté le général Boulanger lorsqu'il se lance au printemps 1888 dans l'arène politique, fort d'une popularité aussi imprévue que soudaine. Et c'est pourquoi le boulangisme est contraint d'inventer une nouvelle façon de construire la figure du recours.

Gabriel Hanotaux définit en quelques lignes ce qui a fait le succès exceptionnel d'un général qui ne l'était pas : « La fortune inouïe de l'homme fut, en somme, la première manifestation dans la politique d'un nouveau mode d'action avec lequel il faudra compter désormais, la réclame. Cette façon de déterminer certains mouvements et emballements de l'opinion, de susciter la faveur publique, d'entraîner des adhésions, des concours, d'obtenir des souscriptions, jusqu'à des sacrifices, n'avait guère été employée auparavant que dans le commerce, les affaires ; on n'avait pas encore eu l'idée de recourir avec bruit et tintamarre pour jouer un rôle politique aux ressources de la publicité moderne : presse à bon marché et à grand tirage visant et touchant le populaire, la photographie, les chansons, les refrains de café-concert[2]. » Combattu par le pouvoir en place, sans programme précis, sans talent oratoire, sans réseau militant, c'est donc par la « réclame » que Boulanger construit sa rencontre avec les électeurs.

De ses campagnes électorales successives, on ne retiendra que deux discours marquants, d'ailleurs écrits par d'autres : celui du

1. *Almanach Gambetta*, Paris, Librairie nationale, 1881, p. 27.

2. Gabriel Hanotaux, *Mon temps*, Paris, Plon, t. 2 : *La Troisième République*, 1938, p. 269.

2 décembre 1888, prononcé à Nevers avec une tonalité très républicaine, lance la campagne électorale qui va le mener à l'élection parisienne du 27 janvier 1889 ; celui du 17 mars 1889, prononcé à Tours, exprime au contraire sa volonté de rapprochement avec l'électorat conservateur, qui lui est indispensable pour gagner les élections générales d'octobre, au point que la presse républicaine ironisera sur le « Boulanger des curés ». Ces deux discours, contradictoires et controversés, ne sont pas des moments forts de la campagne plébiscitaire boulangiste.

Lorsqu'il se risque au Palais-Bourbon, le 4 juin 1888, pour déposer un projet de révision de la Constitution, le moins que l'on puisse dire, c'est qu'il ne fait pas un triomphe. Son discours est un long pensum débité d'une voix monocorde et sans cesse interrompu par les exclamations des ténors républicains, notamment par Georges Clemenceau. On retiendra surtout de cette séance l'apostrophe cinglante lancée au général par le président du Conseil Charles Floquet : « J'ignore qui a permis à notre collègue de prendre devant cette assemblée un langage si hautain et de lui parler comme le général Bonaparte revenant de ses victoires [...]. À votre âge, monsieur le général Boulanger, Napoléon était mort. Et vous ne serez, vous, que le Sieyès d'une Constitution mort-née[1]. »

De même le 12 juillet 1888, lorsqu'il vient demander à la tribune la dissolution de la Chambre, provoquant évidemment un tollé général dans l'hémicycle et des torrents d'injures de la part des députés républicains. Le calme rétabli, Jules Méline lira la lettre de démission adressée par Boulanger à ses collègues, qu'il a soigneusement préparée. Moins prévisible en revanche est l'issue du duel au fleuret qui l'oppose le lendemain au sexagénaire Floquet, et qui voit ce dernier l'emporter, à la surprise générale, blessant au cou le général. Son prestige en est écorné, mais ce nouveau coup d'éclat aura une fois encore fait parler de lui.

Il est parfois servi par le sort, comme lors de cet attentat manqué à Saint-Jean-d'Angély, où il fait campagne le 12 août 1888, et où un dénommé Perrin, professeur de dessin au collège, tire en vain quelques coups de revolver dans sa direction. La presse boulan-

1. *Annales de la Chambre des députés*, vol. 25, p. 444-454, session ordinaire de 1888.

giste en fait ses gros titres, accusant les républicains de gouvernement de recourir au « crime » pour abattre le général, transformé en martyr. Plus heureuse est la journée du 31 octobre 1888, qui voit une foule énorme se presser autour de l'église Saint-Pierre de Chaillot afin d'apercevoir le mariage de Marcelle, la fille du général, qui épouse le capitaine Driant, son aide de camp. On raconte que la duchesse d'Uzès, présente à la cérémonie, a offert à la mariée un bijou ayant appartenu à Marie-Antoinette. Dans notre histoire républicaine, c'est peut-être le premier acte de la mondanité politique, ce que l'on appellera plus tard le « bling-bling » ou la « peopolisation ».

Mais la véritable innovation de la propagande boulangiste est le rôle dévolu aux nouveaux agents électoraux stipendiés que sont les camelots, embauchés par le Comité national pour coller les affiches, encadrer les meetings et animer les « journées » du général. L'armée des camelots boulangistes est mobilisée dès son bruyant départ à Clermont-Ferrand, évoqué plus haut. À cette occasion, ils sont plus de trois cents recrutés par les journaux favorables au général pour distribuer aux badauds la chanson *Il reviendra* et « entraîner le plus de monde possible [...], chauffer, chauffer dur, démolir les barrières, et envahir la gare, la voie, etc. »[1]. Ajoutons que l'éditeur Gabillaud a mis en vente le matin même deux livrets de chansons ornés du portrait du général[2]. Quatre jours plus tard, la librairie Baudot publiera *Le Départ du général Boulanger*, par Jacques Bonhomme, affirmant que le général est l'héritier d'une longue tradition de révoltes populaires datant du Moyen Âge.

Un rapport de police de février 1889 titré « Embauche de camelots » souligne l'importance « depuis le mois d'avril 1888 », de ces « crieurs de journaux, vendeurs d'écrits ou camelots » engagés par les journaux favorables au général, ou « dans un bar situé au 7 rue du Faubourg-Montmartre », ou par un certain Cruchon, et qui sont les « auxiliaires les plus actifs, les plus bruyants » du mouvement

1. Si l'on en croit une enquête du *Matin*, publiée après la chute du boulangisme, le 30 octobre 1890.

2. Les chansons ont pour titres *Il n'est pas là !* et *Le Boulanger dans l'pétrin, ou la Grande Colère du colonel Ramollot contre les jean-f... qui disgracient un brave patriote*.

boulangiste[1]. Leur rôle traditionnel est de diffuser les journaux boulangistes, notamment *La Cocarde* de Georges de La Bruyère, qui tire parfois à quatre cent mille exemplaires, et *L'Intransigeant* de l'ancien communard Henri Rochefort, aristocrate rebelle dont les éditoriaux sont les plus féroces brûlots du boulangisme[2]. Une caricature de Pépin le montre embauchant les camelots à la porte de son journal, sous une pancarte « Enthousiasme boulangiste à deux francs par tête »[3]. Ils sont chargés entre autres de diffuser *L'Almanach du général Boulanger*, reprenant sur sa couverture le portrait du général à cheval – calqué sur celui de Louis-Napoléon en 1851 – et qui se clôt par la revue du 14 juillet 1886. Dans un autre almanach, il est prédit, d'après les signes du Zodiaque, que le général sera vainqueur des Allemands le 7 mai 1890 et proclamé président de la République en 1891[4].

Sur un tableau devenu célèbre, Eugène Buland peindra en 1889 une *Scène de propagande*, montrant le colporteur boulangiste qui propose les gravures du général à une humble famille de paysans. La presse régionale note que chaque maison du Nord, où Boulanger vient d'être élu député, exhibe un portrait du général sur ses murs[5]. On raconte que l'imprimeur allemand Gustav Seitz aurait tiré plus d'un million d'exemplaires d'un portrait photographique du général. Dans une brochure l'inscrivant dans l'héritage des deux Bonaparte, le Dr Amédée Chassagne inventorie par ailleurs les autres supports de la réclame boulangiste, « les photographies, cartes de visite, enluminures, cocardes avec portraits, médailles… »[6]. Ajoutons-y pêle-mêle le foulard, le panier, la montre, les bijoux, les cravates, les épingles, les assiettes, les mou-

1. APP, rapports de police, dossier Boulanger, banquets, voyages, B/A 971.

2. Ajoutons *La France* de Charles Lalou, *La Presse* de Georges Laguerre, *L'Action* d'Henri Michelin, *Le Petit Caporal*, *L'Étoile de Boulanger*, *La Lanterne de Boulanger*, *Le Ptit Pioupiou*, *La Révision*, etc.

3. *Le Grelot*, 18 novembre 1888.

4. *Le Progrès de Lyon*, 14 avril 1888.

5. *Le Correspondant*, 15 avril 1888.

6. Amédée Chassagne, *Histoire populaire des coups d'État en France, 18 brumaire, 2 décembre, 16 mai 1877, 1888-89. Le général Boulanger*, Paris, Dentu, 1888, p. 11.

choirs, les pièces de monnaie, les fromages, les pains d'épice à son effigie, ainsi que le jeu de cartes dont il est bien sûr le roi de cœur.

On se frictionne avec le savon Boulanger, « le meilleur de tous les savons, rafraîchissant pour la peau », on chasse avec le « nouveau fusil du général Boulanger », on sirote l'« amer du général Boulanger » ou le « Boulanger quand même », « la seule liqueur apéritive ne contenant aucun produit allemand, la seule mettant du cœur au ventre », on porte les chapeaux de paille « à la boulange », et, surtout, on arbore à la boutonnière le célèbre œillet rouge, signe de ralliement du boulangisme. L'objet phare est la pipe à son effigie, un honneur dont seul Adolphe Thiers avait bénéficié avant lui. Il y en a pour tous les goûts, même pour les enfants qui jouent avec le culbuto « Le général toujours debout », et dont la notice explicative se veut le manifeste du boulangisme : « Par le mécanisme de sa construction, cette statuette se relève avec énergie, de quelque manière que l'on cherche à la renverser. » Mais, au-delà de cette réclame, c'est surtout au moment des campagnes électorales que les camelots boulangistes jouent un rôle déterminant.

Plus de quatre cents sont ainsi recrutés par les grands journaux boulangistes à l'occasion de la première élection de Boulanger dans le Nord, en avril 1888. « Les affiches, les prospectus, les images, les chansons, les brochures, les canards sont arrivés par ballots, ont encombré les gares [1] », raconte le député Maxime Lecomte, hostile à Boulanger. Les murs sont littéralement couverts de ses portraits, en pied, à cheval, en uniforme – parfois même en Christ, crucifié par les opportunistes et les radicaux. Par ailleurs, « les porteurs de journaux boulangistes, dirigés par un ou plusieurs inspecteurs », se répandent « dans les débits de boissons » pour embaucher « quelques recrues » afin d'aller perturber les réunions de son adversaire [2]. En Charente-Inférieure, des rixes « ont éclaté de toutes parts, provoquées par des meneurs grassement payés », et « l'or a été (littéralement) jeté par les fenêtres à la foule avinée et hurlante » [3], s'indigne le républicain Joseph Reinach.

1. Maxime Lecomte, *Le Boulangisme dans le Nord. Histoire de l'élection du 15 avril*, Paris, La Librairie illustrée, 1888, p. 189.

2. *Ibid.*, p. 140-141.

3. *La République française*, 17 août et 2 septembre 1888.

Mais c'est surtout en janvier 1889, au plus fort de la campagne parisienne, que l'on pulvérise tous les records, grâce aux 500 000 francs fournis en grande partie par les royalistes et les impérialistes, et centralisés par le comte Dillon, qui est chargé de régler les dépenses. Si l'on en croit le rapport de février 1889 déjà cité, « l'embauchage des camelots a reçu une nouvelle extension » dans la capitale, notamment pour « des services d'une nature spéciale » consistant à arracher la nuit les affiches du candidat républicain. Chaque fois que le Comité républicain lance une campagne d'affichage, les boulangistes s'arrangent pour en coller le double dès le lendemain, observe *Le Temps*, évaluant à cent mille le nombre d'affiches de tous formats collées chaque jour à Paris.

Par ailleurs, des chanteurs ambulants parcourent les rues de la capitale en vendant pour quelques sous les livrets d'une chanson hostile au candidat républicain, avec portrait du général à l'appui : « Nous nous marions à Pâques, pauvre Jacques, pauvre Jacques… » D'autres camelots, embauchés par la Ligue des patriotes, sont chargés d'interrompre les réunions favorables à Jacques en hurlant le nom de Boulanger. D'autres encore, évalués à mille huit cents par le rapport de police, sont engagés par Dillon et Déroulède pour « fomenter des désordres », « provoquer des discussions parmi les consommateurs des restaurants ouvriers » et « préparer des manifestations bruyantes en prévision du succès du général »[1]. C'est ainsi que le Général Revanche est triomphalement élu député de la Seine, le 27 janvier 1889, dans le bastion de ses adversaires.

Mais Boulanger lui-même se rêve-t-il en homme providentiel ? Il pourrait en avoir l'illusion, au vu de ses partisans massés autour du restaurant Durand, où il est venu attendre les résultats, le patron étant obligé de fermer la devanture de fer afin d'empêcher l'invasion. Devant les locaux de *L'Intransigeant*, la place Montmartre est noire de monde, de même que devant *La Presse*, où Laguerre proclame les résultats, salués par des applaudissements. Les rapports de police dénombrent plus de trente mille fidèles venus clamer leur satisfaction. Charles de Freycinet, alors ministre de la Guerre, confie dans ses *Souvenirs* : « S'il s'était porté sur l'Élysée à la tête

1. APP, rapports de police, B/A 971.

de la Ligue des patriotes et suivi du flot de ses partisans, qui peut bien dire qu'il n'eût pas balayé les obstacles ? »

Pour la tradition nationaliste, c'est le courage qui a manqué au général. « Le malheur fut que [...] l'héroïque soldat n'eut pas tout l'esprit de décision et d'initiative indispensable aux luttes politiques[1] », déplore Paul Déroulède, qui l'a encouragé au coup de force. Pour Arthur Meyer, déçu par le boulangisme, « c'est du bonapartisme qui ne réussit pas », parce que « Boulanger n'était un Bonaparte que dans l'idée populaire », « un Bonaparte idéal »[2]. De même pour Léon Daudet : « Il eût suffi au vainqueur [...] de se diriger à pied, entouré de ses amis, vers l'Élysée, pour emporter tout, renverser le régime et porter le titre qui lui aurait plu. Mais il ne pensait qu'à jouir de son prestige, des clameurs passionnées de la foule géante, et aller le plus tôt possible coucher avec sa maîtresse[3]... »

Mais Charles Maurras reconnaît aussi que ce « républicain de vieille roche » n'avait pas de raison politique de franchir le Rubicon[4]. En bon républicain, il attendra le verdict des élections législatives, prévues à l'automne 1889. Il lui manque sans doute le sentiment de l'urgence, de l'impérieuse nécessité de la « guérison française », *dixit* Déroulède, qui a poussé au pouvoir, à tort ou à raison, nos hommes providentiels. Peut-être lui aurait-il fallu la dramatisation d'une guerre pour incarner le slogan du Général Revanche ?

Les dividendes de la Grande Guerre

La guerre, associée à l'urgence du recours, est évidemment le moment le plus propice à l'avènement de l'homme providentiel. Celle de 1914-1918 fait émerger plusieurs figures de héros

1. Déposition devant les jurés de la Seine, le 29 juin 1899, *Discours de Paul Déroulède et de Marcel Habert aux jurés de la Seine*, Paris, Publications du Drapeau, 1899, p. 4.
2. Arthur Meyer, *Ce que mes yeux ont vu*, Paris, 1912, p. 98.
3. Léon Daudet, *Panorama de la IIIe République*, Paris, Gallimard, 1936, p. 76.
4. *L'Action française*, 4 février 1914.

militaires, dont le maréchal Foch, généralissime des troupes alliées, et le maréchal Philippe Pétain, dont l'image messianique commence à se construire à partir de Verdun. Dans le champ politique, deux personnalités vont se disputer les dividendes symboliques du recours patriotique. La première est bien sûr le chef de l'État, Raymond Poincaré, parce qu'il incarne l'Union sacrée depuis le début de la guerre. Mais c'est la seconde, Georges Clemenceau, parvenu au pouvoir après trois ans de conflits, qui lui vole la vedette.

Le parcours d'incarnation de Poincaré se fonde sur son image de Lorrain patriote, chef de l'État reconnu comme le rassembleur de la Nation en danger. Mais il souffre non seulement des limites de la fonction présidentielle, secondaire dans les institutions de la Troisième République, mais aussi de son tempérament propre qui le pousse à la prudence et aux atermoiements. Dans ses *Carnets secrets*, Abel Ferry, sous-secrétaire d'État aux Affaires étrangères dans le gouvernement Viviani jusqu'en octobre 1915, se fait l'écho de ces critiques : « Est-ce le chef attendu ? Hélas ! Non. Il n'est ni Gambetta, ni Danton, ni Carnot [...]. Nul, avant la guerre, n'eut plus de popularité. Il l'a dépensée sans agir [...]. C'est que Poincaré manque de décision. » S'il se montre volontiers dans les tranchées, les caricaturistes se moquent de sa gaucherie, de sa casquette de chauffeur de taxi et de ses bandes molletières de cycliste qui lui donnent l'apparence d'un touriste, mal à l'aise auprès des poilus.

Le plus féroce des critiques est sans conteste Georges Clemenceau, qui se pose ostensiblement dans son journal *L'Homme enchaîné* comme un anti-Poincaré. « Est-il bien nécessaire qu'on rappelle des dragons du front pour les escortes du landau de M. Poincaré ? » se demande-t-il dans l'édition du 31 décembre 1914, déplorant ces « parades » inutiles, dans lesquelles le chef de l'État « trouve une grandeur à sa mesure ». Dans son éditorial du 1er mai 1915, intitulé « Sur la route de l'abattoir », il dénonce un « amorphe absolutisme où se pourrait abriter sa soif de petites grandeurs dans un océan d'irresponsabilité ». Dans celui du 8 octobre 1915, il écrit : « De tous les souverains sous lesquels j'ai vécu (j'ai commencé par Louis-Philippe), Monsieur Poincaré m'est le plus insupportable. » Dans celui du 5 février 1916, il refuse que « le pays se soumette sans broncher et que l'aigle de Monsieur Poincaré déploie dans l'Empyrée ses ailes de basse-cour. » Enfin, dans celui du 6 août 1917, intitulé ironiquement « L'urgence d'attendre », il déplore que le président de la République se contente d'imiter « à la perfection le vivant ».

Reconnaissons que le chef de l'État n'est pas la seule tête de Turc du Tigre, qui accuse en bloc les « dirigeants » de mettre « leur art à nous assourdir de verbiage, pour nous dissimuler le plus longtemps possible de fâcheuses parties de réalités »[1]. Le parti de Clemenceau, c'est le peuple, celui des tranchées, celui qui paie la « taxe du sang ». Président de la commission sénatoriale de l'armée, il a obtenu le droit de se rendre régulièrement au front. De sa première visite aux soldats, fin septembre 1915, il tire une série d'articles décrivant la « tranquille exaltation » du poilu, « fagoté, hérissé, crotté, sobre de paroles », et proclamant sa « foi dans ce sourire contenu des tranchées, qui dépasse l'espérance, parce qu'il est l'affirmation sereine, et sûre d'elle-même, d'une immuable volonté »[2].

C'est en leur nom qu'il entend s'opposer publiquement aux élites politiques et militaires jugées impuissantes. Lors du comité secret du Sénat organisé le 19 décembre 1916, il interpelle le président du Conseil Aristide Briand : « Où allons-nous ? Où nous conduisez-vous ? », avant de présenter le lendemain un ordre du jour de défiance, affirmant qu'« un changement réel et profond dans les méthodes ne peut résulter que d'un changement dans la direction ». Toujours à la Chambre haute, le 22 juillet 1917, il accuse le ministre de l'Intérieur Louis Malvy de « trahir les intérêts de la France » en laissant « se développer impunément la propagande pacifiste ». Discours décisif, qui lui permet de se poser à la fois comme le patriote, mais aussi comme un homme d'État, donnant aux élites discréditées une leçon de gouvernement : « Savez-vous ce qu'est le courage ? demande-t-il à Malvy. Le courage, c'est [...] de se poser continuellement la question du devoir à remplir [...], d'aller tout droit devant soi. On doit en souffrir, on sera haï, détesté, méprisé, on recevra de la boue, on n'aura pas d'applaudissements. Mais il faut choisir entre les applaudissements d'aujourd'hui, qui sont d'un certain prix, et ceux qu'on se donne à soi-même, quand, avant de rentrer dans le

1. *L'Homme enchaîné*, 25 février 1917.
2. *Ibid.*, 1er octobre 1915.

néant, on peut se dire : j'ai donné à mon pays tout ce que je pouvais. » Publié le 23 juillet dans *L'Homme enchaîné*, ce discours sera diffusé sous forme d'une brochure intitulée *L'Antipatriotisme devant le Sénat*. Elle se conclut sur cette prophétie : « C'est fini, cette politique, elle ne pourra pas durer ! Le peuple français ne le tolérera pas, parce qu'il ne veut pas mourir ! »

C'est donc en s'appuyant sur l'opinion que Clemenceau veut s'imposer à Poincaré, symbole à ses yeux d'une élite politique dépassée. « Aurons-nous ou n'aurons-nous pas un gouvernement ? Là est la crise, la véritable crise, crise de caractère, crise de volonté. Depuis trois ans, nous en attendons l'issue », écrit-il, de plus en plus impatient, dans son éditorial du 9 septembre 1917. « On demande un gouvernement », écrit-il le 15 novembre, la veille d'être appelé au pouvoir : « L'heure est venue de gouverner au grand jour, car c'est la condition première du gouvernement républicain [...]. Depuis les grands jours de Valmy, [...] à aucune heure peut-être, ne vit-on si magnifiquement transparaître [...] la majestueuse figure de la France historique à sauver ». C'est au nom de l'histoire républicaine et du peuple en armes que Clemenceau franchit à son tour le Rubicon du pouvoir.

Autant Poincaré est maladroit et distant, autant le Tigre sait galvaniser les troupes. « Je suis populaire et vous ne l'êtes pas », dit le second au premier. « Comment le serais-je ? » se justifie Poincaré, qui se dit emprisonné dans sa fonction hiératique de chef de l'État : « Mon action ne s'extériorise jamais. Je ne puis ni prononcer un mot ni faire un geste ; je suis une âme sans corps. Je dois faire ce sacrifice à la Patrie »[1].

Au cours de leur cohabitation forcée, le chef de l'État se plaint sans cesse des visites trop fréquentes que le chef du gouvernement effectue sur le front, au lieu de gouverner. Lorsque les Allemands lancent leur grande offensive, en mars 1918, la surenchère patriotique fait rage entre les deux têtes du pouvoir exécutif. Clemenceau propose à Poincaré un repli sur la Loire, pour ne pas être piégé à Paris comme en 1870, mais le chef de l'État se refuse à partir... surtout le premier, comme le lui suggère le président du Conseil.

1. Raymond Poincaré, *Au service de la France*, *op. cit.*, t. X : *Victoire et Armistice*, p. 137, 23 avril 1918.

Alors que Clemenceau est disposé à discuter la demande d'armistice proposée par l'Allemagne et ses alliés, le 5 octobre 1918, le président de la République s'y refuse, réclamant comme préalable l'évacuation du territoire français. S'ensuit un échange de lettres cinglantes entre les deux hommes, Poincaré soupçonnant Clemenceau de vouloir « couper les jarrets à nos troupes », Clemenceau l'accusant de « pouvoir personnel » et menaçant de démissionner.

Éclipsé par le chef du gouvernement lors des fêtes de la victoire des 13 et 14 juillet 1919, Poincaré se refait néanmoins une popularité lors d'une visite d'une semaine au mois d'août en Alsace-Lorraine, recevant un accueil triomphal à Metz, où il prononce l'un de ses meilleurs discours. Bien que tenu à l'écart des négociations de paix de la conférence de Paris, il ne lâche pas un pouce de terrain patriotique. Revenu en Lorraine en octobre 1919, il a la satisfaction de voir baptiser des rues, des places, des avenues à son nom à Metz, à Thionville, à Morhange. Et c'est lui qui finalement triomphe en janvier 1920, lorsque Clemenceau disparaît de la scène politique, échouant à lui succéder.

À la différence de Clemenceau, dont la popularité s'appuie sur le charisme et sur l'image populaire, la stratégie d'incarnation de Poincaré repose essentiellement sur la reconnaissance de sa stature d'homme d'État. C'est pourquoi il participe à de nombreuses cérémonies officielles, destinées à conforter son image de ciment patriotique, notamment la panthéonisation du cœur de Gambetta le 11 novembre 1920, l'inauguration du monument à Reichshoffen à Strasbourg le 19 novembre 1921, et bon nombre d'inaugurations de monuments aux morts, notamment en Alsace et en Lorraine, où il est très apprécié. Par ailleurs, ses liens étroits avec la grande presse lui permettent de s'y exprimer régulièrement. Proche d'Adrien Hébrard, le directeur du *Temps*, il y publie notamment quatre lettres sur le traité de paix « avec des extraits de sa correspondance avec Clemenceau ». Très lié aussi avec Henry de Jouvenel, directeur du *Matin*, il lui livre quelques articles, de même qu'à Marcel Hutin, de *L'Écho de Paris*, à *L'Excelsior*, auquel il donne un article par quinzaine, ou encore à *La Revue des Deux Mondes*, où il tient une chronique à partir de mars 1920.

C'est pourquoi son retour à la présidence du Conseil, le 15 janvier 1922, à la tête d'un gouvernement d'union avec les radicaux, n'est pas une surprise. Il semble une nouvelle fois « accueilli avec confiance » par la majorité de l'opinion publique, nous dit *Le Temps*, qui salue en lui l'homme de « l'Union sacrée », « l'auteur génial du mot, l'apôtre fervent de la chose », et qui compte sur son « esprit de méthode » pour « redresser » le pays. Le dessinateur Sennep le montre déployant tous les moyens pour réussir « l'expulsion du ténia » qui selon lui ronge la France, un ver solitaire gigantesque portant les têtes des leaders de gauche, notamment Édouard Herriot et Léon Blum, et dont Marianne est purgée grâce aux efforts du président du Conseil[1].

Henri Seeholzer, avocat au barreau de Zurich, lui consacre à cette époque une biographie pleine de louanges, le décrivant comme un « homme de l'ordre, du droit et de la légalité », un homme à la mesure de « Thiers, Gambetta, Clemenceau », comme la France les appelle « à l'heure où il les lui faut »[2]. C'est bien l'image d'un homme providentiel, mais fondée sur le rassemblement, sur la pondération, sur le sens de l'État et sur l'expertise.

Aux yeux de l'opinion, Poincaré remporte deux grandes victoires patriotiques entre janvier 1922 et juin 1924. La première, diplomatique et militaire, est l'occupation de la Ruhr comme « gage productif » en janvier 1923. La seconde victoire, qui fait la preuve de sa compétence et de son autorité, est le « Verdun financier » de mars 1924, qui le voit surmonter les attaques étrangères contre le franc. Le choix de la formule n'est pas anodin. Son discours au Sénat le 14 mars, applaudi par les sénateurs et salué par *Le Temps* pour son langage « de patriotisme et de prudence », couronne le style Poincaré, fait de rigueur, de fermeté et d'autorité, ce que les Français attendent de l'homme d'État républicain, trempé aux épreuves du conflit mondial. Si ses mesures d'austérité financière et d'augmentation des impôts sont sanctionnées en mai 1924 par la victoire électorale du cartel des gauches, il n'apparaît pas comme le principal perdant de ces élections, car c'est Alexandre Millerand qui a mené la coalition de Bloc national à la défaite. Lorsque le cartel s'écroule, à l'été 1926, le travail d'incarnation mené par Poincaré

1. *Le Rire*, 7 juillet 1923.
2. Henri Seeholzer, *Raymond Poincaré*, Paris, Fischbacher, 1922, p. 25, 73, 76, 85.

depuis la guerre porte enfin ses fruits. Rassembleur et patriote, il est mûr pour apparaître, comme un homme providentiel, le « sauveur du franc ».

Pétain et le salut de la France

Une décennie après Poincaré, au moment du Front populaire, c'est une autre figure marquante de la Grande Guerre qui apparaît comme le recours des droites. Presque silencieux depuis la chute du gouvernement Doumergue, dont il était ministre de la Guerre, le maréchal Pétain décide d'entrer dans l'arène politique entre les deux tours des élections des 26 avril et 3 mai 1936. Au-delà des considérations immédiates, il s'agit de faire entendre la voix du sage et du prophète, comme il se doit pour l'homme providentiel.

Dans l'entretien qu'il accorde au *Journal* le 30 avril, il se dit « inquiet pour le salut de la France et pour les libertés de la France ». Déplorant que l'on ait « fait entrer le communisme dans le cercle des doctrines avouables », il pense que les électeurs auront « vraisemblablement l'occasion de le regretter ». En revanche, il ne tarit pas d'éloges sur les Croix-de-Feu, « l'un des éléments les plus sains de ce pays » parce qu'ils « se préoccupent aussi du perfectionnement moral et spirituel de la jeunesse ». Sollicité par le journaliste Jean Martet de résumer sa pensée politique, il exhorte les Français à reprendre « foi en nos destinées », à l'instar de l'Allemagne et de l'Italie, c'est-à-dire à « retrouver une mystique » de la « patrie » et du « souvenir », sous le signe du « Rassemblement national », mot d'ordre de la coalition des droites. Au-delà de l'engagement politique conjoncturel, le projet est clair : il faut un « pilote » pour tenir le « gouvernail ».

Le 21 juin 1936 à Verdun, pour le vingtième anniversaire de la victoire, il est salué par le maire comme « le plus grand et le plus populaire des fils de France, le vivant symbole de l'âme de ce pays ». Devant une foule imposante, il proclame une nouvelle fois les principes de sa doctrine de la régénération, qui explique son opposition résolue au Front populaire. « Il est grand temps que les Français se reprennent », affirme-t-il, ajoutant que « la France traverse en ce moment une crise sociale des plus graves ». Les raisons de la crise, il les trouve dans « notre intellectualité débordante », qui paralyse « notre sens de l'action ». Les solutions à la crise résident selon lui dans le redressement de la puissance militaire française et surtout dans « une réforme profonde de l'éducation nationale », fondée d'abord sur la famille, ainsi que sur l'école et sur l'armée. « Messieurs, conclut-il, le temps de philosopher est passé, celui d'agir est venu. »

Il est frappant de constater qu'un respectable quotidien libéral comme *Le Journal des débats* se fait l'écho dans son édition du 23 juin 1936 de ce qu'il appelle des « paroles françaises » : « Aucun Français ne lira sans émotion et sans respect les paroles mesurées et graves du maréchal. Elles contiennent tout ce que la nation doit penser dans une heure difficile pour espérer, pour vouloir et pour agir. [...] À l'autorité d'un illustre chef, il joint une réputation de sérénité et de sagesse qui le fait écouter des auditoires les plus variés. [...] Toute une jeunesse a entendu la voix venue de Verdun, la voix du maréchal Pétain : elle recueillera ses paroles, et c'est elle qui détient le secret d'un meilleur avenir. » C'est ainsi que l'image du chef de guerre devient celle du prophète de la régénération.

La chute du Front populaire en avril 1938 aurait pu donner à cette voix une résonance nouvelle. « On va le chercher [...] chaque fois qu'un péril grave nous menace, rappelons-nous 1917 et 1934. En somme c'est la Bouée nationale[1]... », s'exclame Georges Loustaunau-Lacau, l'un des animateurs de la Cagoule, lors d'une réunion organisée fin mars 1939 salle Wagram, à l'initiative de son mouvement, l'Ordre national, et du Parti populaire français de Doriot. Le numéro d'avril du mensuel *Grand Occident*, sous-titré « Le judéo-maçon, voilà l'ennemi ! », fait sa une sur cet appel : « Un Pétain au pouvoir ! » C'est aussi le souhait du sénateur de la Martinique Henri Lemery, ancien ministre du cabinet Doumergue, invitant Daladier à céder la place à Pétain, « l'illustre soldat dont la raison lucide nous sauva et dont les conseils, à l'heure où la guerre menace, seraient d'un prix inestimable[2] ». Mais Pétain choisit alors de se taire, laissant la parole à la « dictature républicaine » de Daladier. Par deux fois, il refuse de cautionner l'expérience, le

1. APP, Renseignements généraux, rapport du 30 mars 1939, B/A 1966.
2. *Le Petit Bleu*, 28 août 1939.

13 septembre 1939 et le 21 avril 1940. Sans doute estime-t-il, avec raison, que l'heure du sauveur n'est pas encore venue.

Ambassadeur de France à Madrid, il se familiarise avec les rouages d'une dictature tout en restant à l'écart de la « drôle de guerre ». Mais l'arrivée des *Panzerdivizionen* en France le pousse à rentrer dans le jeu politique, en tant que vice-président du Conseil du cabinet Paul Reynaud, le 18 mai 1940. « La gloire militaire lui avait, jadis, prodigué ses caresses amères, mais elle ne l'avait pas comblé, faute de l'avoir aimé seul. Et voici que, tout à coup, à l'extrême hiver de sa vie, les événements offraient à ses dons et à son orgueil l'occasion tant attendue de s'épanouir sans limites, à une condition, toutefois, c'est qu'il acceptât le désastre, pavois de son élévation, et le décorât de sa gloire [1] », écrit le général de Gaulle.

Si Pétain n'est l'âme d'aucun complot, en tout cas bénéficie-t-il des manœuvres menées notamment par Pierre Laval et Pierre-Étienne Flandin, qui conduisent dans un premier temps à écarter les ministres les plus républicains du gouvernement, par le remaniement imposé à Reynaud, le 5 juin 1940. Si l'on en croit des documents diplomatiques, Pétain aurait confié à ce moment-là à Lequirica, ambassadeur d'Espagne, qu'il envisageait l'idée du « coup d'État », mais que c'était « une question grave en France » et qu'il valait mieux « attendre » [2].

La deuxième attaque décisive est menée lors du Conseil des ministres du 13 juin, au cours duquel Pétain donne lecture d'une déclaration gardée en réserve depuis plusieurs jours en faveur de l'armistice demandé par Weygand, « condition nécessaire de la pérennité de la France éternelle ». S'opposant au projet de fusion franco-britannique envisagé par Reynaud, il estime que le « devoir du gouvernement est de rester dans le pays » pour ne pas « priver la France de ses défenseurs naturels dans une période de désarroi général », pour ne pas « tuer l'âme de la France », et pour ne pas « rendre impossible la renaissance », « le renouveau français », qui

1. Charles de Gaulle, *Mémoires de guerre*, t. 1 : *L'Appel, 1940-1942*, rééd. Paris, Presses Pocket, 1980, p. 78.

2. Télégramme Stohrer 1694, Madrid, 3 juin 1940, *Documents of German Foreign Policy*, D IX, p. 507, cité par Annie Lacroix-Riz, *De Munich à Vichy*, Paris, Armand Colin, 2008, p. 278.

sera le « fruit de cette souffrance ». Se posant alors très clairement en sauveur providentiel, il affirme qu'il restera « parmi le peuple français pour partager ses peines et ses misères ».

Trois jours plus tard, la première étape du « coup d'État » est accomplie, Pétain étant appelé à la présidence du Conseil et sortant de sa poche une liste toute prête de ministres. Reste à réaliser la seconde partie du plan, en neutralisant l'opposition parlementaire. Profitant de l'effet produit par le bombardement britannique sur la flotte française à Mers el-Kébir, le 3 juillet, Laval réclame le lendemain un article unique reconnaissant « tous les pouvoirs au gouvernement » afin de « promulguer la nouvelle Constitution de l'État français ». En dépit des réticences et des résistances parlementaires, notamment du sénateur Jean Taurines et de ses collègues anciens combattants, appelant leur « chef vénéré » à rester « dans la légalité républicaine », Laval présente son texte, le 8 juillet, aux députés, puis aux sénateurs. Le 9, les deux chambres se réunissent séparément afin de préparer le vote du lendemain, et c'est l'occasion pour leurs présidents respectifs, Herriot et Jeanneney, d'exprimer « vénération » et « confiance » envers celui qui apparaît comme le recours.

Les discours prononcés le 10 juillet par Laval et Flandin, artisans du « complot », ne laissent pourtant aucun doute sur les intentions maréchalistes. « Si ce pays est tombé au point où il est tombé, il ne le doit pas seulement à la décadence de nos mœurs parlementaires, il le doit à une décadence généralisée », affirme Pierre-Étienne Flandin. En votant les pleins pouvoirs au maréchal Pétain, le 10 juillet 1940, quatre cent soixante-huit parlementaires font le choix de rompre avec le « vieux » monde républicain fondé sur les valeurs de liberté, d'égalité et de fraternité. Pour Léon Blum, « ce qui agissait, c'était la peur, la peur des bandes de Doriot dans la rue, la peur des soldats de Weygand à Clermont-Ferrand, la peur des Allemands qui étaient à Moulins[1] ». Au lendemain du premier acte constitutionnel, conduisant à la dictature du sauveur, Pierre Laval aurait lancé : « Voilà comment on assassine une république[2]. »

1. *Le Procès du maréchal Pétain*, Paris, 1945, p. 77-78.
2. Cité par Marc Ferro, *Pétain*, Paris, Fayard, 1987, p. 133.

CHAPITRE VI

Le double recours gaullien

Quintessence de l'homme providentiel à la française, le général de Gaulle est le seul à avoir incarné deux fois le recours en période de crise. La première incarnation, celle du 18 juin 1940, le fait entrer dans l'Histoire comme un sauveur gambettiste. La seconde, celle du 1er juin 1958, le retrouve en Cincinnatus septuagénaire, mais adossé à sa légende de libérateur. Comme le mythe de Napoléon avait dominé le premier XIXe siècle, celui du général de Gaulle imprègne les mentalités françaises depuis son entrée en dissidence.

On a coutume de décrire son retour au pouvoir, le 1er juin 1958, comme l'aboutissement inéluctable de la faillite annoncée de la Quatrième République, ponctuée par la crise du 13 mai. Mais la politologue Brigitte Gaïti montre fort justement que ce retour au pouvoir est en réalité « enchâssé dans un récit mythique qui s'organise autour d'une prophétie historique réalisée [1] ». De Gaulle lui-même entretiendra le silence sur cette période, comme si elle n'était qu'une longue parenthèse entre ses deux apparitions messianiques. « J'étais alors complètement retiré, vivant à la Boisserie, [...] n'allant que de loin en loin à Paris [2] », écrit-il dans ses *Mémoires d'espoir*. La réalité est bien différente, et nous suivons Brigitte Gaïti lorsqu'elle nous invite à « ouvrir la boîte noire de l'histoire » pour « aller voir du côté de la prophétie en train de se faire » [3].

1. Brigitte Gaïti, *De Gaulle prophète de la Cinquième République, 1946-1962*, *op. cit.*, p. 13.

2. Charles de Gaulle, *Mémoires d'espoir*, Paris, Plon, t. 1 : *Le Renouveau (1958-1962)*, 1970, p. 19-20.

3. Brigitte Gaïti, *De Gaulle prophète de la Cinquième République, 1946-1962*, *op. cit.*, p. 17.

Cette démarche de déconstruction du récit mythique rejoint exactement la nôtre, telle que nous essayons de l'appliquer à la fascination du sauveur. Elle nous conduit à revisiter à notre tour la longue séquence de douze ans, complexe et contrastée, qui voit le Général fabriquer son incarnation de l'homme providentiel. Cumulant le prestige de Bonaparte, le sens de la foule de Gambetta, le goût de l'image de Clemenceau et son talent propre d'écrivain, il accomplit sa « longue marche » vers l'incarnation. De 1940 à 1958, c'est la même histoire qui se met en place, celle d'une valse-hésitation entre un peuple attaché à la démocratie et celui qui entend le guider.

L'homme du refus

Le général barrésien qui lance son message radiophonique le 18 juin 1940 s'inscrit dans la filiation directe des grands sauveurs patriotes, Gambetta et Clemenceau. Il salue le premier pour avoir su prendre « provisoirement le pouvoir au nom de la République pour diriger l'effort de la nation dans la guerre[1] ». C'est l'homme du refus s'opposant à la légalité politique pour incarner la légitimité patriotique. Mais là où Gambetta sollicitait d'abord et avant tout la levée en masse, le général de Gaulle entend s'appuyer sur la force d'un « vaste empire », sur « l'Empire britannique qui tient la mer et continue la lutte » et sur « l'immense industrie des États-Unis »[2].

« L'heure de Clemenceau ! »

S'il en appelle à la mondialisation du conflit, c'est parce qu'il est, comme Gambetta arrivant à Tours, un sauveur sans armée. Henri de Kerillis, Denis Saurat, Émile Delavenay, André Weil-Curiel, volontaires de la première heure, ou les cent vingt-huit habitants de l'île de Sein qui embarquent pour l'Angleterre après avoir entendu une rediffusion de l'appel, le 22 juin, ne sont que les

1. Déclaration du 2 janvier 1943, *in* Charles de Gaulle, *Discours et Messages*, t. I : *Pendant la guerre (juin 1940-janvier 1946)*, rééd., Paris, Plon, 1989, p. 256.
2. Allocution du 18 juin 1940.

pionniers d'une hypothétique France libre. Peu nombreux sont les volontaires qui s'engagent dans les Forces aériennes françaises libres ou dans les Forces navales françaises libres, organisées par l'amiral Muselier grâce aux navires déroutés ou ralliés en Méditerranée. Rares sont les officiers qui, à l'instar du jeune capitaine Philippe de Hauteclocque, devenu « Leclerc », décident de quitter la France pour rejoindre de Gaulle. Dès le 23 juin, ce dernier a été mis à la retraite d'office par le maréchal Pétain. À l'instar de Gambetta au lendemain du 5 février 1871, il n'est plus rien. Pire encore : le 2 août 1940, il sera condamné à mort par contumace par un tribunal militaire l'accusant de trahison, d'atteinte à la sûreté extérieure de l'État et de désertion.

Mais son isolement n'entame en rien la détermination du sauveur, qui oppose d'emblée sa légitimité historique à la légalité du pouvoir pétainiste. À Clemenceau, son référent majeur, il emprunte la fermeté opiniâtre du chef, qui conduit à la victoire. C'est ce langage qu'il tient à partir du 1er juillet 1940, chaque soir sur les ondes de la BBC dans l'émission de la France libre. Le 2 juillet, il en appelle à l'« honneur » et à l'« espérance », dans l'héritage revendiqué des grandes figures de sauveurs que sont Jeanne d'Arc, Carnot, Napoléon, Gambetta et bien sûr Clemenceau. Comme ce dernier condamnait les défaitistes et les incapables, il dénonce la défection du héros de Verdun, accusé de « sénilité » ou de « trahison ». Et puisque « ceux qui avaient le devoir de manier l'épée de la France l'ont laissée tomber, brisée », il s'est décidé à ramasser le « tronçon du glaive » [1].

Depuis Londres s'organise dès les premiers mois une liturgie de l'exil, scandée par les célébrations de l'événement fondateur du 18 juin, mais aussi du mythe référent, celui de Jeanne d'Arc, le 10 mai, de la fête nationale du 14 juillet et du symbole de la victoire le 11 novembre. Chacune de ces dates doit être l'occasion de manifester en métropole l'engagement à résister, et à Londres la fidélité au général de Gaulle, figure du sauveur. À l'instar du Tigre, il lui appartient d'insuffler aux patriotes l'énergie combattante, les exhortant à « serrer les dents » et à « redoubler d'efforts dans tous les domaines, comme nous l'avons fait naguère à l'appel de

1. Allocution du 13 juillet 1940.

Clemenceau »[1]. D'où cette formule, lancée le 4 mars 1942 : « Voici l'heure de Clemenceau[2]. »

Comme Maurice Barrès avait acclamé le Père la Victoire, son fils Philippe se fait le chantre du général de Gaulle dans un ouvrage clandestin dédié à son père, « qui ne désespéra jamais de notre pays ». Au nom des Français « vaincus », « insuffisamment gardés, insuffisamment protégés », « insuffisamment aimés », il y remercie le Général d'avoir incarné à son tour le rôle du « guide » qui s'est efforcé de « leur éviter la catastrophe »[3]. Mais rares sont les lecteurs de cette biographie rédigée à Londres, publiée d'abord aux États-Unis avant d'être diffusée clandestinement en zone libre. Bien qu'éditée dans dix pays et traduite en cinq langues, dont l'allemand, ce n'est qu'à partir de 1945 qu'elle sera véritablement connue des Français[4]. Comme la plupart des biographies gaulliennes, elle contient des photographies du Général, car il faut que le sauveur soit incarné.

Se faire connaître

Ce travail d'incarnation est un enjeu majeur de l'aventure gaullienne, car il s'agit d'imposer une légitimité issue du peuple, *ex nihilo*, face aux censures de l'Allemagne et du régime de Vichy, mais aussi face aux réticences des Anglo-Saxons vis-à-vis de l'« apprenti dictateur ». Dès les premiers mois, il semble qu'il ait reçu à Londres un volume important de lettres de soutien. Maurice Schumann s'en fait l'écho au micro de la BBC le 7 août 1940 : « Vos lettres nous ont atteints. Nous les lisons, nous les relisons chaque jour[5]. »

1. Discours du 13 octobre 1941, *in* Charles de Gaulle, *Discours et Messages*, t. I : *Pendant la guerre (juin 1940-janvier 1946)*, Paris, Plon, 1970, p. 155.
2. *Ibid.*, p. 215.
3. Philippe Barrès, *Charles de Gaulle*, Paris, Éd. des Mouvements unifiés de la Résistance, 1942, p. 167.
4. Bernard Lachaise, « Charles de Gaulle à travers les livres de 1940 à 1958 », *Revue française d'histoire du livre*, 1991, n°s 70-71, p. 58.
5. Presse, radio, cinéma, archives du gouvernement provisoire de la République française et archives du général de Gaulle (AN, 3 AG1 271, dossier 2 radio).

Nous reviendrons dans la partie suivante sur l'écho de ce processus. Observons simplement qu'il convient de le relativiser, sans tomber dans la caricature. Notons par exemple que l'on crie son nom dès la première manifestation parisienne du 11 novembre 1940[1]. Mais constatons aussi que plusieurs de ses correspondants ne savent même pas orthographier son nom. On l'écrit « Degaul, Degaulle, Général Dugaul, Henri de Gaulle, ou même Charles de Gull[2] ». Si l'on découvre sa voix sur la BBC, malgré le brouillage, on ne connaît pas son visage, en dépit de la Royal Air Force qui parachute l'hebdomadaire *Le Courrier de l'air* avec les photos du Général[3].

L'incarnation est-elle réalisée lorsque de Gaulle revient sur le sol métropolitain ? « La reconnaissance est faite », se serait-il exclamé après que deux gendarmes l'eurent salué sur la route de Bayeux, en juin 1944, au lendemain du débarquement[4]. Formule riche de sens, mais qui ne reflète pas la réalité de l'isolement gaullien, tant sur le registre politique que sur celui des représentations, qui nous intéresse ici. « Pendant cinquante-deux mois d'oppression, Charles de Gaulle ne fut pour les Français qu'un nom et qu'une voix : une voix qui disait l'espérance[5] », écrit le journaliste Georges Cattaui, dont l'ouvrage sera plusieurs fois réédité en 1944 et 1945. Le poète Pierre-Jean Jouve se souvient lui aussi de cette « Voix » qui, selon lui, « parlait comme toute la France »[6]. De même pour Ginette B., poétesse anonyme exaltant cette voix qui « s'élevait nous versant l'espérance[7] ». Liliane A. rend elle aussi hommage à la voix qui « vient nous dicter nos lois, nous rendre l'idéal et renverser

1. Jean-Pierre Azéma, *1940. L'année terrible*, Paris, Seuil, 1990, p. 335-344.

2. Cité par Sudir Hazareesingh, *Le Mythe gaullien*, Paris, Gallimard, 2010, p. 36.

3. Jean-Louis Crémieux-Brilhac, *La France libre. De l'appel du 18 juin à la Libération*, Paris, Gallimard, 1996, p. 711.

4. Témoignage du colonel Rémy, *in* Fondation Charles de Gaulle, *De Gaulle et la Libération*, Bruxelles, Complexe, 2004, p. 41.

5. Georges Cattaui, *Charles de Gaulle*, Genève, Aux Portes de France, août 1944, p. 11.

6. Pierre-Jean Jouve, *L'Homme du 18 Juin*, Fribourg et Paris, Egloff, 1945, p. 18.

7. Poème du 14 juillet 1944.

l'idole[1] ! ». Georges C., qui se présente comme un « vieillard », raconte qu'il « vibrai[t] d'enthousiasme chaque fois qu'à la radio il [lui] était donné d'entendre [sa] voix prenante ». Rares sont ceux qui ont aperçu le Général, tel Roger C., 16 ans et demi, de Pont-Lévêque, qui se souvient avec extase de sa venue à Lisieux : « Il passa un instant, c'est un éclair ; / Une visite à Dieu, l'instant suprême : / L'enthousiasme de la foule qu'il aime : / Un regard souriant, conquérant et clair [...] / Cet homme né pour sauver la France ! » Pour le journaliste Maurice Herr, il ne fut qu'« un nom, une voix pendant plus de quatre ans [...]. Un nom chuchoté avec ferveur de bouche à oreille par les Français [...]. Aucune figure, aucune image à quoi l'esprit pût se raccrocher. Un pur symbole ». Et il ajoute que « même aujourd'hui où sa silhouette est devenue familière à tous les Français, on sait encore très peu de choses de cet homme »[2].

C'est pourquoi la séquence de la libération de Paris et surtout le défilé du 26 août 1944 sur les Champs-Élysées revêtent une importance symbolique capitale dans le processus d'incarnation de l'homme providentiel. Marie Corbel, sociétaire des Poètes français, en fera un poème épique, imprimé le 11 novembre : « Et de Gaulle apparaît dans le soleil des armes ; / On l'acclame en héros, drapeaux claquez au vent, / Où de l'Arc de Triomphe il voit Paris vivant. » Devant Notre-Dame, où il ne bronche pas sous les tirs sporadiques des derniers combats, l'image du héros invincible se confirme. Puis, sur l'avenue de toutes les victoires, il choisit le défilé populaire plutôt que la parade militaire, pour marquer la légitimité populaire qui est la sienne. Marchant en avant de la foule, comme distingué par son aura de libérateur, il échappe à l'image de l'*imperator* victorieux pour incarner celle du guide.

Sa « tournée » en province, de septembre à novembre 1944, tend à prolonger cette reconnaissance parisienne. Mettant en regard les photographies prises sur la place Stanislas de Nancy, à quatre mois de distance, pour les visites respectives du maréchal Pétain, le 26 mai 1944, et du général de Gaulle, le 25 septembre suivant,

1. Poème du 23 septembre 1944.

2. Maurice Herr, *De Gaulle*, Paris, Bonne Presse, « Hommes et événements du jour », 2e semestre 1945, p. 5-8.

Nicolas Mariot constate avec amusement que les deux images sont quasiment identiques, montrant la même foule compacte et enthousiaste acclamant le sauveur, nimbé de sa gloire[1]. Faut-il en inférer une relativisation de la ferveur gaulliste à la Libération ? Si cette comparaison en dit long évidemment sur la versatilité de la masse, elle nous apparaît comme une preuve supplémentaire de la récurrence du phénomène de fascination messianique, et sur la capacité du héros inconnu du 18 juin à l'incarner.

Travaillant à cette incarnation, le gouvernement provisoire de la République française fait diffuser dans toute la France des images, des cartes postales, des fanions brodés, des épinglettes tricolores avec le portrait de ce héros encore si mal connu. Au même moment paraît la première imagerie d'Épinal racontant l'histoire du Général, son héroïsme pendant la Grande Guerre, ainsi que l'aventure commencée le 18 juin 1940[2]. Il figure même dans une bande dessinée au premier rang des vainqueurs, comme celui qui a « sauvé l'honneur de la France ». L'opération semble réussie si l'on en juge par un sondage réalisé en 1945 dans les écoles de la région parisienne : sur trois cents mentions des vainqueurs de la guerre, de Gaulle arrive en effet en tête, cité quarante-deux fois, devant Leclerc, vingt-six, Churchill, vingt-deux, Roosevelt et Staline.

Le voici donc en pleine lumière au matin du 11 novembre 1944, sous l'Arc de Triomphe pavoisé de tricolore, aux côtés de Winston Churchill, l'autre sauveur, et non sans avoir salué la statue de Clemenceau. À l'issue du déjeuner offert en l'honneur du premier Britannique, ce dernier, répondant au discours d'amitié du Général, tient à lui rendre hommage « pour le rôle capital » qu'il a joué dans la lutte contre Hitler. Puis c'est au tour de son ministre des Affaires étrangères, Anthony Eden, de lever son verre en l'honneur du général de Gaulle, « qui a non seulement arraché son pays aux profondeurs du malheur, mais l'inspire dans le chemin d'un avenir grand et glorieux »[3]. Ainsi se profile aux yeux du monde la légende gaullienne du sauveur, artisan unique de la Résistance et guide prédestiné de la France nouvelle.

1. Nicolas Mariot, *Bains de foule. Les voyages présidentiels en province, 1888-2002*, Paris, Belin, 2006, p. 162.
2. Corbeil, Imprimerie Crété, octobre 1944.
3. *L'Humanité*, 12 novembre 1944.

Dans son discours radiodiffusé du 24 mai 1945, il invite les Français à regarder « au-delà des peines et des brumes du présent, un magnifique avenir » qui « s'ouvre, une fois de plus, devant la France ». C'est ainsi qu'à l'instar de Clemenceau au sortir de l'armistice le sauveur se transforme en guide, le prophète de la victoire devenant celui de la prospérité. Mais c'est pourtant sans son chef que la France de l'après-guerre va réaliser la prophétie du redressement. En dépit des projets de Malraux, qui prévoyait une fête grandiose et syncrétique pour le 4 septembre 1945 [1], le Général a préféré se contenter d'une allocution radiophonique exaltant certes les principes « puissants, généreux et féconds » de la République, mais dénonçant aussi ses « vices de fonctionnement » [2]. L'heure du mariage rêvé par Malraux entre la croix de Lorraine gaulliste et le bonnet phrygien n'a pas encore sonné. Il lui faudra attendre plus d'une décennie avant que le sauveur de 1940 n'incarne à nouveau le recours.

Le temps du rassemblement

« En quittant le pouvoir, il n'a jamais pensé un seul instant qu'il cessait d'être à la disposition de la France [3] », écrit dès 1946 le colonel Rémy, son compagnon de résistance. S'il se place délibérément à l'écart des commémorations et des fêtes officielles, le Général laisse se développer la liturgie du gaullisme, inaugurée le 18 juin 1946 par l'embrasement d'une flamme géante au fort du Mont-Valérien. Cette flamme symbolise évidemment l'esprit de la résistance à l'envahisseur étranger, mais aussi l'incarnation de sa résistance politique au régime des partis. Au soir de cette cérémonie à la fois commémorative et initiatique, on crie « Vive de Gaulle ! » dans les rues de Paris [4].

Sur un dessin satirique de Ben, pastichant *La Cène* de Vinci, il se lève et déclare, tel le Messie à ses disciples, Georges Bidault,

1. Fêtes et cérémonies, archives du gouvernement provisoire de la République française (AN, 3 AG4 70).

2. Charles de Gaulle, *Discours et Messages*, t. I : *Pendant la guerre (juin 1940-janvier 1946), op. cit.*, p. 610-615.

3. Colonel Rémy, *De Gaulle, cet inconnu*, Paris, Raoul Solar, 1947, p. 91.

4. *Paris-Matin*, 19 juin 1946.

Vincent Auriol et Maurice Thorez : « Maintenant je vais me retirer dans mes terres et puis je ressusciterai[1]. » À Bruneval, le 30 mars 1947, il annonce que « le jour va venir où, rejetant les joutes stériles et reformant le cadre mal bâti où s'égare la nation et se disqualifie l'État, la masse immense des Français se rassemblera sur la France », c'est-à-dire derrière lui. Rappelant au balcon de l'hôtel de ville de Strasbourg, le 7 avril, qu'il a fait sortir la République du « tombeau », il demande que « les Français et les Françaises », « la masse immense de notre peuple » le rejoignent au RPF. D'où ce commentaire de Jacques Fauvet dans *Le Monde* du lendemain, qui se demande si de Gaulle ne vient pas de « franchir son Rubicon »… avant de franchir un jour *le* Rubicon vers le pouvoir.

Le commis voyageur du RPF

À l'instar de Gambetta, qui s'était fait après sa démission le commis voyageur de la démocratie, le général de Gaulle peut apparaître de 1947 à 1951 comme le commis voyageur du RPF. Mais, plus encore que Gambetta, sa pérégrination tribunicienne apparaît aussi comme une stratégie d'incarnation, à laquelle répondent la curiosité et bien souvent l'enthousiasme des foules.

C'est ainsi qu'à Strasbourg l'envoyé spécial du *Monde* décrit une assistance « nombreuse », « jeune et dense », où les voix de « beaucoup d'enfants et plus encore de femmes » dominent « plus d'une fois le concert des vivats ». Et lorsque « le général apparaît au balcon, montent vers lui des cris innombrables », telle une invocation messianique, les « vagues profondes de Vive de Gaulle » se prolongeant en « de Gaulle au pouvoir »[2]. De même à Bordeaux, le 16 mai 1947, sur la place des Quinconces, où une « foule très dense de cinquante mille personnes environ » est venue applaudir son discours sur l'Union française[3]. Le 30 juin, à Lille, il revient au berceau familial comme Gambetta était revenu à Cahors à l'été 1881. À l'instar de son prédécesseur illustre, il plonge dans les rues

1. Ben, *Le Cirque amer*.
2. *Le Monde*, 8 avril 1947.
3. *Ibid.*, 17 mai 1947.

de sa ville natale, au milieu d'une « foule heureuse » qui « ruse avec le service d'ordre », « marchant à grandes enjambées » pour semer les officiels qui l'entourent, comme pour « entrer de plain-pied en contact avec le peuple français », serrant des mains, interrogeant les badauds, tandis que la foule, comme à Strasbourg et à Bordeaux, « crie à pleine voix : de Gaulle au pouvoir ! »[1]. Puis le voici dans la banlieue rennaise, le 28 juillet, sur le terrain de la Croix-Rouge où soixante mille admirateurs, « entassés dans la poussière », « juchés dans les arbres », « grimpés sur le talus du chemin de fer », lui réservent des « tonnerres d'ovations »[2]. De même à Lyon, le 20 septembre, où la place Bellecour est « noire de monde[3] », nous dit le reporter. Enfin, cette première grande tournée gaullienne atteint son apogée le 5 octobre 1947 à l'hippodrome de Vincennes, où plus de cinq cent mille personnes se sont massées devant un énorme podium blanc surmonté d'un immense drapeau tricolore et des bannières bleues frappées de la croix de Lorraine. « Vous êtes bien d'accord avec moi ? » lance le Général à la foule. « Oui, oui ! » lui répondent ses partisans. « La nation va choisir sa route. Je ne saurais faillir au devoir de lui montrer celle du salut… »[4]. Le commis voyageur du RPF prend figure de guide et de prophète pour mener ses troupes à la victoire électorale.

Au lendemain du raz de marée de ses candidats aux élections municipales, le journaliste Rémy Roure esquisse un parallèle entre « l'appel au soldat » du général Boulanger et « l'appel à un guide et à un chef qui est le sens profond du scrutin d'hier »[5]. Après avoir demandé la dissolution de l'Assemblée nationale, le 27 octobre, « devant les périls qui menacent la France au-dedans et au-dehors », le « guide » prophétise dans sa conférence de presse du 12 novembre 1947 que « la vague est levée », qu'elle « va grossir et déferler », et que « ceux qui ne voudraient pas comprendre […] seront emportés »[6].

1. *Ibid.*, 1er juillet 1947.
2. *Ibid.*, 29 juillet 1947.
3. *Ibid.*, 21-22 septembre 1947.
4. *Ibid.*, 6 octobre 1947.
5. *Ibid.*, 22 octobre 1947.
6. *Ibid.*, 13 novembre 1947.

« Le métro à six heures du soir »

Lorsqu'il remonte les Champs-Élysées en auto, le 19 août 1948, le général de Gaulle semble déçu par « l'indifférence des passants », raconte Claude Mauriac, ajoutant qu'« il serait heureux maintenant si un cri jaillissait de cette foule distraite »[1]. Faut-il considérer que le RPF « tourne à vide », pour reprendre l'expression de Jean Touchard, décrivant une sorte de « gigantesque entreprise de spectacle et de mise en scène avec une vedette unique » ? Pourtant, rappelle le même auteur, ce « rituel » suscite « les grandes manifestations populaires de Vincennes, de Bagatelle et du Vel d'Hiv »[2]. Force est de constater que partout où il passe, le Général attire les foules, comme par exemple dans la cité ouvrière de Saint-Étienne, le 5 janvier 1948, où plus de cinquante mille personnes se pressent pour l'apercevoir. En Avignon, le 11 septembre, la foule est « très dense et très enthousiaste » selon l'envoyé spécial du *Monde*, et le Général rompt les barrages pour se rendre à pied au palais des Papes, où il discourt devant un « public immense », condamnant ceux qui défendent « la République contre le suffrage universel ». Après Nice, où cent mille personnes l'ont réclamé « au pouvoir », le voici à Ajaccio le 13 septembre, où il reçoit un accueil riche de symboles, passant sous l'arc de triomphe dressé sur le cours Napoléon tandis que des jeunes filles lui lancent fleurs et grains de riz[3].

Le point d'orgue du rassemblement gaulliste est sans doute le meeting du 21 octobre 1950 dans un Vel d'Hiv à nouveau « plein à craquer », où les « petites gens », les « classes moyennes » représentent, écrit Jacques Puissesseau dans *Le Monde*, « la foule du métro à six heures du soir ». Lorsque le Général paraît dans un halo de lumière, annoncé au micro par un tonitruant « Parisiennes, Parisiens, voici le général de Gaulle ! », la clameur « De Gaulle au pouvoir ! » s'élève de la foule. « Nous sommes le recours du pays », leur dit-il, comme « naguère, dans un grand drame de l'histoire,

1. Claude Mauriac, *Un autre de Gaulle*, *op. cit.*, p. 327.
2. Jean Touchard, *Le Gaullisme, 1940-1969*, Paris, Seuil, « Points », 1978, p. 101.
3. *Le Monde*, 12-15 septembre 1948.

c'est cette mission que nous dûmes accomplir ». Lorsque *La Marseillaise* « éclate à la fin », commente le reporter manifestement séduit, « le Vel d'Hiv n'est plus habité que d'une grande armée prête à marcher à la victoire derrière un homme qui ne parle qu'en termes de destin »[1]. C'est à nouveau le récit du sauveur qui se met en place.

Mais, nous l'avons dit plus haut, la France des années 1950 n'est pas prête pour vivre ce récit de la grandeur et de l'épopée. Les 22 % de voix et les cent vingt sièges remportés par le RPF aux élections de juin 1951 ne sont pas à la mesure des espérances du Général, loin de là. Sa conférence de presse du 22 juin apparaît cruellement en décalage avec la réalité du jeu politique lorsqu'il se déclare prêt à « prendre la tête du gouvernement ». De même lors de celle du 10 mars 1952, où, rejetant l'investiture d'Antoine Pinay comme vouée à l'échec, il affirme : « Chaque Français fut, est ou sera gaulliste. » Désavouée par les vingt-sept élus du RPF qui ont choisi de soutenir le nouveau président du Conseil, la stratégie du rassemblement semble conduire à une impasse. En se rapprochant de la figure messianique, le Général va désormais adopter une autre stratégie, celle du recours.

Le temps du recours

Comment faut-il interpréter le discours du 6 mai 1953, parfois considéré comme le début de sa « traversée du désert » ? À nos yeux, il s'agit d'abord et avant tout d'une étape nouvelle vers la posture de l'homme providentiel. Les mots employés sont explicites : invoquant le risque d'une « grave secousse, dans laquelle une fois de plus la loi suprême serait le salut de la patrie et de l'État », il conclut : « Voici venir la faillite des illusions. Il faut préparer le recours. » Reste à trouver le moment favorable.

1. *Ibid.*, 24 octobre 1950.

« Le peuple n'est pas tellement là »

La crise indochinoise peut-elle être l'occasion de son retour ? Le 7 avril 1954, il tient une conférence de presse à l'hôtel Intercontinental pour annoncer que le 9 mai suivant, à l'occasion de la commémoration de la victoire, il se rendra seul à l'Arc de Triomphe sur la tombe du soldat inconnu, où il n'est plus retourné depuis le 11 novembre 1945. Il demande « au peuple d'être là », et à la presse française de faire en sorte que cette cérémonie « revête devant le pays et devant le monde le caractère de l'unité et de la volonté nationale »[1]. La veille de cette manifestation qu'il souhaite plébiscitaire, il annonce à Louis Terrenoire : « Je reviendrai au pouvoir, je le veux [...]. Je vais voir ce qui se passe demain, mais je crois qu'il y aura beaucoup de monde [...]. S'il y a une crise ministérielle qui se prolonge, j'interviendrai[2]. » Il semble que les pouvoirs publics aient pris très au sérieux la menace d'une insurrection gaulliste ce jour-là, à en juger par le déploiement de forces impressionnant décrit par toute la presse, y compris un avion d'observation qui survole la foule massée à l'Étoile. Le spectre des journées boulangistes hante-t-il les esprits ? Toujours est-il que l'écrivain Jules Roy confie son enthousiasme messianique à Claude Mauriac : « Heureusement qu'il est là. Il n'y a plus que lui. Nous avons au moins ce recours, la certitude de cette présence. L'homme de la France. Mais aussi celui du Destin[3]. » Quant à François Mauriac, il écrit dans son « Bloc-notes » son admiration pour ce « souffle froid venu de très haut, de très loin, du temps que la France était la Grande Nation[4] ».

Mais le 9 mai 1954 est un nouveau rendez-vous manqué avec l'Histoire. Quelques parachutistes et anciens d'Indochine marchent vers la Concorde, rejoints par des centaines de manifestants, mais

1. Charles de Gaulle, *Discours et Messages*, t. II : *Dans l'attente (février 1946-avril 1958)*, Paris, Plon, 1970, p. 618.

2. Louis Terrenoire, *De Gaulle, 1947-1954. Pourquoi l'échec*, Paris, Plon, 1981, p. 269.

3. Claude Mauriac, *Un autre de Gaulle*, *op. cit.*, p. 395.

4. *L'Express*, 17 avril 1954, p. 16.

ce ne sont que des groupuscules, canalisés très vite par Gaston Palewski. « C'était le même homme prestigieux dans le même uniforme. Et l'on pouvait faire semblant de croire que c'était aussi la même France venue l'acclamer d'un cœur unanime », mais, « une heure après, les derniers manifestants se dispersaient, avalés par la foule passive des dimanches »[1], commente Claude Mauriac, déçu. Si l'on en croit les rapports de police, le terne président de la République René Coty a attiré plus de monde le matin à l'Étoile que le héros du 18 juin[2]. « Le peuple n'est pas tellement là[3] », confie le Général déçu à Olivier Guichard. C'est le moment où entre en scène un autre homme providentiel, qui s'appelle Pierre Mendès France.

« Gouverner, c'est choisir »

S'il est un homme qui peut incarner dans les années 1950 le renouveau annoncé par de Gaulle à la Libération, c'est bien son ancien ministre de l'Économie nationale. Son premier discours d'investiture, prononcé le 3 juin 1953, un verre de lait sur son pupitre, marque son entrée dans la galerie des sauveurs. Il y annonce son intention d'« arrêter le pays sur la pente fatale », d'« opérer le redressement que le monde entier attend » et de « restituer à la France sa prospérité, son rang et les moyens d'accomplir sa mission ». L'Histoire en retiendra la fameuse formule : « Gouverner, c'est choisir. » Mais l'ensemble du discours est imprégné de ce volontarisme intransigeant qui fait la trempe de l'homme providentiel.

Il s'y réfère à Poincaré, « l'homme d'État, digne de la France qu'il gouvernait », à Blum, pour « sa générosité et son intelligence », mais aussi au général de Gaulle, « symbole de la continuité française et animateur de la Résistance », trois images de l'homme d'État dont l'exemple signifie à ses yeux, « sous le signe de l'amour de la patrie », « le dévouement au bien public et le sens de l'État ».

1. *Ibid.*
2. Vingt-trois mille personnes le matin, contre dix-huit mille pour de Gaulle. Rapports des 9 et 10 mai 1954, APP, F/D3 1954.
3. Olivier Guichard, *Mon Général*, Paris, Grasset, 1980, p. 204.

Mais il y parle aussi en prophète, s'adressant à « ce pays inquiet qui nous observe et qui nous juge », certain que la « voie ardue » qu'il décrit est « la seule » qui « mène au sommet » et aux « grands horizons qu'on y trouve ». Tous les ingrédients du recours messianique sont présents dans ce discours, qui résonne, toutes proportions gardées, comme son appel du 18 juin.

Vincent Auriol le note dans son journal : « Effet énorme à la Chambre. Il vient de faire un coup formidable, qui le classe parmi les plus grands. » Certes, cela ne suffit pas à lui assurer l'investiture, manquée à treize voix près. Mais s'il ne réussit pas encore à briser la logique des partis, l'effet Mendès est spectaculaire dans la presse, Jacques Fauvet saluant dans *Le Monde* « l'événement de la législature », tandis que *Le Parisien libéré* reconnaît qu'il s'agit d'« une date dans les annales parlementaires ». Le *Times* de Londres ne craint pas d'évoquer un « accent de génie ». François Mauriac lui écrit son admiration, le 11 juin 1953 : « J'aurais été profondément déçu de votre échec si j'avais cru la Chambre capable de choisir un chef tel que vous. Mais vous avez tout de même, par votre déclaration, ouvert une ère parlementaire nouvelle et le retour au marécage me paraît impossible[1]. »

On peut aussi considérer que la conquête mendésiste du pouvoir a commencé deux semaines plus tôt, le 16 mai 1953, avec la parution du premier numéro de l'hebdomadaire *L'Express*. Enthousiasmé par son discours de « Cassandre » du 30 décembre 1951, Jean-Jacques Servan-Schreiber, chef du service étranger de *Paris-Presse*, a en effet décidé de lancer une édition hebdomadaire du quotidien familial sous le nom de *L'Express. Les Échos du samedi*, conçu, écrit un biographe, « pour amener Pierre Mendès France au pouvoir »[2]. De fait, la première édition consacre au député de Louviers sa grande interview, annoncée en première page et par affichettes dans tous les kiosques avec sa photo, un demi-sourire aux lèvres, sous le titre évocateur « La France peut supporter la vérité ». Il y dénonce la responsabilité des gouvernants, mais aussi des « structures politiques, institutionnelles ou morales dans lesquelles ils ont accepté de travailler ». Deux semaines plus tard, au

1. AAIU, carton E1 X, divers.
2. Jean Lacouture, *Pierre Mendès France*, Paris, Seuil, 1981, p. 203.

lendemain du discours d'investiture, l'hebdomadaire commente : « Le pays indifférent aux jeux parlementaires a senti que quelque chose s'était produit. Il s'est ému. L'important est que cette émotion demeure[1]. »

À la fin de l'année 1953, au lendemain de la pénible élection du président de la République René Coty, *L'Express* jette un regard désabusé sur le Palais-Bourbon, « sombre arène où les vieux taureaux ressuscitent toujours après leur mise à mort », la couverture montrant l'octogénaire Édouard Herriot affaissé dans un fauteuil, cramponné à sa canne, à l'image d'une république de vieillards[2]. À l'inverse, il a présenté dans son numéro spécial du 7 novembre la liste des « cent moteurs » qui portent « l'avenir de la France », faisant figurer au premier rang Pierre Mendès France, « symbole à la fois de sévérité et d'espérance ». Et il trône dans l'édition du 2 janvier 1954 parmi les six personnalités marquantes de l'année 1953, aux côtés de la reine Élisabeth II, du sénateur McCarthy, de Malenkov, d'Hô Chi Minh et du chancelier Adenauer, parce qu'il est « un symbole de renouveau ». Dans *La Sologne libre* du 26 mars 1954, Mendès France souhaiterait plus modestement s'inspirer de Joseph Caillaux, « modèle altier et vigoureux de l'homme d'État républicain, conscient de sa mission, décidé à l'accomplir contre vents et marées et que n'arrêtent dans sa marche, souvent solitaire, ni les moqueries, ni les injures, ni les violences, ni les coups bas ». Mais Jean-Jacques Servan-Schreiber, qui se veut son mentor, lui écrit son destin : « L'essentiel, la grande affaire et la plus importante : redonner une âme à ce pays [...]. Le jour, proche ou lointain, où les destinées du pays vous seront remises, soyez assuré que plus vos décisions, vos choix, votre attitude seront extraordinaires et rompront avec l'habituel, plus le pays, loin d'en être irrité ou étonné, se reconnaîtra en vous[3]. » Le contraste entre l'emphase messianique du directeur de *L'Express* et la sobriété volontariste de l'homme d'État profondément attaché à la tradition républicaine pose la question centrale de la relation

1. *L'Express*, 3 juin 1953.
2. *Ibid.*, 12 décembre 1953.
3. Archives de l'Institut Pierre Mendès France (AIPMF), correspondance, 26 avril 1954.

entre Pierre Mendès France et le courant dit « mendésiste », que Jean-Jacques Servan-Schreiber entendait animer. Dans notre perspective, il souligne le décalage entre l'image messianique qui accompagne le député de Louviers à partir de l'été 1953 et sa méfiance atavique envers les dérives historiques de l'homme providentiel. Ce décalage fondamental, qui pèsera sur toute la carrière et même sur la postérité du « mythe » Mendès France, projette une ombre ténue mais réelle sur le moment euphorique de son arrivée au pouvoir. Il explique aussi pourquoi ce moment n'aura été qu'une parenthèse dans le récit gaullien.

Le temps de l'appel

Lorsque Pierre Mendès France accède à la présidence du Conseil, Charles de Gaulle exprime clairement sa désapprobation envers « l'actuel régime qui ne saurait produire qu'illusions et velléités [1] ». Pourtant, à l'issue d'une rencontre entre les deux hommes, organisée le 13 octobre 1954 à l'hôtel La Pérouse, le Général semble accorder son soutien à la politique européenne de Mendès France, dont il salue publiquement, le 4 décembre, « l'ardeur, la valeur, la vigueur [2] ». L'estime manifestée par de Gaulle au président du Conseil, alors même que ce dernier est en butte aux attaques de plusieurs clans politiques coalisés, reflète son respect à l'égard de l'homme d'État qui a su incarner une espérance pour les Français. Il salue en Mendès France la posture gaullienne du volontarisme solitaire, tout en lui déniant la capacité d'incarner l'homme providentiel. C'est d'autant plus troublant que le récit gaullien du recours devient à cette époque un best-seller, avec la publication, quelques jours après l'entrevue de l'hôtel La Pérouse, du premier tome de ses *Mémoires de guerre*, intitulé *L'Appel*.

1. Déclaration du 22 juin 1954, *Le Monde*, 23 juin 1954.
2. Cité par Jean Lacouture, *Pierre Mendès France*, *op. cit.*, p. 332.

« Nous voici pour vous servir »

Les premières phrases du livre témoignent d'emblée de son ambition épique et messianique, centrée sur l'identification entre une nation et son sauveur : « Toute ma vie, je me suis fait une certaine idée de la France. Le sentiment me l'inspire, aussi bien que la raison. [...] J'ai, d'instinct, l'impression que la Providence l'a créée pour des succès achevés ou des malheurs exemplaires[1]. » Le succès est immédiat, cent mille exemplaires étant écoulés en cinq semaines. Dans *Le Monde*, l'académicien Émile Henriot estime qu'il s'agit d'un « événement littéraire et historique », comparant le Général à Napoléon et à Chateaubriand, qui entendait « mener les Français par les songes »[2]. Le *Parisien libéré* publie en exclusivité les deux premiers chapitres dans ses éditions des 8 et 9 octobre.

L'hebdomadaire *Paris-Match*, voué à la mise en scène des grands de ce monde, consacre son édition du 2 octobre à cet événement qualifié d'« historique », avec le Général en couverture, photographié depuis un hélicoptère devant le manoir de Colombey. Suit un long reportage de Jean Farran, qui nous fait pénétrer dans le salon puis dans le bureau même du Général, où « tout raconte la France », sous ce titre évocateur : « Pour salaire de la gloire il a voulu la solitude ». Il s'agit de façonner l'image du Cincinnatus, blessé par l'ingratitude des partis, retiré d'un monde où il est incompris, et qui pourtant incarne la France dans toute sa grandeur. « Il sait », conclut Jean Farran, que « la foudre des grands événements peut le ramener à la barre du pilote. Alors il veille. Il attend, ce séculier de la patrie, l'annonciation qui lui sera faite, le visiteur qui viendra si l'heure d'un nouveau drame doit sonner de nouveau, prêt à troquer la plume pour l'épée ».

Au moment même où la Quatrième République va entrer dans cette guerre d'Algérie qui sera le révélateur de ses divisions et de ses incompétences, le lecteur ne peut s'empêcher d'imaginer, à plus de dix ans de distance, le miracle du sauveur renouvelé. Le « récit mythographique » de l'homme providentiel apparaît à la fois comme un cadre mémoriel de consensus et comme un programme

1. Charles de Gaulle, *Mémoires de guerre*, t. 1 : *L'Appel, 1940-1942*, *op. cit.*, p. 8.
2. *Le Monde*, 23 octobre 1954.

pour le futur[1]. Les dernières phrases de *L'Appel*, bien plus qu'un témoignage du passé, résonnent alors comme une promesse messianique : « Trêve de doutes ! Penché sur le gouffre où la patrie a roulé, je suis son fils, qui l'appelle, lui tient la lumière, lui montre la voie du salut. Beaucoup, déjà, m'ont rejoint. D'autres viendront, j'en suis sûr ! Maintenant, j'entends la France me répondre. Au fond de l'abîme, elle se relève, elle marche, elle gravit la pente. Ah ! mère, telles que nous sommes, nous voici pour vous servir[2]. »

« Notre dernière chance »

Si la conférence de presse du 30 juin 1955, marquée du sceau de la désillusion, semble acter son abdication face à « l'opposition de tout ce qui est organisé pour soutenir des intérêts », il n'oublie pas néanmoins qu'un risque de « secousse » peut susciter l'appel au sauveur et marquer à ses yeux le « signal du redressement ». Dans une lettre adressée au maréchal Juin le 5 mai 1956, sa stratégie se dévoile : « Pour l'instant, je crois que le silence est la plus impressionnante attitude que je puisse prendre [...]. En tout cas, si je parle un jour, ce sera pour agir. » Le succès remporté par *L'Unité*, deuxième tome de ses *Mémoires de guerre*, publié le mois suivant, ne peut que le conforter, de même que la tournée qu'il effectue outre-mer, du 8 août au 19 septembre 1956, en Guyane, aux Antilles, en Polynésie française et en Nouvelle-Calédonie. « Que les Français libres restent cohérents, dit-il à Tahiti, qu'ils pensent encore à de Gaulle. Nous n'avons pas fini notre tâche. Nous avons à jouer un rôle d'avant-garde. » À Nouméa, le 15 septembre, il se veut encore plus explicite : « Dans des circonstances qui seraient à nouveau graves pour le pays c'est à moi qu'incomberaient les grandes responsabilités »[3].

1. Jean-Louis Jeannelle, *Écrire ses mémoires au XXe siècle. Déclin et renouveau*, Paris, Gallimard, 2008, p. 184.

2. Charles de Gaulle, *Mémoires de guerre*, t. 1 : *L'Appel, 1940-1942*, *op. cit.*, p. 322-323.

3. Notes prises par Jean Mauriac, citées par Jean Lacouture, *De Gaulle*, Paris, Seuil, 1985, t. 2 : *Le Politique, 1944-1959*, p. 416-417.

S'il refuse en 1956 de rencontrer le président de la République René Coty, qui l'a sollicité par deux fois, c'est parce que le chef de l'État a insisté pour que le président du Conseil Guy Mollet soit informé de ces consultations. Mais il considère favorablement l'initiative de douze jeunes parlementaires, dont Valéry Giscard d'Estaing, qui se rendent à l'Élysée le 22 décembre 1956 pour demander le recours au Général. Quelques semaines plus tard, le président Coty esquisse d'ailleurs un projet de ce type avec Jacques Chaban-Delmas, alors ministre d'État du gouvernement Mollet[1]. Le 2 mars 1957, Jacques Soustelle, ancien secrétaire général du RPF, adresse un appel public au Général, puis c'est au tour de Maurice Clavel dans le quotidien *Combat*, daté du 12 mai. Et dans une interview publiée dans *L'Express* du 20 juin 1957, le leader tunisien Habib Bourguiba souhaite lui aussi que l'on sollicite le Général afin de résoudre la question algérienne.

Les archives du secrétariat de la présidence de la République conservent de nombreux exemplaires, souvent annotés et complétés, d'une pétition lancée par l'ancienne résistante Marie-Madeleine Fourcade et par les jeunes du RPF, qui publient, autour de Jacques Dauer, le mensuel *Le Télégramme*. Cette lettre, rédigée au nom de l'« Union sociale et nationale », imprimée chez Naudeau-Redon à Poitiers, est diffusée à partir du 20 janvier 1958 par les jeunes militants gaullistes. C'est l'archétype de l'appel au sauveur : elle exhorte le président Coty, « gardien et prisonnier d'une Constitution qui administre au pays depuis douze ans la preuve de son maléfice », à ne plus attendre, « au bord de cet abîme », « pour rappeler le général de Gaulle », sous peine de précipiter « la France dans l'anarchie »[2]. Par ailleurs, le Comité d'entente pour l'Algérie française produit une affichette sous forme de télégramme expédié par « la France » au « Destinataire : le peuple français », et portant ce message : « Appelons de Gaulle »[3].

Si l'on en croit un discours prononcé en février 1958 devant les militants gaullistes de Côte-d'Or par Edmond Michelet, sénateur

1. Entretien cité *ibid.*, p. 429.

2. AN, 4 AG 53, secrétariat général de la présidence de la République, correspondance, questions politiques, 1954-1958, rapport du 29 mars 1958.

3. *Ibid.*, affiches, février-avril 1958.

de la Seine, le Général serait « prêt à reprendre du service quand il aura la conviction que son action répondra aux aspirations du plus grand nombre des Français ». C'est pourquoi Roger Frey, secrétaire national des républicains sociaux, envoie aux responsables fédéraux une circulaire leur demandant de « renforcer la campagne en faveur du retour » du Général, en multipliant « les réunions et les tracts »[1]. Officiellement, ce dernier dément toute velléité de retour, mais il aurait confié ses espérances dès octobre 1957 à son beau-frère Jacques Vendroux : « Le drame de l'Algérie sera sans doute la cause d'un sursaut des meilleurs des Français [...]. Il ne se passera plus longtemps avant qu'ils ne soient obligés de revenir me chercher[2]. » La prophétie est en marche.

1. *Ibid.*, rapport du 22 février 1958.
2. Jacques Vendroux, *Cette chance que j'ai eue, 1920-1957*, Paris, Plon, 1974, p. 433, confidence du 22 octobre 1957.

CHAPITRE VII

La prophétie

Si les parcours d'incarnation diffèrent d'un sauveur à l'autre, le discours prophétique les rassemble à travers l'Histoire. En se référant à la définition que donne Max Weber du prophète, celui-ci tient sa légitimité charismatique du fait qu'« il porte au niveau du discours des représentations, des sentiments et des aspirations qui lui préexistaient mais à l'état implicite, semi-conscient ou inconscient[1] ». C'est ainsi que l'homme providentiel se doit d'accéder à cette dimension prophétique afin d'incarner la figure du sauveur. Qu'il soit républicain, césariste ou réactionnaire, son discours fait appel à une rhétorique dont les principales articulations semblent immuables à travers le temps et les systèmes politiques.

Elle repose d'abord et avant tout sur l'appel au peuple, trahi par ses élites, et dont le sauveur prétend représenter les aspirations. « Par définition, les hommes providentiels sont hostiles aux pouvoirs établis », constate Édouard Balladur, « c'est ce qui les conduit à s'appuyer directement sur le peuple contre les gens en place »[2]. Les qualifier de « populistes » serait réducteur, tant il est vrai que le discours d'un Gambetta, d'un Clemenceau, d'un Mendès France ou d'un de Gaulle relève avant tout de convictions bien arrêtées et d'un grand dessein politique qui ne doit rien à la démagogie. Il n'empêche que cette relation directe entre le sauveur et les citoyens les rapproche des tribuns protestataires du type Boulanger ou Poujade, ou des grands-pères protecteurs tels que Gaston Doumergue ou le maréchal Pétain.

1. Cité par Pierre Bourdieu, « Une interprétation de la théorie de la religion selon Max Weber », *Archives européennes de sociologie*, XII, 1971, p. 12-15.
2. Édouard Balladur, *Jeanne d'Arc et la France*, *op. cit.*, p. 106.

Elle les dissocie des élites traditionnelles, condamnées pour leur inertie, leur division, leur décadence, voire même leur trahison. Elle implique une héroïsation des petits, une valorisation du peuple, contrastant avec la dévalorisation systématique et polémique des gouvernants. Elle conduit à un discours de dramatisation, aux intonations parfois apocalyptiques, et qui doit susciter le réflexe du recours au sauveur. C'est donc dans le registre du sacrifice, du martyre ou de l'oblativité que l'homme providentiel se dévoue corps et âme à la Nation qu'il prétend incarner, fusionnant les figures messianiques du père, du frère, du guide, du pasteur et du chef. Il entend rassembler, protéger, transformer, voire régénérer, afin de conduire les brebis égarées vers un nouvel Éden, qui peut emprunter les couleurs du paradis perdu comme de la modernité triomphante.

Le peuple trahi

Le propre du sauveur, c'est de parler au nom du peuple qui l'a choisi. À Claude Mauriac, qui déplore en juin 1946 l'indifférence manifestée par les Français à l'égard du héros du 18 juin, ce dernier répond par un acte de foi et de fusion avec son peuple. Bien que « difficile à connaître, difficile aussi à manier », haïssant la « faiblesse » mais sans « céder à la force », la « masse du peuple français » lui est, dit-il, demeurée « fidèle »[1]. Le peuple est de son côté face à « ces princes qui nous gouvernent », interpellés par Michel Debré en 1957, dans un ouvrage qui réclame le retour au pouvoir du Général. Si l'on en croit le sénateur gaulliste, les gouvernants de la Quatrième République sont les « diviseurs », « sèment les idées fausses », « étouffent les qualités du peuple » et mènent le pays « à la catastrophe », car « la désagrégation de l'empire se prolonge en désagrégation du pays lui-même »[2].

Ce discours binaire, qui oppose aux élites discréditées le peuple défendu par son sauveur, est le fondement même de la rhétorique

1. Claude Mauriac, *Un autre de Gaulle*, *op. cit.*, p. 201, 5 juin 1946.

2. Michel Debré, *Ces princes qui nous gouvernent*, Paris, Plon, « Tribune libre », 1957, p. 20, 36, 57, 69, 74.

providentialiste. Bonaparte en use déjà dans le premier éditorial du *Courrier de l'armée d'Italie*, le 21 juillet 1797, en dénonçant les « orages des factions », les « passions malfaisantes », « les germes de division et de haine, les espérances coupables et les projets liberticides » des hommes du Directoire. Face à eux, il entend apparaître comme l'« ami de l'humanité », cultivant « l'esprit de modération et de fraternité, qui peut seul, en France, anéantir dans les âmes les souvenirs des malheurs passés », élevant sa « voix au milieu des fureurs des partis » et arborant « l'étendard de la concorde dans l'arène sanglante ». De retour en France en octobre 1799, il proclame en Avignon : « Je ne suis d'aucune coterie, je suis la grande coterie du peuple français. »

Le 19 brumaire, devant les gardes assemblés dans la cour d'honneur du Conseil des Cinq-Cents, c'est au nom du peuple, « qui, depuis tant d'années, est le jouet de ces misérables enfants de la Terreur », contre le complot des « quelques représentants à stylets qui assiègent la tribune », que son frère Lucien, président du Conseil des Cinq-Cents, justifie le coup de force[1]. Puis, se faisant donner une épée, il jure qu'il en transpercera son frère si celui-ci se transforme en tyran.

Du côté du peuple encore, c'est ainsi que se présente Louis-Napoléon, républicain de 1848. « Son maître, c'est le peuple, il n'en connaît point d'autre [...], la République est avant tout sa mère », proclame une ode à sa gloire, intitulée *Louis-Napoléon Bonaparte, vox populi, vox Dei.* « Du prolétaire il connaît la souffrance / Lui seul il peut alléger son tourment... », dit la chanson *Le Choix de la France*[2]. Au point que ses partisans, dans la dernière édition du *Napoléonien*, applaudissent à l'insurrection de juin : « Le peuple de Paris, après quatre longs mois d'attente, a enfin perdu patience [...] contre les ignorants audacieux qui ont dans les mains les destinées de la France, et qui n'ont su nous donner autre chose que l'anarchie et la misère. »

Président de la République, il reste « l'élu du peuple », comme le souligne une brochure de 1849, illustrée par un dessin qui le

1. *Le Moniteur*, t. XXIX, p. 899-900.
2. BNF, Ye 55 471.145.

représente, les bras croisés, faisant face à une Marianne souriante, les deux encadrant l'urne démocratique surmontée de l'aigle impériale[1]. Il le proclame à Saint-Quentin le 9 juin 1850 : « Je suis heureux de me trouver parmi vous, et je recherche avec plaisir les occasions qui me mettent en contact avec ce grand et généreux peuple qui m'a élu. » Populaire et légitime, pourquoi donc rêverait-il d'un nouveau brumaire ? « Les surprises et les usurpations peuvent être le rêve des partis sans appui dans la nation ; mais l'élu de six millions de suffrages exécute les volontés du peuple, il ne les trahit pas », promet-il à Lyon le 15 août 1850. En revanche, ceux qui trahissent le peuple, ce sont les députés, « cochons à l'engrais », « satisfaits », « aveugles-nés », « sourds », « des bavards, des beaux parleurs » qui « perdent la France », peut-on lire dans l'un des journaux qui le soutiennent[2].

« L'Assemblée compromet l'ordre plus qu'elle ne le défend[3] », affirme un autre journal favorable au prince-président. Dans son ouvrage apocalyptique *Le Spectre rouge de 1852*, l'ancien préfet Auguste Romieu décrit « l'ennuyeuse comédie qui se nomme la politique, et qui se joue, en traînant ses guenilles, sur un théâtre ruiné[4] ». Il compare « l'Assemblée législative », où l'on n'entend que « bruit, murmures, exclamations, injures », à « une séance de collège en rumeur »[5]. Dans son discours du 1er juin 1851, Louis-Napoléon dénonce les « manœuvres des factions qui paralysent la bonne volonté des assemblées comme celle des gouvernements dévoués au bien public ». Enfin, sa proclamation au peuple français, affichée sur les murs de Paris aux petites heures du 2 décembre 1851, légitime le coup d'État par la nécessité de se défendre contre l'Assemblée, « foyer de complots », qui « encourage toutes les mauvaises passions » compromettant le « repos de la France ». Son « devoir » le conduit par conséquent à « sauver le pays, en invoquant le jugement solennel du seul souverain », « le peuple ».

1. Charles Regnard, *À Louis-Napoléon, l'élu du peuple, 1849*, Paris, Imprimerie Aubert, 1849.
2. *Le Napoléon républicain*, nos 1 et 6.
3. *Le Pouvoir*, 15 juillet 1850.
4. Auguste Romieu, *Le Spectre rouge de 1852*, Paris, Ledoyen, 1851, p. 4-5.
5. *Ibid.*, p. 88-89.

Le rassembleur des mécontents

Apprenti César, c'est aussi sur ce thème de la trahison des élites que le général Boulanger construit sa campagne électorale plébiscitaire. Joseph Reinach le déplore : « L'état d'esprit boulangiste est celui des mécontents de tous les partis, de tous les fatigués, de tous les découragés, de toutes les ambitions déçues, des imbéciles qui rendent la République responsable des mauvaises récoltes, des niais qui ont gardé l'amour du panache [...] et qui, lorsque le pouvoir civil manque à cette mission, acclament la première botte éperonnée qui passe[1]. » Boulanger, c'est donc le rassembleur des mécontents, « le grand dégoût collecteur », *dixit* Jules Ferry, ce que résume une caricature du journal *Triboulet* demandant au général quel est son programme : « Celui de mes électeurs. »

Lancé dans l'arène électorale dans le Nord, Boulanger exploite cette veine populiste dans son premier manifeste, le 1er avril 1888, condamnant l'« impuissance » d'une « Chambre devenue absolument étrangère aux aspirations du pays ». Interrogé le même jour dans le journal *La Presse*, il affirme que « le parlementarisme ne finira ni dans l'imbécillité, ni dans le sang, mais dans la pourriture ». Une brochure électorale le décrit comme un « simple citoyen, dont la popularité tient en échec tout un parlement discrédité et méprisé », « la haute pègre de la finance, les officines où tout se vend, s'achète et se frelate, sauf la volonté souveraine des millions d'électeurs qui vont entrer en scène »[2]. En campagne dans la Seine, une autre brochure dénonce les « budgeti-vauriens » : « Ils se sont mis à cinq cents pour ruiner la France / Aux frais de l'électeur qui, c'est fâcheux, commence / À comprendre le truc de ces pots-de-viniers. / Le moment est venu de les pilorier. / On va les balayer et ce sera justice »[3].

Pour expliquer la fuite du général à Bruxelles, qui a déçu bon nombre de ses partisans, le 1er avril 1889, le député boulangiste

1. *La République française*, 11 mars 1888.

2. Louis de Jonquières, *Le Général Boulanger, député du Nord, chef du parti national*, 1888, p. 8 (BNF, Lb 57-9643).

3. *Au général Boulanger*, Paris, 23 janvier 1889.

Georges Laguerre explique dans *La Presse* du lendemain que « la France est aux mains des bandits », que « l'on pouvait tout attendre de ces gens-là » et qu'il « devait à la République de ne pas rester exposé aux coups de la bande qui détient le pouvoir ». Et l'on peut lire dans *La Cocarde*, autre quotidien boulangiste, que le général se tient prêt à marcher « à notre tête pour donner l'assaut à la bastille parlementaire ». Réfugié à Londres, il y célèbre au nom du peuple le centenaire de la Révolution française, dont les boulangistes se prétendent les « fils », opposés aux « oligarques » qui détiennent le pouvoir[1]. Ce qui inspire le caricaturiste Blass, dessinant dans *Le Pilori* du 14 juillet 1889 « La reprise de la Bastille », montrant Boulanger à cheval, accompagné par le canon du suffrage universel, à l'assaut de la Bastille parlementaire où l'on reconnaît les ténors du régime.

Lorsqu'il est condamné, le 14 août 1889, par le Sénat réuni en Haute Cour de justice, c'est encore au peuple des « honnêtes gens » que Boulanger envoie dès le lendemain un manifeste, dans lequel il condamne « l'orgie d'arbitraire, de calomnies et de forfaiture » à laquelle se livrent les parlementaires. Et quand il se retire définitivement de la vie politique, en mai 1890, dissolvant son Comité national, c'est, dit-il, afin qu'il n'y ait plus « désormais d'intermédiaires entre les citoyens et moi », et pour « étudier d'une façon sérieuse les questions qui intéressent le peuple laborieux, pour mieux mériter encore les sympathies qu'il m'a témoignées »[2]. Jusqu'au bout, il aura revendiqué la défense du petit peuple, déçu par la trahison des élites.

« Vos fils, qu'avez-vous fait ? »

C'est aussi, nous l'avons vu au chapitre précédent, un thème récurrent dans les discours et sous la plume de Georges Clemenceau, avant et pendant la Grande Guerre. « Ni défendus ni gouvernés », écrit-il dans son éditorial de *L'Homme libre* du

1. *La Presse*, 14 juillet 1889.
2. Lettre au Comité républicain national, 14 mai 1890, cité par Jean Garrigues, *Le Général Boulanger*, *op. cit.*, p. 329.

15 juillet 1914, reprenant les accusations qu'il a proférées au Sénat deux jours plus tôt sur « les milliards [...] gaspillés sans résultat » par le ministère Viviani. « Assez de paroles. Des actes, des actes réfléchis de prudence ordonnée et d'actions sans retour », réclame-t-il dans l'édition du 2 août 1914, titrée « À la veille de l'action ». Plus tard, il fustige « les Parleurs », qui « croient agir en semant [...] des paroles hasardeuses », alors qu'il « faut de l'action, et que les joutes oratoires sont des déguisements d'inertie »[1]. Et, dans son éditorial du 29 juin 1917, il ne voit « pour hommes d'État que des parleurs qui s'épanchent en entretiens d'incohérence, à l'heure où le pays exige de l'action ».

Prenons bien garde à ne pas assimiler la campagne antigouvernementale de Clemenceau à une dérive populiste et antiparlementaire comme on l'avait connue du temps du boulangisme. Si Le Tigre s'en prend à l'incompétence des gouvernants, c'est du point de vue d'un parlementaire, représentant élu du peuple dans le cadre du système républicain. À aucun moment il n'est question de remettre en cause ce système, dont il est d'ailleurs l'une des figures de proue. C'est au contraire par un renforcement du contrôle parlementaire que Clemenceau veut imposer la transparence, la vérité et l'efficacité aux ministres déficients. Mais il est vrai qu'aux yeux de l'opinion la frontière peut apparaître floue entre la critique républicaine des élites et les outrances populistes ou réactionnaires qui visent à une remise en question des institutions républicaines et des hommes qui les incarnent.

C'est ainsi que la droite nationaliste se nourrit pendant les années 1930 du thème de la trahison des élites. « Si nos représentants se refusent à placer l'intérêt national au-dessus de leurs combinaisons de groupes, forçons-les à réformer leurs errements », écrit le colonel de La Rocque dans le journal des Croix-de-Feu[2]. Le maréchal Pétain n'est évidemment pas insensible à cette analyse, même retranché derrière la réserve de l'officier républicain. Il en sort d'ailleurs lors de son discours à l'ossuaire de Douaumont, le 7 août 1932, lorsqu'il fustige « les calculs égoïstes des intérêts particuliers », et surtout lors du banquet de *La Revue des Deux*

1. *L'Homme libre*, 23 septembre 1914.
2. *Le Flambeau*, mars 1930, p. 2.

Mondes, le 3 décembre 1934, où il s'en prend aux enseignants, qui « se donnent ouvertement pour objet de détruire l'État et la société », ainsi qu'aux « pouvoirs publics », qui ne font pas assez pour la propagation d'une « doctrine virile, exaltant l'effort collectif, l'intérêt national, les gloires et les destins de la patrie ».

Sans attaquer de front les gouvernants, Pétain se fait le porte-parole d'une pensée du déclin, très répandue dans les ligues, et dont la responsabilité implicite incombe évidemment aux élites républicaines. « Les Croix-de-Feu représentent l'un des éléments les plus sains de ce pays », tandis que « nos législateurs n'ont eu d'autre but que de rompre la chaîne de l'effort et de décourager le père de travailler pour ses enfants », dit-il dans un entretien accordé à *La Revue des Deux Mondes*[1]. Dans son « Message à la jeunesse », publié par l'écrivain André Paluel-Marmont dans l'hebdomadaire *Benjamin* en 1939, il exalte « le mépris de la facilité, le sens de l'effort et du travail », persuadé que l'« éducation patriotique » redonnera aux jeunes ce que la Troisième République leur a fait perdre, à savoir « le goût de travailler et de servir, le goût de la famille, du foyer, des enfants », c'est-à-dire l'annonce du fameux triptyque travail-famille-patrie[2]. « Vos fils, qu'avez-vous fait ? Quel idéal leur avez-vous insufflé ? » demande-t-il, le 29 mai 1938, lors du congrès de l'Union nationale des mutilés et réformés. C'est ainsi que s'est forgé le discours de rédemption de juin 1940, imprégné de ce millénarisme apocalyptique qui donne à la catastrophe valeur salvatrice, ce que Marc Bloch appelle l'« hypnose du châtiment[3] ».

Les « profiteurs » de l'« État-Vampire »

« Peuple de France, redresse-toi », lui répond en écho Pierre Poujade, dix-sept ans plus tard, dans le premier numéro de *Fraternité française*. « Le peuple souverain s'avance [...] contre les tyrans,

1. Cité *ibid.*, 9 mai 1936, p. 1.
2. Cité par Gilles Ragache, « Pétain, de Gaulle, Leclerc racontés aux enfants, 1918-1998 », *Clefs pour l'histoire*, n° 1, juillet-septembre 1998, p. 34.
3. Marc Bloch, *L'Étrange Défaite*, Paris, Gallimard, « Folio Histoire », 1990, p. 202.

parachutés, prébendiers de tout poil », martèle-t-il dans un éditorial de février 1955. « Pierrot de Saint-Céré » prend la parole au nom des « gars d'en bas », les « vrais Français », « la masse des braves gens de France », « la masse solide de la Nation », au nom du « peuple divisé, écœuré, las de toutes les vaines promesses, de toutes les trahisons sans responsable », mais « qui a encore le bon sens et la force et à qui il ne manque que la confiance et l'action »[1]. Il entend les rassembler, car « si tous les petits Poujade et tous les tondus de France se donnent la main, ils seront plus puissants que les puissants[2] ». Le thème de la trahison des élites est central dans le poujadisme comme il l'était dans le boulangisme. « Ensaucissonnés », « enrubannés », « bourgeois pantouflards », « intellectuels fatigués », « comitards », « prébendiers », « milliardaires européens rapaces », « fossoyeurs », « technocrates », « puissances financières apatrides et inhumaines », ils « ont tout divisé, tout sali », ils sont à la « source du mal »[3]. Au tribunal du peuple poujadiste sont cités pêle-mêle à comparaître l'« État-Vampire » qui « tue la France »[4], mais aussi les « trusts apatrides », qui « se f… du peuple » et « ramassent les billets de banque », ainsi que la presse, qui « étouffe les informations gênantes pour les nantis et les repus »[5].

Mais c'est surtout au Parlement, où Poujade plastronne dans les tribunes en mars 1955, que tous ces « profiteurs » se rassemblent, « avocats sans cause », « médecins sans clients », « banquiers véreux », « tripoteurs sans patrie », qui forment la caste politique au pouvoir[6]. Les « valets parlementaires » sont accusés de vendre « femmes, enfants, la France entière »[7]. Il dénonce à longueur de discours les « vendus du Palais-Bourbon », les « bandes de pourris » et de « traîtres »[8]. Pierre Mendès France est sa tête de Turc, lui qui

1. *Fraternité française*, septembre-octobre 1955.
2. *Ibid.*, 31 décembre 1955.
3. Pierre Poujade, *J'ai choisi le combat*, Saint-Céré, SGEP, 1955, p. 136 et 142.
4. Affiche poujadiste, 1955.
5. *Fraternité française*, février 1955 et 14 juillet 1955.
6. Affiche citée par Stanley Hoffmann, *Le Mouvement Poujade*, Paris, Armand Colin, 1956, p. 223.
7. *Fraternité française*, février 1955.
8. Archives départementales du Loiret, 138 W 25972, 28 août 1955.

n'aurait pas « une goutte de sang gaulois dans les veines[1] ». L'ex-président du Conseil déchaîne l'antisémitisme de *Fraternité française* comme aux plus tristes heures de l'extrême droite des années 1930 ou de la presse collaborationniste. Poujade lui-même, dans l'édition du 3 décembre 1955, évoque le « plan machiavélique » ourdi par « une armée de métèques de tout poil » contre la France. « Mendès-Pinay, quel beau couple vous ferez quand le peuple enfin libéré de ses chaînes vous demandera des comptes par le truchement de la Haute Cour ! » peut-on lire dans l'édition du 17 décembre 1955. Quant à Edgar Faure, « le plus misérable des escarpes politiques que la IVe République ait connus », il se voit sommé d'abandonner le pouvoir : « Aujourd'hui, Faure, je te dis : fous le camp, toi et les tiens, car demain il sera peut-être trop tard. »

Lors du meeting d'Aix-en-Provence, le 19 décembre 1955, l'un des lieutenants de Poujade va même jusqu'à déclarer qu'« il faudrait tous les pendre ». Les affiches poujadistes se contentent d'appeler à « sortir les sortants », dans la perspective des élections du 2 janvier 1956, où Poujade, changeant de stratégie, a décidé de se présenter. « Il faut les sortir », s'exclame l'éditorial à la une de *Fraternité française* le 10 décembre 1955, et même « à coups de balayette », dit une caricature, reprenant l'image du « coup de balai » cher aux boulangistes. Au total, plus de 2,4 millions d'électeurs auront suivi Pierrot de Saint-Céré et ses candidats, qui se retrouvent une cinquantaine au Palais-Bourbon, au cœur du système qu'ils entendaient abattre.

Les renoncements et la facilité

Face à eux, la coalition victorieuse du Front républicain, rassemblée autour de la figure populaire de Mendès France, de loin le préféré des Français pour accéder à la présidence du Conseil. C'est que le député de Louviers, lui aussi, apparaît à beaucoup comme un pourfendeur des élites, en tout cas des élites traditionnelles. « Le pays se détourne inévitablement d'un régime qui s'accommode de tant de désordres ou qui se révèle incapable d'y mettre un terme »,

1. Pierre Poujade, *J'ai choisi le combat*, *op. cit.*, p. 116.

écrit-il dans *La Dépêche du Midi* le 28 septembre 1948, déplorant « l'absence d'autorité du gouvernement », « l'incertitude qui règne en ce qui concerne ses volontés », et constatant que « le contact n'existe pas aujourd'hui entre le gouvernement et le pays, qu'une sorte de divorce se produit, dont les conséquences sont plus apparentes de jour en jour ». Son discours parlementaire du 24 mai 1949 s'en prend à la « politique des renoncements et de la facilité »[1]. Dans un article publié le 10 novembre 1951 dans *La Dépêche de Louviers*, il souligne à nouveau la « distance, chaque jour accrue », qui « sépare les Français des grandes questions », à cause des « chefs politiques » et du « mensonge permanent dans lequel on a maintenu les Français ». À ses yeux, « c'est le bourrage de crâne et la démagogie qui ont provoqué peu à peu la désaffection à l'égard des hommes et des formations politiques ». Dans *Le Monde* du 10 avril 1953, il déplore « l'absence d'une politique cohérente », « le manque de courage, de caractère » des gouvernants, d'où « une nation aujourd'hui abandonnée à une sorte de désordre et de découragement généralisés dont les effets pourraient être désastreux à terme ». D'ailleurs, après son investiture manquée du mois de mai, la presse de gauche le présente comme la victime des élites partisanes : « C'est la première fois depuis longtemps qu'une crise met face à face les hommes et les problèmes et non seulement les hommes ou les partis [...]. Bref, M. Mendès France a plutôt la piétaille pour lui et les états-majors contre lui[2]. » Et *Le Populaire* du 4 juin 1953 déplore que ces « tristes imbéciles », ces « navrants sectaires » aient refusé de lui donner sa chance.

« Il faut rompre avec la faiblesse et la peur [...], avec l'immoralité politique, avec le désordre des idées, des hommes, des institutions », déclare Mendès France au congrès radical d'Aix-les-Bains en septembre 1953. « Nous sommes à la limite de la patience », s'exclame Jean-Jacques Servan-Schreiber en ouvrant le dîner-débat organisé par *L'Express* le 14 mai 1954 pour fêter le premier anniversaire de l'hebdomadaire. Devant cinq cents étudiants des grandes écoles, il se tourne vers Mendès France : « L'espoir que nous plaçons en vous est aujourd'hui encore dur et fort ; et nous ne

1. Pierre Mendès France, *Œuvres complètes*, Paris, Gallimard, 1985, t. 2, p. 257.
2. *Le Monde*, 3 juin 1953.

croyons pas que vous le décevrez. » D'où cette réponse du député de Louviers : « Les politiciens – dans le mauvais sens du mot – fardent la vérité. La jeunesse française l'a compris et c'est pourquoi elle se détourne d'un certain nombre d'entre eux. [...] il faut vouloir et il faut se battre. Alors tout devient simple, exaltant, et presque facile ! »[1].

Là encore, comme pour Clemenceau, gardons-nous d'assimiler la critique mendésiste du système défaillant des partis à une quelconque tentation populiste ou plébiscitaire. Il s'agit d'une critique de type technicien et opératoire qui vise à stimuler le fonctionnement du système dans le sens de la vérité, de la rigueur, de l'efficacité et de la modernité, le maître mot de Pierre Mendès France. À l'instar de Gambetta et Clemenceau, la condamnation mendésiste des élites se fait de l'intérieur du système, dans l'héritage revendiqué du parlementarisme issu de la tradition républicaine. C'est ce qui le distingue des sauveurs bonapartistes, des populistes du type Boulanger ou Poujade, ou des réactionnaires du type Pétain. Mais cela n'exclut pas la posture du sauveur, conduisant à l'incarnation providentielle.

« La République est malade », titre ainsi *L'Express* en lettres rouges, trois semaines plus tard, en reprenant l'étude au vitriol du journaliste britannique Ronald Matthews sur « la mort de la IVe République », et en exaltant la figure de Mendès, « l'homme qui eût pu sauver la France en 1945 ». Ce dernier répond à sa manière dans le « Forum des lecteurs » : « Les événements, écrit-il, se chargent peu à peu d'éclairer beaucoup de problèmes obscurs jusque-là. Il faut que partout les hommes et les femmes de bonne volonté [...] fassent l'énergique effort indispensable pour que le pays, mieux averti, exerce une salutaire et nécessaire influence sur ses représentants [...]. L'initiative, l'impulsion doit venir du pays souverain »[2]. C'est l'appel au peuple, par-dessus les partis, dans une tonalité caractéristique de l'homme providentiel.

1. *L'Express*, 22 mai 1954.
2. *Ibid.*, 5 juin 1954.

Les « politichiens »

Le général de Gaulle, qui incarne depuis 1944 l'image du sauveur, ne fait pas mystère de sa détestation des élites traditionnelles et des « féodalités » de tous ordres, avec au premier rang le « régime des partis ». Beaucoup de républicains s'en offusquent, à commencer par Léon Blum dans *Le Populaire*, en octobre 1947 : « Le général de Gaulle est devenu, pour reprendre l'expression qu'un journal boulangiste appliquait à son chef, le syndic des mécontents. » Sollicité en janvier 1952 par le gaulliste Gaston Palewski d'appeler le Général à la tête du gouvernement, Vincent Auriol s'y refuse parce que, dit-il, « le général de Gaulle méprise le suffrage universel ; il n'est pas candidat, il est le candidat. Boulanger n'était pas allé jusque-là, il avait choisi quatre ou cinq circonscriptions, mais pas la France entière. La seconde raison, c'est qu'il veut changer le régime. Or, j'ai la garde de ce régime [...]. Je ne serai pas le Hindenburg de la IVe République[1] ». Et même s'il reconnaît quelques jours plus tard que c'est une « infamie de comparer de Gaulle à Hitler », il n'en renouvelle pas moins ses préventions envers le héros du 18 juin, qu'il considère comme un « partisan du pouvoir personnel », redoutant de « livrer à l'aventure ce pays » et d'ouvrir « la voie au fascisme »[2].

Sur quel danger, sur quelles présomptions se fonde la méfiance des chefs de la gauche ? C'est l'éternelle question des rapports entre de Gaulle et la démocratie, vaste problème qu'il ne nous appartient pas de traiter ici. Ce qui est sûr, c'est que la condamnation des élites républicaines est un leitmotiv du discours gaullien à partir de la Libération, et notamment à l'époque du RPF. À maintes reprises, il manifeste devant témoins son mépris pour les « politichiens ». Lors du grand meeting du RPF à Vincennes, le 5 octobre 1947, il s'en prend au système « suivant lequel chacun d'entre eux cuit sa petite soupe, à petit feu dans son petit coin ». À Nice, le 12 septembre 1948, il dénonce « les partis [qui] conduisent la France vers

1. Vincent Auriol, *Journal du septennat, 1947-1954*, *op. cit.*, p. 17, 7 janvier 1952.

2. *Ibid.*, p. 46, 29 janvier 1952.

l'anarchie, la banqueroute et la servitude». À Bagatelle, le 1er mai 1949, il fustige «l'équipe de la médiocrité» au pouvoir, «l'équipe du chloroforme». Au Vel d'Hiv, le 11 février 1950, il décrit «la sombre comédie, le ballet d'ombres chinoises, les funambulesques intrigues par quoi le régime des partis [...] bafoue la République» [1].

À l'instar des populistes, l'Assemblée nationale est sa cible privilégiée. Le 10 mars 1952, commentant en conférence de presse l'investiture de Pinay, présenté par certains comme une figure de sauveur, il exprime son mépris pour «tout ce qui se passe dans l'hémicycle». Le 24 juillet de la même année, il fustige dans un communiqué vengeur «les combinaisons ourdies à droite ou à gauche dans les coulisses d'un Parlement à la dérive et dépassé par le siècle». De même pour les gouvernants, accusés le 8 octobre 1951 d'endormir le peuple «au lieu d'y éveiller la foi», et le 12 octobre d'entraîner les Français «à la dérive» [2]. Commentant la démission de Pinay, le 23 décembre 1952, il y voit une nouvelle preuve de l'«impuissance du système», en dépit des «louables et honnêtes intentions» du sortant [3]. Enfin, le 2 août 1956, lors de son discours à Saint-Cyr-Coëtquidan, son dernier grand discours en métropole avant la crise du 13 mai 1958, il revient encore sur «les faiblesses, les médiocrités, les bassesses» dans lesquelles la France est plongée [4]. Pour le général de Gaulle, et à la différence de Gambetta, Clemenceau ou Mendès France, l'impuissance des élites légitime la rupture politique de l'homme providentiel, lorsque la catastrophe est imminente.

La catastrophe imminente

Pour que s'impose l'appel au sauveur, il faut convaincre l'opinion que la situation est catastrophique. La propagande bonapartiste s'y emploie depuis 1797, comme par exemple dans le premier numéro de *La France vue de l'armée d'Italie*, daté du 16 thermidor an V, et

1. *Le Monde*, 13 septembre 1948, 2 mai 1949, 12 février 1950.
2. Charles de Gaulle, *Discours et Messages*, t. II: *Dans l'attente (février 1946-avril 1958)*, *op. cit.*, p. 539, 541, 543.
3. *Le Monde*, 23 décembre 1952.
4. *Ibid.*, 3 août 1956.

consacré à la dénonciation « des troubles intestins, de la renaissance des factions », « des discordes civiles, des malheurs et des crimes nouveaux » qui gangrènent la République. Dans l'ouvrage de commande publié par Alexandre d'Hauterive en 1800, la France est décrite comme exsangue, en faillite et en guerre, industrie ruinée et commerce en panne, nation démoralisée, soldats démobilisés, hôpitaux surpeuplés [1]. « Moi absent, tout devait crouler. N'attendons pas que la destruction soit complète : le mal serait sans remède [2] », aurait dit Bonaparte en quittant l'Égypte pour venir sauver la France. C'est un thème que reprendra son neveu !

Le Spectre rouge

La victoire de Louis-Napoléon à l'élection présidentielle de 1848 ne peut s'expliquer sans souligner le catastrophisme ambiant, consécutif aux échecs et aux désillusions de la Seconde République, notamment lors des journées de juin qui ont terrorisé bourgeois et paysans. L'obsession de ce que *Le Journal des débats*, organe de la bourgeoisie libérale, appelle le « criminel scandale des batailles fratricides [3] » plane sur la campagne électorale. C'est pourquoi, dans son manifeste du 27 novembre 1848, Louis-Napoléon insiste bien sur sa volonté de « défendre la société si audacieusement attaquée », de protéger « efficacement la religion, la famille, la propriété, bases éternelles de tout État social », de rétablir « l'ordre dans les esprits comme dans les choses », de calmer « les haines », de réconcilier « les partis » et d'effacer « les dernières traces de nos discordes civiles » afin de permettre « à la patrie inquiète de compter sur un lendemain ».

Il s'agit de stigmatiser le chaos social imminent, que seul peut conjurer l'héritier des Bonaparte. Le préfet Auguste Romieu, observant en 1850 « des conditions presque semblables à celles qui caractérisaient l'époque où parurent les Césars », c'est-à-dire « l'ordre

1. Alexandre d'Hauterive, *De l'état de la France à la fin de l'an VIII*, Paris, chez Henrics, 1800.

2. *Mémoires du maréchal Marmont, duc de Raguse. De 1792 à 1841*, Paris, Perrotin, 1857, t. II, p. 32.

3. *Le Journal des débats*, 1er juillet 1848.

moral perdu chez nous par l'abus du libéralisme », les « barbares intérieurs » qui « débordent », les « masses [...] en insurrection organisée », annonce l'« éruption » pour l'année 1852[1]. Dans un autre ouvrage, paru au printemps 1851, il voit le danger s'accroître, les « signes » qui « s'accumulent », « le Spectre rouge de 1852 » apparaissant « aux regards de la société stupéfaite »[2]. Il annonce non « seulement la guerre civile », mais la « Jacquerie », qui renvoie aux terreurs collectives d'Ancien Régime, la révolte des « prolétaires » aspirant « aux jours où ils tiendront vos petits enfants et les écraseront sur la pierre »[3].

Face à l'Apocalypse du péril rouge, le prince-président prétend apparaître comme le seul protecteur du peuple, car l'Assemblée apparaît divisée et impuissante. Pire encore : en votant la loi du 31 mai 1850, qui écartait les pauvres du suffrage universel, la majorité parlementaire n'a fait qu'exacerber les rancœurs populaires, au risque de l'affrontement final. C'est pourquoi, dans son message à l'Assemblée législative du 4 novembre 1851, le prince-président demande l'abolition de cette loi élitiste, afin d'écarter le risque d'une « guerre civile », et de restaurer le suffrage universel, « le seul principe qu'au milieu du chaos général la Providence a maintenu debout ». Il en profite pour dessiner le tableau fantasmé d'une « vaste conspiration démagogique » des « sociétés secrètes », « tout ce que les partis renferment d'insensé, de violent, d'incorrigible » s'étant « donné rendez-vous en 1852, non pour bâtir, mais pour renverser ». Il faut donc, conclut-il, réunir « tous nos efforts afin d'enlever au génie du mal jusqu'à l'espoir d'une réussite momentanée ».

Incarnation du bien contre le mal, inspiré par la Providence et appuyé sur le suffrage universel, tel se présente Louis-Napoléon Bonaparte à l'aube de l'Apocalypse rouge. « D'un bout de la France à l'autre, les populations attendent 1852, comme à l'approche du XIe siècle les peuples attendaient l'an mille qui devait amener la fin du monde[4] », note le mémorialiste Horace de Viel-Castel. C'est

1. Auguste Romieu, *L'Ère des Césars*, *op. cit.*, p. 5-7, 92-93.
2. Id., *Le Spectre rouge de 1852*, *op. cit.*, p. 2.
3. *Ibid.*, p. 3 et 9.
4. Horace de Viel-Castel, *Mémoires sur le règne de Napoléon III (1851-1864)*, Paris, Laffont, « Bouquins », 2005, p. 106.

dans ce climat « millénariste » que le prince-président franchit le Rubicon vers le Second Empire.

Les raisonnables et les enchanteurs

Sans atteindre aux hyperboles de la dramatisation bonapartiste, le discours catastrophiste est récurrent dans l'histoire des hommes providentiels. Les tribuns protestataires en usent et en abusent pour justifier leurs positions extrêmes. C'est ainsi que Boulanger, dès sa deuxième apparition à la Chambre des députés, le 4 juin 1888, réclame d'emblée une révision de la Constitution, en dessinant un tableau apocalyptique de la situation de la France, plongée dans l'« anarchie constitutionnelle », « divisée contre elle-même, tiraillée par les partis, compromise par des querelles misérables », autant d'indices « d'une crise intense qui pourrait, en se prolongeant, devenir funeste à la République et à la patrie »[1]. De même pour la propagande poujadiste, faite de dramatisation et de provocation. « Seul l'appel aux sources vives de la Nation peut sauver notre pays d'une décadence qui le traîne inéluctablement à la servitude et à la mort[2] », dit par exemple une affiche de l'UDCA du Loiret appelant à la convocation des États généraux. « La République en danger[3] », titre Poujade dans son journal.

Certains l'intériorisent, tel Gambetta, le bâtisseur de la République, qui se laisse aller au pessimisme aux heures sombres de l'ordre moral, redoutant « l'imminence d'une catastrophe ». Mais son inquiétude désigne précisément ce dont rêvent les bonapartistes, c'est-à-dire une France qui « court se ruer aux pieds d'un maître »[4]. La catastrophe redoutée par le tribun républicain serait précisément l'émergence d'un nouvel homme providentiel, issu des droites. De même pour Pierre Mendès France, exhortant les responsables

1. *Annales de la Chambre des députés*, vol. 25, session de 1888, séance du 4 juin.

2. Archives départementales du Loiret, 138 W 25973.

3. *Fraternité française*, avril 1955.

4. *Lettres de Gambetta, 1868-1882*, *op. cit.*, lettre à Juliette Adam, 4 septembre 1874.

politiques français à « rompre avec le passé », pour ne pas jouer « plus longtemps avec les nerfs de notre malheureux pays ». C'est la péroraison de son fameux discours au quarante-septième congrès radical, le 20 novembre 1953 : « Ah ! oui, il faut que ça change ! Car écoutez ces rumeurs qui montent, nous sommes en 1788 ! »[1]. Six mois plus tard, dans son discours de Tours, il redoute « la crise la plus angoissante », qui menace de faire glisser la France, « dans les mois qui viennent, au rang d'une puissance de troisième ordre ». Et il lance : « Combien de temps encore abusera-t-on de la patience du pays et gaspillera-t-on, l'une après l'autre, les chances de son avenir ? »[2].

Le diagnostic d'impuissance et la volonté d'une thérapie de choc sont donc communs au tribun populiste et au responsable républicain. Mais, bien évidemment, les solutions préconisées par le député de Louviers sont aux antipodes de celles du papetier de Saint-Céré. Alors que Poujade, comme Boulanger, veut ajuster le réel aux fantasmes de ses partisans, Mendès affirme se soucier avant tout de « faire entendre » au « pays inquiet » les « vérités qui finiront, de toute manière, par prévaloir »[3]. Comme le souligne François Mauriac dans son « Bloc-notes » en août 1954, « c'est raisonnablement que PMF entend sauver la France », et non comme les « enchanteurs »[4]. Dans quelle catégorie faut-il classer le général de Gaulle ?

De Gaulle en Cassandre

Le général de Gaulle revêt les habits de Cassandre lorsqu'il quitte le pouvoir en 1946, annonçant inlassablement la faillite imminente du régime des partis. À Strasbourg, le 7 avril 1947, il redoute la disparition de la démocratie, sous la « dictature » du Parti communiste, ou « dans l'anarchie », jusqu'à « perdre l'indépendance de la

1. Pierre Mendès France, *Œuvres complètes*, *op. cit.*, t. 2, p. 479.
2. *Le Courrier de l'Eure*, 21 mai 1954.
3. *Annales de l'Assemblée nationale*, 1953, p. 2906-2907.
4. François Mauriac, *D'un bloc-notes à l'autre, 1952-1959*, Paris, Bartillat, 2004, p. 103-104.

France ». À Lille, le 30 juin, il décrit son pays « entre des gouffres », appelant au « salut public ». À Bayonne, le 8 septembre, il fait part de sa « sourde angoisse » sur l'état du monde, soumis aux « verges de fer du régime soviétique »[1]. S'il faut évidemment replacer cette tonalité catastrophiste dans le contexte de la guerre froide naissante et surtout de la campagne pour les élections municipales d'octobre 1947, il n'en reste pas moins qu'elle est caractéristique d'un discours de dramatisation qui sera récurrent jusqu'en 1958.

Lors de sa conférence de presse du 1er octobre 1948, il demande que le pays soit consulté sans attendre le terme légal de 1951, « parce qu'au bout de trois ans il n'y aura plus de démocratie du tout, et qu'il n'y aura peut-être plus de France indépendante[2] ». Dans sa déclaration du 17 août 1950, il annonce que « la tempête approche », dont la guerre en Corée n'est que le « signe avant-coureur », et que « la catastrophe, si elle survenait », provoquerait l'« effondrement » du régime[3]. À Nîmes, le 7 janvier 1951, il décrit une vision d'apocalypse, Notre-Dame, le Colisée, le Parthénon sous les bombes, issue funeste du « combat qui est engagé entre la nuit et la lumière ». Son appel aux électeurs, en vue du scrutin de juin 1951, montre la « route de la France » longeant l'« abîme », ses « guides [qui] chancellent à chaque pas », laissant « les agents des Soviets préparer chez nous l'invasion », la Nation risquant d'« être, un jour, envahie par ses adversaires, dominée par ses alliés, démolie par tout le monde ». L'appel n'ayant été entendu que par 20 % des votants, « le pays » est « au bord du gouffre », dit-il le 23 février 1952. Et, le 5 juin 1952, il confie à Claude Mauriac : « La France est morte[4] ! »

Prenant acte de l'échec du RPF, il semble abandonner à cette époque le registre de dramatisation qui devait le ramener au pouvoir. Mais les thématiques de l'impuissance et du déclin restent omniprésentes dans son discours, associées à celle de l'accident fatal, de la crise finale, référée bien sûr à 1940, et qui ferait resurgir l'appel au sauveur. Dans sa déclaration du 6 mai 1953, redonnant

1. *Le Monde*, 8 avril, 1er juillet, 29 juillet, 9 septembre 1947.
2. *Ibid.*, 2 octobre 1948.
3. *Ibid.*, 18 août 1951.
4. Cité dans Claude Mauriac, *Un autre de Gaulle*, *op. cit.*

leur liberté aux élus du RPF, il évoque le « risque [...] d'une grave secousse, dans laquelle, une fois de plus, la loi suprême serait le salut de la patrie et de l'État ». Dans sa conférence de presse du 7 avril 1954, il souligne le risque, imminent à ses yeux, d'une guerre nucléaire : « D'un moment à l'autre, la vie de l'humanité tout entière peut être mise en cause »[1]. Enfin, la crise algérienne, « drame de la France », donne à ses imprécations gaullistes une urgence nouvelle. Un ouvrage partisan, publié en juin 1957 « avec la même gravité » qu'en 1940, le présente « seul contre les pouvoirs », luttant contre « la décadence politique et morale » d'un « régime condamné »[2]. Pourtant, « malgré les bassesses du présent », c'est un message d'espoir que délivre inlassablement Charles de Gaulle : « Pour moi, je ne renonce pas plus qu'hier à la grandeur de la France[3]. »

L'espérance du renouveau

« Peut-être ma mission consiste-t-elle à rester dans notre Histoire comme l'ultime élan vers les sommets. Peut-être aurai-je écrit les dernières pages du livre de notre grandeur », s'interroge publiquement le général de Gaulle lors de sa conférence de presse du 12 novembre 1953, au moment où le gaullisme semble irrémédiablement condamné. Mais il ajoute que, « sentant renaître en [son] âme la foi avec l'espérance », il se sent capable de montrer « à la Nation » le chemin « d'un avenir où l'État sera juste et fort, où l'homme sera libéré, où la France sera la France, c'est-à-dire grande et fraternelle »[4]. C'est en effet la force et la magie du sauveur que de puiser en lui la conviction d'incarner le renouveau et de transformer cette conviction en espérance collective.

1. *Le Monde*, 7 mai 1953 et 8 avril 1954.
2. Félix Garas, *Charles de Gaulle seul contre les pouvoirs*, *op. cit.*, p. 301.
3. Charles de Gaulle, *Discours et Messages*, t. II : *Dans l'attente (février 1946-avril 1958)*, *op. cit.*, p. 621.
4. *Le Monde*, 13 novembre 1953.

Incarner l'espérance

« L'heure a sonné où mon pays m'appelle. / Sous son drapeau je vais prendre mon rang / [...] Patrie, ô belle France, / Tes malheurs sont finis, / Je viens sécher tes larmes ; / Tu seras mes amours[1] », dit une chanson célébrant la victoire de Louis-Napoléon Bonaparte à l'élection partielle de septembre 1848. « Il vient apporter l'ordre, et rendre l'existence / Montrons-nous confiants, tendons vers lui nos mains / Nous sauverons la France, et partant les humains[2] », écrit Albert Dabée à la veille de l'élection présidentielle de décembre 1848. Sur une lithographie intitulée *Le Vœu de la France*, gravée pour célébrer son triomphe électoral, Turgis le montre dans un médaillon brandi par une allégorie de la France avec à ses pieds une mère assise qui berce son enfant dans ses bras : cette nativité laïcisée est le symbole de la régénération bonapartiste. Inaugurant une statue de Jeanne Hachette, le 4 juillet 1851, le prince-président se félicite que, « dans les dangers extrêmes, la Providence réserve à un être seul l'instrument du salut de tous ». Et Auguste Romieu, exorcisant « le Spectre rouge de 1852 », annonce que « bientôt surgira le chef pour apaiser ce tumulte immense », « quelqu'un de ces hommes devant lesquels on se range, et devant lesquels, par instinct, on se lève » : « le chef actuel de l'État »[3].

Cette exceptionnelle capacité à incarner l'espérance, que Louis-Napoléon puise dans son hérédité prestigieuse, le général Boulanger semble la tenir d'abord et avant tout de son charisme personnel. En témoigne cette lettre que lui envoient, lors de sa nomination au ministère de la Guerre, les lycéens de Valence, où il a commandé la 14e brigade de cavalerie : « Enfants de la jeune espérance, nous aimons à nous bercer de ce doux rêve que ceux à qui, général à Valence, vous donniez par votre parole les premières notions du travail pour se préparer aux luttes viriles, ministre de la Guerre,

1. Alexandre Patoux, *Le Retour de Louis-Napoléon Bonaparte, le frère du peuple*, Paris, 1848 (BNF, Ye 7185 312).

2. Albert Dabée, *Histoire de Louis-Napoléon, mise en vers*, Paris, Guillois, novembre 1848 (BNF, Ye 41 226).

3. Auguste Romieu, *Le Spectre rouge de 1852*, *op. cit.*, p. 94-96.

iront, soldats sous vos auspices, délivrer celles qui pleurent sous le genou de l'étranger[1]. »

Il faut souligner ici la séduction presque magnétique que semble exercer le général sur ses admirateurs (et admiratrices), à l'instar d'un Napoléon Bonaparte, et plus tard, dans un tout autre registre, d'un Pétain. « De bonne heure, écrit Gabriel Hanotaux, il avait pratiqué cette sorte de corruption par le sourire à fleur de lèvres[2]. » L'un de ses partisans explique son élection dans le Nord par sa « physionomie énergique et distinguée au regard velouté, un peu flottant, dont l'ensemble séduit si facilement[3] ». Un autre observe que « les femmes admirent sa mâle et fière beauté[4] ». Un chansonnier s'en amuse : « Il portait si bien l'uniforme / Qu'à cheval, assis ou debout, / Il avait un succès énorme / Auprès du beau sexe surtout[5]. »

En témoignent les milliers de lettres que nous avons pu consulter dans les archives privées de la famille Driant, héritière du général. Par exemple celle de Mme Hamon, lingère dans le Loiret, qui lui offre de le protéger contre ses ennemis grâce à ses talents de magnétiseuse. Un papetier de Paris, un parfumeur de Toulouse et un marin du Portel baptisent plume, parfum et bateau du nom du général. Bonnechaux, ouvrier jardinier de la Meuse, s'associe « aux milliers d'hommes qui vous sont et vous seront toujours soumis et dévoués, qui, à midi comme à minuit, sont et seront toujours prêts à marcher pour vous, à combattre pour vous s'il le fallait ». De Java, une créole nommée Laura le supplie de la prendre avec lui comme ambulancière, le jour où la guerre éclatera. De Constantinople, un Grec nommé Spanoudès écrit son admiration pour « le seul boulanger qui donne beaucoup de pain à l'honneur affamé national des Français »[6]. Enfin un certain Lardy, sergent dans l'armée améri-

1. Cité par Jean Garrigues, *Le Général Boulanger*, *op. cit.*, p. 47-48.

2. Gabriel Hanotaux, *Mon temps*, *op. cit.*, t. 4, 1947, p. 271.

3. Louis de Jonquières, *Le Général Boulanger, député du Nord, chef du parti national*, *op. cit.*, p. 1.

4. Michel Morphy, *Histoire complète du général Boulanger*, Paris, Blanpain, 1889, p. 3.

5. Hector Masson, *« La Légende du brave général Boulanger », conte drolatique*, Paris, Cresson, 1888.

6. Jean Garrigues, *Le Général Boulanger*, *op. cit.*, p. 91-92.

caine, lui écrit depuis sa garnison de l'Arizona : « La France ne restera pas humiliée, et vous, mon général, qui avez rendu à l'armée sa morale et la confiance du peuple, vous restez l'espoir des Français. »

« L'union des cœurs et des volontés »

Incarner l'espérance, c'est d'abord rassembler. « Le bénéficiaire de la conjoncture bonapartiste (climat de crise nationale, discrédit du Parlement, popularité d'un homme), qu'il s'appelle Louis-Napoléon, Boulanger, Pétain ou de Gaulle, qu'il soit un aventurier, un velléitaire, un vieillard ou un authentique grand homme, doit présenter une vertu propre : transcender les querelles françaises, être à la fois de droite et de gauche, unir la France d'avant à celle d'après 1789 [1] », écrit Raymond Aron.

C'est pourquoi Adolphe Thiers exhorte les représentants de l'Assemblée nationale à ajourner « ce qui nous divise », car « la France a besoin de tous nos efforts, elle a besoin de notre union pour renaître » [2]. De même Raymond Poincaré demande-t-il aux députés d'oublier « nos discordes » et de grouper « toutes nos forces de travail pour le relèvement national », car c'est « dans l'union des volontés et des cœurs » que « la France puisera une vitalité nouvelle » [3]. C'est ainsi qu'il peut constituer un gouvernement d'union nationale, ce que l'on avait naguère refusé à Gambetta.

Gaston Doumergue, le Cincinnatus de 1934, se pose lui aussi en rassembleur. « Le miracle que je ne peux faire tout seul, nous pouvons le réaliser ensemble », dit-il dans sa causerie radiophonique du 24 mars. « Je demande à tous les Français d'oublier leurs querelles et leurs divisions anciennes [...]. Unissez-vous », lance-t-il le 21 avril, car « la division dans la nation, c'est le suicide de la nation ». Et, le 4 octobre, il répète : « L'union de tous les Français [...] est indispensable. Sans cette union, je ne saurais entreprendre ni réussir rien. Il faut aujourd'hui l'union des cœurs et des

1. *Preuves*, novembre 1958.
2. Discours du 10 mars 1871, *Le Journal des débats*, 12 mars 1871.
3. Discours du 27 juillet 1926, *Le Temps*, 28 juillet 1926.

volontés »[1]. C'est aussi ce que réclame le colonel de Gaulle à Paul Reynaud, en qui il voit en 1936 la figure d'un rassembleur, celui qui devra « faire, et peut-être prochainement, le regroupement national » sur le « sentiment du péril couru »[2]. Au moment où il apparaît comme le libérateur du pays, il appelle les Français à s'« unir fraternellement afin de guérir » le pays blessé, « en taisant d'absurdes querelles pour marcher sur la même route, du même pas, en chantant la même chanson »[3]. C'est le début d'une longue bataille de mémoire avec les communistes, qui lui refusent la légitimité du rassembleur. Mais il le rappelle aux électeurs lors de la campagne de juin 1951 : « Aujourd'hui devant la menace, comme hier dans le drame de la guerre, il faut pour le salut de la France le rassemblement du peuple français. »

Sa conférence de presse du 10 mars 1952 l'emporte sur les cimes de « cette chose magnifique qui fut et qui est l'union nationale », référée à quatre expériences historiques, celle de 1914 « avec Joffre et sans les partis », celle de 1917 « autour de Clemenceau et sans les partis », celle de 1926 « avec Poincaré pour sauver le franc dans le silence provisoire des partis », et sa propre expérience à la Libération. Le principe de rassemblement est la source même du mythe providentialiste puisque, selon lui, il « faut absolument réaliser pour le salut public une véritable union nationale, une union dans la nation », avec un « homme déterminé » pour saisir la « barre »[4]. Cette métaphore maritime aura une postérité lors de la campagne présidentielle de Valéry Giscard d'Estaing en 1974. Georges Clemenceau évoquait quant à lui la nécessité d'une « main de direction[5] », indispensable pour mener la France à la victoire. Au nom de ce principe de rassemblement, Pierre Mendès France se déclare quant à lui investi d'une « mission sacrée » qui lui « est dictée par le vœu ardent de la nation tout entière »[6]. Et le général de Gaulle

1. *Le Petit Parisien*, 25 mars, 22 avril, 5 octobre 1934.
2. Charles de Gaulle, *Lettres, notes et carnets,* Paris, Plon, 1980, t. 2 : *1919-juin 1940*, p. 405.
3. Discours du 11 novembre 1945.
4. *Le Monde*, 11 décembre 1952.
5. *L'Homme enchaîné*, 7 juin 1917.
6. Pierre Mendès France, *Gouverner c'est choisir. Sept mois et dix-sept jours*, t. II : *Juin 1954-février 1955*, Paris, Julliard, 1955, p. 20-26.

reprend ce terme de « mission » quelques mois plus tard, en pleine traversée du désert, lorsqu'il s'engage à « entraîner » le pays « au redressement »[1].

Guérir et redresser

Le redressement national est la mission proclamée de l'homme providentiel, qui évoque souvent les termes de « guérison » et de « régénération ». Dans une épigramme empruntée au philosophe Raynal, et que Bonaparte a choisie pour le premier numéro du *Courrier de l'armée d'Italie*, le 21 juillet 1797, il est question de « ranimer le cadavre » de la République et d'une « résurrection ». Adolphe Thiers, appelé au pouvoir en février 1871, s'engage à « pacifier, réorganiser, relever le crédit, ranimer le travail », « la seule politique possible et même concevable en ce moment ». Son ambition de Cincinnatus est de relever « du sol où il gît le noble blessé qu'on appelle la France », et qui, « rétabli alors, ayant recouvré la liberté de son esprit, verra comment il veut vivre »[2]. Léon Gambetta appelle à lutter contre « la dégénérescence de l'esprit public[3] » et demande lui aussi que « la France soit constamment penchée sur [son] œuvre de régénération[4] » républicaine et laïque. Et pour Raymond Poincaré, il faut « rétablir » le pays « dans sa puissance économique » afin de préserver « son rang privilégié et le prestige moral que lui a valu sa longue et glorieuse histoire »[5].

À l'écart, voire à rebours de cette famille républicaine des sauveurs, le maréchal Pétain prône quant à lui une régénération morale, visant à « reforger une âme nationale[6] ». Le 20 novembre 1938, lors du vingtième anniversaire de la rentrée des troupes françaises dans

1. *Le Monde*, 5 décembre 1954.

2. Discours du 19 février 1871, *Le Journal des débats*, 21 février 1871.

3. Discours de Bordeaux, 26 juin 1871, *Discours et plaidoyers politiques de M. Gambetta*, *op. cit.*, t. 2, p. 16-20.

4. Discours de Saint-Quentin, 16 novembre 1871, *Le Temps*, 18 novembre 1871.

5. Discours du 27 juillet 1926, *ibid.*, 28 juillet 1926.

6. Discours du 26 mai 1938 au congrès national de l'Union nationale des combattants, *Le Petit Parisien*, 27 mai 1938.

Metz, il déplore que les Français se soient laissé « entraîner vers les jouissances et les appétits matériels ». Il répète que « la raison première de notre déclin, c'est l'abandon de toute vie spirituelle dans le cadre de la nation, car ce sont les idées qui mènent le monde »[1]. C'est l'héritage du courant contre-révolutionnaire, naguère incarné par le comte de Chambord. « Le mal, affirmait ce dernier en 1850, vient des atteintes portées depuis plus d'un demi-siècle aux grands principes sur lesquels repose tout l'ordre social et politique, et le remède, c'est le retour à ces grands principes sacrés[2]. » Au moment où la restauration semble possible, ses partisans appellent à « un relèvement moral, embrassant à la fois l'esprit, le cœur et le caractère[3] ». Dans la continuité de cette tradition, Pétain demande que soit rallumée la « flamme spirituelle » dans « l'âme des enfants » et dans « les yeux des jeunes hommes », et que soient remises « en honneur les forces spirituelles », c'est-à-dire « le respect de l'autorité et de la discipline, le goût du travail bien fait et pour tous le sentiment du devoir »[4]. Au confluent de la tradition légitimiste, qui prône le retour aux valeurs traditionnelles d'une histoire millénaire, de la légende du messie botté qui rétablit l'ordre, mais aussi de la mystique prophétique de la régénération, les fondements de la Révolution nationale sont déjà en place dans ce discours. « Notre programme est de rendre à la France les forces qu'elle a perdues », dira-t-il aux Français dans son message radiophonique du 11 juillet 1940, au lendemain du vote des pleins pouvoirs.

Mais l'esprit de régénération retrouve des couleurs républicaines avec le général de Gaulle comme avec Pierre Mendès France. « Il faut mettre la France debout ! » proclame le Général dans son appel de juin 1951. Trois ans plus tard, son ancien ministre encourage la jeunesse à partir « d'un même cœur pour la grande croisade du renouveau auquel nous aspirons pour la France[5] ». Son discours d'investiture du 17 juin propose un gouvernement composé

1. *Ibid.*, 21 novembre 1938.
2. Comte de Chambord, *Mes idées*, *op. cit.*, 16 mai 1850.
3. *Le Salut de la France par l'Union catholique*, par l'ABCD, Lyon, Imprimerie Marinet, 1873.
4. Discours du 20 novembre 1938, *Le Petit Parisien*, 22 novembre 1938.
5. « Appel à la jeunesse », *L'Express*, 14 mai 1954.

« d'hommes de caractère, de volonté et de foi », ainsi qu'un plan d'action qui sera mené à bien avant les vacances parlementaires. Et l'appel qu'il lance sur les ondes, au soir du 18 juin 1954, rappelant « l'anniversaire célébré en commun par les Français », les invite à se « délivrer », non plus du joug allemand, mais de leurs « timidités » et de leurs « incrédulités ».

Le général de Gaulle lui répond, quatre jours plus tard, que son combat est perdu d'avance, car « l'actuel régime ne saurait produire qu'illusions et velléités ». À ses yeux, le « redressement national » ne sera « possible » qu'après la disparition du « système sans tête, sans âme, sans grandeur » qui « gaspille les chances de la France et les hommes qui pourraient la servir »[1]. C'est non seulement le clivage fondamental qui sépare les parcours politiques de l'un et de l'autre, mais aussi ce qui les dissocie au regard de la mythologie messianique. Alors que Pierre Mendès France la refuse, par fidélité à la tradition républicaine, le général de Gaulle la revendique, au nom de l'histoire nationale et de ses symboles moteurs.

Trois ouvrages, publiés par ses partisans en 1957, soulignent les enjeux multiples de cette croisade gaulliste. Au nom de la légitimité historique de celui qui « symbolise toujours » la Résistance, Edmond Michelet réclame « un nouveau Lincoln » pour mettre fin à la guerre d'Algérie, qui menace de tourner à la « guerre civile entre Français de la Métropole »[2]. Mais pour Michel Debré, c'est aussi le régime qu'il faut changer, le régime de « ces princes qui nous gouvernent », « tout à la fois sots, égoïstes et veules ». C'est pourquoi il en appelle à une « légitimité de rechange, celle du général de Gaulle », qui représente « l'honneur, l'intérêt national, l'adhésion populaire, la loi »[3]. Comme en 1940, il s'agit de « prendre le gouvernail quand le navire approche des tempêtes, sans vouloir le conserver plus que le temps nécessaire[4] ». Enfin pour Félix Garas, la mission semble à plus long terme, « à la mesure du gaullisme et de sa mission historique : émanciper et

1. *Le Monde*, 23 juin 1954.

2. Edmond Michelet, *Contre la guerre civile*, Paris, Plon, « Tribune libre », 1957, p. 104 et quatrième de couverture.

3. Michel Debré, *Ces princes qui nous gouvernent*, *op. cit.*, p. 198-199.

4. *Ibid.*, p. 203.

rassembler». Avec le général de Gaulle, «il est temps de repenser la France»[1]. Et lorsque resurgit le héros du 18 juin, quelques jours après l'insurrection algéroise du 13 mai 1958, ce n'est pas seulement Cincinnatus qui parle, mais Solon, le rénovateur: «Ce qui se passe en ce moment en Algérie peut conduire à une crise nationale extrêmement grave. Mais aussi ce peut être le début d'une sorte de résurrection[2].»

1. Félix Garas, *Charles de Gaulle seul contre les pouvoirs*, *op. cit.*, p. 303.
2. Conférence de presse du 19 mai 1958, *Le Monde*, 20 mai 1958.

TROISIÈME PARTIE

Grâce et disgrâce

« Vous vous souvenez de ce que l'on a appelé l'"état de grâce" en 1981. C'était un moment extraordinaire. Je pouvais tout faire[1] », confie François Mitterrand au journaliste Jean Daniel. Ce phénomène d'enthousiasme collectif, confinant à l'idolâtrie, est caractéristique des périodes qui suivent l'avènement de l'homme providentiel. Parfois, il l'accompagne jusqu'au bout de son règne. Il est impossible d'en évaluer la portée, notamment dans les régimes autoritaires, bonapartiste ou pétainiste, où l'état de grâce est suscité ou encadré par la propagande du pouvoir et par la censure. Les travaux de Jürgen Habermas nous rappellent à quel point il est difficile de cerner ce que représente l'opinion publique, qui n'est pour Jacques Ozouf, qu'un « grouillement d'opinions particulières[2] ». Mais il est toujours passionnant de voir surgir ces manifestations spontanées de sympathie, d'adhésion, voire de vénération, issues aussi bien des élites intellectuelles et médiatiques que des catégories populaires.

Elles s'enracinent bien sûr dans des pratiques séculaires, issues de la tradition chrétienne et du culte du monarque. C'est pourquoi la fascination de l'homme providentiel se réfère à un répertoire d'invariants, modélisés notamment par la première épître de Paul aux

1. Cité par Jean Lacouture, *De Gaulle*, *op. cit.*, t. 2 : *Le Politique, 1944-1959*, p. 63.

2. Jacques Ozouf, « L'opinion publique : apologie pour les sondages », *in* Jacques Le Goff et Pierre Nora (dir.), *Faire de l'histoire*, t. III : *Nouveaux Objets*, Paris, Gallimard, 1974, p. 220 ; Jürgen Habermas, *L'Espace public. Archéologie de la publicité comme dimension constitutive de la société bourgeoise*, Paris, Payot, 1993.

Corinthiens, dans laquelle sont inventoriés les « dons de Dieu » qui définissent le charisme. La foi tout d'abord, « une foi à transporter des montagnes », la capacité de prophétie, car « celui qui prophétise parle aux hommes, édifie, exhorte, réconforte », la puissance de guérir, voire d'opérer des miracles, la faculté de discernement et son corollaire, la sagesse, la possibilité de parler à tous : telles sont les qualités charismatiques, souvent référées au regard, à la voix et à la séduction du héros, que l'on retrouve de façon récurrente dans les pratiques et dans le discours de célébration de l'homme providentiel, quels que soient l'époque, le régime ou le personnage vénéré.

Mais à cette imprégnation chrétienne se superposent évidemment toutes les strates de représentations mentales associées aux péripéties de construction d'un écosystème républicain au fil de notre histoire contemporaine. À l'invariant s'agrège le contextuel, qui nous renseigne aussi bien sur l'émetteur que sur le récepteur, sur l'image projetée par l'homme providentiel que sur les attentes de la société qui l'a choisi. Des journées, des lieux, des rituels spécifiques jalonnent l'évolution de l'idolâtrie messianique. D'une époque à l'autre, le culte du sauveur nous offre un éclairage différent sur la demande sociale, sur les mentalités collectives et sur l'atmosphère du temps. Une typologie s'en dégage, dissociant des figures de rédemption, de patriotisme ou de protection, qui d'ailleurs s'entremêlent bien souvent.

Mais si les manifestations de cette vénération se transforment au fil du temps et des personnalités choisies, c'est la continuité de cette ferveur messianique qui est étonnante, à travers deux siècles d'histoire. Elle a déjà été étudiée en ce qui concerne les figures emblématiques d'hommes providentiels, surtout Napoléon, un peu moins de Gaulle, Pétain ou Boulanger. Mais on mesure mal à quel point d'autres personnalités de notre panthéon républicain, tels Thiers, Gambetta, Clemenceau, Mendès France, voire Doumergue ou Pinay, ont pu susciter des phénomènes d'idolâtrie apparemment contradictoires avec l'esprit de la démocratie républicaine. S'il est vrai que cette fascination a toujours suscité réticences et critiques de la part des gauches, nous le verrons, elle n'en a pas moins traversé les époques sans s'affaiblir. Il serait inexact de la cantonner au champ culturel des droites et aux moments de religiosité exacerbée. De même peut-on observer qu'aucun de nos hommes providentiels n'échappe à la mécanique du désenchantement qui suit l'état de grâce, conduisant parfois à la disgrâce du sauveur déchu.

Dans ce champ pulsionnel de l'admiration, de la vénération, puis de la disgrâce, les frontières entre les traditions idéologiques, les catégories sociales et les sensibilités politiques tendent à s'abolir. On touche ici à l'essence même de cette fascination française pour l'homme providentiel : le besoin de croire, d'admirer et d'espérer.

CHAPITRE VIII

Les rédempteurs

Quand la République vacille, l'état de grâce est par excellence le temps de la rédemption. Du chaos de la crise émerge le sauveur, qui expie les fautes et restaure l'ordre immuable de la chrétienté. Qu'il soit héros conquérant comme Bonaparte, héritier d'un nom comme Louis-Napoléon ou d'un prestige comme Pétain, c'est surtout cette fonction rédemptrice qui fait de lui un homme providentiel aux yeux des foules.

Le héros

« Quant à moi, j'applaudis avec toute la France à la révolution du 18 brumaire [...]. Je n'avais que dix-neuf ans, et tout le monde semblait n'avoir que mon âge pour penser comme moi. » Si l'on en croit ce témoignage du chansonnier Béranger, racontant « avec quelle frénésie on applaudissait [dans les théâtres] les allusions à la déroute des représentants à Saint-Cloud »[1], l'avènement de Bonaparte a suscité l'enthousiasme des populations.

Un enthousiasme sous contrôle

Les résultats du plébiscite organisé le 1er février 1800, approuvant la Constitution de l'an VIII par plus de 3 millions de oui contre 1 562 non, si l'on en croit les chiffres officiels, semblent confirmer

1. Pierre-Jean de Béranger, *Ma biographie*, *op. cit.*, p. 68.

l'adhésion massive des Français au nouveau sauveur. « Effrayés du degré de confiance que le général premier consul et le gouvernement ont inspiré aux bons citoyens, les alarmistes et les méchants se cachent dans l'ombre[1] », commente un rapport de police du 19 mars 1800.

Encore faut-il rappeler que la consultation plébiscitaire s'est faite sous la pression du pouvoir consulaire, et que les vrais résultats ne donnent que 1,6 million de suffrages pour le oui, soit à peine un quart de l'électorat, ce qui est loin d'être le raz de marée annoncé par Bonaparte[2]. Si la satisfaction semble manifeste dans des départements comme la Savoie ou la Vendée, voire confinant à l'allégresse en Charente-Inférieure, dans le Lot, l'Ariège, le Rhône ou l'Alsace, l'avènement de Bonaparte est accueilli dans une relative indifférence en Île-de-France, dans le Sud-Ouest ou en Picardie, voire même par des protestations dans l'Yonne, le Pas-de-Calais, l'Isère, le Calvados, le Cher ou l'Allier, si l'on en croit le bilan effectué par Fouché, ministre de la Police[3]. À Versailles, à Metz, à Lyon, à Toulouse ou Clermont-Ferrand, les clubs jacobins organisent des manifestations et les adresses de défiance se multiplient dans la France royaliste de l'Ouest et du Sud-Ouest[4]. On est loin de l'unanimité de façade affichée par la propagande bonapartiste.

De même, si les grandes étapes du règne impérial voient affluer auprès de Napoléon d'innombrables adresses et proclamations de foi et de dévotion, elles sont bien souvent suscitées par les fonctionnaires zélés de l'administration. Alors préfet des Bouches-du-Rhône, Antoine Thibaudeau raconte par exemple qu'il a reçu en 1804 plusieurs lettres de son ami Joseph Siméon, conseiller d'État, l'engageant à faire envoyer à Paris une adresse au nom de la ville de Marseille pour demander l'hérédité du trône impérial. Thibaudeau s'exécute, obtenant les signatures « spontanées » du maire, des

1. AN, rapports des préfets, F7 3829.

2. Claude Langlois, « Le plébiscite de l'an VIII ou le coup d'État du 18 pluviôse an VIII », *Annales historiques de la Révolution française*, n° 207, 1972.

3. Cité par Nathalie Petiteau, *Les Français et l'Empire, 1799-1815*, *op. cit.*, p. 35.

4. Jean-Paul Bertaud, *1799, Bonaparte prend le pouvoir. La République meurt-elle assassinée ?*, Bruxelles, Complexe, 1987, p. 168 et 189.

adjoints et de tous les employés civils[1]. C'est donc avec une opposition muselée, une administration, une opinion et une presse sous contrôle que se construit la figure du sauveur.

Néanmoins, si l'on en croit les témoignages, il semble que chaque sortie de l'Empereur témoigne d'une véritable popularité. Lors de l'installation officielle des trois consuls Bonaparte, Sieyès et Roger Ducos aux Tuileries, le 19 février 1800, les rapports de police parlent d'une « allégresse populaire » et d'acclamations « de confiance et d'espoir »[2]. À l'occasion de la fête de la Concorde, le 14 juillet 1800, *Le Journal de Paris* souligne « l'affluence des citoyens partout où l'on pouvait espérer de voir Bonaparte », « l'allégresse publique, la confiance, l'admiration, la gratitude que lui ont exprimées des acclamations non interrompues »[3]. Si l'on en croit un autre rapport de 1804, « l'opinion générale, surtout celle du peuple, est en faveur du premier consul » et « l'on ne peut révoquer en doute l'attachement qu'on lui porte »[4].

Une fois l'Empire proclamé, l'enthousiasme populaire ne semble pas se tarir, bien au contraire, d'autant que la répression a éliminé ou écarté les figures de proue d'une éventuelle dissidence. Au lendemain d'Austerlitz, « l'esprit public est porté au plus haut degré d'amour et d'admiration pour Sa Majesté l'Empereur et Roi[5] », nous dit encore un rapport. « Ces premières années du règne de Napoléon furent celles où son nom fut béni par les populations qui faisaient avec plaisir tous les sacrifices possibles pour affermir son gouvernement, car on était las des révolutions[6] », témoigne un sous-officier de la Grande Armée. Pour la fête du 15 août 1806, la presse officielle raconte que lorsque « l'Empereur a paru sur le

1. Antoine-Claire Thibaudeau, *Mémoires (1799-1815)*, 3e éd., Paris, Plon, 1913, p. 125.

2. Alphonse Aulard, *Paris sous le Consulat. Recueil de documents sur l'histoire de l'esprit public à Paris*, Paris, Cerf et Noblet, 1903, t. 1, p. 137.

3. Raymonde Monnier, *Républicanisme, patriotisme et Révolution française*, Paris, L'Harmattan, 2005, p. 319.

4. Rapport du 9 floréal an XII (AN, F7 3832).

5. Rapport du 20 frimaire an XIV (AN, F7 3834), cité par Nathalie Petiteau, *Les Français et l'Empire, 1799-1815*, *op. cit.*, p. 175.

6. *Souvenirs de campagne du sergent Faucheur*, présentés par Jacques Jourquin, Paris, Tallandier, 2004, p. 117.

balcon du palais, un peuple immense a fait retentir les airs des plus vifs applaudissements et des acclamations réitérées de Vive l'Empereur ! Vive Napoléon[1] ! ». De même pour la naissance du prince impérial, le 19 mars 1811, saluée par « les plus vives acclamations », les Parisiens courant « au-devant les uns des autres », s'embrassant « en criant Vive l'Empereur ! », et la foule accourant « continuellement au palais pour avoir des nouvelles de la santé de SM l'Impératrice et de l'enfant »[2].

Un conquérant et un sage

Quelle est la figure dominante de cette idolâtrie napoléonienne ? Celle du héros conquérant, victorieux des tyrans, est omniprésente dans les brochures, chansons, poèmes que nous avons consultés. « Comment chanter Napoléon ? » se demande par exemple ce poète anonyme. « Pour Achille il fallut Homère / Sur la lyre d'Anacréon, / L'entreprendre serait chimère [...], / Nouveau César par les exploits, / Alexandre par le courage, / Il fit, défit, soumit des rois, / Des factions calma l'orage [...]. / Napoléon toujours vainqueur, /À toi seul appartient la gloire. /Tu fais renaître le bonheur / En conduisant à la victoire[3]. » De très nombreux récits hagiographiques lui sont consacrés, lui reconnaissant « les qualités les plus opposées » qui peuvent « former le grand homme », à savoir la « valeur bouillante et à toute épreuve, le sang-froid imperturbable », « les grandes conceptions du génie », « les talents du guerrier », « l'ambition de la gloire » et « l'audace des conquérants »[4].

De fait, les lendemains de victoire sont des moments intenses de vénération, comme après celle de Marengo, le 14 juin 1800. « Jamais l'élan national ne se manifesta mieux que dans cette glorieuse époque », commente Cambacérès, décrivant « toute la popu-

1. *Le Journal de l'Empire*, 17 août 1806.

2. *Ibid.*, 21 mars 1811.

3. *La Vérité sur le grand Napoléon Ier, empereur des Français, roi d'Italie...*, Paris, s.d. (BNF, 8 Ye 4477).

4. *Histoire de Bonaparte, Premier Consul, depuis sa naissance jusqu'à la paix de Lunéville*, Paris, Barba, 1801, t. 1, p. x.

lation de Paris » qui « était levée », « les boutiques fermées par un mouvement spontané », et « la cour des Tuileries remplie de ceux que la curiosité, l'inquiétude et l'espérance y avaient amenés »[1]. Dans ses *Mémoires de jeunesse*, Alphonse de Lamartine raconte comment se diffuse l'image du héros victorieux parmi les paysans du Mâconnais, convertis au culte bonapartiste par un jeune homme nommé Janin, qui enseigne à lire aux enfants de la paroisse. Il commente pendant des heures les images de Bonaparte vendues par des colporteurs, « ce petit homme maigre et noir, qui caracole avec son long sabre à la main » à la bataille des Pyramides, et dont on parle « pendant toutes les soirées d'hiver, dans les écuries »[2].

Mais à cette image d'Alexandre s'agrège peu à peu celle de l'homme d'État, du Solon refondateur, qui possède les vertus « de la politique la plus profonde », « de la sagesse, les sentiments de l'humanité et de la modération »[3]. Dans les mois qui précèdent le sénatus-consulte le proclamant empereur, le 18 mai 1804, ses thuriféraires évoquent le « Grand Homme » presque autant que le « Héros », à l'instar du tribun Curée, qui le remercie le 30 avril d'avoir tiré la France des « chaos du passé » et de permettre que les « bienfaits du présent » se réalisent[4]. « C'est à l'histoire à fixer le rang qui lui appartient parmi les législateurs des nations », déclare au corps législatif le député Marcorelle, le 24 mars 1804, ajoutant que « la France le contemple avec orgueil », et demandant que soit élevé « au restaurateur de la religion, de la morale et de nos lois, un monument digne de lui et de nous », c'est-à-dire un buste de marbre blanc à « l'image chérie du chef suprême de l'État ». Et son collègue Fontanes d'en rajouter, le même jour, dans l'apologie messianique : « Enfin, un homme paraît, et tout est changé. La science et la sagesse entrent dans les conseils ; les disputes orageuses finissent ;

1. Jean-Jacques Régis de Cambacérès, *Mémoires inédits*, t. 1 : *La Révolution et le Consulat*, *op. cit.*, p. 510.

2. Alphonse de Lamartine, *Mémoires de jeunesse, 1790-1815*, Paris, Tallandier, 1990.

3. *Histoire de Bonaparte, Premier Consul, depuis sa naissance jusqu'à la paix de Lunéville*, *op. cit.*, t. 1, p. X.

4. Cité par Nathalie Petiteau, *Les Français et l'Empire, 1799-1815*, *op. cit.*, p. 64.

les sages discussions commencent... » Le sauveur fait renaître la France dans ce qu'elle a de plus sage et de plus grand. Mais c'est aussi et surtout la figure rédemptrice qui s'impose dans l'idolâtrie napoléonienne[1].

Le divin rédempteur

Voici un poème exemplaire dédié au Premier Consul : « C'en est fait, avec nous Dieu se réconcilie ; / Il pardonne à l'erreur ; / Peuple saint ! Que ton front désormais s'humilie / Devant ce Dieu vengeur [...] / Inspire-moi, grand Dieu, par qui tant de merveilles / Étonnent l'univers ; / Au grand Napoléon je consacre mes veilles, / Et ma lyre, et mes vers[2]. » Un autre rassemble la figure du héros et celle du sauveur-rédempteur : « Rien n'échappe à la vigilance / Du héros pacificateur. / Le restaurateur de la France / Assure en tout notre bonheur [...] / Du monde tu seras l'arbitre, / Tel est l'ordre du Créateur [...]. / Des Français, entends la prière, / Exauce leurs plus tendres vœux ; / Prolonge à jamais la carrière / Du héros qui les rend heureux[3]. » Le jeune Charles de Rémusat, dont le père est chambellan de l'Empereur, est lui aussi captivé à cette époque par l'aura messianique qui se dégage de l'image impériale. Il se souvient dans ses *Mémoires* à quel point « la personnalité si saisissante, si étrange dans sa grandeur, de l'homme dont le nom revenait sans cesse, s'empara » de son « imagination », au point de le considérer non seulement comme « un grand homme incomparable », mais même comme « un prédestiné de la Providence envoyé pour sauver la patrie et changer le monde »[4].

1. Voir Katia Sainson, « "Le régénérateur de la France" : literary accounts of Napoleonic regeneration, 1799-1805 », *Nineteenth Century French Studies*, vol. 30, 2001.

2. J.-L. de Lamontagne, *Le Culte rétabli. Ode à Napoléon Bonaparte, Premier Consul*, Paris, Hugelet, 1799.

3. Jean-Charles de Baudouin, lieutenant de cuirassiers, *Stances sur les victoires de Napoléon*, Paris, Imprimerie Orizet, 1804.

4. Charles de Rémusat, *Mémoires de ma vie*, t. 1 : *Enfance et Jeunesse. La Restauration libérale (1797-1820)*, présenté par Charles-Henri Pouthas, Paris, Plon, 1958, p. 34.

Pour certains, l'idolâtrie conduit même à la divinisation du héros. C'est le cas de cette femme du peuple alsacienne qui lui écrit d'Ober-Ingelheim, le 14 juin 1804, pour célébrer le sénatus-consulte proclamant l'Empire : « Si mes sentiments que j'éprouve envers votre Majesté va jusqu'à l'ydolatrie, mon excuse est bien belle. Car n'êtes-vous pas l'image d'un Dieu bienfaisant sur terre o ! sauveur de la France depuis cet heureux époque Votre Majesté fut à mes yeux et aux ceux de tous les cœurs sensibles un Dieu tutélaire[1]... » À l'occasion du sacre, le poète Jacques Lablée se situe dans un registre similaire, exaltant « ce jeune héros qui, vainqueur des obstacles, / A rempli l'univers de son nom glorieux, / Et qui nous ramenant à la fois des miracles, / Paraît égal aux Dieux[2] ». Auguste Collin lui écrit d'Issoudun, le 1er janvier 1805, comme à « la Divinité vivante et bienfaisante des mortels[3] ». Et un autre poète interroge sa muse en 1806 : « Dis quel est ce dieu / Qui de l'Olympe descend. / Depuis qu'homme est en ce lieu, / S'est-il rien vu de plus grand ? [...] / De sa foudre vengeresse, / Méchants ! craignez le courroux. / Justes ! louez sa tendresse, / Il n'a des yeux que pour vous[4]. »

C'est l'année où Chalgrin commence l'Arc de Triomphe à la gloire de l'*imperator* Bonaparte et de ses grognards, et où Friedrich Hegel s'enthousiasme lors de l'entrée de Napoléon dans sa ville d'Iéna, en écrivant ces mots enthousiastes : « J'ai vu l'Empereur, cette âme du monde. » Son mariage avec Marie-Louise, en avril 1810, permet à ses thuriféraires d'éterniser l'image du sauveur : « Puisses-tu, dans la paix prolongeant tes années, / Bientôt renaître et vivre en ta postérité / Et par elle assurer notre prospérité[5]. » Au moment de la naissance du roi de Rome, en mars 1811, un autre

1. AN, AF IV 1953, cité par Nathalie Petiteau, *Les Français et l'Empire, 1799-1815*, *op. cit.*, p. 163.

2. Jacques Lablée, de l'Académie de Lyon, *Le Couronnement de l'empereur Napoléon et de l'impératrice Joséphine. Ode*, 1804.

3. AN, AF IV 1951, cité par Nathalie Petiteau, *Les Français et l'Empire, 1799-1815*, *op. cit.*, p. 164.

4. M. Darrodes-Lilebonne, *Odes à l'Empereur Napoléon*, Paris, Imprimerie de Tiger, 1806.

5. Maurice Levesque, *La Nouvelle Astrée ou Vers sur l'auguste mariage de LL MM. Napoléon et Marie-Louise*, Paris, Bertrand, 1810.

admirateur s'exalte : « Ainsi Dieu réservait un sauveur à la terre, / Mars, au milieu des caps, des haines, de la guerre, / Te conservait ô France ! un régénérateur : / Vois dans Napoléon ton père et ton sauveur[1]. » Un autre enfin le consacre comme le plus grand héros de l'Histoire : « Invisible héros, qui ne doit qu'à toi-même / Tes glorieux destins et la pourpre suprême [...]. / Je ne déprise point ces princes, ces héros / Dont l'histoire a chanté les glorieux travaux ; / Mais qui montra ta noble et ton active audace ? / Quel mortel de tes pas suivra jamais la trace ? / Tu seras sans égal ; tel est l'arrêt du sort[2]. »

Le restaurateur

À défaut d'une figure héroïque comparable à celle de Napoléon Ier, l'état de grâce de Louis-Napoléon Bonaparte s'appuie sur le mythe du restaurateur de l'ordre et de la paix. C'est ainsi que *Le Constitutionnel* du 3 décembre 1851 remercie Louis-Napoléon d'avoir préservé la France de « tous les malheurs qui nous attendaient en 1852 ». Publiant une série d'articles consacrés aux exactions des « rouges » en province, *Le Pays*, « journal de la chose publique », appelle à la « guerre sociale » pour sauver l'ordre et la civilisation, et rend « grâce au Président de la République, qui a osé concevoir la pensée de nous délivrer des factions »[3]. Et un troisième journal bonapartiste lance un appel dramatique en faveur du oui au plébiscite organisé pour ratifier le coup d'État : « Que chaque électeur y songe en s'approchant de l'urne fatale : il votera sa vie ou sa mort[4]. »

1. Julien Pâques, contrôleur des droits réunis, *Le Siècle d'or ou le bonheur de la France. Strophes en l'honneur de la naissance du roi de Rome*, Paris, Imprimerie de Gillé, 1811.

2. N.-J. Jacquin, du Jura, *Épître à Napoléon le Grand*, Paris, Didot Aîné, 1810.

3. *Le Pays*, 11 et 14 décembre 1851.

4. *Le Public*, 17 décembre 1851.

« Que Dieu sauve la France ! »

L'Église catholique est au premier rang des soutiens de Louis-Napoléon, dans un registre qui mêle réaction et rédemption. Au lendemain du coup d'État, de nombreuses lettres pastorales le présentent comme « l'homme de la droite de Dieu », ce « prince étonnant » qui, selon Mgr Parisis, évêque d'Arras, « a osé prendre la charge surnaturelle de sauver la France ». Le journaliste clérical Louis Veuillot exhorte ses lecteurs à « soutenir le gouvernement » car « sa cause est celle de l'ordre social » : « Le Président de la République est votre général ; ne vous séparez pas de lui, ne désertez pas [...]. Ralliez-vous aujourd'hui ; demain il sera trop tard ou pour votre saint ou pour votre honneur ! Que Dieu sauve la France ! »[1]. Montalembert, grande figure politique du catholicisme, lui fait confiance « pour dompter l'armée du crime, pour défendre nos églises, nos foyers, nos femmes[2] ». Enfin, pour fêter la victoire du oui au référendum du 20 décembre, l'archevêque de Paris organise un Te Deum à Notre-Dame le 1er janvier 1852, une banderole posée au-dessus du portail de la cathédrale avec le chiffre 7 500 000 brodé d'or sur fond de velours cramoisi.

La veille de cette cérémonie politico-religieuse, Louis-Napoléon s'est félicité que « La France [ait] répondu à l'appel loyal » qu'il lui avait fait, affirmant que « plus de sept millions de suffrages » viennent de l'« absoudre en justifiant un acte qui n'avait d'autre but que d'épargner à la France et à l'Europe peut-être des années de troubles et de malheurs ». Plusieurs ouvrages « historiques » paraissent opportunément pour justifier le coup d'État par la peur sociale[3]. L'un d'entre eux se félicite que l'« héroïque dévouement de Louis-Napoléon ait fermé, le 2 décembre 1851, l'abîme au fond duquel depuis trois ans la démagogie s'efforçait d'entraîner la France », illuminant l'avenir de « clartés fécondes » et replaçant

1. *L'Univers*, 5 décembre 1851.
2. *Ibid.*, 18 décembre 1851.
3. Paul Granier de Cassagnac, *Récit complet et authentique des événements de décembre 1851* ; P. Mayer, *Histoire du 2 décembre* ; H. de Mauduit, *Révolution militaire du 2 décembre 1851*.

« au front de la France la couronne impérissable des nations prédestinées »[1]. Un autre affirme que « ce jour-là, Louis-Napoléon a été entre les mains de Dieu l'instrument de salut d'une riche et puissante nation », dans la lignée de « la venue du Christ, l'intronisation de Clovis, la mission de Charlemagne, de Grégoire-le-Grand et de Saint Louis »[2]. Cette hagiographie messianique rejoint un authentique engouement populaire.

L'appel du peuple

La fête nationale organisée le 11 janvier 1852 pour célébrer le triomphe du plébiscite est un grand succès dans la plupart des départements. Dans la Marne par exemple, le maire de la commune d'Avize remercie « l'homme providentiel envoyé par Dieu pour sauver la France du socialisme et de la démagogie[3] ». Les médailles se multiplient à l'effigie du prince-président : « Dieu protège Louis-Napoléon », « Il a sauvé l'Europe », « France, ton sauveur, c'est Napoléon », de même que les chansons à sa gloire, telle cette chanson de table qui résume bien l'esprit de la majorité des Français : « La fatale anarchie / Est détruite à jamais / Dans ma belle patrie / Je vois régner la paix / Grâce à la vaillance / De Louis-Napoléon / Jamais la France / Ne flétrira son beau nom / Vive, vive Napoléon »[4].

À ces publications plus ou moins spontanées s'ajoutent les adresses qui lui sont envoyées des quatre coins de France, sauf des régions réfractaires du Centre, et du Midi où les préfets envoient des modèles prêts à signer. Parmi bien d'autres, retenons celle de la commune de Saint-Martin-les-Vignes, dans l'Aube, envoyée le

1. B. Renault, *Histoire du gouvernement de Louis-Napoléon et du rétablissement de l'Empire français*, Paris, Ruel Aîné, 1852, p. v et 272.

2. Paul Belouino, *Histoire d'un coup d'État (décembre 1851) d'après les documents authentiques, les pièces officielles et les renseignements intimes*, Paris, Ludovic Brunet et Cie, 1852.

3. Archives départementales de la Marne, 32 M 11, cité par Rosemonde Sanson, « Le 15 août : fête nationale du Second Empire », *in* Alain Corbin, Noëlle Gérôme, Danielle Tartakowsky (dir.), *Les Usages politiques des fêtes aux* XIXe-XXe *siècles*, Paris, Publications de la Sorbonne, 1994, p. 118.

4. BNF, Ye 55 471.826.

3 octobre 1852, peu après l'attentat manqué de Marseille contre le prince-président : « La France entière a dû éprouver la même horreur que nous car c'est contre elle, contre son repos que de pareils attentats sont commis. En effet, vous êtes tellement identifié à elle que s'attaquer à vous, c'est vouloir la détruire aussi [1]. » Rappelons par ailleurs les foules considérables qui l'accueillent lors de sa grande tournée de l'automne 1852 dans le centre et le sud de la France, évoquée plus haut. Un récit hagiographique de cette tournée souligne « des acclamations parties du cœur : "Vive notre Sauveur, notre Père !" » pour celui que les paysans du Nivernais désignent comme « l'élu de Dieu » [2]. À l'embarcadère de Bourges, une haie humaine de plus de deux kilomètres l'escorte de part et d'autre de la Loire. De Nevers à Moulins, sa « voiture est littéralement couverte de fleurs [3] », nous dit la chronique. Lorsqu'il s'arrête à Grenoble, toute la vallée de l'Isère est illuminée par les feux allumés par les paysans dans les montagnes [4]. À l'entrée de Béziers, des femmes et des enfants se jettent à ses pieds, lui offrant des fleurs et implorant la grâce des proscrits de décembre – il promet de l'accorder bientôt. C'est bien l'« état de grâce » dans tous les sens du terme.

Nombreux sont alors les communes ou les simples particuliers qui appellent le rédempteur à restaurer l'Empire, à l'instar de ce « facteur de la Poste aux lettres de Toulon » qui exalte « l'illustre héritier [...] envoyé du ciel pour faire notre bonheur » [5]. Et lorsque vient l'heure du plébiscite du 21 novembre 1852, favorable à la restauration, l'image légendaire de Napoléon Ier est sur toutes les lèvres : « Avait-il pressenti qu'un jour la Providence / Après avoir longtemps châtié nos erreurs / Replacerait son nom sur le trône de France / Et viendrait d'un seul trait effacer nos malheurs ? / La patrie

1. Cité par Juliette Glickman, *L'Imaginaire impérial et la logique de l'histoire. Étude des assises du régime du Second Empire*, thèse, Paris-Sorbonne, 2007, p. 182.

2. Louise de Boyeldieu d'Auvigny, *Voyage de SAI le prince Louis-Napoléon dans le midi de la France en septembre et octobre 1852*, *op. cit.*, p. 2-3.

3. *Ibid.*, p. 13-18.

4. *Ibid.*, p. 58.

5. Charles-François Buerle, article du 14 novembre 1852, in *Hommage à Napoléon III, empereur des Français*, Toulon, Imprimerie Baume, 1856.

va enfin reprendre / Son rang, son antique splendeur ; / Le phénix renaît de sa cendre ; / Crions tous : Vive l'Empereur[1] ! »

L'héritier de l'Empereur

Au lendemain de la proclamation impériale du 2 décembre 1852, c'est toujours au premier des Bonaparte que l'on se réfère, lui « dont l'étoile splendide un jour tomba des cieux et nous laissa sans guide », avant que le nouvel empereur reprenne « nos grands destins » et que, « rassise sur sa base, la France ne dépose le glaive du combat »[2]. À l'occasion de la Saint-Napoléon 1853, un autre poète imagine que « Napoléon-le-grand, suivi d'un saint cortège, / Viendrait tendre la main au neveu qu'il protège /Et lui dirait : mon fils, c'est bien[3] ! ». Une ode intitulée *Les Napoléovingiens* réunit l'oncle et le neveu dans la généalogie historique du sauveur : « Quand un peuple rugit, en brisant ses entraves / Et se livre aux fureurs où tombent les esclaves [...] / C'est alors qu'un sauveur paré de pourpre et d'or / Paraît transfiguré sur les flancs d'un Thabor [...]. / Ô spectacle inouï ! Cet homme, ce prodige / Débrouille le chaos de nos droits en litige [...] / Et la France enivrée applaudit ce César / Qui de lauriers poudreux a fait plier son char[4]. » C'est aussi l'opinion de l'historien Auguste Vittu, théorisant le recours à l'homme providentiel bonapartiste : « Il arrive qu'un homme, imbu d'une foi profonde qu'il puise dans un génie exceptionnel [...], s'impose aux autres hommes, parce qu'il est fort et parce qu'ils sont faibles, parce qu'il sait et qu'ils ignorent, parce qu'il voit et qu'ils sont aveugles, parce qu'il croit et qu'ils doutent [...]. Tel fut Napoléon Ier, qui constitua la France moderne ; tel est Napoléon III, qui continue l'œuvre du premier empereur[5]. »

1. Jaime, *À Sa Majesté l'Empereur Napoléon III*, Paris, Imprimerie Lemercier, 1852.

2. Victor Charles, *L'Empire. Ode à Napoléon*, Paris, Plon Frères, 1852.

3. Édouard de Generes, *La Saint-Napoléon. Poème*, Paris, Imprimerie de Mocquet, 15 août 1853.

4. Louis Tissier, *Ode dédiée à Sa Majesté l'empereur Napoléon III*, Argenteuil, 1861.

5. Auguste Vittu, *Histoire de Napoléon III et du rétablissement de l'Empire*, Paris, Hachette, 1854, p. 6.

Pour d'autres, en revanche, l'image du neveu s'émancipe dès la restauration impériale de celle de Napoléon Ier : « Louis-Napoléon maintenant est connu et a fait ses preuves, et s'il n'a pas le génie conquérant de son oncle, il a des qualités plus solides et plus rassurantes pour l'avenir de la France ; l'un aura donné à celle-ci la gloire, l'autre la prospérité [1]. »

Le bienfaiteur

Très vite, le culte de Louis-Napoléon s'autonomise, sans s'affranchir tout à fait de l'héritage bonapartiste. Pour son mariage, en janvier 1853, un flot d'adresses de félicitations remonte de toutes les provinces, si l'on en croit les rapports des préfets. Une nouvelle salve d'ouvrages et de brochures pseudo-historiques chante alors ses louanges [2]. « Nous allions périr ! Mais un homme s'est rencontré, portant un nom justement populaire et aimé, entouré d'une auréole magique et glorieuse [3] », dit une brochure. D'où cet appel à l'unité nationale, maintes fois réitéré : « Serrons-nous autour de celui que la Providence tenait en réserve pour les jours du malheur. Aidons-lui à rendre la France grande, calme, heureuse [4]. »

Après sa visite aux sinistrés des crues du Rhône, au mois de juin 1856, une brochure lyonnaise le décrit comme « un Dieu descendu sur la terre [5] », et l'abbé Vigourel lui consacre une cantate dans

1. *Considérations sur les deux Napoléon*, Mâcon, Imprimerie de Romand, s.d.

2. *Vie et histoire impartiale de Napoléon III, empereur des Français : dédié aux villes et aux campagnes*, Paris, Au Dépôt géographique, 1853 ; *Histoire de Sa Majesté Napoléon III, empereur des Français*, Paris, Imprimerie de Mocquet, 1854 ; *Histoire politique, militaire et privée de Sa Majesté Napoléon III*, Bar, Imprimerie de Rolin, 1854 ; L. de Chaumont, *Histoire populaire et anecdotique de Napoléon III, empereur des Français*, Clermont-sur-Oise, 1854.

3. Émile Jaegle et N. Brigaud, *Principaux Actes et Pensées de Sa Majesté l'empereur Napoléon III*, Paris, Boucquin, 1853.

4. *Histoire populaire de Sa Majesté Napoléon III, empereur des Français*, Paris, Librairie Desbleds, 1853, p. 7.

5. *Sa Majesté Napoléon III. Les Lyonnais reconnaissants, par Guillaume d'A.*, Lyon, 1860, cité par Juliette Glickman, *L'Imaginaire impérial et la logique de l'histoire*, *op. cit.*, p. 317.

laquelle l'image du guérisseur se substitue à celle du conquérant : « Sur des ailes de feu de toutes parts s'élance / Comme un hymne d'amour le nom de l'Empereur [...]. / Si d'un bras il relève et sauve la patrie, / De l'autre il va tarir les flots de sa douleur[1]. »

Deux ans plus tard, à l'occasion de la Saint-Napoléon, un ancien « sergent du Premier Empire et médaillé de Sainte-Hélène », place sur un pied d'égalité les « deux hommes [qui] remplissent l'histoire du monde, Napoléon Ier et Napoléon III »[2]. Pour la même occasion, les « vieux grognards de la Grande Armée » angevins, tout en se reconnaissant « pleins de religieux et héroïques souvenirs envers leur immortel chef, Napoléon Ier », se déclarent « pénétrés de la plus vive reconnaissance envers leur auguste protecteur Napoléon III »[3].

Au lendemain de l'attentat manqué d'Orsini affluent les manifestations de sympathie christique envers « l'élu de Dieu[4] ». Un Vosgien, capitaine des sapeurs-pompiers, propose à toute la presse une souscription pour un monument à sa gloire, car « le moment est arrivé où la France doit se montrer grande et reconnaissante envers l'Homme providentiel[5] ». Un autre admirateur, évoquant la « situation désespérée de la société avant le coup d'État miraculeux du 2 décembre », s'émerveille des « prodiges accomplis sous le règne de Napoléon III », qui a rempli sa « mission divine » en rendant « à la France le prestige et l'éclat de son ancienne renommée »[6]. Et l'avocat Sosthène-Berthellot n'hésite pas à écrire qu'il est « le plus grand génie des temps anciens et modernes », et que « le plus beau

1. *Cantate en l'honneur de Sa Majesté Napoléon III, empereur des Français, 15 août 1856*, musique d'Edmond Servel, Montpellier, Imprimerie de Boehm, 1856.

2. Jean-Baptiste Ricome, *Discours prononcé à Cournonterral, à l'occasion de la fête de l'empereur Napoléon III*, Montpellier, Imprimerie de Grollier, 1858.

3. *À Sa Majesté Napoléon III, empereur, par les médaillés de Sainte-Hélène d'Angers*, Angers, 1er août 1858.

4. Théophile Landry, *Le Quatorze Janvier. Strophes adressées à Sa Majesté impériale Napoléon III, le 27 février 1858*, Paris, Imprimerie Bénard, 1858.

5. Dominique Humbert, *Proposition faite à la presse française pour l'érection d'un monument à la gloire de Napoléon III*, Imprimerie de Mirecourt, 18 janvier 1858.

6. Chevalier du Saussois du Jonc-Labroue, *Preuves de la mission divine de l'empereur Napoléon III*, Bruxelles, 1858.

titre de gloire de Napoléon Ier, ce sera d'avoir été le précurseur de Napoléon III »[1].

Spectaculaire retournement hagiographique : le neveu supplante l'oncle, l'élève remplace le maître dans la figure archétype de l'homme providentiel. « Oh ! comme elle a grandi cette brillante étoile, / Nous sommes glorieux de vivre sous sa loi : / L'honneur de la France, et la France c'est toi[2] !!! », lui écrit un poète. « Un homme s'est rencontré dont le nom indiquera de siècle en siècle les sommets fabuleux du génie, de la gloire, de la vertu[3] », dit une brochure publiée en 1860. « Vous avez accompli la mission divine[4] », renchérit un autre admirateur.

Désormais, celui qui fut le disciple, l'héritier, se trouve placé au centre de la cosmologie impériale, dans la posture du sauveur ultime.

« Sous ton sceptre tu tiens l'équilibre du monde. / Si l'étranger quelquefois gronde, / Un seul de tes regards apaise son courroux[5] », lui écrit-on en 1866, à l'heure où la Prusse montre à Sadowa sa force à l'Europe. À la même époque, une ode le désigne comme le « modèle des héros / En qui la France si prospère / Bénit un bienfaiteur, un père[6] ». À cette image paternelle s'agrègent celles de la sécurité et de l'abondance. « Sire, Poursuis ta brillante carrière, / Ô dernier astre des Français, / Ressemble au Dieu de la lumière, / Qui se vengea par des bienfaits[7] », lui demande une brochure publiée pour le Jour de l'An 1869. « Ô France ! conclut

1. C. Sosthène-Berthellot, *Essai sur le caractère et les tendances de l'empereur Napoléon III, d'après ses écrits et ses actes*, Paris, Plon, 1858, p. 338-339.

2. Théophile Vinet, *L'Étoile de l'Empereur. Légende impériale*, Paris, 1861, cité par Juliette Glickman, *L'Imaginaire impérial et la logique de l'histoire*, *op. cit.*, p. 610.

3. P. L'Oisel, *L'Empereur Napoléon III devant l'Univers*, Comptoir de la librairie de province, 1860, p. 5-10.

4. Jules Bailly, *L'Empire. À Napoléon III*, Paris, Dentu, 1860, cité par Juliette Glickman, *L'Imaginaire impérial et la logique de l'histoire*, *op. cit.*, p. 35.

5. Jean-Joseph Monmoreau, *Hommage à Napoléon III, empereur des Français*, Bordeaux, Imprimerie de Crugy, 1866.

6. *Ode à Napoléon III*, *in* Armand V., *Poésies lyriques*, Paris, Dentu, 1866.

7. Veuve Soulié, *À Sa Majesté Napoléon III et son auguste famille, pour le Jour de l'An 1869*, Bordeaux, Imprimerie Lavertujon, 1868.

un abbé bonapartiste, puisses-tu comprendre que le seul moyen de te sauver et de voir l'accomplissement de tes vœux, c'est de rester fidèle à l'Empire[1] ! »

Le vénérable

Aux états de grâce bonapartistes ne peut se comparer qu'un autre régime de dictature personnelle, celui que le maréchal Pétain instaure à Vichy à partir du 10 juillet 1940. Encore faut-il rappeler qu'il a bénéficié d'une célébration quasi messianique dès sa nomination comme vice-président du Conseil dans le cabinet Paul Reynaud, le 18 mai 1940. « Avec Pétain, la France ne peut pas connaître la défaite », pouvait-on lire par exemple dans *L'Œuvre* du 19 mai 1940. « Le pays tout entier peut avoir la plus entière, la plus absolue confiance », renchérissait *Le Matin* du lendemain. Pour une grande partie de la presse républicaine, « l'illustre soldat qui fut le vainqueur de Verdun » est le « symbole de l'ordre, de la sagesse, de l'énergie, de l'intelligence lumineuse », l'un des « hommes les plus capables de conduire la France, de la protéger contre le péril, de la sauver et de lui donner la victoire »[2]. L'archétype de l'homme providentiel.

L'élan régénérateur

Si l'image du vainqueur ne survit pas à la débâcle et à l'armistice, celles du protecteur et du rédempteur s'imposent à la majorité. C'est ainsi que *Le Figaro* du 1er juillet 1940 montre le Maréchal ranimant « la France blessée et diminuée » par « sa voix si ferme et si grave, que l'âge ne fait pas trembler », et qui « fait battre soudain » les cœurs des Français « dans le sens de ce qu'ils ont de meilleur », « de la France qui a failli mourir à la France qui va revivre ». Et le cardinal Gerlier, primat des Gaules, voit même

1. Abbé Alphonse Lévignat, *Salut de la France par la conservation du pouvoir dans la dynastie de Napoléon*, Bordeaux, 1869, p. 114.
2. *Le Journal des débats*, 19 mai 1940.

en lui un « principe de résurrection », seul capable de rectifier « l'effet désolant de nos erreurs, l'oubli ou le mépris de nos belles traditions françaises de vie morale, de vertu familiale, de l'éducation chrétienne de la jeunesse »[1].

Au lendemain du vote des pleins pouvoirs, la presse salue « un homme que toute la France vénère et en lequel elle se reconnaît pleinement », « la volonté noble et sage du maréchal Pétain » donnant « l'assurance que ce qui se fait se fait pour le bien de tous »[2]. On le décrit comme un « grand chef », vivant « très simplement », pouvant « travailler beaucoup, sans fatigue », et surtout « optimiste parce qu'il croit en la patrie »[3]. *La Croix* du 13 juillet publie un appel de l'Association catholique de la jeunesse de France demandant à ses membres de soutenir le Maréchal pour construire une « France purifiée des erreurs et des défaillances qui l'ont menée où elle est », une « France régénérée par le sang et les larmes », une « France en ordre où tous ne pensent qu'au travail par le bien commun ». Et le député Lecour-Grandmaison, vice-président de la Fédération des catholiques de France, se réjouit : « Nous avons demandé au ciel le salut de la France [...]. Notre foi chrétienne rejoint notre patriotisme pour affirmer, avec une certitude sereine : elle va ressusciter[4]. »

Tout au long du régime de Vichy, une partie de l'Église restera l'un des foyers de l'idolâtrie pétainiste. Citons par exemple ce poème intitulé « Le Chef », qui lui est consacré en 1941 par l'abbé Escudey : « L'air que nous respirions devenait étouffant ; / Sur notre sol marchait l'ennemi triomphant / Quand un noble vieillard nous rendit l'espérance. / Reconnaissance et gloire au Maréchal Pétain / Qui de notre pays redresse le destin, / Et s'applique à guérir la nation meurtrie [...] / Proclamons son auteur : Père de la Patrie[5]. » En témoignent aussi les innombrables prières à la gloire du Maréchal, les cartes postales portant en médaillons le Christ et le

1. *La Croix*, 4 juillet 1940.
2. *Le Journal des débats*, 11 juillet 1940.
3. *Le Figaro*, 12 juillet 1940.
4. *Ibid.*, 11 juillet 1940.
5. Abbé Escudey, *La France nouvelle et le Chef. Poèmes d'actualité*, Paris, Éd. de *La Revue des indépendants*, 1941.

Maréchal, ou ces images pieuses du Christ ou de Notre-Dame conçues en décembre 1942 par le révérend père Poirier, et portant au verso une prière pour le Maréchal : « Père Saint, nous vous prions pour notre Chef aimé. / Agréez le don qu'il fait de sa personne, / Soutenez son courage dans les épreuves du jour, / Afin qu'il triomphe de ses ennemis[1]... » C'est aussi le message de l'évêque de Lourdes, Mgr Choquet, lors du « pèlerinage national » organisé le 23 août 1943 : « L'autorité du Chef vient de Dieu ; à ce titre, il a droit à notre fidélité[2]. » C'est l'engagement de sœur Emmanuelle de Saint-Jean, carmélite de Meaux, écrivant au Maréchal : « Filles de l'Église et Filles de France, nous vous demandons, Maréchal, / De compter à toute heure sur notre humble dévouement et absolue soumission[3]. » Et c'est aussi le discours de l'agnostique Charles Maurras à destination de ses lecteurs catholiques : « Le Maréchal est conçu comme un esprit du Bien qui, un peu entre terre et ciel, veille sur nos malheurs et sans pouvoir les limiter ni les guérir encore, peut et doit nous aider à les supporter[4]. »

Les enfants du Maréchal

Avec les catholiques militants, les prisonniers de guerre, qui voient en lui à la fois un héros militaire et une figure paternelle, sont, au début du moins, ses plus fervents admirateurs. De nombreuses lettres, rassemblées par l'historienne Michèle Cointet, illustrent cette ferveur idolâtre, telle celle d'un certain Pierre A. : « À l'heure où notre froid et lointain exil s'emplit des sanglots de la patrie crucifiée, un groupe de prisonniers, vos enfants, voudraient vous dire toute leur confiance, toute leur admiration et tout leur amour. Laissez nos bras virils vous aider à porter la Croix. Vous êtes notre Étoile de Noël, l'Espoir qui resplendit malgré l'orage et ne ment pas. De grâce, Monsieur le Maréchal, demeurez

1. Michèle Cointet, *Pétain et les Français, 1940-1951*, Paris, Perrin, 2002, p. 78.
2. *La Croix*, 24 août 1943.
3. Michèle Cointet, *Pétain et les Français, 1940-1951*, *op. cit.*, p. 80.
4. *L'Action française*, 9 décembre 1943.

avec nous et permettez à vos fils respectueux de vous embrasser[1]. »

Il s'agit d'une vénération souvent « intéressée », Pétain représentant avant tout une espérance de libération prochaine. Plus d'un quart des mille huit cents lettres arrivées chaque jour à l'hôtel du Parc en juillet 1941 émanent des familles de prisonniers, qui lui demandent d'intercéder en faveur d'un proche. D'autre part, c'est une vénération encadrée, notamment dans la presse, au sein de la Légion française des combattants, « meilleurs fils de France, aristocrates du courage », ainsi que dans les écoles, où l'on chante, sous son portrait, le fameux *Maréchal nous voilà !* En 1941, il aurait reçu près de deux millions de lettres de vœux d'enfants. Lettres plus ou moins spontanées, souvent guidées par les adultes, notamment par les éducateurs. Une institutrice de la Margeride lui écrit par exemple : « Je veux former des enfants à l'âme forte, au cœur généreux, des hommes de caractère, des Français prêts à tous les sacrifices, des Français cent pour cent. Oui ! Mon vénéré Chef, toutes ces phrases sont dictées par mon cœur, et ma plume ne traduit qu'imparfaitement tout ce que je ressens[2]... »

C'est ainsi que l'on demande aux enfants des écoles de le dessiner, et les meilleurs sont primés, publiés dans les illustrés en vogue comme *Benjamin* ou *Cœurs vaillants*, ou récompensés par des livrets de Caisse d'épargne, remis aux gagnants par le Maréchal en personne. À la Noël 1940 est couronnée la plus belle dissertation faisant le « portrait du Maréchal ». Dans l'académie d'Indre-et-Loire, un concours est organisé pendant deux semaines sur sa vie et ses idées. Les élèves de l'école primaire Paul-Bert de Vichy viennent s'occuper de son potager, et il inaugure des expositions de dessins d'enfants. Dans celle de Clermont-Ferrand, on propose en 1941 à l'épreuve du certificat d'études le sujet de rédaction suivant : « Comme tous les écoliers de France, vous savez ce que le maréchal Pétain a fait pour votre pays et vous lui en avez une profonde reconnaissance. Imaginez une lettre où vous le remerciez de ses bienfaits et lui dites sincèrement votre affection[3]. » Plus de

1. Michèle Cointet, *Pétain et les Français, 1940-1951*, *op. cit.*, p. 21.
2. *Ibid.*, p. 189.
3. *Ibid.*, p. 180.

deux millions de rédactions affluent à Vichy pour un autre concours organisé la même année sur le thème « Pourquoi aimez-vous le maréchal Pétain[1] ? ».

Joseph Paluel-Marmont, qui fut le premier biographe de Pétain en 1935, revient sur son héros de prédilection dans un ouvrage illustré par Pierre Rousseau, *Il était une fois un maréchal de France*, édité pour la Noël 1941. Sur la couverture, Pétain en uniforme regarde s'en aller un petit garçon et une petite fille lisant le livre de ses exploits. Quant au récit, totalement hagiographique, il entend diffuser l'image du « sauveur de la France », comparé à Jeanne d'Arc, et « véritablement le seul capable d'arrêter le massacre inutile tout en sauvant l'honneur ». Mais il est aussi le père rédempteur, celui qui a su trouver des « mots ordinaires », « exprimés avec une sorte de grande tendresse paternelle », pour montrer « aux Français qu'ils étaient dangereusement abandonnés à une vie trop facile » et « qu'ils avaient maintenant à se reprendre ». Enfin, il est le prophète « du bonheur pour tous les hommes et de la paix entre tous les peuples », « dans la grande Europe nouvelle en train de s'édifier » depuis sa « libre et loyale rencontre de Montoire » avec « le chancelier Hitler, chef de l'Empire allemand »[2]. C'est ainsi que le scandale de la collaboration d'État est présenté aux petits Français.

Jacques Reynaud et Jean Chieze inscrivent le Maréchal dans la généalogie des grands héros français dans leur ouvrage *De Vercingétorix à Pétain. Le don de soi-même*, aux côtés de Saint Louis, Jeanne d'Arc, Bayard et du « poilu inconnu ». Il est aussi célébré comme « deux fois sauveur de la patrie » dans la collection « La France que nous aimons », une série de trente affichettes scolaires réalisées en 1942 par Alain Saint-Ogan, le créateur de *Zig et Puce*. Pour les tout-petits, Ambroselli illustre un album à colorier intitulé *La Vie du Maréchal*. Dans *Le Journal de Mickey*, « Onc' Léon » conseille à ses « chers neveux et nièces » de placer « à l'emplacement d'honneur dans votre chambre » un portrait « du Chef qui mène notre France vers ses nouveaux destins »[3]. Sur la

1. *Ibid.*, p. 177.

2. Joseph Paluel-Marmont, *Il était une fois un maréchal de France*, Paris, Éditions et Publications françaises, 1941.

3. *Le Journal de Mickey*, 1er décembre 1940.

couverture d'un autre magazine pour jeunes, son doux visage apparaît sur une banderole siglée « France nouvelle »[1]. Dans un autre encore, destiné aux filles, une page est consacrée à son « Message aux écoliers de France »[2]. Quant à *L'Abécédaire* édité par le Dr Ménétrel, son éminence grise, il va du « A comme Amour du Maréchal pour le drapeau » au « Y comme les Yeux du Maréchal ».

« Écoute ce vieil homme qui parle comme un père »

Tout est dit de cet engouement pour le rédempteur dans le poème de Paul Claudel « Paroles au Maréchal », récité le 9 juillet 1941 à Vichy par l'actrice Ève Francis, lors d'une représentation de *L'Annonce faite à Marie*, et publié dès le lendemain dans *Le Figaro* : « Monsieur le Maréchal, voici cette France entre vos bras, lentement, / Qui n'a que vous et qui ressuscite à voix basse [...]. / France, écoute ce vieil homme qui se penche et qui parle comme un père. / Fille de Saint Louis, écoute-le ! et dis, en as-tu assez maintenant de la politique ? / Écoute cette voix raisonnable qui propose et qui explique. / Cette proposition comme de l'huile, et cette vérité comme de l'or... » C'est le récit du désarroi de la France, qui s'abandonne au sauveur paternel comme une fille-épouse à son père.

Cette mystique est d'ailleurs partagée et propagée par nombre d'écrivains, rivalisant d'ardeur hagiographique. Au premier rang Georges Suarez, fondateur de *Gringoire* dans les années 1920 et membre du PPF de Doriot, biographe enthousiaste de Clemenceau en 1932, et qui compare Pétain à un « héros de Plutarque » et à un « rédempteur » se proposant pour « sauver sa patrie »[3]. Dans la même veine collaborationniste, José Germain, pseudo de Jean-Germain Drouilly, exalte « notre chef Pétain » dans un ouvrage préfacé par Abel Bonnard[4]. Dans un registre plus personnel, Lucien

1. *Cœurs vaillants*, 17 août 1941.
2. *Âmes vaillantes*, 19 octobre 1941.
3. Georges Suarez, *Le Maréchal Pétain*, Paris, Plon, 1940.
4. José Germain, *Notre chef Pétain*, préfacé par Abel Bonnard, Paris, Technique du livre, 1940.

Romier, ex-rédacteur en chef du *Figaro*, devenu ministre d'État d'août 1941 à décembre 1943, publie en 1942 une brochure consacrée à l'« esquisse d'un portrait moral du maréchal Pétain[1] », son ami. De même pour le Savoyard Henry Bordeaux, de l'Académie française, issu d'une vieille famille légitimiste attachée au comte de Chambord, et qui rédige une biographie du Maréchal alimentée par les souvenirs de leurs conversations depuis la Grande Guerre[2]. Quant à l'Auvergnat Henri Pourrat, apôtre du retour à la terre et prix Goncourt 1941, il raconte la visite du Maréchal au moulin à papier d'Ambert, le 14 octobre 1940, « à la rencontre du peuple travailleur[3] ».

Mais le plus grand succès de librairie est l'ouvrage de René Benjamin, de l'académie Goncourt, intitulé *Le Maréchal et son peuple*, publié chez Plon en avril 1941. « Quelle faveur de vivre au temps d'un homme dont on sait déjà qu'il dépassera l'histoire et qu'il entrera d'emblée dans la légende[4] », écrit l'académicien, qui fut par ailleurs le biographe de Clemenceau en 1930 et de Mussolini en 1938. On notera qu'il n'exalte plus le héros de Verdun, évacué en quelques lignes, mais bien l'homme providentiel de l'été 1940, « ce chef impassible dans sa dignité » qui « s'est imposé aux hommes par son âme, la conscience de son devoir, la force de son affection »[5]. L'ouvrage, conçu comme une sorte de reportage, s'attache surtout à montrer la force du lien qui unit le Maréchal aux Français. À la vue de Pétain, la foule est « saisie », car le « chef idéal » est devant elle, « image intacte de la France telle que chacun voudrait qu'elle fût encore »[6]. L'émotion est intense : « La foule ne se contient plus [...]. Des femmes pleurent, les mains jointes[7] », écrit encore Benjamin. C'est l'image du martyr, du Christ souffrant et rédempteur[8]. Mais c'est aussi l'image

1. Lucien Romier, *Esquisse d'un portrait moral du maréchal Pétain*, Paris, Imprimerie nationale, 1942.
2. Henry Bordeaux, *Images du maréchal Pétain*, Paris, Sequana, 1941.
3. Henri Pourrat, *Le Chef français*, Paris, Robert Laffont, 1942.
4. René Benjamin, *Le Maréchal et son peuple*, Paris, Plon, 1941, p. 1.
5. *Ibid.*, p. 2.
6. *Ibid.*, p. 85.
7. *Ibid.*, p. 89.
8. *Ibid.*, p. 101.

d'une séduction collective : une « belle Arlésienne », jalouse d'un « jeune tambourinaire » embrassé par Pétain, s'exclame « en fermant les yeux : Si ç'avait été moi, je ne me serais plus jamais lavé les lèvres de ma vie ! »[1].

Maurice Martin du Gard, le directeur des *Nouvelles littéraires*, va jusqu'à présenter la visite du Maréchal à Lyon, fin novembre 1940, comme un « triomphe », la « canonisation » de « saint Pétain ». Il raconte qu'une ouvrière de l'usine Ciba, pleurant d'émotion, s'est évanouie lorsqu'il s'est approché d'elle, que « chacun voulait toucher sa capote dans la foule où il entrait familièrement », et que les paysans, qui avaient fait des dizaines de kilomètres dans la nuit pour venir le saluer, ôtaient leurs bérets, restaient là à quelques mètres du wagon et s'en allaient, « transfigurés » par la vision du Maréchal, tels les sujets devant leur monarque[2].

La résurgence du bain de foule

À la différence des présidents de la Troisième République, qui entendaient incarner par un certain éloignement rituel la majesté collective de leur fonction, le Maréchal renoue avec la pratique bonapartiste du « bain de foule », indissociable de la nature à la fois paternaliste et thaumaturgique de sa représentation. Le voici par exemple à Lyon, le 18 novembre 1940, faisant arrêter sa voiture pour marcher à pied dans la foule jusqu'à la préfecture, avant d'assister à la messe des morts concélébrée par Mgr Gerlier. Le voici à Marseille, le 3 décembre suivant, où il s'écarte à nouveau du protocole en allant visiter la très populaire foire aux santons qui se tient en haut de la Canebière. « Les gens sont venus pour participer à un acte de foi », commente le rapport de police envoyé au cabinet civil du Maréchal, décrivant les « tempêtes de cris et d'applaudissements », « les gens qui pleurent », submergés par l'émotion, les « maisons pavoisées », « partout des grands portraits du Maréchal »,

1. *Ibid.*, p. 115.
2. Maurice Martin du Gard, *Chronique de Vichy, 1940-1944*, Paris, Flammarion, 1948, p. 113 *sq.*

« du monde à toutes les fenêtres », « toutes les classes de la société mêlées »[1].

La presse aux ordres décrit avec force détails sa visite à Montluçon, à l'occasion de la fête du 1er mai 1941, telle une entrée en ville référée à la tradition monarchique, mais assortie de cette dimension de proximité humanisée dont se nourrit le providentialisme pétainiste. La séquence de la revue militaire, puis celle de l'accueil des délégations, « victimes des bombardements, familles nombreuses, scouts de France », puis celle des offrandes aux nécessiteux relèvent de la tradition monarchique. Mais vient ensuite l'heure du bain de foule proprement dit, la remontée à pied de l'avenue Wilson, rebaptisée « avenue du Maréchal-Pétain », et la rencontre avec les « maîtres sonneurs du Bourbonnais », munis de leurs vielles et de leurs cornemuses. La journée s'achève en compagnie des mineurs des Forges de Commentry, en bleus de travail et pics à la main, qui ajoutent l'indispensable touche sociale et populaire aux multiples facettes de cette journée de célébration du sauveur[2]. « On voulait l'approcher, le toucher comme pour se protéger du pire, se rassurer, raconte son ministre Joseph Barthélémy. Il s'inscrivait dans la lignée des rois thaumaturges. Majestueux, prestigieux, il comblait un peuple qui ne savait plus à quoi se raccrocher[3]... »

La même foule idolâtre se presse deux fois par mois aux « Jeudis du Maréchal », à l'hôtel du Parc, dont les couloirs et le grand salon ont été transformés en musée de l'Art, du Travail et de l'Ingéniosité française. « C'est un peu Louis XIV recevant tous et chacun à Versailles [...]. Mais par la vigueur des boutades, c'est un peu aussi Napoléon[4] », écrit Noël d'Ornans à propos de ce rituel. Si l'on en croit les services de propagande, « c'est durant ces audiences, qui durent en moyenne un quart d'heure, que le Maréchal se livre,

1. Note de l'Inspection générale de la police administrative, n° 2503, 6 décembre 1940 (AN, 2 AG 438, cabinet civil, C).

2. *La Croix*, 2 mai 1941.

3. Joseph Barthélémy, *Vichy, 1941-1943. Mémoires*, Paris, Pygmalion, 1989, p. 61.

4. Noël d'Ornans, *Les Jeudis du Maréchal*, Paris, Éd. de la GP, 1942.

laisse parler son cœur. Il exerce le charme et le magistère de la souveraineté [...]. On le quitte ragaillardi, gonflé[1] ».

Mais l'idolâtrie s'exerce aussi à distance. On lui envoie des cadeaux, des objets, des lampes, des verres, des pipes, des cendriers, et même des tapis d'Aubusson ornés de la francisque[2]. Selon la presse, c'est « par centaines, par milliers », que se comptent les demandes pour ceux qui souhaitent devenir « les filleuls et les filleules du chef de l'État français [...], le premier parrain d'Europe »[3]. Par milliers aussi les lettres et poèmes dédiés au Maréchal, figure à la fois paternelle et divinisée : « Père à jamais loué. Protégez-nous toujours. / De vos yeux lazulés, donnez-nous la douceur. / [...] Louons à tout jamais, oh ! Père que l'on aime ! / Vos actes éclatants – conquérants de l'honneur[4]. » En avril 1941, un décorateur lui dessine même « la tenue d'un Maréchal de France Chef de l'État[5] », avec un manteau de pourpre et d'hermine directement inspiré des monarques d'Ancien Régime. À cette époque, n'en est-il pas l'héritier ?

« Le Maréchal est vieux et loin »

Jusqu'à quand l'idolâtrie pétainiste de l'homme providentiel reste-t-elle un phénomène de masse ? La réponse est évidemment complexe, car les sources de l'historien sont polluées par les péripéties de l'occupation allemande et par la censure de Vichy. Constatons par exemple que la tristement fameuse entrevue de Montoire est présentée par la presse sous contrôle comme une « consécration de l'œuvre du maréchal Pétain », et qu'elle souligne les « touchantes manifestations de confiance » de « la population des villes et des villages traversés par le chef de l'État » en rentrant à Vichy[6].

1. Cité par Marc Ferro, *Pétain*, *op. cit.*, p. 140.
2. Laurent Gervereau et Denis Peschanski (dir.), *La Propagande sous Vichy, 1940-1944*, Paris, BDIC, 1990, p. 125.
3. *L'Illustration*, 24 avril 1943.
4. Michèle Cointet, *Pétain et les Français, 1940-1951*, *op. cit.*, p. 184.
5. Laurent Gervereau et Denis Peschanski (dir.), *La Propagande sous Vichy, 1940-1944*, *op. cit.*, p. 133.
6. *La Croix*, 26 et 27 octobre 1940.

Si l'on en croit les rapports sur l'état d'esprit de la population envoyés par les préfets à la présidence du Conseil, on se pose néanmoins, dès l'automne 1940, des questions sur ses capacités. « Le Maréchal est vieux et loin », dit-on en zone occupée, où « l'opinion publique a l'impression d'être abandonnée »[1]. Une note sur « l'état d'esprit dans la région parisienne » indique un « malaise grave » dans les « milieux populaires », où domine une « attitude de méfiance, parfois d'hostilité, à l'égard sinon du Maréchal, du moins de son Gouvernement »[2]. Au point que le général de La Laurencie, délégué général de Vichy auprès des autorités d'occupation, estime qu'il n'y a « pas d'union entre le Chef, le Gouvernement et le Peuple[3] ».

Si l'on en croit la plupart des rapports préfectoraux, l'aura providentielle de Pétain ne serait pas remise en cause par cette impression d'éloignement. « Il reste pour les Français le Chef qui incarne les idées et les aspirations de chacun », estime le préfet des Alpes-Maritimes dans un rapport du 10 mai 1941. « Je reste persuadé que toute cette foule est prête à la première occasion à donner le témoignage de son amour de la France que personnifie toujours pour elle le Maréchal », affirme le préfet de police dans son rapport du 1er juillet 1941 sur la population parisienne. Mais il ajoute que le Maréchal apparaît « trop lointain aux yeux de la population parisienne pour qu'elle soit efficacement sensible à ses mots d'ordre et à sa politique ».

Dans le même esprit, de nombreux rapports reflètent cette impression d'un chef coupé de ses troupes, ignorant des réalités du terrain, isolé par son entourage. Le préfet de l'Orne signale, le 17 juillet 1941, qu'il « reçoi[t] périodiquement des portraits de Pétain qui [lui] sont retournés par des expéditeurs anonymes, certains revêtus d'inscriptions injurieuses ». Celui de la Marne mentionne des inscriptions à la craie, dans la nuit du 13 au 14 juillet 1941, à la sortie du village des Petites-Loges : « Vive de Gaulle, Pétain à la retraite »[4]. Certes, ce ne sont encore que des incidents

1. Rapport du 16 octobre 1940, AN, secrétariat général de la présidence du Conseil, politique intérieure, état d'esprit de la population, F60 502.

2. Rapport du 18 décembre 1940, *ibid.*

3. Rapport du 19 octobre 1940, *ibid.*

4. *Ibid.*

très isolés. Mais la symbolique de ces dissidences est forte, car elle dissocie le sauveur providentiel de la fête du 14 juillet, ce moment privilégié de l'unité nationale qu'il prétend incarner.

La fin de l'état de grâce semble bel et bien actée par le message du 12 août 1941 sur le « vent mauvais », dans lequel Pétain abandonne le ton du chef pour celui de Cassandre : « L'inquiétude gagne les esprits ; le doute s'empare des âmes », avoue-t-il aux Français. Paul Claudel, qui louait le protecteur de la France quelques mois plus tôt, prend ses distances dans un poème intitulé « Un peu plus tard ». Il y fustige « Notre bon souverain, Philippe le Grand », dépassé par sa tâche, vassalisé par les Allemands et réduit aux incantations pathétiques d'un dictateur au petit pied : « Vive Moi ! Ainsi soit-il ! / Appréciez le caractère / Diététique et salutaire, / [...] De la formule autoritaire / Dont une concession d'Hitler / M'a rendu le propriétaire [...]. / Allons, pas de rouspétance ! / Vous avez bien de la chance ! / Tout le monde, y compris moi, / Serrons-nous autour de Moi ! / Vive Moi ! Vive la France ! / Et le peuple au lieu de *Marseillaise* / Entonnait *La Rutabagaise*[1] ! » C'est ainsi que la dérision désacralise l'image messianique du sauveur de 1940.

À la faculté de droit de Rennes, où sont organisées des journées de solidarité nationale, début décembre 1941, le nom du Maréchal est hué par les étudiants, et les lycéens de Quimper défigurent son image avec une mèche à la Hitler sur les bons de solidarité nationale[2]. À cette époque, la souveraineté incontestée de l'homme providentiel n'est déjà plus qu'une fiction de propagande. Début 1942, le préfet de l'Aude estime que les partisans inconditionnels de Pétain ne dépassent pas 25 % de la population, ses adversaires 10 %, et le reste, soit deux tiers des Français, est attentiste[3].

Pourtant, si l'on en croit la presse, il a reçu un accueil enthousiaste à Toulouse, le 14 juin 1942, dans une région de tradition pourtant peu maréchaliste. « Chaleureuses acclamations, vivats

1. Paul Claudel, *Poèmes et paroles durant la guerre de trente ans*, Paris, Gallimard, 1945, p. 163-164.

2. Rapport sur l'état d'esprit de la population en Bretagne, 10 janvier 1942, AN, secrétariat général de la présidence du Conseil, politique intérieure, état d'esprit de la population, F60 502.

3. Michèle Cointet, *Pétain et les Français, 1940-1951*, *op. cit.*, p. 228.

enthousiastes et ovations sans fin » ont accompagné chaque minute de sa visite, selon Jean Dalbiga dans *La Croix*. Il décrit une foule appartenant à « tous les milieux », un « peuple dans la joie d'acclamer son sauveur, son ami, son père », et il conclut que « par Toulouse, c'est toute la France qui s'est donnée au Maréchal »[1]. Évoquons par ailleurs sa visite triomphale à Paris le 26 avril 1944, où il vient rendre hommage aux victimes des bombardements des semaines précédentes. À l'Hôtel de Ville, où il se rend pour « saluer les morts et plaindre les vivants », puis sur le parcours de sa voiture vers son domicile parisien, il est acclamé par une foule compacte, notamment par les étudiants du boulevard Saint-Germain, qui lui lancent, selon la presse de l'époque, une « pluie de fleurs »[2]. Après cette visite, beaucoup de lettres reconnaissantes lui sont envoyées à Vichy, dont ce poème d'une Parisienne du Xe arrondissement : « Maintenant vous venez partager notre sort, / Votre grand cœur meurtri vient saigner sur nos ruines. / Ô grand chef vénéré, fort parmi les forts, / Votre couronne à vous n'est aussi que d'épines[3]. » Mais les lettres dépouillées par les contrôles techniques entre janvier et juillet 1944 montrent que les manifestations de la vénération pétainiste diminuent de moitié, tandis que la compassion à son égard triple ses références, et que l'hostilité se manifeste de plus en plus, en dépit des risques de représailles[4]. On voit bien que le Pétain de 1944 n'incarne plus cette figure du héros, du chef et du rédempteur qui faisait de lui un homme providentiel en 1940. Il n'est plus qu'un père souffrant et compassionnel, au mieux un martyr.

1. *La Croix*, 15 juin 1942.
2. *Le Petit Parisien*, 27 avril 1944.
3. Michèle Cointet, *Pétain et les Français, 1940-1951*, *op. cit.*, p. 267.
4. *Ibid.*, p. 270.

CHAPITRE IX

Les patriotes

Pour rivaliser avec l'enthousiasme plus ou moins contrôlé des régimes autoritaires bonapartiste ou pétainiste, imprégnés par la figure religieuse du rédempteur, il faut des circonstances exceptionnelles, qui font émerger une autre figure charismatique, celle du patriote. Plusieurs historiens ont montré à quel point le sacré et le religieux imprègnent la culture de guerre[1]. Et c'est dans la mystique patriotique que se fonde la tradition républicaine de vénération de l'homme providentiel, de Gambetta à de Gaulle, en passant par Clemenceau.

L'énergie du chef

C'est celle qu'incarne Léon Gambetta lorsqu'il quitte Paris en ballon pour organiser la résistance nationale face à l'invasion prussienne. Si l'on en croit quelques ouvrages publiés à l'époque, « immense » est l'effet de son arrivée à Tours. « La France entière accueillit avec joie la proclamation et surtout les quelques paroles prononcées par le jeune ministre, du balcon de la préfecture, à la foule, qui l'acclamait [...]. Si jamais homme put se flatter d'être populaire, c'est bien M. Gambetta en cet instant »[2]. Le journaliste Alcide Dusolier, son secrétaire au ministère de la Guerre, voit dans cette popularité

1. Voir par exemple Annette Becker, *La Guerre et la Foi. De la mort à la mémoire*, Paris, Armand Colin, 1994.

2. *Guerre de 1870-1871, M. Gambetta. De son rôle à Tours et à Bordeaux*, Bruxelles, Lebègue, 1871, p. 11-13.

soudaine l'émergence d'une figure salvatrice d'homme providentiel : « Vous souvient-il, mes amis, avec quelle joie fut accueillie la dépêche annonçant la venue de l'ardent citoyen, du patriote inspiré ? Comme on renaissait, comme on reprenait confiance et courage !... Tous étaient avec lui, pour lui, derrière lui – tous[1]. »

La réalité est sans doute plus nuancée. À la lecture de la presse nationale, on constate que la politique gambettiste n'occupe en réalité qu'une place marginale, loin derrière les péripéties militaires ou diplomatiques, et que les véritables héros de l'heure sont les généraux, tels Chanzy et Bourbaki, ou le légendaire Giuseppe Garibaldi, venu combattre avec ses fils aux côtés des Français. Nombreuses sont les brochures exaltant le « libérateur » italien, à l'instar de celle-ci : « Viens-t'en / Parmi nous, et surgis, victorieux Titan, / Dressant ton front superbe au milieu de l'orage. / Toi seul ! Cela suffit pour rendre le courage / À qui pouvait douter et raffermir encore / Les vaillants dont l'audace est la cuirasse d'or[2]. » Dans le champ symbolique de l'héroïsme, on peut dire que le tribun patriote est relégué au second plan par le chef des « Chemises rouges ». De surcroît, la « dictature de Gambetta », surnommé « Grand-Bêta »[3], est l'objet d'attaques virulentes venues du camp monarchiste comme de l'extrême gauche, certains dénonçant même « la plus extravagante, la plus stupide, la plus insolente des tyrannies sous laquelle la bêtise humaine ait pu courber une nation[4] ».

Peut-on considérer pour autant que les élections générales du 8 février 1871, remportées par le camp pacifiste, signifient le désaveu de celui que la droite surnomme « le Carnot de la défaite », « le satrape de Tours », « le dictateur de l'incapacité » ? Faut-il y voir, comme *Le Figaro*, une « indigestion » de Gambetta, « cet énergumène échappé en ballon de l'Hôtel de Ville pour aller semer en province le désordre, l'effroi et le désastre de nos armées »[5] ? N'est-

1. Alcide Dusolier, *Ce que j'ai vu du 7 août 1870 au 1er février 1871*, Paris, 1874, p. 83.
2. Albert Glatigny, « À Garibaldi », *Le Fer rouge. Nouveaux châtiments*, Bruxelles, Poulet-Malassis, 1870, p. 72.
3. Arsène Gomber, *Notes sur la dictature de Gambetta*, *op. cit.*, p. 2.
4. H.-R. Blandeau, *La Dictature de Gambetta*, *op. cit.*, p. 1.
5. *Le Figaro*, 7 et 8 février 1871.

il qu'un « geai paré des plumes du paon », « capable de tout espérer et de tout oser, mais aussi incapable de direction qu'avide de commandement », et n'ayant « pratiqué dans l'exercice de la souveraineté absolue aucune des vertus qui font les grands hommes »[1] ?

Son élection dans dix départements, dont la Seine, où il obtient cent quatre-vingt-onze mille deux cent onze voix, et les Bouches-du-Rhône, où il était sortant, prouve que la popularité de Gambetta reste intacte parmi les républicains, et que sa carrière politique peut rebondir, désormais nourrie par la légende du sauveur. Agricol Perdiguier, vieux républicain emblématique, reflète l'estime et l'admiration que nourrissent les patriotes envers Gambetta au sortir de la guerre franco-prussienne : « Que dites-vous de Gambetta ? – Sublime ! – Mais il a pourtant, dit-on, commis des fautes, des erreurs. – Soit ! Mais quel zèle, quel entrain ! quelle activité ! comme il se répandit dans les villes, dans les campagnes, au milieu des armées, enflammant les esprits, réchauffant les cœurs, soufflant partout un saint enthousiasme, l'amour sacré de la patrie[2] ! » Un autre le salue « Parce qu'il s'est trouvé, dans cette ignominie / Et dans ces trahisons, un être de génie / Qui ne voulut jamais arrêter son effort, / Car dans notre péril, seul, il s'est senti fort[3] ». Lorsqu'il s'agit de le comparer à Adolphe Thiers, le caricaturiste André Gill le dessine sous les traits d'un géant ou d'un grand chêne, alors que Thiers est représenté soit comme un petit homme rabougri, soit comme un hibou perché sur la branche de l'arbre gambettiste[4]. Si injuste qu'elle puisse paraître, cette impression est partagée à l'époque par la plupart des républicains, qui considèrent Gambetta comme un héros patriotique, tandis que l'image de Thiers est à jamais flétrie par le souvenir de la Semaine sanglante. Si les portraits des deux hommes figurent côte à côte sur les mouchoirs imprimés aux couleurs de l'« Union de tous les groupes

1. Edmond Arnous-Rivière, « vrai républicain », *Le Dictateur Gambetta, ou le geai paré des plumes du paon*, Paris, Dentu, 1871, p. 3 ; Jean-Camille Fulbert-Dumonteil, *Partis politiques. Les septembrisés*, Paris, Amyot, 1872, p. 74.

2. Agricol Perdiguier, *Comment constituer la République*, chez l'auteur, 1871, p. 51.

3. Émile Corra, « Gambetta », *Jours de colère (Dies Irae)*, Paris, Lemerre, 1872, p. 137.

4. Dessins publiés dans *La Lune rousse*, 27 mai 1877 et 24 juin 1879.

républicains », lors de la campagne électorale de 1877, c'est Gambetta qui a les préférences des militants.

Dans un précédent chapitre, nous avons montré à quel point ses tournées de « commis voyageur de la démocratie » ont soulevé l'enthousiasme des foules[1]. « Étant la personnification la plus incontestée, le représentant le plus autorisé de notre démocratie française, vous êtes devenu son guide[2] », lui écrit un militant républicain dans une brochure vendue 20 centimes. « Avec enthousiasme nous vous saluons, intrépide champion, vaillant tribun, illustre citoyen ! Elle est belle, oh oui ! elle est belle et bienfaisante, la République, votre œuvre[3] ! » s'enflamme un autre admirateur anonyme. C'est l'époque où le sculpteur Jean Cambos réalise son buste en fonte, et où les peintres Jules Didier et Jacques Guiaud reprennent la scène messianique du départ en ballon depuis la butte Montmartre[4]. Alphonse Legros préfère le représenter en buste, de trois quarts sur fond rouge, dans une posture d'homme d'État[5]. Joseph Blanc le dessine de profil, regardant vers son destin[6]. Étienne Carjat le photographie les bras croisés, tempes grisonnantes[7]. Et une assiette historiée, diffusée par la manufacture de Sarreguemines, reprend une caricature d'Alfred Le Petit le représentant en coq gaulois, avec derrière lui les caricatures des trois droites, et cette légende patriotique : « C'est lui le coq démocratique / Qui chanta d'abord le cocorico / Auquel notre France héroïque / Répondit par un formidable écho[8]. »

C'est aussi l'époque où *La République française* publie la première édition de l'*Almanach Gambetta*, vendu 15 centimes par les colporteurs dans toute la France. On y trouve son portrait (de profil),

1. Voir *supra*, chap. V.
2. Paul Bouchard, directeur du journal *Le Réformateur anticlérical et républicain*, *Quatrième Lettre d'un Bourguignon*, Paris, Librairie Sandoz et Fischbacher, 1879.
3. Lettre d'un paysan quercynois à Gambetta, Aurillac, A. Pinard, juin 1881, p. 3-4.
4. *Départ de Gambetta pour Tours sur la butte Montmartre, le 7 octobre 1870*, 1872 (musée Carnavalet).
5. *Léon Gambetta*, 1875 (musée d'Orsay).
6. *Léon Gambetta*, 1879 (musée du Louvre).
7. S.d. (musée de Strasbourg).
8. « Les contemporains dans leur assiette : Gambetta », Sarreguemines, 1878.

ainsi qu'une biographie laudative dans laquelle il est décrit comme « l'homme d'État le plus éminent du dix-neuvième siècle », celui qui « représente l'avenir » car « c'est en lui que la démocratie honnête et républicaine a placé sa confiance ». Et pour rapprocher les lecteurs du grand homme, un reportage est consacré à « M. Gambetta chez lui », depuis son lever à sept heures trente jusqu'à son coucher vers dix heures du soir, « non sans relire un chapitre de Rabelais, son auteur de prédilection, qu'il récite par cœur quand il est en belle humeur ». On apprend que sur la cheminée de son cabinet trônent son buste en terre cuite et un autre de Danton, sa référence patriotique, qu'il aime passionnément les bons cigares et les derniers romans d'Alphonse Daudet[1]. Cette incursion dans l'intime, loin de désacraliser l'image du grand homme, lui confère une proximité nouvelle, qui semble préparer son retour au pouvoir.

Lorsqu'il constitue son « grand ministère », en novembre 1881, même ses adversaires reconnaissent ses talents : « M. Gambetta possède quelques-unes des plus utiles qualités de César et de Napoléon », écrit un journaliste du *Gaulois*, ajoutant : « Il y a longtemps que la France n'avait mis ses destinées en des mains aussi fortes, aussi populaires, aussi expérimentées [...]. Il ne restera plus à lui souhaiter que les faveurs de la Fortune, dont les plus grands hommes d'État ne se peuvent passer. Mais elle ne lui a jamais manqué »[2]. En revanche, on lui reproche d'aspirer au pouvoir personnel. À l'extrême gauche, l'ancien communard Henri Rochefort le traite de « César génois[3] ». À droite, l'orléaniste Philippe de Grandlieu dénonce quant à lui le « César de Cahors », « inconstitutionnel et dominateur », sa « fatuité brouillonne et impérieuse » qui instaure « la dictature sans le génie » et « sans la gloire »[4]. Le bonapartiste Paul de Cassagnac, racontant « son » histoire de la Troisième République, considère que Gambetta a eu moins le « souci de délivrer la France que d'établir sa dictature[5] ». Enfin, *La Gazette de*

1. *Almanach Gambetta*, 1re éd., Bureau central de *L'Avant-Garde*, 1880.
2. Benvolio dans *Le Gaulois*, 14 novembre 1881.
3. *L'Intransigeant*, 16 juillet 1881.
4. *Le Figaro*, 15 novembre 1881.
5. Paul de Cassagnac, *Histoire de la Troisième République*, Paris, Lachaud, 1876, p. 178.

France exhorte les Français à barrer la route à la « dictature » de ce « César grossier et repu », au « train de vie princier » et à la « fortune colossale »[1].

Dans une lettre envoyée à Léonie Léon, Gambetta rapporte ce qu'il a entendu dire par un député « à haute voix dans les couloirs : M. le président du Conseil vient d'annoncer le coup d'État et la dispersion par la force du Congrès ». Amusé, il commente : « Dans vingt-quatre heures il sera établi dans le pays que j'ai menacé des bayonnettes du tyran »[2]. C'est ainsi que le commis voyageur de la démocratie se voit associé à l'image de l'homme providentiel bonapartiste. C'est le paradoxe du sauveur républicain, auquel Clemenceau sera, lui, confronté en 1917.

Écrivant la biographie de Gambetta au sortir de la Première Guerre mondiale, ce n'est pas l'homme providentiel mais le grand patriote qu'exalte Paul Deschanel. Mais il y a dans son exaltation héroïque du « chef » une dimension salvatrice et régénératrice qui se rapproche du registre messianique. Sous sa plume, Gambetta est celui qui « apportait l'énergie et le rayon de la jeunesse », celui qui « croyait alors que tant d'autres ne croyaient pas », celui qui « animait tout de sa flamme », c'est-à-dire un transfuseur de lumière et d'espérance qui s'apparente à l'homme providentiel[3]. Comment ne pas esquisser le parallèle avec Georges Clemenceau, qui vient d'insuffler à son tour la flamme de la victoire aux armées françaises ? « À la veille de l'action », « c'est justice, écrit le Tigre en 1914, que notre pensée se retourne vers Gambetta »[4]. La généalogie des sauveurs patriotes passe par ces deux grands républicains.

Le Père la Victoire

Clemenceau suscite des réticences lorsqu'il arrive au pouvoir, aussi bien chez les socialistes, qui ne lui pardonnent pas son passé

1. Edmond Béraud, *Gambetta dictateur*, *op. cit.*, p. 2 et 122.
2. Lettre du 21 janvier 1882, bibliothèque de l'Assemblée nationale, ms. 1777.
3. Paul Deschanel, *Gambetta*, Paris, Hachette, « Figures du passé », 1919.
4. Éditorial de *L'Homme libre*, 2 août 1914.

de « premier flic de France », que chez les conservateurs, qui ne veulent pas d'un nouveau bloc des gauches. Mais il s'impose à l'opinion comme le seul capable de prendre en main les rênes du pays. Comme l'écrira Léon Daudet, « le propre de l'homme marqué par la Providence, c'est de rejoindre un grand frisson public. Clemenceau, ce jour-là, le rejoignit et l'exprima [1] ». Peut-on donner meilleure définition de l'homme providentiel ?

« Un grand frisson public »

« On ne peut faire le compte de ses ennemis, ils sont trop nombreux ; il n'en reste pas moins vrai que Clemenceau a été choisi par le pays tout entier car il est certainement le plus grand homme d'État français contemporain », écrit le journaliste Whyte Williams dans le *New York Times*. « L'opinion publique attendait M. Clemenceau », affirme *Le Temps* du 18 novembre, tout en exprimant des réserves envers son « tempérament si curieux et sa forte originalité ». Pour *La Petite Gironde*, « c'est un devoir national que de faire confiance à M. Clemenceau ». Et c'est pourquoi « nous serons derrière lui avec le pays tout entier », promet *La Petite République*. Même dans *Le Figaro*, organe de la droite conservatrice, Alfred Capus lui reconnaît l'unanimité morale dans les « grandes préoccupations de la politique nationale » et lui demande tout simplement « l'action entraînante, toute l'action et toute la justice ». Et pour *Le Gaulois*, autre quotidien conservateur, « c'est un dictateur qu'appellent en sa personne les vœux du pays, et c'est comme tel que, porté par les événements, il entre aujourd'hui dans l'histoire » [2].

Cette lettre d'une demoiselle Vincent-Leroy, d'Oherville, communiquée début novembre 1917 par Maurice Barrès à Clemenceau, témoigne de sa popularité dans la France profonde : « Permettez à une humble Française de vous envoyer, du fond d'un petit village du pays de Caux, le témoignage de sa profonde admiration. Votre courage, votre indomptable énergie, votre grand patriotisme vous

1. Léon Daudet, *Flammes. Polémique et polémistes*, Paris, Grasset, 1930.

2. *Le Temps*, *La Petite Gironde*, *La Petite République*, *Le Figaro*, *Le Gaulois*, 17-18 novembre 1917.

ont rallié les suffrages de notre bien-aimée Patrie. Tous sont avec vous, grands et petits […]. Vous en aurez l'assurance […] par l'adresse ci-jointe recouverte des signatures de toutes les femmes – sans exception – de notre petite commune de trois cents habitants[1]. »

Les nombreuses adresses qui lui sont envoyées par les conseils municipaux reflètent le même enthousiasme. Le 30 mai 1918 par exemple, les édiles d'Aix-en-Provence saluent « respectueusement » celui « qui a su tenir tête aux envahisseurs, et aux ennemis encore plus dangereux de l'intérieur, et qui a si largement répondu à la confiance de tous ». S'échelonnent ensuite, de juin à novembre 1918, des adresses émanant de Niort, saluant « l'illustre Vendéen », de Chambéry, qui « vénère » le président du Conseil, de Dijon, qui honore « ce grand Français dont la nation a raison d'être fière », du Havre, de Montpellier ou de Saint-Étienne. Le 22 août 1918, ce sont les conseils généraux de toute la France qui lui envoient leurs « félicitations ». Le 28 septembre, la chambre de commerce de Rennes lui souhaite un joyeux anniversaire, imitée avec un peu de retard par la Société des gens de lettres, puis par les Alsaciens-Lorrains d'Amérique, qui lui envoient un télégramme, et enfin par le huitième congrès des maires des principales villes de l'Ouest, qui saluent leur « glorieux représentant »[2]. Beaucoup plus que des saluts rituels à un chef de gouvernement, ce sont des hommages chaleureux et enthousiastes au premier des patriotes.

Est-ce pour autant la reconnaissance d'un homme providentiel ? Sans doute pour Maurice Barrès, qui voit en lui « un fameux modèle, défenseur et excitateur du moral français », naguère combattu, mais désormais « aimé de tout cœur, pour une seule raison, parce qu'il est utile à la France »[3]. C'est aussi ce qui ressort d'un article dithyrambique consacré au Tigre par Maurice Prax à la une du *Petit Parisien* du 5 janvier 1918, et qui présente un condensé des vertus archétypiques du sauveur. Il y est décrit comme une « figure unique dans la nation », un « chef » qui a « livré seul » tous ses « combats », agissant

1. Cité par Michel Winock, *Clemenceau*, *op. cit.*, p. 440.

2. *Le Ministère de la victoire. Livre d'hommage à Georges Clemenceau*, Paris, 1918-1921, p. 231.

3. Discours devant la Ligue des patriotes, 11 juillet 1918, *ibid.*, p. 21.

« selon sa conscience, selon ses convictions, selon ses inspirations », ce qui est l'apanage de l'homme providentiel. Sa légitimité est celle d'un républicain, « ardent et passionné », qui « a perpétuellement combattu pour la République », et d'un patriote, qui « a toujours devant ses yeux l'image de la patrie ». Son activité est celle d'un travailleur inlassable, qui « se lève à trois heures du matin », « s'accorde un répit à six heures pour faire de la gymnastique », puis « déjeune en un quart d'heure » avant de se remettre à la tâche jusqu'au soir « devant un bureau surchargé de plis et de dossiers ». À cette image du surhomme, inspirée par celle d'un Napoléon Ier, s'ajoute la magie charismatique de sa voix, « mâle, sans faiblesse, sans bavardage », qui relève aussi de l'iconologie du sauveur. Ne manque à ce tableau messianique que la symbolique du regard, souvent invoquée par les thuriféraires de l'homme providentiel, mais que le journaliste n'a pas prise en compte, préférant sans doute laisser parler les photos du grand homme.

C'est en tout cas l'impression d'un héros au courage indomptable et à l'énergie salvatrice qui se dégage des innombrables dessins et caricatures consacrés au président du Conseil. « Georges, tiens bon la rampe[1] ! » lui dit un dessin d'André D'Hampol qui le montre en funambule au-dessus des combats. Léandre le montre en « chasseur d'aigles », tenant au bout de sa pique la carcasse de l'aigle impérial allemand[2]. Filant la métaphore de son surnom, Miarko le dessine en « Roi de la jungle », tigre gigantesque coiffé de son célèbre petit chapeau, faisant sauter dans ses griffes l'empereur Charles Ier d'Autriche[3]. Sur le même thème, Théodore Botrel, « le barde breton », lui consacre un poème patriotique, intitulé « L'aigle et le tigre » : « [...] Le vieux tigre bondit, muet, sur l'aigle noire / Et, d'un revers de patte et d'un coup de mâchoire, / Il lui fracassa l'aile et lui tordit le cou[4]. » Florès le représente visitant les tranchées les plus exposées et discutant avec les poilus, que lui seul peut galvaniser[5]. Le romancier berrichon Hugues Lapaire raconte qu'il a « vu

1. *La Politique illustrée*, 8 décembre 1917.
2. *Le Ministère de la victoire*, *op. cit.*, p. 63.
3. *Le Rire rouge*, 27 avril 1918.
4. *Le Ministère de la victoire*, *op. cit.*, p. 36.
5. *Le Rire rouge*, 18 mai 1918.

des gens trembler comme s'il s'agissait d'eux-mêmes[1] » en lisant le récit des visites de Clemenceau sur le front, tant ils avaient peur de le perdre. Et Rudyard Kipling, incarnation du patriotisme britannique, rend un épique hommage « à l'âme la plus jeune du peuple le plus fort, à celui qui a remporté la victoire sur les os de la mort[2] ».

« C'est l'homme de la France ! »

On comprend mieux l'ovation spontanée qui lui est faite par les députés et les tribunes de l'hémicycle, le 11 novembre 1918, quand il vient lire à la Chambre les clauses de l'armistice. Le même jour, la Chambre haute vote à l'unanimité que soit installé son buste parmi ceux des autres sénateurs illustres. « Juste hommage envers l'homme qui a toujours voulu la revanche sur 1870 et qui a ramené la victoire sous nos drapeaux en réalisant l'unité du commandement[3] », lit-on dans la presse. Lorsqu'il revient au ministère de la Guerre, rue Saint-Dominique, des admirateurs l'accompagnent dans la cour et l'acclament. De la fenêtre de son bureau, il les harangue : « Mes amis, criez avec moi : vive la France ! » Si l'on en croit Léon Daudet, ce jour de l'armistice « fut un délire », Clemenceau manquant d'« être emporté par les remous de la foule enivrée » et « mâchant sa moustache pour ne pas pleurer, le cher grand homme », quand « toutes les femmes lui envoyaient des baisers avec des acclamations sans fin »[4].

Le 17 novembre, la France lui rend un hommage national, en compagnie du maréchal Foch, pour avoir « bien mérité de la patrie ». Le 21, tous deux sont élus à l'Académie française, à l'unanimité, fait exceptionnel. « Pour tout le monde il est le libérateur du territoire, l'organisateur de la victoire. Seul il personnifie la France. Foch a disparu ; l'armée a disparu. Quant à moi, bien entendu, je

1. *Le Ministère de la victoire*, *op. cit.*, p. 68.
2. *Ibid.*, p. 61.
3. *Le Temps*, 12 novembre 1918.
4. Préface à Fernand Neuray, *Entretiens avec Clemenceau*, Paris, Prométhée, 1930, p. 16.

n'existe pas[1] », commente avec amertume Raymond Poincaré. Dans un livre d'hommages qui sera publié en 1921, Jane Catulle-Mendès, veuve du poète, dit « merci » à Clemenceau au nom des « femmes en deuil », de « celles qui pleurent », car il a « bien mérité des morts pour la Patrie ». Au nom du barreau parisien, le bâtonnier Henri-Robert salue « le grand Français [...] qui par son inlassable énergie et son amour ardent de la patrie a contribué à nous donner la victoire ». Le conseil municipal de Paris, par la voix de son doyen Lampué, remercie le « chef », le « citoyen Clemenceau ». Et sous la plume de son président Edmond de Rothschild, le conseil d'administration de la puissante Compagnie des chemins de fer du Nord rend lui aussi hommage à celui qui a « relevé et soutenu le moral de tous[2] ».

Dans la séquence d'incarnation de la victoire, il est donc incontestable que l'image de Clemenceau se détache comme une figure symbolique d'homme providentiel. Léandre le dessine en allégorie du sauveur, recevant « l'hommage de la France et des provinces retrouvées[3] ». J.-H. Rosny Aîné, l'auteur de *La Guerre du feu*, ne craint pas de le comparer à Napoléon, inspirant chacun son « souffle » au pays, « une confiance unanime, la colère d'un peuple qui élit son chef et n'en voudra plus d'autre »[4]. Camille Ducray, déjà biographe de Paul Déroulède, compare Clemenceau à « ces glorieux croisés qui s'en allaient par le monde se battre pour une cause sainte[5] ». Gustave Geffroy, président de l'académie Goncourt, salue « le patriotisme, l'intelligence, la bravoure, toutes les qualités du génie français incarnées en ce Français de Vendée qu'une longue suite d'années a bronzé au feu de la vie, pour en faire le chef de cette lutte suprême que la France livre pour le monde civilisé[6] ».

Plus que le grand homme, c'est l'incarnation messianique de la Nation qui est exaltée, comme dans l'autre ouvrage publié par

1. Cité par Michel Winock, *Clemenceau*, *op. cit.*, p. 449.
2. *Le Ministère de la victoire*, *op. cit.*, p. 50-51.
3. *La Baïonnette*, 13 avril 1919.
4. *La Dépêche de Toulouse*, 26 décembre 1918.
5. Camille Ducray, *Clemenceau*, Paris, Payot, 1918, préface.
6. Gustave Geffroy, *Clemenceau*, Paris, Georges Cres, 1919, p. 15.

Geffroy, cette fois illustré de deux cents photos consacrées au « personnage central [...] d'une histoire d'un demi-siècle », « lutteur intrépide, serviteur admirable et obstiné de la liberté et de la Patrie »[1]. Mais l'ouvrage le plus remarqué est la biographie que lui consacre le romancier Georges Lecomte, achevée avant même l'armistice et tirée à plusieurs dizaines de milliers d'exemplaires en quelques mois. C'est un hymne à la gloire du Tigre, qui a donné « tout pour la Patrie », au terme de « soixante années de bataille pour la Liberté, pour la Justice [...] et, dominant tout, un amour passionné de la France »[2]. On y retrouve l'image du sauveur patriote, paternel, charismatique et thaumaturge, parcourant inlassablement les tranchées pour encourager les poilus, car « sa présence fait plaisir et suscite l'enthousiasme » et « on se précipite pour l'entendre, pour lui serrer la main »[3]. On y comprend la dynamique de rassemblement et d'identification qui a poussé les Français de tous bords, même de « braves gens naguère rétifs », à se regrouper derrière l'homme providentiel, parce que « sa poigne a tout sauvé », « parce que c'est l'homme de la France »[4].

« Étais-je donc digne d'éloges ? »

Pourtant, à l'instar de Gambetta, Clemenceau est lui aussi confronté à l'hostilité de l'extrême gauche, qui ne voit en lui qu'un vieillard usé et un apprenti dictateur. « Pourquoi veut-on faire apparaître M. Clemenceau comme un sauveur[5] ? » demande le socialiste Pierre Renaudel au moment où le Tigre arrive au pouvoir. « Un discours de Clemenceau, c'est du bordeaux 1847. Il a encore la couleur pelure d'oignon et du bouquet, mais plus aucune vigueur[6] », s'exclame un autre député socialiste dans la salle des

1. Id. et Louis Lumet, *Georges Clemenceau, sa vie, son œuvre*, Paris, Librairie Larousse, 1919, p. v.
2. Georges Lecomte, *Clemenceau*, Paris, Charpentier, 1919, p. 1.
3. *Ibid.*, p. 270.
4. *Ibid.*, p. 17.
5. *L'Humanité*, 19 novembre 1917.
6. *Ibid.*, 21 novembre 1917.

Pas-Perdus juste après la déclaration ministérielle. Dans *Le Canard enchaîné*, le dessinateur Gassier le représente muni d'un fouet devant ses ministres au garde-à-vous, avec cette légende : « Ah ! Ils veulent être gouvernés[1] !!! » Il enfonce le clou dans l'édition suivante, dessinant « Un ministère homogène », dans lequel tous les ministres ont le visage de Clemenceau, tantôt coiffé d'un casque de poilu, tantôt d'un béret de marin, d'une toque de juge ou d'un képi de policier[2].

À l'heure de la victoire, lorsque la Chambre lui rend hommage, le député socialiste Ernest Lafont s'indigne que « les ouvriers de la dernière heure [aient] seuls le droit d'être célébrés[3] ». On lui oppose un véritable héros démocratique venu d'outre-Atlantique, le président américain Wilson, arrivé en France le 14 décembre 1918 et célébré par la gauche comme l'adversaire de « tous les chauvins de France[4] », dont bien sûr Clemenceau. Lorsque Wilson repart aux États-Unis, Gassier dessine le président du Conseil venu le saluer au départ de son train, et demandant, fébrile, à un personnage de sa suite : « Vous êtes bien sûr qu'il a retenu sa place sur le bateau[5] ? »

L'extrême gauche lui reproche sa politique sociale répressive, ainsi que son nationalisme jugé outrancier. Au lendemain des manifestations du 1er mai 1919, qui se sont soldées par deux morts, le journal socialiste exprime sa colère : « M. Clemenceau a inscrit hier une nouvelle victoire à son fanion personnel. L'incapable, le malfaisant et le malpropre personnage [...] ajoute à ses titres de gloire le Premier Mai sanglant de 1919. [...] Finie, n'est-ce pas, la légende du Père la Victoire[6] ! » Au lendemain de la signature du traité de paix, Gassier le dessine en première page de *L'Humanité*, sous le titre « Une vocation », consultant un atlas, avec cette légende : « Où pourrais-je encore faire la guerre[7] ? » Laforge

1. *Le Canard enchaîné*, 21 novembre 1917.
2. *Ibid.*, 28 novembre 1917.
3. *L'Humanité*, 12 novembre 1918.
4. *Ibid.*, 15 décembre 1918.
5. *Le Canard enchaîné*, 19 février 1919.
6. *L'Humanité*, 2 mai 1919.
7. *Ibid.*, 30 juin 1919.

représente Marianne lui indiquant la direction du jardin public, avec cette légende : « Et maintenant, mon vieux Georges, si tu allais te promener[1] ? » Mais cette hostilité marquée des socialistes contraste avec l'image messianique de Clemenceau pour la majorité des Français.

Le supplément illustré du *Petit Journal* du 1er juin 1919 présente les « témoignages de sa popularité » sous forme d'« articles de Paris », petits objets, camées, médailles le représentant, souvent affublé d'un corps de tigre, terrassant l'aigle impérial sur un petit chariot roulant, ou marchant, la canne à la main, coiffé de son petit chapeau et vêtu de sa fameuse redingote des tranchées. Un mouchoir commémoratif reprend « le salut de Clemenceau à l'Alsace ». Un dessin de Robert Bonfils le montre, tel un colosse aussi haut qu'un sapin, saluant de son célèbre chapeau les jeunes femmes alsaciennes. Mais le plus grand succès est une carte postale, tirée d'un dessin de Fauret, où il apparaît en gros plan, tel un grand-père débonnaire, tenant dans ses bras les petites filles Alsace et Lorraine, avec cette légende : « Les revoici ! »[2].

Son discours du 30 juin 1919, présentant les clauses du traité de paix, est ponctué à la Chambre par des salves d'applaudissements enthousiastes. S'il se félicite de « l'œuvre de salut désormais accomplie », s'il exalte « les larmes des supplices et le sang des blessures », qui ont laissé ses compatriotes « meilleurs, plus hauts, plus grands, plus complètement français », c'est pour mieux exalter la grandeur de la paix, fondée sur l'« union sociale », qui « demeure le fondement même de la patrie ». Écouté dans un silence de cathédrale, il appelle ceux qui l'écoutent à le suivre dans la seconde séquence de sa carrière d'homme providentiel : « Commençons. Tous, il faut nous hâter. » Les députés alors se lèvent pour applaudir à tout rompre celui qui a sauvé la France.

À la veille du grand défilé de la victoire du 14 juillet 1919, il vient rendre hommage aux morts sous l'Arc de Triomphe. Une « foule énorme » l'accueille, raconte *Le Temps*, et l'émotion est grande lorsqu'il prend deux enfants par la main : « Vous êtes des

1. *Le Canard enchaîné*, 25 juin 1919.
2. Collections du musée Georges-Clemenceau.

petits enfants de France. Voyez ce qu'on a fait pour glorifier nos morts. » Et lorsqu'il remonte sous les acclamations dans son automobile, on court auprès de lui en agitant des drapeaux. Le lendemain matin, quand il revient aux Champs-Élysées, la presse nous apprend que des jeunes filles habillées en Alsaciennes et en Lorraines viennent lui offrir des fleurs. Rien n'est dit en revanche sur l'arrivée du président de la République. L'après-midi, lorsque Clemenceau fait irruption lors d'une représentation gratuite à l'Opéra-Comique, les cantatrices Emma Calvé et Marguerite Carré entonnent *La Marseillaise*, reprise en chœur par la salle, qui l'applaudit debout durant de longues minutes. « Au milieu du peuple parisien », c'est une véritable célébration du sauveur[1].

De ces journées de gloire, il fera le récit à l'écrivain René Benjamin : « Ce fut affreux ! la foule assaillit ma voiture. Par grappes, les gens s'y accrochaient : des hommes, des femmes, qui me tendaient leurs petits, et criaient, en haletant : "Vive Clemenceau ! Vive Clemenceau !" Tout de suite, je fus accablé ! [...] Mon Dieu ! Ces gens que j'avais sauvés, ces Français que j'avais tout fait pour délivrer de l'Allemagne, je ne pouvais plus les regarder, ni les entendre. Ils me louaient ! Étais-je donc digne d'éloges[2] ? » Surprenante confession du héros malgré lui, démocrate répugnant à endosser l'habit plébiscitaire de l'homme providentiel. Lorsqu'il vient présenter le traité de paix au Sénat, le 11 octobre 1919, il déclare avec humilité : « Nous ne faisons pas de miracles. » Mais le député catholique Dominique Delahaye lui répond : « Dieu se sert de vous pour les accomplir. »

Le premier des résistants

Si Clemenceau se référait à Gambetta au moment de la Grande Guerre, le général de Gaulle n'oublie pas de rendre hommage à Clemenceau quand son heure est venue. Au cœur de la guerre, il en appelle au Père la Victoire : « Au fond de votre tombe vendéenne,

1. *Le Temps*, 14-15 juillet 1919.
2. René Benjamin, *Clemenceau dans la retraite*, Paris, Plon, 1930, p. 135.

aujourd'hui 11 novembre, Clemenceau ! Vous ne dormez pas[1] ! » Trois ans plus tard, jour pour jour, il s'arrête avec Churchill devant la statue du grand homme au bas des Champs-Élysées, tandis que la fanfare joue *Le Père la Victoire*, composé par Paulus en 1918. Le 12 mai 1946, pour sa première réapparition publique après sa retraite politique, c'est sur la tombe de Clemenceau qu'il se rend, à Mouilleron-en-Pareds, cultivant l'image du sauveur rejeté par les élites, comme le Tigre le fut en 1920. À « l'exemple de Clemenceau, inébranlable au milieu des tempêtes, intransigeant dans sa foi en la France, inlassablement dévoué à la cause de la liberté », « vieux Gaulois acharné à défendre le sol et le génie de notre race », il exalte « les grandes disciplines acceptées, sous la conduite d'un État fort, dans l'ardeur d'un peuple rassemblé »[2].

La voix de la France

Cet héritage se retrouve dans le poème du réalisateur suisse Jean Choux, pétainiste rallié à de Gaulle, intitulé : « L'homme qui a dit non ! » : « À l'heure où le vieillard funèbre / Acceptait tout, défaite, horreur ; fange, ténèbres [...], / Un homme se lève et dit non ! / Il disait non, comme naguère / Le Tigre aux yeux de feu disait : je fais la guerre, / Il s'entêtait comme un prophète / À dire non à la défaite [...], / Seul / Avec sa foi / Avec l'orgueil, à travers tout, de croire en Toi [...]. / Dans sa voix, dans sa phrase / Belle de pure et cristalline transparence / On entendait chanter tes mille voix ô France[3] !... » Toute la thématique du sauveur héroïque est présente dans ce poème posthume : la référence à Clemenceau face à la démission du pouvoir pétainiste, la solitude et la foi du combattant, la fusion d'un homme et de son peuple, la voix enfin, qui emporte et transporte, la voix charismatique de l'homme providentiel. Cette image surhumaine, quintessence des légendes messianiques qui l'ont précédée, se propage comme une traînée de poudre au moment de la Libération.

1. Charles de Gaulle, *Discours et Messages*, *op. cit.*, t. I : *Pendant la guerre (juin 1940-janvier 1946)*, p. 130-131.
2. *Ibid.*, t. II : *Dans l'attente (février 1946-avril 1958)*, p. 4.
3. Colonel Rémy, *De Gaulle, cet inconnu*, *op. cit.*, p. 99-126.

Sur un dessin titré « 25 août 44 », Jean Effel, pourtant proche du Parti communiste, représente le Général dominant Paris de sa haute stature, la tour Eiffel seule à sa taille lui tendant le bras en l'appelant « Mon grand ! »[1]. Quatre mois, jour pour jour, après avoir acclamé Pétain au balcon de l'Hôtel de Ville, les Français se pressent sur la plus belle avenue du monde pour apercevoir ce général inconnu qui incarne la Résistance. Puis, tandis que peu à peu la France se libère, les hommages se multiplient envers celui qui fait figure de libérateur. Par exemple, le 11 novembre 1944, le maire de Courbevoie inaugure une avenue Charles-de-Gaulle, célébrant le « génie prestigieux » du militaire, le « chef incontestable de tous les Français résistants » et le « successeur de Carnot, l'organisateur de la victoire »[2]. À Bazas, en Gironde, le cours Thiers est rebaptisé « de Gaulle » le 3 mars 1945. À Bordeaux et à Alès, la place du Maréchal-Pétain devient place du Général-de-Gaulle[3]. C'est ainsi que la figure de l'homme providentiel se régénère dans la légende syncrétique de l'aventure gaullienne, au confluent du génie militaire bonapartiste, de la tradition républicaine du sursaut patriotique et du héros solitaire et messianique.

« Là où est le général de Gaulle, là aussi respire la France[4] », écrit François Mauriac pour l'ouverture d'une soirée organisée le 27 octobre 1944 au Théâtre-Français en l'honneur des poètes de la Résistance. Lorsque le héros arrive dans sa loge pour assister au spectacle, en compagnie notamment de Paul Valéry, les applaudissements crépitent et l'on chante *La Marseillaise*. C'est à cette occasion que Jean-Louis Barrault déclame le poème de Paul Claudel « Au général de Gaulle », composé le 28 septembre, qui résonne comme le symétrique de celui qu'il avait consacré à Pétain en 1940. « C'est vrai que j'ai été humiliée, dit-elle, c'est vrai que j'ai été vaincue / Il n'y a plus de rayons à ma tête, il n'y a plus que du sang et de la boue », écrivait-il quatre ans plus tôt. « Tout de même, vous autres ! dit la France, vous voyez qu'on ne m'a pas eue et que j'en suis sortie », écrit-il en 1944. Mais si Claudel décrivait Pétain

1. *France-Soir*, 30 décembre 1944.
2. Cité par Sudir Hazareesingh, *Le Mythe gaullien*, *op. cit.*, p. 42.
3. *Ibid.*, p. 42 et 44.
4. Claude Mauriac, *Un autre de Gaulle*, *op. cit.*, p. 57.

en 1941 comme le « père » de la France, celle-ci considère de Gaulle en 1944 de façon bien différente, comme « quelqu'un, qui est moi-même, debout ! et que j'entends qui parle avec ma propre voix ! »[1]. Alors que Pétain n'était qu'un père protecteur, de Gaulle, à l'instar de Gambetta et Clemenceau, apparaît comme l'incarnation même de la France.

« Lève-toi et marche ! »

Parmi les nombreux biographes du Général à la Libération, Gaston Bonheur est le seul à s'interroger avec finesse sur les éléments de la fabrication du mythe : « Que de Gaulle rentre à Paris en sauveur de la nation, après son prodigieux exil, et voici qu'aussitôt le proscrit de 40 apparaît comme providentiel, l'écrivain de 34 comme inspiré, le lieutenant de 14 comme auréolé, le garçonnet de 1900 comme marqué du signe [...]. Et ce qui n'était sans doute que le hasard devient, vu à l'envers, l'inéluctable nécessité[2]. »

Les autres n'ont pas cette distance lucide envers le nouveau messie. « À ce pays blessé, paralysé, le soldat-citoyen dit : "Lève-toi et marche !"[3] », s'enflamme le mystique patriote Georges Cattaui. Un autre critique littéraire, Jean Soulairol, exalte lui aussi le « libérateur », racontant son épopée depuis le 18 juin 1940 et soulignant la fusion entre un homme et son peuple[4]. Dans une courte brochure, l'écrivain et journaliste Suzanne Delaur raconte « la vie extraordinaire du général de Gaulle », dont le front a été marqué à sa naissance par « l'étoile du génie »[5]. Elle l'enracine dès l'enfance dans une mythologie patriotique, adossée à l'une des nombreuses anecdotes qui vont construire la légende : le « petit

1. Paul Claudel, *Poèmes et paroles durant la guerre de trente ans*, *op. cit.*, p. 206-207.

2. Gaston Bonheur, *Le Glaive nu. Charles de Gaulle et son destin*, Genève, Éd. des Trois Collines, « Cahiers de traits », 1945, p. 11.

3. Georges Cattaui, *Charles de Gaulle*, *op. cit.*, p. 41.

4. Jean Soulairol, *Charles de Gaulle le libérateur. L'homme et l'œuvre*, Paris, Bloud et Gay, octobre 1944.

5. Suzanne Delaur, *Une femme raconte... La vie extraordinaire du général de Gaulle*, Paris, 1945, p. 1.

Charles » y est décrit contant à ses frères et sœurs les « victoires de Napoléon » et les exploits de Gambetta, « sursaut de la patrie », et remontant même aux « origines de la France »[1]. Et la brochure se termine par un poème d'adoration mystique, s'inscrivant dans la tradition de la représentation messianique, évoquant le nouvel « Atlas » au « regard calme et clair », et tenant « dans [s]a main l'avenir de la France ».

Pour Ludovic Bron, spécialiste de Sarah Bernhardt, le général de Gaulle est purement et simplement « l'homme providentiel », dont le nom s'écrit « désormais dans le bronze et dans le marbre », et que « les petits enfants épelleront désormais pour apprendre aux générations futures la merveilleuse histoire »[2]. À l'instar de Jeanne d'Arc ou de Bonaparte, il est habité par le « rêve » de « servir la France »[3]. La fusillade de Notre-Dame du 26 août 1944, ultime épisode de la « geste » gaullienne, est une preuve supplémentaire de l'invincibilité du héros, resté debout sous les balles quand la foule « affolée » se couchait par terre[4]. Tel le Messie, « il se tourne simplement, les mains ouvertes », vers « ces milliers d'hommes qui l'entourent », dans un « geste de tradition chrétienne », un « rite d'acceptation, comme pour agréer, offrir et rendre grâce », écrit Georges Cattaui, pour qui « jamais vainqueur ne connut triomphe plus spontané, plus naturel, apothéose plus vraiment populaire »[5]. C'est ainsi, nous dit une brochure anonyme, que la foule découvre enfin « celui qu'elle attendait depuis quatre ans[6] ». C'est ainsi que se construit le mythe du sauveur, attendu par tout un peuple… et dont on sait à quel point il diverge de la réalité !

1. *Ibid.*, p. 2.
2. Ludovic Bron, *Le Général de Gaulle. L'homme providentiel*, Le Puy, X. Mappus, 1945, p. 128.
3. *Ibid.*, p. 39.
4. *Ibid.*, p. 120.
5. Georges Cattaui, *Charles de Gaulle*, *op. cit.*, p. 278.
6. *Un grand Français. Le général de Gaulle*, Paris, Musy Frères, décembre 1944.

L'œuvre de reconstitution

À la figure du libérateur-sauveur solitaire et messianique se superposent d'emblée celles du guide, du bâtisseur et du législateur. Lui rendant hommage à l'occasion du cinquième anniversaire de l'appel du 18 juin, Léon Blum lui-même y voit « l'acte initiateur de la résurrection française », assurant au général de Gaulle, « dans l'histoire, une place voisine de celle de George Washington »[1]. On retrouve cette comparaison, naguère appliquée à M. Thiers, sous la plume de Georges Cattaui, l'un des hagiographes du Général, appelant « le libérateur de la patrie » à devenir « son réformateur, son garant, son gardien »[2].

De fait, il apparaît comme le seul capable de mener cette reconstruction nationale. Pour le dessinateur Sennep, qui le représente en menhir gigantesque, de Gaulle, « c'est du solide[3] ! ». Sur un autre dessin, intitulé « La fourmilière », il le montre comme un géant assailli par les fourmis représentant les partis politiques, Herriot, Mollet, Bidault[4]. Pour Madeleine Bainville, qui lui confère la « sagesse de l'héroïsme », il est le « chef qu'il faut, pour redonner l'élan de la vie, refaire la fortune de tous et, par là, refaire la fortune du pays »[5]. Pour Pierre-Jean Jouve, « le destin veut qu'il découvre le secret de réunir, le secret de contraindre, le secret de guider les pas chancelants du peuple affolé par sa propre volonté de souffrance, mais ayant retrouvé sa république[6] ».

Pierre Bloch, député de l'Aisne et membre de l'Assemblée consultative, le présente comme le « premier ouvrier de France », travailleur infatigable, levé tôt le matin, écrivant ses discours « aux heures les plus calmes de la nuit », ne s'accordant pour toute détente qu'un cigare après le déjeuner et un autre après le dîner[7]. On retrouve là un

1. *Le Populaire*, 19 juin 1945.
2. Georges Cattaui, *Charles de Gaulle*, *op. cit.*, p. 40.
3. *La Bataille*, 8 mars 1945.
4. *Ibid.*, 20 septembre 1945.
5. Madeleine Bainville, *Trois Grands Destins. De Gaulle. Churchill. Roosevelt*, Paris, Olivier Lesourd, 1945, p. 88.
6. Pierre-Jean Jouve, *L'Homme du 18 Juin*, *op. cit.*, p. 50.
7. Pierre Bloch, *Charles de Gaulle. Premier ouvrier de France*, Paris, Fasquelle, 1945, p. 107.

archétype de l'idolâtrie messianique, déjà accolé à Bonaparte, Gambetta ou Clemenceau. De même l'album illustré publié en novembre 1945, et dont l'auteur anonyme pourrait être Claude Mauriac, exalte-t-il la « force de caractère » et le « génie de cet homme dont nous ne pouvons douter qu'il ne sache porter jusqu'à la fin le poids de la responsabilité sans mesure qu'il a assumée »[1]. Il y est présenté entouré des grands de l'époque, Roosevelt, Churchill, Staline, et la dernière photo le montre en costume civil, cigarette aux lèvres, prêt à continuer dans la paix la mission patriotique qu'il s'est assignée pendant la guerre. D'où cette promesse faite par Paul Claudel à la « croix de Lorraine », dans un poème du 31 mars 1945 : « Non, nous ne l'abandonnerons plus jamais, cette racine, et cette croix jumelle que nous avons ramenée de l'abîme à grand labeur[2]. »

Le sauveur est donc appelé, missionné par son peuple. Rappelant avec fierté qu'il est apparenté au Général, l'écrivain Pierre Gourdon invite « à lui venir en aide toutes les Françaises et tous les Français auxquels il fait appel »[3]. Pour Lucien Nachin, « le pays unanime le convie » à cette « œuvre de reconstitution » car elle « requiert caractère, intelligence et foi »[4]. Réfutant les accusations de « dictature », Maurice Herr ne doute pas que le « peuple » rendra le « soutien » qu'il a trouvé dans « l'exemple et la foi de Charles de Gaulle », afin d'achever « la magnifique tâche entreprise le 18 juin 1940 »[5]. Quant à Jean Auburtin, qui fut le chargé de mission du Général en 1940, il estime lui aussi que « le feuillet où il vient d'écrire une page d'épopée sur le Livre d'or de la France » est « une préface et non une conclusion », et qu'il « intitulera le chapitre d'histoire dont il aura, une seconde fois, modifié le cours : l'aube d'une résurrection »[6].

1. *Le Général de Gaulle*, Paris, Hachette, novembre 1945, p. 63.
2. Paul Claudel, *Poèmes et paroles durant la guerre de trente ans*, *op. cit.*, p. 212.
3. Pierre Gourdon, *Le Général de Gaulle. Serviteur de la France*, Paris, Tallandier, juillet 1945, p. 89, 92, 93.
4. Lucien Nachin, *Charles de Gaulle. Général de France*, Paris, Colbert, 1944, p. 163.
5. Maurice Herr, *De Gaulle*, *op. cit.*, p. 89 et 92.
6. Jean Auburtin, *Charles de Gaulle. Soldat et politique*, Paris, Éditions universelles, 1944, p. 72-73 et 79.

« Notre cœur s'est levé »

À l'appel des écrivains répond l'engouement spontané de Français anonymes, de tous âges et de tous horizons, qui lui envoient par milliers lettres et poèmes au moment de la Libération[1]. Quelques-uns sont pittoresques, à l'image de cet acrostiche composé le 10 septembre 1944 par Maxime G., poète-chansonnier montmartrois, avec le nom « de Gaulle », et qui commence ainsi : « D comme Dunkerque !!! Sombres jours, E comme Exode, affolement asservissent le sol, G comme Grave, énergique, et... seul au sein de la tempête, A comme à l'Allemand il dit : "J'arrêterai ton vol !"... »

Certains ont été composés dès les premiers mois de l'Occupation, mais c'est seulement après la libération de Paris que le Général, président du gouvernement provisoire de la République française, les a reçus. Il y est représenté comme un héros quasi surnaturel, héritier des sauveurs légendaires de l'Histoire, envoyé par la Providence pour sauver la patrie : « Il fallait, pour la pauvre France, / Un surhomme envoyé de Dieu, / Qui l'arrachait à la souffrance / En un geste noble et pieux », écrit Alice B., de Caen, dès le 20 décembre 1940. « Ô toi, qui, certain jour, as ramassé le glaive / Que laissait choir la main débile d'un vieillard [...] / Frère de Sainte Jeanne ! Émule de Bayard ! / Toi qui nous as rendu notre Foi, notre Rêve, [...] / Sois béni d'avoir su ranimer l'Espérance, [...] / De nous avoir montré ce que peut être un Chef ! » s'enflamme Mme Magdeleine B. en juin 1941.

La dimension religieuse et mystique est omniprésente dans cette correspondance issue de la France profonde des gaullistes « ordinaires ». Pour Madeleine C., en juin 1944, c'est un « Credo » : « De Gaulle, inébranlable et vaillant fils de France, / S'il en est quelques-uns qui ne t'ont pas compris, / Nombreux nous attendons, le cœur plein de confiance, / L'heure où tu entreras, victorieux, dans Paris. » Louise B., le 28 août 1944, raconte ce que fut, deux jours plus tôt, le Te Deum de Notre-Dame : « [...] Un peuple libéré, tout vibrant du combat, / Saluait l'homme fort, indomptable soldat / Qui seul eut

1. Consultés dans les archives de la Fondation Charles de Gaulle (AFCDG), fonds AE 3/1, poèmes A/C.

foi dans la Victoire… » Georges B., industriel retraité, mutilé de la Grande Guerre, regrette de ne pas avoir pu se rendre au défilé des Champs-Élysées pour acclamer le « libérateur de la patrie », « ce Chevalier de gloire », qui « fut notre symbole, notre Dieu ».

À défaut de le connaître, on lui fabrique une généalogie héroïque qui permet de l'identifier. Gabriel C., croix de guerre 1914, ancien lauréat de l'Académie française, envoie le 25 octobre 1944 son « Hymne à de Gaulle », passage final de « La plus belle chanson, pièce patriotique », où il l'assimile à « Charles Martel, le magnifique », et « Jehanne, la Pucelle héroïque ». Eugène C., 77 ans, acclame ce « digne descendant de notre vieille Gaule […]. Une incarnation de notre Jeanne d'Arc ». Le Breton Yves B. lui confère « de Vercingétorix l'indomptable fierté ». Joseph A. le compare au général Bonaparte, renouvelant « les coups audacieux du Petit Caporal ». Mais Pierre B., professeur au lycée Buffon, le place au-dessus de ses prédécesseurs héroïques : « Entre les plus beaux noms qui, sous ton ciel sacré, / Fulgurent au fronton de l'Immortalité, / En est-il un plus beau que le nom de De Gaulle, / […] Car, à l'appel du Chef qui porte ce nom : France, / Notre cœur s'est levé comme un soleil immense ! »

Une flambée ?

L'état de grâce s'interrompt-il le 20 janvier 1946, lorsque de Gaulle quitte le pouvoir ? Pas si l'on en croit Claude Mauriac, qui fait état du « volumineux courrier » reçu les semaines suivantes, des « lettres si touchantes de Français inconnus », dont celle-ci, l'une des plus belles : « Voilà dix jours que l'on pleure ! Pour l'amour de Dieu et du bon peuple de France, revenez-nous, s'il vous plaît ! Vous saviez peut-être que vous étiez aimé, mais vous ne pouviez savoir combien vous étiez aimé. Des légions de petites âmes obscures, celles dont on ne parle jamais, avaient le regard rempli de foi et d'espérance tourné vers vous [1]… »

Mais qu'en est-il au juste de ces « légions » gaullistes de la Libération ? Comme le souligne le colonel Rémy en 1947, il ne faudrait

1. Cité par Claude Mauriac, *Un autre de Gaulle*, *op. cit.*, p. 163, 9 février 1946.

pas prendre « les vessies pour des lanternes » en imaginant que « toute la France » était derrière le Général. Selon lui, l'« enthousiasme » n'a été qu'une « flambée » et de Gaulle n'a vraiment eu « derrière lui [que] ceux qui avaient répondu, sous l'Occupation, à son appel ». La plupart de ceux qui, à la Libération, collent les photos du Général « par dizaines de milliers sur les vitrines » le font « par un désir de protection qui s'apparente d'assez près à la peur ». Et s'il lui reconnaît une « masse considérable de sympathisants », recrutés « dans les classes les plus modestes », il les évalue à « un total de cinq cent mille personnes », soit une minorité de Français gaullistes[1]. Il est vrai que ce jugement en demi-teinte est largement imputable au parcours personnel de Rémy et à la déception engendrée par le départ du Général en janvier 1946.

Mais la fin de l'état de grâce est, littéralement, actée par François Mauriac : « C'eût été trop simple si ce que nous avions rêvé dans les ténèbres s'était accompli dans la lumière. Le départ du général de Gaulle a chassé les dernières brumes de grâce et de miracle qui flottaient encore sur la France ressuscitée. Le charme de la Libération achève de se dissiper, dont nous n'étions pas tout à fait revenus[2]... »

1. Colonel Rémy, *De Gaulle, cet inconnu*, *op. cit.*, p. 84-85.

2. Cité par Claude Mauriac, *Un autre de Gaulle*, *op. cit.*, p. 164, 14 février 1946.

CHAPITRE X

Les protecteurs

Peut-on comparer à la dévotion quasi mystique pour les combattants victorieux le sentiment collectif de satisfaction raisonnable qui accompagne le retour au pouvoir des pères protecteurs ? *A priori*, tout les oppose à la dramatisation héroïque dont s'imprègne la mythologie de l'homme providentiel. Adolphe Thiers, le vieil orléaniste qui s'est toujours défié de la « vile multitude », Raymond Poincaré, l'économiste expert qui endort l'hémicycle sous des tombereaux de chiffres, Gaston Doumergue, le placide retraité de Tournefeuille, ou Antoine Pinay, le petit industriel de Saint-Chamond, apparaissent aux antipodes du charisme messianique qui peut remuer le cœur des foules. Et pourtant la moindre des surprises n'est pas de constater à quel point, chacun à sa façon, ces figures tièdes ou recuites de Cincinnatus à la française ont pu susciter l'adhésion, voire l'enthousiasme d'une grande partie des Français.

Le Washington français

Lorsqu'il revient au pouvoir en février 1871, l'image d'Adolphe Thiers, identifiée à son héritage orléaniste et à la bourgeoisie dirigeante, apparaît peu propice aux manifestations d'enthousiasme collectif. Et pourtant l'ancien ministre de Louis-Philippe suscite reconnaissance et ferveur, non seulement parmi ses amis politiques, mais dans tout le « parti » républicain.

Il n'est pas surprenant que le comte de Montalivet, lié au comte de Paris, s'en remette entièrement à Thiers du « soin de sauver la

France dans le présent, ce que vous seul pouvez faire[1] ». De même pour le quotidien libéral des frères Bertin, *Le Journal des débats*, qui le compare à George Washington[2], ou pour son ami Jules Simon, qui voit en lui le « sauveur », acclamé par l'Assemblée lors de la séance parlementaire du 10 mars 1871[3]. En revanche, l'adhésion au nouvel homme providentiel est plus inattendue sous la plume d'un écrivain républicain et populaire comme Émile Zola, qui n'hésite pas à le reconnaître comme « le génie français incarné », « éminemment français » parce qu'il « est la France » et parce que « jamais personne n'a réuni à pareil degré les qualités moyennes de notre pays ». Et l'auteur de *Thérèse Raquin* d'ajouter : « La France, à cette heure, peut avoir confiance en lui. Il est le seul homme capable de parler à toutes les passions pour les calmer et les dominer »[4]. Au printemps 1871, Adolphe Thiers apparaît bel et bien comme le recours providentiel, tant auprès des élites politiques, qui voient en lui le seul capable de prolonger le provisoire, que des masses rurales, qui comptent sur lui pour négocier la paix avec l'Allemagne.

Adolphe le Petit ?

La répression de la Commune écorne-t-elle gravement l'image messianique de Thiers ? Il est certain que l'épreuve de force avec Paris et surtout les massacres de la Semaine sanglante de mai 1871 entérinent de façon définitive l'hostilité que lui vouent les gauches radicales et socialistes de la capitale et des grands centres urbains. Les dessinateurs et caricaturistes parisiens rivalisent d'imagination pour diaboliser ou tourner en ridicule celui que Moloch représente essayant de « violer » Marianne[5], tandis que Pilotell le montre amputant à la scie le bras tatoué « Alsace-

1. Lettre du 13 février 1871, citée par Daniel Halévy, *Le Courrier de M. Thiers*, *op. cit.*, p. 428.
2. *Le Journal des débats*, 21 février 1871.
3. Jules Simon, *Le Gouvernement de M. Thiers, 1871-1873*, *op. cit.*, t. 1, p. 83.
4. Émile Zola, *La République en marche. Chroniques parlementaires*, Paris, 1956, t. 1, p. 168-172.
5. Maurice Quentin-Bauchart, *La Caricature politique en France pendant la guerre, le siège de Paris et la Commune*, Paris, Labitte, 1890, p. 147.

Lorraine » d'une Marianne dénudée qui se cache le visage de honte, et dont il recueille le sang versé dans un casque prussien[1]. On mesure son impopularité à la liste impressionnante de surnoms inventoriés par un journal communard, raillant tantôt la petite taille d'« Adolphe le Petit », « le Nabot », « le Nain grotesque », « le Crapaud venimeux », « Général Tom-Pouce », tantôt le grand âge de l'« infâme vieillard », du « vieux pandour », du « vieux drôle » ou du « vieux scélérat »[2]. Cette défiance des gauches ne le quittera plus jusqu'à sa mort, comme en témoignent les dessins d'André Gill, le grand caricaturiste de l'époque, qui le représente systématiquement de façon ridicule, une grosse tête sur un corps minuscule, petit homme rabougri aux pieds du géant Gambetta[3].

Il n'est pas beaucoup mieux traité par les monarchistes, qui le trouvent « dépaysé au pouvoir suprême », « endimanché », « gêné aux entournures » par son « habit à manger la France »[4]. Edmond de Goncourt le voit comme « un sauveur de la société à bien courte échéance » qui « s'imagine sauver la France actuelle avec du dilatoire, de la temporisation, de l'habileté, de la filouterie politique, de petits moyens pris sur la mesure de sa petite taille »[5]. L'image qui ressort de ces commentaires conservateurs est celle d'un petit-bourgeois opportuniste intrigant et sans principes, aux antipodes de la figure fantasmée de l'homme providentiel.

Et pourtant, en dépit de la haine des gauches et du mépris des droites, le prestige d'Adolphe Thiers ne se dément pas, bien au contraire, car il devient pour la majorité des Français le rempart de l'ordre contre le péril rouge. « Après les grands services qu'il nous a rendus, il souhaite d'achever sa tâche en nous conduisant au port. C'est là une ambition avouable. La gloire que conquerrait M. Thiers, s'il nous sauvait, serait trop à notre avantage, pour que nous

1. *La Caricature*, 11 mars 1871.
2. *La Commune*, 11 mai 1871.
3. « À pied », *La Lune rousse*, 27 mai 1877.
4. *Le Gaulois*, 4 septembre 1871.
5. Notes du 11 juillet 1871, *in* Edmond et Jules de Goncourt, *Journal. Mémoires de la vie littéraire*, t. 2 : *1866-1886*, Paris, Robert Laffont, « Bouquins », 1989.

trouvions mauvaise son espérance d'en couvrir à jamais son nom[1] », écrit Émile Zola juste après l'écrasement de la Commune. Lors de la revue militaire organisée à Longchamp le 29 juin 1871, la presse souligne « l'ovation enthousiaste faite par le public » au chef du pouvoir exécutif, ajoutant que ce dernier « paraissait extrêmement ému » de ces démonstrations spontanées. On note que les vivats « éclatent de toutes parts et se prolongent pendant plus de dix minutes », que le public a même abandonné les places qu'il occupait pour se presser « autour de la tribune du président », faisant « retentir l'air de ses applaudissements et de ses bravos », avant d'escorter « longtemps la voiture qui le ramène à Versailles »[2]. Même si cette description est sans doute exagérée, elle semble témoigner d'une véritable popularité. Lorsque est votée la proposition Rivet lui conférant le titre de président de la République, Émile Zola s'exclame : « La France entière est avec vous[3]. »

« La France entière est avec vous »

Si l'on en croit le journaliste politique Paul Bosq, il y a « chaque jour un interminable défilé [...] de républicains venus des quatre coins de la France pour apporter au Chef du Pouvoir exécutif les félicitations et les vœux de ses concitoyens[4] ». Une profusion de brochures est publiée en sa faveur, comme aux plus beaux jours du bonapartisme. L'une se réjouit que « la Providence » ait réservé au « patriotisme » de Thiers « l'œuvre la plus glorieuse » : « sortir une nation de ses ruines et lui donner une vie nouvelle »[5]. Une autre vante « l'excellence de son patriotisme, une pénétration qui lui a rarement fait défaut », « le sens droit, l'esprit prompt, l'activité jeune » de ce septuagénaire, « brillante incarnation de la nationalité

1. *Le Sémaphore de Marseille*, 10 juin 1871.
2. *Le Temps*, 1er juillet 1871.
3. *La Cloche*, 26 août 1871.
4. Paul Bosq, *Souvenirs de l'Assemblée nationale de 1871-1875*, Paris, Charpentier, 1898, p. 113-114.
5. Alfred de Gardane, *Le 4 Septembre et M. Thiers*, Paris, Sauton, 1871, p. 33-35.

française » et qui « représente la meilleure chance du pays »[1]. Une troisième, sous forme de « souvenir poétique », exalte « ce grand et puissant orateur / Apprécié partout, en tout homme de cœur, / Érudit et profond, fidèle ami de l'ordre », qui « agit pour le bien, réprime le désordre ». Elle n'oublie pas de rappeler que Thiers reste un vieillard plein de vigueur : « Jeune, malgré son âge, oubliant son repos, / Pour notre belle France, il est toujours dispos »[2].

Plus argumenté mais tout aussi enthousiaste est l'ouvrage que lui consacre le comte Alfred de La Guéronnière. À la différence de son frère Arthur, qui s'était fait le chantre du Second Empire, Alfred rappelle la « situation apocalyptique » faite à la France par « le gouvernement de Napoléon III », ainsi que par « les fautives illusions de M. Gambetta et les horreurs de la Commune ». Face au chaos, il présente Adolphe Thiers comme le sauveur, doté de la « puissance du génie patriotique uni à un grand cœur », et consacrant les « vigoureux restes » de sa vie à la France[3].

Ce sont les thèmes majeurs que l'on retrouve dans les très nombreuses adresses et pétitions qui affluent à Versailles en sa faveur. En mars-avril 1871, près d'un millier de conseils municipaux de province lui écrivent spontanément leur soutien, aussi bien contre la restauration monarchique que contre la Commune. La deuxième vague, qui comporte trois cent soixante-cinq adresses entre mai et août 1871, le félicite pour sa victoire sur les communards et pour le succès de l'emprunt de libération. Parmi bien d'autres, retenons celle du village d'Ally, dans le Cantal, le 4 juin 1871, qui le nomme « sauveur de la patrie », ou celle du conseil municipal de Rouen, en date du 26 mai 1871, remerciant Thiers et l'armée française d'avoir « sauvé la civilisation en péril » contre la révolte parisienne. À l'occasion du 14 juillet 1871, le conseil d'Ormoy, en Haute-Saône, lui écrit : « Si depuis soixante ans la France avait eu

1. Sébastien Berteaut, ancien secrétaire de la chambre de commerce de Marseille, *Monsieur Thiers. Souvenirs d'un vieux Marseillais*, recueil d'articles publiés dans *La Presse*, Marseille, Imprimerie de Cayer, 1873, p. 75.

2. Pierre-Désiré Barot, *Souvenir poétique. À Monsieur Thiers, chef du pouvoir exécutif*, Poitiers, Imprimerie Bernard, 1871.

3. Alfred de La Guéronnière, *M. Thiers et sa mission*, Paris, Dentu, 1871, p. 5, 8, 15.

l'homme le plus sage à sa tête […], nous ne souffririons pas de désastres inouïs dans l'histoire de France »[1].

Ce n'est bien sûr qu'une photographie partielle de l'état de l'opinion à l'époque, mais elle est corroborée par plusieurs indices, notamment le succès des emprunts contractés pour rembourser la dette de guerre aux Allemands et la percée des républicains modérés aux élections partielles. Dessinant Thiers portant la République dans ses bras, tel Paul enlevant Virginie, André Gill reconnaît que le « vin de 1872 », « ni trop de blanc, ni trop de rouge », est celui qui convient le mieux aux Français[2]. En villégiature à Trouville, à l'été 1872, le chef de l'État accepte de se rendre au Havre le 16 septembre, où, « sur la jetée, sur les quais à l'embarcadère, une foule innombrable crie : vive M. Thiers et vive la République[3] ! ». Même s'il s'adresse autant au nouveau régime qu'à celui qui l'incarne, ce témoignage populaire semble l'avoir ému : « Je ne crois pas que jamais aucun personnage en ait reçu un plus chaleureux, plus cordial, plus unanime », écrit-il à Jules Simon, décrivant « le peuple dans les rues, les classes aisées aux fenêtres, agitant des milliers de mouchoirs. En arrivant, en partant, les jetées étaient couvertes d'une foule immense agitant ses drapeaux, ses mouchoirs. Nous sommes partis avec nos voitures remplies de bouquets. […] J'en ai été touché jusqu'au fond de l'âme »[4].

Si le soufflé des pétitions en sa faveur semble être retombé après l'été 1871, il remonte à nouveau après son message présidentiel du 13 novembre 1872, par lequel il affirme son engagement en faveur de la République. Trois mille huit cent cinquante-quatre adresses de soutien sont alors recensées en cinq mois, toutes imprégnées d'une forte tonalité messianique[5]. « Vous avez plus fait que les grands hommes des Républiques antiques et que Washington en Amérique », lui écrit le conseil municipal de Tergnier, dans l'Aisne, le

1. Correspondance et papiers d'Adolphe Thiers, adresses envoyées par les municipalités, BNF, Nouvelles Acquisitions françaises (NAF), 20663.

2. *L'Éclipse*, 22 septembre 1872.

3. Xavier Marmier, *Journal (1848-1890)*, *op. cit.*, p. 299.

4. Jules Simon, *Thiers, Guizot, Rémusat*, Paris, Calmann-Lévy, 1885, p. 92-94.

5. Bruno Le Guillou, *Thiers, le pouvoir et l'opinion, 1870-1877*, thèse sous la direction de Jean-Pierre Chaline, université Paris-IV, 2005, p. 555.

24 novembre 1872. « Par votre prudence et la légitime autorité de votre nom, par votre glorieux passé et le respect que vous inspirez à tous les partis, vous étiez et vous êtes le seul citoyen capable de dominer la situation et de conjurer les périls intérieurs et extérieurs », l'encourage celui du Puy-en-Velay, en Haute-Loire, le 28 novembre. « Toute la France qui travaille est avec vous », affirme le même jour celui de Lillers, dans le Pas-de-Calais, tandis que, le 15 décembre, celui d'Esley, dans les Vosges, le proclame « sauveur de la Patrie » [1].

Une nouvelle vague thiériste suit après la signature du traité franco-allemand permettant la libération anticipée du territoire, le 15 mars 1873, notamment en provenance des départements de l'Est. « La joie de ce pays est immense », lui écrit le préfet de Meurthe-et-Moselle, « on n'entend que des actions de grâce pour le grand citoyen à qui est due la libération du territoire » [2]. Une lithographie de l'époque le représente apportant les « bienfaits de la paix » aux paysans, aux artisans et aux ouvriers au travail [3]. Il inspire des pipes à son effigie [4]. Sur un « vase de la vendange », symbole de l'ordre et de la prospérité retrouvés, son portrait de profil, peint par Alfred Thomson Gobert, est surmonté par la devise qui le résume : *Amor patria*, l'amour de la patrie [5]. C'est ainsi que l'orléaniste M. Thiers, qui fustigeait en 1850 la « vile multitude », est devenu l'homme providentiel de la France libérée.

Poincaré la Confiance

L'enjeu est évidemment moindre lorsque Raymond Poincaré constitue son gouvernement d'union nationale en juillet 1926. Peut-on évoquer l'image de l'homme providentiel à propos du « sauveur du franc » ? Si l'on en croit Lucien Romier, c'est un « sursaut national [6] » qui peut s'accomplir grâce à lui. Pour la rédaction du *Temps*,

1. *Ibid.*, p. 561-562.
2. Lettre du 17 mars 1873, correspondance Thiers, 1873, BNF, NAF, 20627.
3. Imprimée chez Didion, Metz, 1871.
4. *La Lanterne d'Arlequin*, été 1886.
5. Manufacture de Sèvres, 1874.
6. *Le Figaro*, 24 juillet 1926.

« un souffle irrésistible porte le ministère d'union nationale », dont « le pays sent, d'instinct, que seul il peut être l'instrument de son salut financier ». Gustave Théry est persuadé dans *L'Œuvre* qu'il « va rendre au pays le maximum de confiance », et Émile Buré renchérit dans *L'Avenir* : « C'est en lui que nous avons foi dans le désarroi des affaires françaises. Il sait, il pourra s'il veut »[1].

Il y a donc, au moins dans la presse modérée et conservatrice, un parfum de dramatisation et de sacralisation du recours, qui évoque les grandes heures de l'homme providentiel. C'est ainsi que Léon Chavenon réclame dans *L'Information* « le concours sans réserves de tous les Français », de même qu'Henri de Kerillis dans *L'Écho de Paris* : « Dans une situation pareille, il n'y a qu'un devoir : se grouper derrière le gouvernement puisque son chef est un grand patriote averti et sûr »[2]. Et cet enthousiasme semble partagé par une bonne partie de la presse de province ainsi que par « la presse étrangère à peu près unanime à applaudir », à l'instar du *New York Herald*, soutenant l'« ardent patriote » qui lance à la France un nouvel « appel à l'union sacrée »[3].

Lors de sa déclaration ministérielle du 27 juillet, les huées des députés communistes, qui entonnent *L'Internationale*, sont noyées sous les acclamations de la majorité des députés, qui se lèvent pour applaudir le président du Conseil. Dans les semaines qui suivent, *Le Temps*, *L'Écho de Paris*, *Le Matin*, *L'Excelsior*, avec lesquels il entretient des relations personnelles depuis des années, mènent une campagne vigoureuse en faveur de « Poincaré la Confiance ». Émile Hinzelin, du *Petit Journal*, multiplie les articles élogieux, repris ensuite par la presse de province. Une brochure le décrit comme « le plus apte que l'on connaisse, en France, à grandir son rôle dans le sens et la mesure des événements », se félicitant que le « doigt du Destin » vienne de « tourner devant lui et pour lui une page de l'Histoire encore toute blanche »[4]. Et Sennep dessine son

1. *Le Temps*, *Le Petit Marseillais*, *L'Œuvre*, *L'Avenir*, 24-25 juillet 1926.
2. Cités dans *Le Temps*, 25 juillet 1926.
3. *Ibid.*
4. Ermès, pseudo « le Soldat inconnu », *Poincaré*, Paris, Eugène Figuière, 15 septembre 1926, p. 27.

buste dans un coffre-fort ouvert, avec cette légende : « C'est tout ce qui reste dans le coffre-fort de la République [1]. »

Reconnaissons toutefois que l'état de grâce poincariste paraît en demi-teinte si on le compare avec la dévotion suscitée quelques années plus tôt par Clemenceau. Ses interventions parlementaires ne soulèvent pas l'enthousiasme des foules, loin de là. Sennep s'amuse à croquer « Le discours de Poincaré », le représentant à la tribune de la Chambre en train de faire tomber une pluie de chiffres sur les députés, qui se protègent avec des parapluies [2]. Clemenceau, jamais en veine d'une formule cinglante, compare la « voix de Poincaré » à un « grincement » [3]. C'est peut-être pour cette raison que ce dernier se refuse à utiliser la radiodiffusion, dont certains de ses successeurs, Tardieu en tête, feront leurs choux gras. Preuve en est sa réaction courroucée lorsque le service du protocole pose un micro de la TSF devant lui lors d'un banquet où il doit prononcer un important discours, en 1927. « Enlevez-moi ça de là », intime-t-il, furieux, à ses collaborateurs, considérant qu'il serait inconvenant et inutile de faire entendre son discours à d'autres que ceux présents dans la salle [4].

Rares sont les ouvrages qui lui sont consacrés, tel celui de l'historien Maurice Reclus, s'insérant dans la collection « Les Quarante », consacrée aux académiciens français. L'auteur y souligne les « frappantes analogies » qui rapprochent le chef du gouvernement de son lointain prédécesseur Adolphe Thiers, deux « professionnels du gouvernement », « résignés aux longues et studieuses éclipses suivies d'éclatants retours », et « appelés aux magistratures suprêmes en des conjonctures tragiques » [5]. En revanche, on n'y trouve aucun parallèle avec les grands patriotes, Gambetta ou Clemenceau.

L'Illustration, pourtant dirigée par son ami René Baschet, ne lui consacre aucune couverture pendant les trois années de son

1. *Le Charivari*, 31 juillet 1926.

2. *L'Écho de Paris*, 3 février 1928.

3. Jean Martet, *La Mort du Tigre*, Paris, Albin Michel, 1930, p. 79.

4. Anecdote racontée *in* Christian Delporte, *La Politique au fond des yeux. Une histoire de la communication politique de 1930 à nos jours*, Paris, Flammarion, p. 17.

5. Maurice Reclus, *Raymond Poincaré*, Paris, La Lampe d'argile, 1928, p. 13.

gouvernement, alors que le Père la Victoire avait bénéficié de dizaines d'articles entre 1917 et 1920. Il est vrai que la personnalité de Poincaré n'incite pas à l'idolâtrie. Dans l'édition du 8 septembre 1928 par exemple, il célèbre l'anniversaire du ministère d'union nationale en recevant ses ministres chez lui, à Sampigny, dans la Meuse, coiffé d'un canotier, à la bonne franquette[1]. Bonhomme et patriote : c'est ainsi que le « sauveur du franc » apparaît aux Français tout au long de son gouvernement d'union nationale.

L'état de grâce est-il pour autant rompu ? La victoire des candidats poincaristes lors des élections générales d'avril 1928, rompant avec le *turn over* des deux élections précédentes, semble prouver que le président du Conseil inspire toujours confiance, à défaut d'exaltation. La presse modérée se réjouit de constater à cette occasion « le désir manifesté par les Français de voir continuer la politique inaugurée et suivie par M. Poincaré », et que soient reconnus le « prestige », l'« autorité » et le « succès » du président du Conseil[2]. Mais reconnaissons là encore que cette reconduction poincariste ne donne lieu à aucun de ces déferlements d'enthousiasme et de vénération qu'ont suscités naguère Gambetta ou Clemenceau. D'ailleurs Poincaré lui-même semble bien plus à l'aise dans les habits discrets du *common man* que sous l'uniforme rutilant de l'homme providentiel. À la Chambre, son discours-fleuve des 2 et 3 février 1928 s'est terminé par un hommage au Parlement, auquel reviennent selon lui « le mérite et l'honneur des progrès réalisés[3] ». De même chercherait-on en vain une envolée lyrique ou une tonalité messianique dans sa déclaration ministérielle du 7 juin 1928, pourtant « hachée d'applaudissements » par la Chambre.

Lorsqu'il est contraint à quitter le pouvoir pour des raisons de santé, en juillet 1929, l'opinion semble lui rester majoritairement favorable. « La France est auprès de M. Poincaré[4] », peut-on lire dans la presse modérée. Lucien Romier rend un hommage appuyé à son « œuvre », « à l'effort tenace, rigide et méticuleux que rien n'a

1. *L'Illustration*, n° 4462.
2. *Le Temps*, 2 mai 1928.
3. *Le Petit Parisien*, 4 février 1928.
4. *Le Temps*, 28 juillet 1929.

brisé ni fléchi » et qui « laisse la nation libre, prospère, et maîtresse s'il lui plaît de donner des leçons au monde »[1]. Mais la reconnaissance n'est pas unanime, notamment à gauche, et elle relève plus du respect envers l'homme d'État que de la mystique de l'homme providentiel. Il n'en avait d'ailleurs ni la stature ni l'ambition, en bon républicain respectueux des vertus de la représentation et de la souveraineté collectives. Toutefois, le moment Poincaré symbolise une figure messianique du recours, associée aux vertus de l'expertise, de la rigueur et de la sagesse. Jusqu'au bout, ce sauveur tranquille et sans charisme aura réussi à incarner l'unité nationale et à rassembler la majeure partie des Français.

Un « grand citoyen »

Hasards de l'Histoire : l'homme qui avait appelé Poincaré à la tête du gouvernement en juillet 1926 est à son tour accueilli par ce dernier à la gare d'Orsay en février 1934, lorsque lui-même, sortant de sa retraite de Tournefeuille, vient recueillir le flambeau du sauveur.

À l'instar de Poincaré, Gaston Doumergue peut lui aussi compter sur la faveur d'une grande partie de l'opinion, à l'exception notable de la gauche socialiste et communiste.

« Merci pour la France »

L'Illustration le présente sur une gravure serrant la main du président de la République Albert Lebrun qui vient de lui confier la lourde tâche de diriger le gouvernement, avec cette légende : « Merci pour la France. » L'hebdomadaire publie par ailleurs la photo officielle de son gouvernement, qui le montre flanqué à sa gauche du radical Herriot, ministre d'État, et à sa droite du maréchal Pétain, ministre de la Guerre[2]. On retrouve d'ailleurs la même photo à la une du *Petit Parisien*, qui fait son gros titre non pas sur

1. *Le Petit Parisien*, 30 juillet 1929.
2. *L'Illustration*, 17 février 1934.

Doumergue, mais sur Pétain. Il n'empêche que le président du Conseil est salué comme un sauveur, « pour ainsi dire plébiscité par le peuple et par les deux chambres », un pur Cincinnatus que « les Français ne remercieront jamais assez d'être sorti de sa retraite ». Fort de son « expérience », de sa « sagesse », il est présenté comme « le chef d'un gouvernement de salut public », capable de faire retrouver au pays « sa santé morale ». Si l'on met en parallèle cet éditorial messianique avec l'autre gros titre du quotidien, décrivant « la concentration communiste d'hier soir qui a dégénéré en émeute révolutionnaire »[1], on voit très bien en quoi consiste la mission de redressement moral assignée à Doumergue par ses partisans.

D'autres saluent « le vieux patriote qu'un ouragan de popularité porte irrésistiblement au pouvoir », la « paternelle dictature du sens commun et de l'honneur, sous le signe du consentement universel ». Ils l'inscrivent dans la continuité de l'« autorité d'union sacrée conférée naguère à Raymond Poincaré », et plus largement de ces « phénomènes de génération spontanée en matière de gouvernements de salut public » qui « ne s'expliquent que par un état d'unanimité nationale »[2]. *L'Illustration* se réjouit aussi de cette « nouvelle union sacrée » autour du « seul homme qui fut sans doute aujourd'hui capable de réaliser ce miracle de redressement »[3]. L'homme providentiel, nous l'avons souligné à maintes reprises, est un faiseur de miracles, et c'est aussi un thaumaturge de la crise, comme le proclame un chauffeur de taxi toulousain : « Il quitte tout et il arrive pour guérir. Je vous dis moi que cet homme-là, c'est un patriote ! Je le dis et je le répéterai : un pa-tri-ote ! C'est clair[4]. »

Dans le même registre messianique, notons que le très sérieux quotidien *Le Temps* n'hésite pas à évoquer à propos de Doumergue l'espérance d'une « Épiphanie », dictant « à Paris ses réflexes sauveurs, au pays sa volonté calme et réfléchie, dans l'unité indivisible de la patrie »[5]. Le choix du vocabulaire religieux n'est pas indif-

1. *Le Petit Parisien*, 10 févier 1934.
2. *Le Temps*, 10 février 1934.
3. *L'Illustration*, 17 février 1934.
4. *Tout à vous*, 8 mars 1934.
5. *Le Temps*, 10 février 1934.

férent, d'autant qu'il est conforté par l'enthousiasme de la presse catholique. En témoigne l'article de *La Croix* titré « Le sourire du président », et saluant sans réserves « celui qui, providentiellement, est appelé à diriger les destinées du pays en ces heures troubles », et qui prépare « les solutions heureuses, qui assurent la paix et le progrès », car « son sourire est une promesse » et « c'est une force aussi »[1]. Étonnant portrait d'un vieux radical du Sud-Ouest transformé en sauveur christique, quasi miraculeux, par la grâce de la peur sociale. Car l'explication de cet unanimisme des droites envers Doumergue réside évidemment dans sa capacité à incarner la France des ligueurs et des organisations d'anciens combattants, la France conservatrice des classes moyennes parisiennes ou provinciales contre celle du rassemblement populaire qui commence à s'organiser. « Il y a vraiment quelque chose de changé depuis que le gouvernement de M. Gaston Doumergue a pris la direction des affaires publiques[2] », se réjouit *L'Ami du peuple*, le journal fondé par François Coty.

« J'ai pleuré en vous écoutant »

De la France profonde, il reçoit des milliers de lettres, poèmes, découpages, dessins d'enfants et chansons, qui ont été conservés dans les archives familiales. Un exemple les résume en superposant les visages multiples du sauveur : « Magnanime vieillard, Chef au prestige immense / Qu'acclame un seul cœur, non pas une faction, / Vous n'avez qu'un drapeau, qu'un seul parti : la France ! / Mais l'unanime voix de toute la Nation ! / Oui, notre Soleil bienfaisant / C'est vous, noble figure, / C'est vous, Monsieur le Président, / Votre âme est belle et pure[3]. » La plupart s'adressent au « grand patriote », au « grand sauveur de la France » ou au « Père de la Patrie ». Une petite fille de 9 ans lui envoie ce poème, très inspiré par la chevalerie médiévale : « Ô vous que partout l'on acclame / Permettez à un petit enfant / De vous rendre aussi un hommage /

1. *La Croix*, 11 février 1934.
2. *L'Ami du peuple*, 16 avril 1934.
3. Cité par Jean Rives, *Gaston Doumergue*, *op. cit.*

[…] Vous incarnez l'âme droite et ardente / De notre belle et douce France / Sage et noble chevalier valeureux [1]. »

L'une des explications de sa popularité est son usage régulier de la TSF, qui lui permet de s'adresser aux Français, à vingt heures, depuis le grand salon de Beauvais du Quai d'Orsay, sur le ton d'un père de famille affectueux mais ferme, conforme à l'image du Cincinnatus qu'il s'est forgée en revenant au pouvoir. Ses causeries radiophoniques, sept au total de mars à novembre 1934, sont aussitôt reproduites dans les journaux. « Les conseils paternels du chef du gouvernement sont bien faits pour pénétrer dans l'intimité de chaque foyer, pour être commentés à la table familiale [2] », se réjouit la presse à l'issue de la première causerie du 24 mars. *L'Illustration* en profite pour lui consacrer un reportage détaillé et admiratif, où se retrouve une bonne partie des attributs symboliques de l'homme providentiel. D'abord la séduction, voire le charisme de sa « voix lente et familière, tendre et chaleureuse, agréablement ensoleillée du Midi et dont les notes graves agissent par leur fermeté prenante ». Puis la capacité à rassembler, car il s'adresse « avec les mêmes mots simples aux plus grands comme aux plus humbles, à la population parisienne comme au peuple au fond des provinces ». Enfin, l'espérance du renouveau, car « ce vieillard, paternel, dégagé des servitudes partisanes », suscite le « grand élan d'espoir » qui est l'apanage du sauveur.

Parmi les témoignages de sympathie conservés dans les archives familiales, beaucoup font allusion à ses prestations radiophoniques, qui ont manifestement marqué les Français : « Par radio nous nous sommes tous sentis si près de vous, en si parfaite communion », « nous vibrions de vos paroles si bonnes, si justes, si cordiales », « j'ai pleuré en vous écoutant », « on vous écoutait religieusement » [3]. On ne saurait mieux souligner la dimension messianique de ce rendez-vous sur les ondes, qui célèbre la fusion d'un peuple et de son guide.

1. *Ibid.*
2. *Le Temps*, 25 mars 1934.
3. Jean Rives, *Gaston Doumergue*, *op. cit.*, p. 389.

« M. Doumergue parle au pays »

« Le je et le moi du Président Doumergue commencent à prendre un peu trop de place[1] », s'énerve Léon Blum, commentant le rituel radiophonique. Ironique, Gassier le dessine devant le micro de la TSF, s'adressant aux Français en reprenant le refrain d'une chanson en vogue : « Mes chers amis (avec l'accent). Dans la vie faut pas s'en faire, moi je n'm'en fais pas[2]... » Guilac reprend cette image familière sur un autre dessin publié dans *Le Canard enchaîné* avec cette légende : « Quand Gastounet parle à son peuple [...], l'émotion dans le pays est à son comble[3]. » Mais le dessin montre tout le contraire, Doumergue s'époumonant devant son micro tandis que les Français en vacances, totalement indifférents, nagent, pêchent, font la sieste ou jouent au billard.

Le fait est que le contraste est fort entre l'image bonhomme du « sage de Tournefeuille » et le nouveau rôle prophétique qu'il prétend incarner. « Il me semble vous voir pendant que je parle devant le micro et j'ai l'impression qu'une communication directe s'établit entre vous et moi », dit-il aux auditeurs le 17 juillet. Cette tonalité à la fois fusionnelle et autocentrée se retrouve dans son allocution du 24 septembre 1934, présentée solennellement dans la presse nationale avec une photographie en gros plan du président du Conseil devant son micro, titrée « M. Doumergue parle au pays[4] ». La profession de foi de cette longue causerie, visant à annoncer le plan de réforme de l'État, est celle d'une osmose entre le peuple et son sauveur, confrontés à l'hostilité du monde politique, « qui [lui] paraît consister en intrigues de toutes sortes », et aux « mentalités qui ne veulent pas changer ». Et sa dernière intervention du 3 novembre 1934, dans laquelle il menace de dissoudre la Chambre et dénonce le « front commun socialo-communiste » comme « aspirant à la dictature », résonne comme une ultime exhortation plébiscitaire aux Français « sans distinction de partis ».

1. *Le Populaire*, 16 juillet 1934.
2. Sennep et Gassier, *Histoire de France, 1918-1938*, Paris, Mana, 1938.
3. *Le Canard enchaîné*, 18 juillet 1934.
4. *Le Petit Parisien*, 25 septembre 1934.

La gauche dénonce, non sans quelque outrance, sa prétendue alliance avec les ligues, ainsi que sa propension à jouer les hommes providentiels. Si l'on en croit Léon Blum, les projets de Doumergue et de son ministre Tardieu « ne s'évadent du monarchisme que pour choir dans le bonapartisme[1] ». Lorsque le président du Conseil démissionne, le 8 novembre, Gassier lui dédie un ironique « Chant du départ », le dessinant coiffé du béret et de la canne des Camelots du roi[2]. Une affiche dessinée par Cabrol pour le Parti communiste le caricature, juché sur le nénuphar du 6 février 1934, en grenouille qui voulait être aussi grosse que le bœuf à tête de Mac-Mahon[3]. Le même ironise sur l'« Arrivée triomphale » de Doumergue en gare de Tournefeuille, et le représente recroquevillé dans son wagon, la tête enfoncée dans son pardessus, tandis que la foule le conspue en criant « Vive le Front populaire ! »[4].

À l'extrême droite, on déplore qu'il ne se soit pas montré plus volontaire pour briser la gauche et le régime des partis. « Il me semble aussi désabusé que faiblard », écrit un chef des Jeunesses patriotes, soulignant le « contraste avec notre vieux Clemenceau ! Le Tigre, un vieillard lui aussi, mais un vieillard alerte et énergique, qui ne se serait pas laissé endormir par ses ministres »[5]. En revanche, la presse de droite républicaine reste jusqu'au bout fidèle à son homme providentiel, « grand arbitre des partis », « grand citoyen » qui a « donné une des plus rares preuves de pur patriotisme » en assumant les « responsabilités gouvernementales »[6]. On souligne le fait qu'une « foule nombreuse » est venue l'attendre à la gare d'Orsay et qu'il a été acclamé aux cris « cent fois répétés de "Vive Doumergue !" », de retour de Tournefeuille où il avait passé quelques jours[7]. On lui attribue « le mérite et l'honneur » « du patriotisme et du bon sens », qui l'autorise à « être moralement investi par le pays, d'une manière de pleins pouvoirs »[8]. Jusqu'à sa

1. *Le Populaire*, 25 octobre 1934.
2. Sennep et Gassier, *Histoire de France, 1918-1938*, *op. cit.*
3. « Leurs figures », 1935.
4. *L'Humanité*, 13 novembre 1934.
5. *L'Alerte*, octobre 1934.
6. *Le Temps*, 20, 21 et 22 juillet 1934.
7. *Ibid.*, 25 juillet 1934.
8. *Ibid.*, 26 juillet 1934.

démission en novembre, la France conservatrice et modérée l'aura considéré comme son recours ultime, comme son homme providentiel.

Pinay la Chance

Faut-il associer Antoine Pinay à cette galerie des sauveurs ? Si l'on en croit Françoise Giroud, son « secret », c'est précisément de ne pas se présenter comme un homme providentiel, parce qu'il n'a « pas fait son nom à Vichy, ni à Londres, ni à Alger, ni dans le maquis », parce qu'il a « subi le sort de l'immense majorité des Français », parce qu'il n'apparaît « ni comme un mystique, ni comme un héros, ni comme un élu de la providence »[1]. À la différence d'un Thiers, d'un Poincaré ou d'un Doumergue, il apparaît comme un homme neuf lorsqu'il arrive au pouvoir, le 8 mars 1952. Et pourtant ce Français ordinaire non seulement devient très populaire, mais incarne à son tour la figure de Cincinnatus, le recours provisoire et protecteur.

« L'homme à figure d'électeur »

C'est précisément parce qu'il est un presque inconnu, à la fois anti-Pétain et anti-de Gaulle, que la France, lasse de ses héros, fait de ce M. Dupont, baptisé « Pinay la Chance » par le journal *Combat*, un personnage aimé du plus grand nombre. « Ses gestes sobres, ses paroles nettes font que les Français reconnaissent en lui l'homme qu'ils attendaient [...], une aspiration populaire longuement contenue qui, brusquement, déferle en faveur de celui qui lui permet de s'exprimer[2] », écrit son premier biographe. « Après quelques jours de pouvoir, il a déjà une légende [...]. C'est le Français moyen, l'ancien combattant de 1914, le mutilé, médaillé militaire, maire de sa petite ville sous trois régimes ; entrepreneur sans dettes. Ces

1. *Paris-Match*, 19 avril 1952.
2. André Derome, *La Dernière Carte. Qui est Pinay ? Quelles sont ses chances ?*, Paris, Medicis, 1952, p. 109.

manques le servent. Hier, on le trouvait quelconque ; demain, on le trouvera représentatif[1] », analyse Albert Fabre-Luce, qui le préfère à Pierre Mendès France.

Les rapports mensuels des préfets font état de ce surprenant effet Pinay : « Alors que les précédentes crises ministérielles laissaient l'opinion indifférente, la formation du nouveau Cabinet, l'élaboration de son programme et ses premières décisions ont suscité le plus vif intérêt », peut-on lire dans la synthèse du mois de mars 1952, expliquant ce « choc psychologique » par l'image d'un « homme nouveau » (souligné dans le rapport), conforme à « ce que souhaitait l'opinion »[2]. François Bloch-Lainé, alors directeur de la Caisse des dépôts et consignations, mentionnera lui aussi ce « choc psychologique » dû à « l'aura soudaine de l'homme au petit chapeau » et à son « charisme » proche de la « magie »[3]. En somme, c'est parce qu'il en apparaît comme l'antithèse que le discret M. Pinay, l'« homme à figure d'électeur » selon le *Time*, peut endosser les habits rutilants de l'homme providentiel.

Il faut dire aussi qu'à l'exception des journaux de gauche, la presse lui est favorable. Dans *Le Monde* du 13 mars 1952, qui n'est pourtant pas de son bord, Jacques Fauvet reconnaît que Pinay apparaît comme « un homme de bon sens », « lucide et honnête », mais aussi et surtout qu'il « a de la chance et pas seulement au Parlement », ce qui explique « sa popularité grandissante ». Mais c'est surtout *L'Aurore*, le quotidien de Marcel Boussac, qui construit véritablement la dimension messianique du nouveau président du Conseil, par le récit archétypique de l'homme providentiel, indispensable, rassembleur et porteur d'espérance. « Qui donc peut s'opposer au sauvetage du franc ? » demande Robert Bony dans son éditorial du 5 mars 1952, exhortant les députés du RPF à ne pas jouer « le jeu destructeur des communistes ». Une fois Pinay investi, il ne se passe pas une journée sans que *L'Aurore* ne lui consacre un article élogieux, voire militant. Dans l'édition du 7 mars, Robert Bony réclame « une très large union nationale » autour de lui, car

1. Albert Fabre-Luce, *Mendès ou Pinay ?*, *op. cit.*, p. 19.

2. Secrétariat général de la présidence du Conseil, renseignements généraux, synthèses des rapports mensuels des préfets, mars 1952, AN, 4 AG 66.

3. François Bloch-Lainé, *Profession fonctionnaire*, Paris, Seuil, 1976, p. 121.

c'est « le vrai moyen, le seul moyen de ranimer la confiance ». Le 12 mars, il y voit « la promesse d'une politique nouvelle qui tend à sauver tout ce qui était en péril ». Le 16 mars, l'éditorial d'André Guérin montre « M. Dupont », le Français moyen, peu à peu séduit par le courage du chef de gouvernement, parce qu'il a le « sentiment que M. Pinay ne se laissera pas facilement stopper, ni même freiner ». D'où cette conviction proclamée par Robert Bony : « Le pays [...] veut que M. Pinay réussisse. »

« En guerre contre la vie chère »

Si l'on en croit un attaché de cabinet, « M. Pinay a réellement horreur de la publicité » et répète à qui veut l'entendre qu'il tient à se garder du « complexe de la vedette hollywoodienne »[1]. Et pourtant il se livre avec complaisance à la mise en scène de son propre mythe, notamment dans les colonnes du grand hebdomadaire *Paris-Match*. C'est ainsi que l'édition du 22 mars, le présentant « en guerre contre la vie chère », entend expliquer les ressorts de ce succès fulgurant. Si le « maire de Saint-Chamond » s'est « réveillé célèbre », c'est parce que « sa véritable investiture s'est faite chez le laitier, chez les gens qui se lèvent tôt pour aller chercher le litre des enfants ou le quart de la solitude », parce que « le président du Conseil a donné l'impression qu'il gouvernait non pas pour les députés, mais pour les ménagères », et parce que avec lui « chaque Français se sent plus ou moins président du Conseil ». Suit un panégyrique de cet « homme simple », fils d'un « fabricant de chapeaux de Saint-Symphorien » et d'une « authentique paysanne », coiffé d'un « strict chapeau noir bordé », que « l'on ne voit jamais au théâtre » ni « dans les boîtes de nuit », rentrant chaque soir « dans son trois-pièces du boulevard Suchet ». Et l'on rappelle que ce grand modeste est aussi un fidèle, qui a le même coiffeur à Saint-Chamond depuis trente-cinq ans.

Dans l'édition du 19 avril de l'hebdomadaire illustré, on le suit sur les chemins rocailleux du Cap-Ferrat, où il passe les fêtes de Pâques en famille, veste sur l'épaule, cigarette au bec. Mais,

1. André Derome, *La Dernière Carte*, *op. cit.*, p. 20.

travailleur infatigable, il est suivi par le ministre du Budget Jean Moreau, « les poches pleines de décrets à signer », souligne le reportage. Et s'il aide son fils à sortir de la piscine, « lui ne s'est pas baigné » car ce ne serait pas convenable pour le sauveur du franc. La couverture de l'hebdomadaire, qui le montre à son bureau, l'air très sérieux, un stylo à la main, entend nous expliquer « pourquoi et comment il a obtenu la confiance de la France », nous rappelant qu'au bout d'un mois de son gouvernement, « chaque Français a gagné un louis d'or ». On est bien loin des figures héroïques du sauveur providentiel, mais celle de Pinay est en parfaite osmose avec son époque.

C'est pourquoi, dans son édition du 21 mai, *Paris-Match* entend nous raconter l'émouvante histoire de Mme Debiesse, rempailleuse de chaises âgée de 74 ans, qui vient d'envoyer toutes ses économies, soit 5 000 francs, au président du Conseil, en écrivant sur le talon du mandat : « Comment, en si peu de place, puis-je vous exprimer mes remerciements pour ce que vous faites pour la France ? » Ému, Antoine Pinay lui aurait alors fait un chèque de 50 000 francs pour qu'elle puisse acquérir cinq titres de l'emprunt. C'est un bel exemple de *storytelling*, qui met en valeur le rapport privilégié du sauveur avec son peuple, et l'humanité dont il fait preuve. C'est ainsi que se fabrique le mythe.

Le « nouveau Sauveur » ?

À gauche, on s'irrite contre ceux qui croient en Pinay « comme leur grand-père a cru en Boulanger, leur papa en Poincaré, eux-mêmes en Pétain puis en de Gaulle », et qui « ne sont pas loin de considérer le tanneur de Saint-Chamond comme un nouveau Sauveur envoyé à la France par la Providence pour y opérer le traditionnel miracle de la dernière heure »[1]. Le *Canard enchaîné* y voit le résultat navrant du « bla-bla-bla officiel » et des « panégyriques de *Paris-Match* »[2]. Dans l'édition du 16 avril, Jean-Paul Lacroix se demande même si le phénomène Pinay n'est pas « une sorte de

1. *Le Canard enchaîné*, 5 mai 1952.
2. *Ibid.*

canular tragique », « monté de toutes pièces » par les « chefs de la rubrique politique des Dix Grands » journaux parisiens, désireux de faire des « gros titres », et qui axent toute leur publicité « sur ce fait divers pitoyable ». Ce jugement est évidemment excessif, mais il met en lumière la formidable campagne de presse, orchestrée notamment par le groupe Boussac, qui a généré le mythe Pinay.

Il appartient donc aux polémistes du *Canard* de dégonfler le mythe en ridiculisant la personnalité du nouvel homme providentiel. Par exemple en manchette de l'édition du 5 mars 1952, « M. Pinay, cuirs et peaux de balle », est tourné en dérision comme un sauveur à la Doumergue, c'est-à-dire un sauveur au petit pied. Racontant en quelques planches la « vie ardente d'Antoine Pinay », Gabriel Macé et Pol Ferjac le représentent marqué par l'hérédité de la fabrique familiale, portant déjà son célèbre chapeau mou à l'école maternelle, traversant les « années sombres » avec la francisque à la boutonnière (allusion à son rôle sous Vichy), puis se mettant à fabriquer des « maroquins » ministériels pour lui-même, avant que le président Auriol l'appelle au pouvoir : « Sauvez, sauvez le franc au nom du Sacré-Cuir ! »[1]. Lorsqu'il lance l'emprunt qui portera son nom, Lap le dessine en garde champêtre de Saint-Chamond : « Aviss ! Le maire informe ses concitoyens qu'ils sont tenus de faire bon accueil au grand emprunt. Qu'on se le dise ! » Le voici caricaturé en Charlot dans la « ruée vers l'or », avec petite moustache, canne et canotier, ou en « Franc-Franc la tulipe », brandissant une épée dont le pommeau est une pièce d'un franc. « M. Pinay parle au pays de bouche à oseille », ironise la manchette du 21 mai 1952. « Lingot Home, Monsieur Pinay ! » ironise celle du 11 juin, allusion aux mesures favorables aux détenteurs de capitaux.

Et pourtant le président du Conseil trouve la preuve de sa popularité « dans le courrier spontané et émouvant » qu'il reçoit « chaque matin de toutes les provinces de France »[2]. Au moment du lancement de l'emprunt Pinay, les rapports des préfets enregistrent « un courant de confiance et de sympathie toujours aussi vivace » envers le président du Conseil. « Partout on se déclare partisan de

1. *Ibid.*, 26 mars 1952.
2. Allocution radiophonique du 25 mars 1952.

l'expérience Pinay», note le préfet des Landes. «L'opinion est favorable», écrivent encore ceux de l'Isère et des Pyrénées-Orientales au mois de juin. Si des critiques apparaissent en juillet, du fait de la hausse des prix alimentaires, «la position du Cabinet, psychologiquement, demeure très forte», affirme la synthèse mensuelle. «L'opinion, dans sa grande majorité, reste favorable, les consommateurs conservent leur confiance» en septembre et en octobre, malgré le «réveil de l'activité politique» et «une réelle nervosité des milieux ruraux», séduits par le poujadisme. En novembre, les rumeurs de démission de Pinay rendent «l'opinion inquiète». Enfin, après sa démission, le 23 décembre 1952, c'est l'«amertume» qui domine parmi les Français, indifférents à la «politique des partis»[1]. Il semble bien que l'état de grâce ait duré tout au long de l'expérience Pinay, comme en témoignent les sondages, qui montrent 56 % des Français mécontents de son départ. Après la chute de Pierre Mendès France, il sera d'ailleurs sollicité par le président Coty pour lui succéder à la présidence du Conseil. D'où ce titre de *France Observateur* : «De Mendès à Pinay[2]», qui les réunit en haut de l'affiche. «Ils ne sont pas dans les normes», écrit Paul Gérin dans *Paris-Presse*, observant que les deux hommes providentiels caracolent en «tête de liste du baromètre de popularité». Au fond, ce qui les réunit dans les cimes, c'est que chacun d'eux incarne une facette du rêve collectif: «L'un a rétabli la confiance, l'autre le mouvement»[3].

1. Synthèses des rapports mensuels des préfets, mai-décembre 1952, AN, 4 AG 66.
2. *France Observateur*, 5 février 1955.
3. *Paris-Presse*, 12 février 1955.

CHAPITRE XI

Les rénovateurs

Dans la société en plein boum de reconstruction des Trente Glorieuses, ce dont les Français ont besoin, c'est d'un guide pour moderniser la France. Deux hommes providentiels incarnent, chacun à sa manière, cet appétit de rénovation. L'un et l'autre s'appuient sur la légitimité de l'histoire patriotique, l'un comme le symbole de la Résistance et l'autre comme un acteur engagé dans le combat antinazi. L'un et l'autre se veulent en rupture avec le système politique en place, l'un parce qu'il le refuse, l'autre parce qu'il le critique. L'un et l'autre enfin, et c'est l'essentiel, peuvent prétendre à rassembler les Français, parce qu'ils se meuvent dans une sphère supérieure, au-delà des clivages et des enjeux partisans.

Mais si Pierre Mendès France s'affirme comme le représentant des jeunes générations, il reste néanmoins fidèle aux traditions politiques du régime parlementaire. Tandis que le général de Gaulle, qui incarne les valeurs traditionnelles de la France, réclame au contraire une rupture politique radicale avec le passé. De ce fait, ils apparaissent comme les deux pôles d'une même aspiration nationale au changement dans la modernité, deux images complémentaires de la France qui regarde de l'avant, en rupture avec les pères protecteurs de l'entre-deux-guerres. Cette complémentarité, qui les rapproche dans les hauteurs de la distinction providentialiste, sera aussi le vecteur de leur affrontement historique.

Mendès France, « la vérité en marche »

À la différence d'Antoine Pinay, Pierre Mendès France n'a pas droit aux honneurs de la couverture de *Paris-Match* lorsqu'il arrive au pouvoir. Si Jean Farran lui reconnaît « la gravité, le sérieux » de « l'économiste », il lui reproche pêle-mêle « la froideur de ceux qui sont sûrs d'eux », la posture du Cassandre qui « a annoncé toutes les catastrophes », et surtout un manque de souffle héroïque, alors « qu'un gouvernement peut ne pas oser être sage, et n'avoir d'autre choix que la grandeur, même si elle n'est que le reflet des temps révolus »[1]. Le contraste est saisissant avec l'enthousiasme manifesté par une autre partie de la presse, qui reflète l'opinion d'une autre France, en état de fascination.

« Le ciel s'est éclairé »

« Lorsque Mendès est arrivé au pouvoir, le ciel s'est éclairé[2] », racontera bien des années plus tard Raymond Barre à l'historien Éric Roussel. Michel Winock, alors jeune bachelier, témoigne de l'enthousiasme de la jeunesse universitaire, qui place toute sa confiance en Mendès, « symbole » et « chef opérateur » de la « modernisation nécessaire », « par un décret du cœur autant que par l'effet de notre raison politique »[3]. Et c'est bien sur cette mystique de la rénovation que se joue cette aventure providentialiste.

Au premier rang des enthousiastes, *L'Express* bien sûr, avant-garde du mendésisme, et qui titre à la une du 19 juin 1954 sur « Mendès France face à la crise », avec une photo du nouveau président du Conseil regardant avec détermination vers l'avenir, accompagné d'une éloquente citation de Zola : « La vérité est en marche ; rien ne peut l'arrêter. » L'éditorial du 26 juin se veut plus mesuré, au nom de l'indépendance de la presse : « Pierre Mendès

1. *Paris-Match*, 19 juin 1954.
2. Éric Roussel, *Pierre Mendès France*, *op. cit.*, p. 318.
3. Michel Winock, *La République se meurt. Chronique, 1956-1958*, Paris, Seuil, 1978, p. 12 et 221.

France, leader d'opposition et symbole de l'espérance, pouvait être notre ami. Pierre Mendès France, chef du gouvernement, ne doit évidemment plus l'être. » L'hebdomadaire raconte néanmoins « l'accueil du pays à l'expérience nouvelle », « l'espoir quasi général dans toutes les familles politiques », chez les « cadres, intellectuels, fonctionnaires », concluant à un véritable « état de grâce ».

C'est d'ailleurs *L'Express* qui lui trouve en juillet 1954 le surnom presque incantatoire de « PMF », par analogie avec « FDR », l'ex-président Franklin Delano Roosevelt, incarnation du mythe de la modernité. Jean-Jacques Servan-Schreiber et Françoise Giroud sont à la fois ses aiguillons et ses conseillers influents, le retrouvant souvent le dimanche au pavillon de Marly pour discuter stratégie ou relire ses discours. C'est un soutien exigeant, si l'on en juge par la correspondance conservée aux archives de l'Institut Pierre Mendès France. En date du 5 octobre 1954 par exemple, Jean-Jacques Servan-Schreiber exhorte le président du Conseil à se débarrasser « le plus tôt possible des tâches diplomatiques quotidiennes » afin de « prendre directement en charge la révolution intérieure (économique et morale) », qui lui semble une priorité. Le 18 octobre, au lendemain du Congrès du Parti radical organisé à Marseille, il lui reproche d'avoir « laissé la possession du parti à nos ennemis, aux réactionnaires et aux affairistes », en faisant preuve d'une « passivité incompréhensible », sa « générosité de cœur » étant « sans doute la seule explication à de telles faiblesses ». Mais il est vrai que cette exigence est au diapason d'une immense espérance, dont témoigne cette lettre du 16 janvier 1955, alors même que Mendès France est en grand danger : « Quand vous êtes là, on ne se résigne pas [...], vous représentez, aujourd'hui encore, l'espoir ardent d'une véritable régénération du pays [...], ceux-là sont nombreux, et ils doivent être, je crois, votre constante obsession »[1].

Le courrier envoyé par les lecteurs de *L'Express*, qui n'ont jamais été aussi nombreux, exprime le même enthousiasme pour l'homme providentiel : « La médiocrité est balayée, place à une équipe neuve, efficace et intacte [...]. Monsieur Mendès France, nous vous faisons confiance ! » peut-on lire par exemple dans l'édition du 26 juin 1954. Cette confiance est d'ailleurs partagée par une bonne

1. AIPMF, correspondance reçue, SE.

partie de l'opinion de gauche, tel *Franc-Tireur* qui salue au même moment le « républicain dont chacun s'accorde à reconnaître l'honnêteté et la volonté d'action novatrice », estimant que « l'Assemblée a eu raison de lui faire confiance ». À en juger par les sondages et les nombreux témoignages de sympathie qui lui parviennent, l'opinion lui est largement favorable. « J'espère ardemment que, dans les mois à venir, rien ne pourra vous empêcher d'agir conformément à votre pensée », lui écrit le comte de Paris au lendemain de son investiture, souhaitant « de tout cœur, pour la France [...] que vous atteigniez dans les trente jours [...] au but que vous vous êtes fixé »[1].

Pour *Le Monde*, il est « le-candidat-qui-n'est-pas-comme-les-autres », « l'homme nouveau » capable « d'offrir au Parlement en mal de décision une voie nouvelle hors des sentiers battus où il tourne désespérément en rond »[2]. Même *Le Canard enchaîné*, si prompt à la caricature, semble emporté dans le courant de sympathie mendésiste. « On me dit que mon pari est stupide, que je n'aurai pas le temps. Que peut-on faire entre le 18 juin et le 20 juillet ? Je pourrais répondre qu'on peut toujours prendre la Bastille[3] », fait dire Roger Treno au nouveau président du Conseil. C'est à ses ennemis que s'en prend l'hebdomadaire satirique, un dessin de Monier réclamant le « cessez-le-feu » aux canons tirés par les Pleven, Reynaud et Schuman réunis, et Roger Treno ironisant sur les « trépignements » anti-Mendès de Robert Bony dans *L'Aurore* et de Pierre Brisson dans *Le Figaro*. Dans l'édition du 1er septembre, il fait cet aveu : « Nous sommes, il faut bien le dire, très embêtés au *Canard*. Nous voilà, en effet, devenus gouvernementaux ! [...] Pierre Mendès France, une fois de plus, nous a eus jusqu'au trognon, et nous nous trouvons là, tout bêtes, à l'applaudir, alors que notre rôle traditionnel serait de l'enguirlander[4]. »

Et si le général de Gaulle se montre sceptique, un courant de sympathie se dessine parmi les gaullistes, gagnant même des hommes comme Jacques Soustelle et Michel Debré, sans compter

1. AAIU, carton E1 X, divers, 18 juin 1954.
2. *Le Monde*, 16 juin 1954.
3. *Le Canard enchaîné*, 23 juin 1954.
4. *Ibid.*, 1er septembre 1954.

bien sûr ceux du gouvernement, Jacques Chaban-Delmas et Robert Buron. Le poète Pierre Emmanuel lui envoie le 5 juin 1954 une lettre enthousiaste : « Je suis de ceux qui vous aiment depuis longtemps et suivent votre action courageuse. Aujourd'hui votre patience, votre confiance en la vérité, votre lenteur hardie vous assurent un triomphe moral qui prépare l'autre. Des millions de Français s'en réjouissent[1]... » Mais son plus prestigieux supporter est François Mauriac, prix Nobel de littérature, qui consacre son « Bloc-notes » de *L'Express* à la « petite fille Espérance » : « Pierre Mendès France, entre ses adversaires et lui, voit se dresser pour le défendre cette espérance d'un peuple reclus de honte et de douleur, qui ne croyait plus que le sang pût s'arrêter de couler en Indochine et en Afrique [...]. Ses adversaires feront bien d'y regarder à deux fois avant d'étrangler la "petite fille Espérance", si frêle encore, mais vivante et belle, et que tout un peuple couve des yeux avec amour[2]. »

Au-delà des frontières, l'hommage le plus remarqué est celui que lui rend le fameux hebdomadaire américain *Time Magazine*, pourtant de sensibilité conservatrice, en lui consacrant sa première *cover story* dévolue à un chef du gouvernement français. À l'instar des autres hommes providentiels, tels Gambetta ou Clemenceau, le reportage nous fait pénétrer dans l'intimité du président du Conseil, présenté lui aussi comme un travailleur acharné, déjeunant de sandwichs qu'il se fait monter dans son bureau, ne quittant celui-ci que vers neuf heures du soir et fuyant les réunions mondaines. « Presque inconnu du public il y a un an, Mendès France est devenu aujourd'hui le symbole du changement dans un pays qui a grand besoin de changement [...]. Qu'il gagne ou qu'il perde son pari, les Français auront trouvé en lui ce qui leur avait été refusé depuis longtemps : un chef[3] », peut-on lire dans la traduction proposée par *L'Express*. Une semaine plus tard, c'est *Life*, concurrent de *Time*, qui lui consacre une dizaine de pages, là encore abondamment illustrées, sous le titre « Pour une France immobile, l'homme du changement », et avec cette conclusion,

1. AAIU, carton E1 X, divers.
2. *L'Express*, 23 juin 1954.
3. *L'Express*, 10 juillet 1954, anticipant la publication de *Time Magazine* du 12 juillet 1954.

sous la plume du journaliste Emmet John Hugues : « Il sait que le futur de la France [...] sera forgé par lui, ses triomphes ou ses échecs, pour les années à venir[1]. »

On peut y ajouter l'article élogieux du quotidien britannique *The Daily Mirror*, le plus fort tirage du monde à l'époque, illustré par un dessin de Vicky présentant les hommes politiques français sous formes de flacons de parfums : le communiste Jacques Duclos est baptisé « Tabou », le général de Gaulle « Toujours moi » et Mendès France « Surprise », « le nouveau parfum excitant qui fait la différence [...], le meilleur que Paris peut offrir »[2]. Le même journal revient à la charge quelques jours plus tard : « Le monde avait renoncé à la France en tant que grande nation. De ses dirigeants, le monde ne se rappelait que Pétain et de Gaulle, le lamentable maréchal emprisonné pour trahison et le général hautain, qui semblait avoir des visées de pouvoir absolu [...]. C'est alors qu'un homme nouveau est arrivé, avec un nom imprononçable : Mendès France. Le monde le connaît maintenant sous le nom de "M. France"[3]. » Aux yeux des Anglo-Saxons et de la plupart des démocrates, le nouveau président du Conseil semble considéré comme un homme providentiel.

« Le sauveur du monde »

Qui soutient Mendès France et pourquoi ? Si l'on en croit *L'Express*, le « préjugé favorable est plus franchement accordé dans les milieux populaires et, d'autre part, au sommet de l'échelle sociale que dans les classes moyennes[4] ». L'historien Pierre Laborie distingue un « premier cercle » mendésiste, composé essentiellement de jeunes urbains, cadres, techniciens, fonctionnaires, d'une France provinciale et rurale plus flottante, oscillant entre curiosité, prudence, méfiance ou franche hostilité[5]. En nous appuyant sur les

1. *Life*, 19 juillet 1954.
2. *The Daily Mirror*, 23 juin 1954.
3. *Ibid.*, 12 août 1954.
4. *L'Express*, 26 juin 1954.
5. Pierre Laborie, « Le gouvernement Mendès France et l'opinion : la logique de l'exceptionnel », art. cit., p. 171.

fonds des archives municipales de Louviers, qui ont conservé des centaines de lettres envoyées durant l'été 1954 au nouveau président du Conseil, nous sommes en mesure de donner un peu plus de chair à ce que les biographes de Mendès France se sont jusque-là contentés d'évoquer[1]. Elles attestent de l'enthousiasme extraordinaire suscité par l'homme providentiel dans tous les milieux, du plus riche au plus humble, mais aussi de la très grande diversité des motivations qui suscitent cet engouement à bien des égards exceptionnel.

Observons en premier lieu que la jeunesse y est surreprésentée, tant par le nombre des lettres reçues que par la thématique omniprésente de la modernisation. C'est incontestablement le cœur et le poumon du providentialisme mendésiste, focalisé sur l'espérance de rénovation. Jean-Claude Servan-Schreiber, cofondateur de *L'Express* avec son cousin Jean-Jacques, le remercie d'avoir fait « renaître » chez les jeunes « l'espoir qu'ils étaient en train de perdre ». Pierre R., professeur d'allemand au lycée de Valence, se réjouit de la « bonne nouvelle pour la jeunesse de France », qui a « soif d'une révolution pacifique ». M.-O. C., professeur au lycée Condorcet, à Paris, se fait le porte-parole de ses élèves, « et plus encore des anciens élèves qui sont aujourd'hui étudiants », pour exprimer « non seulement la confiance », mais une « sympathie grave et sincère » envers une parole de « vérité et d'humilité ». G. L., diplômé de Sciences Po, cible idéale du mendésisme, le salue « au nom de bien de ses camarades ». Jacques D., fonctionnaire à l'ambassade de France à Washington, voit en lui une « grande chance », « la première depuis la Libération, et sans doute la dernière », comme « des milliers de jeunes Français déterminés à la défendre », « par tous les moyens ».

Cette espérance de modernité est d'ailleurs partagée par les personnalités internationales qui écrivent à Mendès France. Par exemple Mordecai Ezekiel, grand économiste américain et ancien conseiller de Roosevelt, écrivant de Rome, le 18 juin, que le « monde entier le regarde avec espoir[2] ». De Genève, le 22 juin, le

1. Archives municipales de Louviers, fonds Pierre Mendès France, correspondance reçue, juin-novembre 1954 (B36 et B37).

2. Traduction de l'auteur.

grand romancier Albert Cohen, « étranger amoureux de votre France », lui dit sa « joie » et son « espoir » : « Si j'étais croyant, je prierais Dieu qu'il vous assiste dans votre tâche si grave, si lourde, si belle. » On y trouve aussi des grands noms français, comme celui de la célèbre aviatrice et féministe Adrienne Bolland : « Nous sommes des millions de Français à mettre notre espoir en vous. » Quant à Philippe de Rothschild, le baron vigneron et poète, il s'extasie : « Un 18 juin pour une première investiture, c'est impressionnant ! »

De même pour les responsables politiques du Parti radical, parlementaires ou militants locaux, conseillers municipaux de l'Eure et d'autres régions françaises, tel Camille B., « le plus vieux militant radical-socialiste du XIVe arrondissement de Paris ». Paul B., conseiller municipal SFIO de Nîmes, qui a « pris le chemin du socialisme », n'en demeure pas moins un de ses plus ardents « supporters ». Plus surprenant est le soutien de Philippe Barrès, fils de Maurice et député gaulliste de Meurthe-et-Moselle, estimant que les « paroles claires » de Mendès France à la radio « ont trouvé le chemin du cœur » des Lorrains. Ou celui de l'ancien cagoulard et résistant Georges Loustaunau-Lacau, affirmant qu'il « partage depuis longtemps, dans l'ensemble », la « façon de voir » de Pierre Mendès France, et qui le félicite d'avoir « franchi le premier obstacle », celui de l'investiture, « en grand cavalier ».

Plusieurs lettres lui sont envoyées par des hauts fonctionnaires, tel M. Coudroy, directeur au secrétariat d'État à la Marine marchande, qui lui transmet les vœux de tous ses « camarades – vos élèves à l'ENA ». Tout autant par des hommes d'affaires, des chefs d'entreprise et des managers, tel que Belin, président de la Banque française du commerce extérieur, Bernard Lailler, président du Syndicat cotonnier de l'Ouest, ou M. de Longueville, délégué général de l'Association des cadres dirigeants de l'industrie pour le progrès social et économique. R. Altéran, vice-président délégué de l'Union française des industries exportatrices, se réjouit de voir « reconnues et proclamées » « la haute compétence et l'objectivité » de l'expert économique Mendès France. Plus originale est la lettre du président de Lip, souhaitant que les « classes possédantes », dont il fait partie, « fassent leur devoir ».

En revanche, parmi les représentants de la moyenne bourgeoisie des notables présents dans cette correspondance, l'élan modernisateur est moins nettement marqué. On voit avant tout en lui un expert, un homme de rigueur, un restaurateur de l'ordre. Un notaire des Andelys, « vieux radical », se réjouit d'avoir « enfin un homme de bon sens à la tête du gouvernement », le comparant à Clemenceau, mais aussi à Poincaré et même à un « Salazar français ». Paul D., notaire à Mortagne-au-Perche, offre « l'appui moral d'un catholique » à « l'israélite radical-socialiste » qui a « soulevé un immense espoir dans tout le pays découragé par tant d'expériences décevantes ». D'autres, dans une veine plus populiste, attendent un grand coup de balai sur la république parlementaire. « Assez de cette politicaille sordide », « je vous fais confiance pour essayer de rassembler ce qui reste encore de sain et décidé pour remonter la pente », lui écrit A. J., café-tabac à Houilles. Et Mme Blanche L., de Seine-Inférieure, lui demande de « relever la France » de la « décadence » et de la « gabegie ».

D'autres encore sont de tonalité gaullienne, émanant d'anciens des deux guerres mondiales, tel Léon L., d'Ouistreham, « vieux soldat d'Artois et de Verdun », qui lui offre le soutien de « tous les Français dignes de ce nom », estimant qu'il a « d'ores et déjà bien mérité de la Patrie ». Maurice L., de Clichy, ancien combattant de 1914-1918 et prisonnier de guerre en 1939-1940, lui demande de devenir « notre petit Clemenceau » (souligné), en se montrant « très énergique pour tous ». L. A., de Nice, 76 ans, croix de guerre 14-18 et ancien de la France libre, ému par le premier « appel » radiophonique de Mendès France, rejoue la scène de 1940 : « Nous vous crions en avant et sauvez la France, votre Patrie. Que l'Éternel vous protège et protège vos efforts sur le chemin de la Victoire, vous avez toute la France avec vous et derrière vous. » Et Bernard Lévy, président des FFL et évadés de France-Moselle, lui envoie un télégramme ainsi libellé : « 18 juin 1940, 18 juin 1954. Après le renouveau militaire le renouveau politique. »

Dans un registre plus social, Georges L., conducteur d'autobus de Montrouge, affirme que « tous les hommes et les femmes qui peinent à longueur de journée pour un maigre salaire espèrent en vous. » Plus direct encore, M. L., de Courbevoie, lui envoie le 2 juillet la lettre suivante : « Continue ton boulot comme tu l'as fait jusqu'à ce jour, ne t'occupe pas de salades ; les ¾ du peuple est derrière toi. Excuse-moi de te tutoyer mais tu me plais. » Quant à Raymond B., « responsable syndical CGT d'une grande entreprise », il lui demande d'être « l'architecte avec les ouvriers », les syndicats étant les « maçons ». Une grande partie de ces lettres ouvrières réclame surtout la paix en Indochine. Beaucoup émanent d'organisations pacifistes, notamment proches du Parti communiste ou de la CGT[1]. Beaucoup d'autres enfin proviennent de mères de famille, telle Mme L., au nom de « toutes les mamans qui comme moi depuis quinze ans voient avec terreur et angoisse grandir leurs enfants ».

Entre l'étudiant de Sciences Po qui demande une modernisation radicale de la société, le poilu ou le résistant qui voit en Mendès un nouveau de Gaulle, le petit commerçant qui réclame un homme à poigne, le militant cégétiste qui attend une nouvelle politique sociale et les mères de famille qui espèrent la fin de la guerre d'Indochine pour voir rentrer leurs fils, les motivations de l'appel à Mendès France sont bien différentes. Mais le point commun de ces lettres, par ailleurs si disparates, est l'espérance de rénovation, appuyée sur une confiance aveugle, voire mystique, que semblent lui témoigner les petites gens.

« Partout dans les rues, dans le métro l'on peut constater que la majorité des gens est heureuse », commente M. B., de Maison-Alfort, affirmant que « parmi les ouvriers et les fonctionnaires » Mendès France est « le seul homme à représenter l'espoir » de la Nation. Un doreur à chaud parisien, porte-parole des « Français moyens », voit « la lumière au fond du tunnel dans lequel nous cheminons depuis la Libération ». René L., agriculteur dans l'Eure, est persuadé que « la France tout entière peut faire confiance » au sauveur. « Allez-y Mendès France, nous avons foi en vous », lui écrit Raoul B., « humble ouvrier agricole », le

1. Par exemple l'Union des femmes françaises de La Courneuve, de la Croix-Rousse, de Montluçon, le comité du quartier Goutte-d'Or, les femmes et mères de Saint-Denis, les comités pour la paix de Grenoble, la section Ménilmontant du PCF, les syndicats de cheminots d'Amiens, le syndicat général des transports de Marseille, les employés du Crédit du Nord, l'usine SKF d'Ivry, les Chantiers de Bretagne, les citoyens de Castres, les étudiants des Beaux-Arts, etc.

21 juin. À Sanary, « une vieille femme toute simple de soixante et onze ans » écoute, « recueillie et exaltée » par la nouvelle de l'investiture, « les admirables symphonies où Beethoven fait éclater sa joie ». Jean-Marcel R., d'Arras, « un Français qui vous aime beaucoup », lui demande « une signature-autographe écrite par votre main ». Betty D., qui tient un bureau de tabac, l'invite à Verdun, où elle habite. Un anonyme lui envoie un « Porte-Bonheur », une « oraison trouvée sur le Sépulcre de Notre-Dame de Nazareth ». Quant à Albert C., du Pas-de-Calais, âgé de 77 ans, il voit poindre une « ère nouvelle » où, « l'humanité délivrée enfin du noir tunnel », Mendès France deviendra carrément « le sauveur du monde ».

« Héros national »

Après la signature de l'accord de Genève, le 21 juillet 1954, le *New York Times* le consacre « héros national », *Combat* le félicite d'avoir « gagné son incroyable pari contre la méfiance, la haine et la mort », *Libération* salue le « porte-parole de la paix », et *La Voix du Nord* affirme que « personne n'aurait obtenu plus et mieux ». Même la presse conservatrice reconnaît ses talents, à l'instar de Robert Bony dans *L'Aurore*, pour qui « le pays sera reconnaissant à Pierre Mendès France d'avoir supérieurement conduit cette négociation », ou du *Figaro*, qui le désigne comme un « bon ouvrier du pays »[1]. Jusque-là réticent, Raymond Aron considère lui aussi qu'il a « gagné son pari dans des conditions qui ne prêtent pas à la critique », tandis que François Mauriac, dans son « Bloc-notes » de *L'Express*, s'incline devant « l'homme qui a vaincu la défiance de Molotov sans perdre la confiance de Dulles »[2].

« Mes félicitations ! Étonnant succès diplomatique pour notre pays », lui écrit à nouveau le chef de la Maison d'Orléans, saluant aussi un « bon ouvrier du pays »[3]. Par analogie avec le Tour de France, Ferjac le dessine passant la ligne d'arrivée en vainqueur,

1. Revue de presse dans *Le Monde*, 22 juillet 1954.
2. *Ibid.*, 23 juillet 1954.
3. AAIU, carton E1 X, divers.

portant la colombe de la paix dans une cage, tandis que Robert Treno se réjouit que « la France possède enfin un homme d'étapes », qui a su conquérir « le maillot jaune, dès la première » [1]. Sennep le représente comme un « président à réaction[2] », virevoltant au-dessus de l'hémicycle de l'Assemblée nationale, allusion à l'hyperactivité du nouveau président du Conseil, présent sur tous les fronts internationaux. « Tout est possible, comme en 1945, grâce au "style" de PMF[3] », lit-on dans *L'Express*. Un sondage IFOP effectué du 17 au 27 août 1954, soit deux mois après son avènement, indique que les électeurs de tous les bords sont satisfaits, à 85 % pour les radicaux, à 78 % pour les socialistes, mais aussi à plus de 60 % pour ceux du MRP et même du RPF gaulliste. Si bien que l'on peut souscrire au commentaire du *New York Herald Tribune*, qui, le comparant à Disraeli et à Churchill, affirme qu'il « est indiscutablement le dirigeant français le plus populaire depuis les jours héroïques du général de Gaulle[4] ».

Un autre indicateur de popularité réside dans les milliers de lettres que reçoit alors le président du Conseil. « C'est notre affection que vous avez méritée en plus de notre reconnaissance, à nous tous, les simples gens », « nous vous aimons », lui écrit par exemple Mme B., secrétaire à Paris, le 11 octobre 1954. La plus grande partie de ces fonds semble avoir été perdue ou détruite, ce qui nous prive d'une source passionnante, comparable à celles dont nous disposons pour Pétain ou de Gaulle. Mais Léone Georges-Picot, conseillère en communication du président Mendès France, nous a personnellement indiqué que l'immense majorité des lettres étaient des messages de félicitations et d'encouragements[5]. Cette abondante correspondance fonctionne comme une sorte de dialogue avec les causeries radiophoniques, auxquelles Pierre Mendès France ne recourt pas moins de vingt-six fois en sept mois de gouvernance. Sa première intervention, le 26 juin 1954, est d'ailleurs l'occasion d'expliquer sa démarche radiophonique, non pas seulement pour

1. *Le Canard enchaîné*, 30 juillet 1954.
2. *Le Figaro*, 3 août 1954.
3. *L'Express*, 30 octobre 1954.
4. *New York Herald Tribune*, 4 août 1954.
5. Entretien téléphonique du 10 mai 2010.

annoncer les « grandes nouvelles », mais aussi et surtout pour « [vous] parler en toute simplicité et [vous] tenir au courant de ce que fait et de ce que pense votre gouvernement ». Il s'agit de renforcer l'osmose entre le sauveur et son peuple, en brisant les codes du jeu politique traditionnel.

« Il arrivait des centaines de lettres par semaine. On les dépouillait, on les étudiait, on les classait. En étudiant les réactions, on s'est aperçu que c'était un contact très efficace avec l'opinion publique », raconte Pierre Mendès France. « J'ai reçu des lettres enthousiastes, dont celle d'une dame qui m'écrivait : "Je n'ai jamais rien entendu d'aussi beau depuis les discours du maréchal Pétain" »[1]. Il évoque d'ailleurs l'importance de ce dialogue lors de sa causerie du 11 septembre 1954 : « Vos voix, vos opinions me parviennent de façon continue. Chaque jour, je reçois de nombreuses, de très nombreuses lettres qui émanent d'hommes et de femmes que je ne connais pas, mais qui veulent me répondre [...]. Ce courrier, qui vient de tous les coins de la France et de l'outre-mer, me fait mesurer chaque jour l'ampleur immense de la tâche à accomplir. » Appel au peuple ou démocratie participative ? La communication mendésiste semble en tout cas fondée sur la relation d'intimité entre le décideur et ses mandants.

Dans sa causerie radiophonique du 10 juillet 1954, c'est dans le registre de la confidence qu'il décrit son emploi du temps aux auditeurs, juste avant de « prendre l'avion qui [l]'emmènera à Genève ». Le 24 juillet, c'est à la campagne, où il est venu, « après quatre semaines de dur labeur, prendre deux jours de repos », qu'il retrouve le micro « pour notre rendez-vous hebdomadaire dont je n'ai plus besoin de vous dire combien il me tient à cœur ». Le 4 septembre, « près de la fenêtre d'une petite maison dans les bois, qu'éclaire le couchant », il incite les Français à se rapprocher « les uns des autres » pour continuer « ensemble sur la route qui mène au redressement du pays ». Le 18 septembre, c'est aux écoliers qu'il s'adresse, au lendemain de la rentrée des classes, rappelant à ses « chers petits amis » les impressions qu'il a lui-même éprouvées « en pareille circonstance », et les exhortant à apprendre leurs

1. Cité par Jean Lacouture, *Pierre Mendès France*, *op. cit.*, p. 294.

leçons, à faire leurs devoirs afin de se créer des « chances de vie meilleure et plus libre ». Le 24 décembre, veille de Noël, c'est « en pensant à eux » qu'il exhorte les Français à « agir tous ensemble » pour que « les petits enfants, de tous les pays réconciliés, se donnent la main pour faire la ronde autour des plus beaux sapins qu'on ait jamais vus ». On ne peut qu'être frappé par la tonalité intimiste et paternaliste de ces rendez-vous radiophoniques, qui évoquent les messages du maréchal Pétain. Si différents que soient les deux hommes, les projets et les valeurs qu'ils véhiculent, ils se rejoignent dans cette sphère de la complicité fusionnelle avec les Français qui parfois accompagne la mythographie providentialiste.

« C'est un surhomme »

Son voyage au Canada et aux États-Unis en novembre 1954 lui vaut une presse enthousiaste et la reconnaissance de son prestige international. « Je tiens à dire que les qualités inhabituelles de M. Mendès France ont frappé l'imagination de notre peuple. C'est un surhomme *[superman]...* », déclare à Washington, lors d'un dîner officiel, le secrétaire d'État Foster Dulles le 18 novembre 1954. « De ce côté-ci de l'Atlantique, on voit Mendès France comme l'homme qui a fait bouger la France [1] », lit-on dans un quotidien du Québec. « Pour la première fois, les Français ont le sentiment d'être gouvernés par un homme lucide et résolu qui sait où il va », écrit le journaliste Walter Lippmann dans le *New York Herald Tribune*, repris par deux cent cinquante journaux américains. Un célèbre magazine consacre plusieurs pages au « récit dramatique à la première personne [2] » dans lequel le président du Conseil français raconte comment il s'est évadé de prison sous le régime de Vichy.

Et même si « les couteaux s'aiguisent » après le rejet de la CED par l'Assemblée nationale, même si les démocrates-chrétiens ne lui pardonnent pas le « crime du 30 août », il semble bien que l'opinion lui reste majoritairement favorable jusqu'à la fin, jusqu'à sa démission en février 1955. « Combien j'ai apprécié depuis

1. Cité *ibid.*, p. 355.
2. *Colliers*, 24 décembre 1954, p. 23-26.

trois mois votre direction efficace et courageuse de la politique extérieure française[1] », lui écrit une nouvelle fois le comte de Paris. Le professeur Robert Debré n'est pas moins élogieux : « Au milieu de tant de témoignages, veuillez recevoir celui d'un ami d'autrefois qui n'a jamais cessé d'admirer vos dons, votre courage, votre haute manière de penser et de vivre, et qui, maintenant que vous êtes devenu un des dirigeants du monde et le chef de ce pays, vous admire encore davantage[2]. » « N'en jetez plus », titre Ferjac dans *Le Canard enchaîné*, dessinant tous ceux qui viennent lui offrir des fleurs au lendemain des accords de Paris, aussi bien de Gaulle que Paul Reynaud, Georges Bidault, Robert Schuman, Antoine Pinay ou Édouard Herriot. « C'est fou ce qu'il y a de monde au rendez-vous du succès », commente Roger Treno, ironisant sur le « seigneur de Colombey » qui « condescend » à recevoir Mendès à l'hôtel La Pérouse et sur « grand-papa » Édouard Herriot qui, « dans une scène touchante, vient de coucher le petit » sur son « testament » en lui offrant la succession du Parti radical[3].

Le directeur de l'hebdomadaire satirique fait ici allusion aux deux adoubements politiques dont a bénéficié le président du Conseil au cours de son mandat. Le premier est venu de celui qui fut son chef de gouvernement à la Libération, le général de Gaulle. Le 13 octobre 1954, les deux hommes se sont rencontrés pendant quarante-cinq minutes à l'hôtel La Pérouse, après avoir conduit les journalistes sur la fausse piste du domicile d'André Malraux. Il n'y a pas eu de communiqué, mais le Général a laissé entendre qu'il approuvait la façon dont Mendès France venait de négocier les accords de Londres, et s'est montré « encourageant » à l'égard de l'expérience mendésiste[4]. Le second adoubement, tout aussi symbolique, est l'hommage appuyé que lui a rendu le maire de Lyon au congrès de Marseille du 16 octobre 1954, en lui confiant les rênes de son vieux Parti radical. Saluant l'homme qui « essaie de toucher la nation dans ses profondeurs, dans son âme », sa « volonté ardente

1. AAIU, lettre du 7 octobre 1954.
2. *Ibid.*, lettre du 28 décembre 1954.
3. *Le Canard enchaîné*, 20 octobre 1954.
4. *Le Monde*, 14 octobre 1954.

de gouverner [...] pour l'honneur de servir », il a incliné devant lui sa « personne » et son « passé »[1].

Observons avec amusement que l'hebdomadaire *Paris-Match*, qui l'avait boudé au moment de son investiture, lui consacre plusieurs reportages au début de l'année 1955. Dans l'édition du 1er janvier, on le montre réveillonnant chez lui avec sa femme, en toute simplicité, loin des flonflons officiels, exclusivement tourné vers les obligations de sa fonction. Dans celle du 15 janvier, le voici en voyage à Positano, au sud de Naples, où il doit subir le « supplice de la célébrité ». Dans l'édition suivante, les lecteurs peuvent suivre au jour le jour le « voyage romantique des Mendès France », ainsi que ses entrevues avec les grands de ce monde, Pie XII, Mario Scelba et Konrad Adenauer, qu'il rencontre à Baden. Le *Corriere della serra* reconnaît une « intelligence supérieure » à ce personnage « fort et qui ira loin », et qui pourrait même être le « guide » de l'Europe occidentale[2]. Une recette culinaire consacre d'ailleurs la popularité italienne du chef du gouvernement français : les *tagliatelli alla Mendès France*, créés par le chef de l'hôtel Sirenuse à Positano[3] !

Que signifie cet intérêt nouveau d'un hebdomadaire conservateur comme *Paris-Match* pour Pierre Mendès France ? C'est à la fois la reconnaissance d'une popularité exceptionnelle et peut-être aussi le signal de la fin. Claude Bourdet, figure de la gauche socialiste, se fait l'interprète de la déception de son camp, prétendant observer « dans la rue » une « indifférence croissante », « parfois de l'amertume » envers le président du Conseil, très loin du « grand courant qui [le] portait autrefois »[4]. Pour *France Observateur*, qui l'avait pourtant soutenu au début de son gouvernement, « ce sont ses hésitations, ses reculs et non pas ses audaces qui ont perdu Pierre Mendès France », décrit comme un représentant de la « bourgeoisie »[5]. Ce sentiment de désillusion semble même gagner les lecteurs

1. *L'Information radicale-socialiste*, nos 87-88, octobre 1954.

2. Cité par Romain H. Rainero, « L'expérience Mendès France et ses échos en Italie », *in* François Bédarida et Jean-Pierre Rioux (dir.), *Mendès France et le mendésisme*, *op. cit.*, p. 357.

3. *Paris-Match*, 15 janvier 1955.

4. *France Observateur*, 3 février 1955, p. 6.

5. « La leçon de l'expérience Mendès France », *ibid.*, 10 février 1955, p. 16.

de *L'Express*, tels L. Blanc de Chambéry, pourtant « d'emblée acquis à l'expérience de M. Mendès France », mais qui se « réveille » de sa « confiance aveugle », estimant que le président du Conseil fait une « politique que la réaction ne désavouerait pas »[1]. Plus sévère encore, A. Jacob, de Paris, se demande s'il faut « souhaiter qu'il reste ou même qu'il revienne », mais se refuse en tout cas à « le reconnaître pour chef », car « il n'est pas des nôtres », il « n'est pas socialiste »[2]. Quant à Jean-Marc D., de l'Isère, il reproche à la « jeunesse de France » d'avoir attendu passivement que « tombe du ciel la manne prodiguée par un demi-dieu nommé Mendès France », et qui, « en fait de remède », lui a « administré un somnifère »[3].

Si l'on en croit le récit de leur entrevue par Jean-Raymond Tournoux, le général de Gaulle aurait averti son ancien ministre que l'issue était proche : « De temps en temps, des gens peuvent bien agiter leurs drapeaux sur votre passage, parce que vous êtes nouveau et sympathique, mais quand vous aurez bien débarrassé le régime de ce qui le gênait, alors le régime se débarrassera de vous à la première occasion[4]. » Ferjac le dessine « au coin du bois », s'avançant tout guilleret dans la salle des colonnes de l'Assemblée nationale, où l'attendent, prêts à lui tirer dessus, les représentants de la république des partis, Schuman, Pinay, Bidault, Reynaud, Pleven, Laniel et les autres[5]. « Pierre Mendès France est à son septième mois d'existence. N'allez surtout pas dire qu'il lui reste beaucoup à faire », commente Roger Treno, car « la seule question qui se pose pour les "intéressés" peut se résumer dans cette formule : "Ôte-toi de là que je m'y mette" »[6]. C'est chose faite à l'occasion du débat sur l'Algérie en révolte, le 4 février 1955, qui voit « une meute d'alcooliers, de routiers, de puissants divers, se ruer sur cet homme, et, en tête de cortège, les défenseurs de l'Algérie colonialiste[7] ». Les

1. Courrier des lecteurs, *L'Express*, 8 janvier 1955.
2. *Ibid.*, 13 janvier 1955.
3. *Ibid.*
4. Jean-Raymond Tournoux, *La Tragédie du Général*, Paris, Plon, 1967, p. 179.
5. *Le Canard enchaîné*, 10 novembre 1954.
6. *Ibid.*, 15 décembre 1954.
7. Alfred Sauvy, *De Paul Reynaud à Charles de Gaulle*, Paris, Casterman, 1972, p. 198-199.

petits calculs de ses concurrents radicaux rejoignent la rancœur des partisans de la CED et des nostalgiques de l'Empire, ou celle des poujadistes et racistes de tout poil. « La haine pour Mendès et la jalousie étaient d'ordre physique. Ils en étaient malades, à la lettre [...]. Il s'agissait de haines sans suites, sans but, à l'état pur[1] », commente Jean Cocteau. Désavoué par 319 députés contre 273 qui ont voté la confiance, et 22 abstentions, le cabinet Mendès France est renversé au matin du 5 février 1955.

L'état de grâce est-il pour autant rompu ? Que valent les huées des parlementaires qui interrompent son dernier discours, prononcé, en dépit de la coutume, après qu'il a été désavoué ? « C'est avec surprise et émotion que l'opinion apprendra que Monsieur Mendès France a été renversé », écrit Georges Gombault dans *France-Soir*, ajoutant que les Français ne sont pas « près d'oublier que cet homme d'État – il mérite ce titre – a restauré l'autorité gouvernementale »[2]. Le courrier des lecteurs de *L'Express* témoigne de la déception, du désarroi, voire de la colère de ses partisans. « Est-ce que, ayant retrouvé le sens de la morale civique, nous ne saurions rien faire de mieux que de le retourner contre celui qui nous l'a rendu ? » demande Françoise Rochard, de Roscoff. Les sondages montrent en effet que plus de 54 % des Français regrettent son départ[3]. S'inscrivant dans la tradition légendaire de l'homme providentiel, il en a suivi le parcours symbolique, prophète devenu sauveur, puis transformé en martyr. Fustigeant dans un chaos indescriptible l'Assemblée qui « ne se montre pas digne des responsabilités qui sont les siennes », il reste l'homme du recours, prenant date pour l'avenir afin de « donner à ce pays des raisons d'espérer ». Mais c'est alors qu'un autre homme providentiel resurgit du passé.

1. Jean Cocteau, *Le Passé défini* (1955), Paris, Gallimard, 2005, t. IV, p. 57-58.
2. *France-Soir*, 7 février 1955.
3. Pierre Laborie, « Le gouvernement Mendès France et l'opinion : la logique de l'exceptionnel », art. cit., p. 174.

Quand le général devient monarque

« Ayant renoncé à toute dynastie, l'idée monarchique se survit toujours en France, en faveur d'une investiture temporaire ou viagère donnée à un homme qui représentera "l'ordre" et "l'autorité" contre la volonté populaire. Peu importe qu'il s'agisse de Louis-Philippe, de Napoléon III, de Mac-Mahon ou de Pétain, elle trouve toujours un homme dont elle exploite le prestige pour tenter l'opération[1]. » C'est en ces termes peu flatteurs que Pierre Mendès France évoque, à la veille du référendum du 28 septembre 1958, le retour au pouvoir du général de Gaulle, son mentor devenu un adversaire.

« Tout dépend du général de Gaulle »

L'ancien président du Conseil, devenu la conscience de la gauche, est sans doute la voix la plus forte qui s'élève pour s'opposer à l'état de grâce gaullien de l'été 1958. « Cet homme en qui j'avais mis tant d'espoir est en train d'abandonner le rôle d'arbitre que j'avais espéré lui voir jouer », regrette-t-il devant le groupe parlementaire radical le 31 mai. « Je n'admets pas de voter sous la menace de l'insurrection et du coup de force militaire », dit-il le lendemain à la tribune de l'Assemblée. Mais signalons cette lettre moins connue qu'il envoie au Général le 3 juin, et dont la tonalité est plus positive que celle de ses interventions publiques : « Au moment où vous entreprenez une démarche capitale, je tiens à ce que vous sachiez combien je voudrais que son succès mettant fin aux menaces, dissipant les inquiétudes, soit le prélude, en Afrique, d'autres réussites ardemment souhaitées[2]. » Entre ces deux figures si différentes du recours, liées par une estime réciproque et par une histoire commune, se noue un dialogue qui dépasse les péripéties politiciennes de l'heure.

D'un côté l'hémicycle, où, le 29 mai, la lecture du message de Coty rappelant au pouvoir « le plus illustre des Français » a

1. *Cahiers de la République*, n° 15, septembre-octobre 1958.
2. AAIU, carton E1 X, divers.

provoqué l'indignation d'une partie des socialistes et surtout des communistes, aux cris de « Vive la République ! » et « Le fascisme ne passera pas ! ». C'est l'expression de la méfiance historique de la gauche envers tout ce qui peut évoquer la tradition bonapartiste de l'homme providentiel. De l'autre côté, l'enthousiasme tapageur des partisans de l'Algérie française, qui s'époumonent le même jour sur les Champs-Élysées, drapeaux à croix de Lorraine déployés, les « jeunes en scooters », les « Marie-Chantal en cabriolets »[1], les jeunes femmes juchées sur les pare-chocs des fourgons des policiers, qui les regardent d'un air débonnaire.

On sait l'accueil triomphal que lui réservent les Algérois quelques jours plus tard, le 4 juin, lorsqu'il prononce son fameux « Je vous ai compris ! », ou les Oranais deux jours plus tard, même s'ils acclament encore plus le nom de Jacques Soustelle. *Paris-Match*, reflet de la France conservatrice, consacre un très long reportage à cette « Algérie retrouvée », avec en couverture la photographie du Général saluant à Alger le drapeau tricolore. « Pendant trois jours, sur la terre algérienne vibrante de clameurs, de Gaulle a porté le poids de la foule et du soleil », s'enflamme le reporter, décrivant « une population exubérante, qui depuis le 13 mai [...] attendait cette apothéose ». C'est le triomphe de l'*imperator*, mais à l'américaine, une grande parade algéroise dans le style Broadway sous une pluie de papiers et de confettis lancés des fenêtres, puis la « mer » des deux cent mille personnes venues l'écouter au Forum, le V de la victoire au balcon, et le fameux « Je vous ai compris ! ». Puis viennent d'autres bains de foule à Oran, où même les aveugles agitent leurs cannes blanches en son honneur, à Bône, où il tient à saluer les musulmans descendus de la montagne, et à Mostaganem, où la foule, plus de cent mille personnes, se compose aux neuf dixièmes de musulmans. « De Gaulle a réussi son débarquement[2] », commente Jean Farran, qui exalte depuis de longues années l'épopée du sauveur.

Cet enthousiasme messianique ne se dément pas lors de son deuxième voyage, début juillet, que ce soit dans les Aurès, en Oranie, en Kabylie ou à Alger, où il joint le bain de foule à la

1. *Paris-Match*, 7 juin 1958.
2. *Ibid.*, 14 juin 1958.

tournée des popotes. Puis, fin août, en Afrique noire, où il vient présenter son projet de communauté francophone. Sur « l'album de voyage du général de Gaulle », les foules en délire de Fort-Lamy, Madagascar, Brazzaville, Abidjan, Conakry et Dakar. « Le voyage du Général est un immense succès, raconte le chef du gouvernement malgache, les gens ont grimpé jusque dans les branches des arbres pour voir le Général [...]. Les gens qui ont serré la main du Général disent : "Je ne la laverai plus !" »[1].

Dans un tout autre registre, il faut souligner l'évolution significative d'Hubert Beuve-Méry, directeur du *Monde* et pape du journalisme français, qui a basculé en quelques jours vers le ralliement. Dans son éditorial du 31 mai 1958, comme toujours signé « Sirius », il voit en de Gaulle un homme « seul, trop seul », risquant de « fonder son pouvoir sur la force des prétoriens » et d'être « l'esclave – sans doute inconscient – d'organisations occultes ou de puissances financières ». Mais trois jours plus tard, il estime que le Général « a droit au concours loyal de ses concitoyens[2] ». Quant au catholique André Frossard, il salue dans le même journal « ce personnage singulier qui prend et vient soutenir à point nommé les querelles de la France et de l'histoire », « mystérieusement accordé à l'âme de son pays, dans la mesure inégale où son pays affronté au malheur se consent une âme à sauver »[3].

Dans une lettre adressée le 21 juin 1958 à François Mauriac, Pierre Mendès France lui-même « comprend le soutien » de l'écrivain au Général, « fondé sur des sentiments et sur des espoirs » qu'il « partage », « l'assainissement politique, le retour de l'honnêteté et de la droiture dans la vie publique, la restauration d'une autorité véritable, la révélation au pays de la vérité », tout ce qui « dépend aujourd'hui du général de Gaulle ». Ce à quoi Mauriac répond le 23 juin que son espérance est celle d'une « conjonction de Gaulle-Mendès France », car « c'est avec vous deux [souligné dans la lettre] que je souhaite d'être, un jour »[4]. Mais l'homme providentiel ne saurait être bicéphale.

1. *Ibid.*, 6 septembre 1958.
2. *Le Monde*, 3 juin 1958.
3. *Ibid.*, 5 juin 1958.
4. AAIU, carton E1 X, divers.

« Le premier des Français est le premier en France »

« Tout dans l'immédiat dépend d'un homme », écrit Jacques Fauvet à l'annonce du projet constitutionnel, persuadé que de Gaulle est seul capable « de concilier ici [en métropole] autorité et liberté, et là [en Algérie] de rétablir la tranquillité dans l'ordre, c'est-à-dire la paix »[1]. Guy Mollet, premier secrétaire de la SFIO, reconnaît quant à lui que « le Général est le mieux capable de trouver un règlement » à la crise ouverte depuis quelques mois. « Ne laissez pas l'opération de Gaulle se faire sans vous, ne laissez pas le Général prisonnier de la droite, [...] ne dites pas "non" à l'espérance qui vient de naître d'une façon presque magique[2] », demande un responsable d'un comité radical à Pierre Mendès France. C'est ainsi que l'état de grâce s'installe, y compris dans une partie de la gauche.

En témoigne le référendum du 28 septembre 1958, qui évoque irrésistiblement les triomphes des plébiscites bonapartistes, avec plus de 79 % de oui, et seulement 15,1 % d'abstentions en métropole. Guy Mollet y voit « l'échec de la désintoxication des travailleurs par les staliniens », le libéral Paul Reynaud « un signe de santé politique » et le radical Gaston Monnerville « le devoir de s'unir ». Revenant le 6 octobre d'une troisième visite en Algérie, le Général vérifie l'ampleur de sa popularité à Marseille, ville pourtant classée à gauche. La presse y enregistre un « exceptionnel déchaînement d'enthousiasme populaire », plus chaleureux encore qu'à Rennes, Bordeaux, Lille et Strasbourg, où il est venu faire campagne avant le référendum. « Pas un seul cri hostile, pas une fausse note », écrit le reporter du *Monde*, décrivant parmi la foule des « trois cent mille manifestants enthousiastes » des « cheminots encore noirs de charbon, des dockers, des métallurgistes », des « groupes d'hommes en bleu de travail avec drapeaux tricolores », une foule en « délire » dans laquelle le Général se plonge avec délectation, remontant à pied la Canebière, bousculant le protocole, serrant des mains dans une « mêlée indescriptible », comme pour

1. *Le Monde*, 6 septembre 1958.
2. Lettre de Balensi, 23 mai 1958, AIPMF, B1.

mieux s'immerger dans cette nation française qui l'a plébiscité[1]. C'est la liturgie de l'homme providentiel, rassembleur et vecteur d'espérance.

Les élections législatives des 23 et 30 novembre 1958 confirment cette sacralisation du sauveur, car c'est autour de la personne du Général que se focalise la campagne. Preuve en est cette profession de foi d'un candidat socialiste des Bouches-du-Rhône, demandant à ses électeurs de faire confiance au Général, seul capable de « faire accepter à tous la solution démocratique et humaine[2] ». L'élection présidentielle du 21 décembre, qui le voit élu par le collège des quatre-vingt mille grands électeurs avec 78,5 % des suffrages exprimés, apparaît comme une formalité institutionnelle. Mais elle lui permet de se prévaloir de l'« appel » qui lui est « adressé par le pays », exprimant son « instinct de salut » et sa volonté d'aller « à l'effort et au renouveau »[3]. Lors de la cérémonie de passation des pouvoirs, le 8 janvier 1959 à l'Élysée, l'ex-président Coty entérine cette mise en scène messianique en proclamant que « le premier des Français est maintenant le premier en France ». Bousculant le protocole, après le dépôt traditionnel d'une gerbe sous l'Arc de Triomphe, de Gaulle ne prend pas la peine de raccompagner à sa voiture le dernier représentant du régime déchu, le saluant d'un cavalier « Au revoir, monsieur Coty ! », et plongeant dans la foule, d'où il puise la légitimité du sauveur[4].

« Vive le Général ! »

« Le voici ressurgi devant le micro et la caméra, aussi anachronique, aussi mystérieux qu'un gisant de Saint-Denis soudain debout et se mettant en marche ; venu de sa crypte, de sa forêt, de ses versions latines, appareillant d'Aigues-Mortes, et croisé[5]. »

1. *Le Monde*, 7 octobre 1958.
2. Cité par Brigitte Gaïti, *De Gaulle prophète de la Cinquième République, 1946-1962*, *op. cit.*, p. 245.
3. Allocution radiotélévisée du 28 décembre 1958.
4. *Le Temps*, 9 janvier 1959.
5. Gaston Bonheur, *Charles de Gaulle. Biographie*, Paris, Gallimard, 1959.

C'est ainsi que le décrit Gaston Bonheur au moment de son « couronnement » présidentiel. Son récit rejoint celui de *Paris-Journal* racontant l'apparition du Général aux trois mille ouvriers de l'usine Sud-Aviation de Toulouse le 15 février 1959. « Ignorant le tapis, les huissiers et le service d'ordre, il quitte le cortège, marche sur la foule, mains tendues. Stupéfaite, décontenancée, la foule s'ouvre. Et alors c'est le miracle, le "miracle de Gaulle". Ce n'est plus le président qui va à la foule, c'est maintenant elle qui va au président[1]. » D'où cet éditorial enflammé de Robert Bony dans *L'Aurore* : « Les acclamations débordantes qui accompagnent dans son voyage le général de Gaulle sont une confirmation du prestige exceptionnel qui s'attache à son nom. Avec une Présidence prestigieuse et une exécution à tous les échelons rigoureuse, cette République doit être celle du salut[2]. » Héritier d'une histoire millénaire et de sa propre légende, voici l'homme providentiel en majesté.

De fait, les rapports des renseignements généraux consacrés aux voyages de De Gaulle semblent témoigner d'un véritable « effet » messianique du Général. Par exemple lors de sa visite aux ouvriers de l'usine Michelin de Clermont-Ferrand, le 7 juin 1959. Ces derniers, « d'abord silencieux et réservés », auraient « rompu cette attitude quand le Général s'est approché d'eux », avant de « l'applaudir à tout rompre »[3]. Relativisons néanmoins ce type de sources, tributaire d'une certaine vassalité administrative. De même, portons un regard critique sur les moments d'enthousiasme des foules, relevant moins de l'expression d'une émotion collective que de la manifestation d'un conformisme social[4]. Une anecdote, que nous avons notée dans la presse, invite en effet à la prudence interprétative : lors de l'un de ces voyages triomphants dans le Languedoc, une paysanne du village de Quissac, apercevant le général de Gaulle, s'est écriée « Vive le Maréchal ! »… avant de se reprendre et de crier comme il se devait « Vive le Général ! »[5]. Était-ce un lapsus révélateur ?

1. *Paris-Journal*, 16 février 1959.
2. *L'Aurore*, 16 février 1959.
3. AN, archives de la présidence de la République, cabinet, voyages officiels, 1959-1962, 5 AG 1286.
4. Nicolas Mariot, *Bains de foule*, *op. cit.*, p. 12.
5. *Le Monde*, 28-29 février 1960.

Une salve d'ouvrages publiés dans les deux années qui suivent le retour au pouvoir du Général tend cependant à sublimer la légende gaullienne. Georges Cattaui, qui s'était déjà fait l'hagiographe du Général à la Libération, le décrit à nouveau comme l'un des « héros » issus du « génie » de la nation française [1]. Le journaliste Jean-Raymond Tournoux contribue lui aussi à mythifier une sorte d'archétype de l'homme providentiel, celui qu'il appelle « l'homme du défi et du destin », ce « géant » investi d'une « mission », « guidé par un prodigieux dessein », sans doute par « décret » de la « Providence » [2]. Il préface par ailleurs la nouvelle imagerie d'Épinal, « De Gaulle… inconnu », accompagnée d'un disque pour les jeunes générations. On y retrouve les sept étapes de son parcours initiatique « sur le chemin de la grandeur », depuis Saint-Cyr jusqu'à « l'appel du 29 mai 1958 », guidé par la Foi, qui « est aussi la Foi en la France » [3].

La tonalité messianique est la même dans la biographie publiée dans la célèbre collection de la « Bibliothèque verte », où il rejoint les grands maréchaux du XXe siècle, Foch, Joffre, de Lattre et Leclerc [4]. Centrée sur la légende de la France libre, elle commence le 18 juin 1940 pour s'achever le 26 août 1944, développant le mythe du providentialisme gaullien : « Ce nom encore inconnu quelques secondes avant l'Appel, le voici d'un seul coup sur toutes les lèvres – et dans d'innombrables cœurs », « cette épée qu'il rapporte à la France, c'est bien Charles de Gaulle qui l'a tout entière et solidement reforgée » [5]. Telle est la fable que l'on destine aux petits Français de 1959, occultant aussi bien le pétainisme que la Résistance intérieure [6]. Et cette vision mythifiée de l'aventure gaullienne s'inscrit dans le temps présent de la Cinquième République naissante, car Charles de Gaulle « poursuit son destin », « ce destin auquel demeure indissolublement liée la grandeur de la France » [7].

1. Georges Cattaui, *Charles de Gaulle. L'homme et son destin*, Paris, Fayard, 1960.
2. Jean-Raymond Tournoux, *Secrets d'État*, Paris, Plon, 1960, p. 409-411.
3. Decca, 1959.
4. Jean d'Esme, *De Gaulle*, Paris, Hachette, 1959.
5. *Ibid.*, p. 15 et 208.
6. *Ibid.*, p. 225.
7. *Ibid.*, p. 336.

Ajoutons que les Anglo-Saxons ne sont pas en reste dans cet exercice de glorification. Lors de sa visite à Londres le 6 avril 1960, on peut lire dans le *Daily Express* : « La nation s'est déclarée pour de Gaulle. La grandeur de la France est rassemblée dans son chef. Le public anglais a reconnu le fait et a réagi de tout cœur et à pleins poumons. » Un historien américain estime que « chacun de ses actes et de ses mots est dessiné pour porter son objectif obsessionnel de restaurer la France dans la grandeur[1] ». Et un biographe britannique, qui fut son officier de liaison en 1940, affirme qu'« il y a peu de mouvements qu'il ait manqués pour le bien du peuple et pour la plus grande gloire de la France[2] ».

La consultation des messages et télégrammes reçus à l'Élysée lors de son élection à la présidence de la République, en janvier 1959, confirme cette perception d'une destinée providentielle, arrimée à l'histoire du 18 juin[3]. C'est ainsi par exemple que les Français libres de Lima, les citoyens de Karikal, en Inde, le Dr M. de Barcelone ou Odile C. de Lyon, pour qui il est « la lumière, la force et l'espoir », le remercient les uns et les autres d'avoir « une deuxième fois sauvé la France ». Charles-Marie D., doyen honoraire du conservatoire royal de Liège, voit en « l'illustre général Charles de Gaulle le sauveur de la France et de la liberté ». De même, c'est à « l'homme du 18 juin » que « les paysans font confiance », si l'on en croit le sénateur Ritzenthaler, président de la chambre d'agriculture du Haut-Rhin. Les choses sont claires pour le commandant et Mme Robert M. de Marseille : « Ce jour attendu depuis dix-huit ans est enfin arrivé. »

C'est évidemment un échantillon subjectif de l'opinion, dans lequel les militaires et les anciens de la France libre sont largement surreprésentés. Mais cette sélection reflète l'omniprésence de la thématique du sauveur dans l'idolâtrie gaullienne. Ce n'est d'ailleurs pas un hasard si les Corses, héritiers de la légende bonapartiste, sont

1. Alden Hatch, *The De Gaulle Nobody Knows. An Intimate Biography of Charles de Gaulle*, New York, Hawthorn Books, 1960, p. 15.

2. Duncan Grinnell-Milne, *The Triumph of Integrity. A Portrait of Charles de Gaulle*, Londres, The Bodley Head, 1961, p. 316.

3. AN, archives de la présidence de la République, télégrammes arrivés, janvier-février 1959, 5 AG1 312.

avec les Alsaciens-Lorrains et les Français de l'étranger les plus nombreux à envoyer des télégrammes au nouveau chef de l'État. Paul S., de Vivario, près de Corte, réalise même une sorte de synthèse historique des traditions providentialistes en inscrivant le général de Gaulle dans la lignée du « grand Français Raymond Poincaré », et en se félicitant que la « résurrection » de la patrie soit « sur la bonne route ». La Colonie Française et chrétienne de Bir Jdid, au Maroc, promet de se rassembler « ce soir dans son église pour prier pour celui en qui la France met tout son espoir ». Le Dr Marcel V., président de la délégation spéciale de Perregeux, en Algérie, espère que le Général va demeurer « longtemps le guide de la France. » Enfin, M. M., vivant à Ashkelon, en Israël, demande au Général l'autorisation de donner son nom à son enfant à naître. Cette requête, qui évoque bien sûr la pratique du parrainage pétainiste, nous montre à quel point était poussée, chez certains, l'idolâtrie gaullienne.

« Le mythe gaulliste est mort »

La déferlante idolâtre des premières années gaulliennes résiste-t-elle à l'érosion du pouvoir ? Les sondages de popularité indiquent que la cote de confiance en de Gaulle ne descend en dessous de 50 % que lors de la grève des mineurs de 1963, et qu'elle reste au-dessus de 60 % tout au long de la décennie. Les archives de la présidence nous indiquent que le Général reçoit en moyenne plus de cent mille lettres par an, la plupart favorables[1]. On envoie par ailleurs à cette figure paternelle des centaines de cartes de vœux pour la fête des Pères, et les jeunes filles lui demandent même la permission de se marier[2].

À l'issue du référendum de novembre 1962 sur l'élection du président au suffrage universel, une nouvelle vague de télégrammes enthousiastes déferle sur l'Élysée[3]. Certains émanent de

1. *Ibid.*, rapports analytiques, 5 AG1 308, 309, 310.
2. Cité par Sudir Hazareesingh, *Le Mythe gaullien*, *op. cit.*, p. 121.
3. AN, archives de la présidence de la République, télégrammes arrivés, novembre 1962, 5 AG1 336.

célébrités comme le cinéaste Abel Gance, qui voit en de Gaulle l'héritier du mythe bonapartiste, la résistante Geneviève Tabouis, le comte Richard de Coudenhove Kalergi, qui s'est rapproché des conceptions européennes du Général, ou encore l'écrivain Jean Cocteau, qui se déclare « heureux et fier, mon général ». Mais la plupart viennent de citoyens anonymes, comme Claude E., de Paris, « un Français parmi quarante millions tellement heureux et fier », C. W., de Berlin, qui voit en lui le « sauveur de l'Europe », ou Armand G., de Pully, près de Lausanne, qui se réjouit d'une « victoire envoyée par Dieu pour le bien de la France et de toute l'humanité ».

On notera, sans grande surprise, que les femmes sont nettement plus nombreuses que les hommes à écrire au Général, telle Caroline A., de Pianotoli, en Corse, « une ardente gaulliste », Suzanne O., une « arrière-grand-mère » de Liège, ou « votre fidèle » Joséphine de Périgueux, qui ne donne que son prénom. Il y a matière à réflexion dans cette féminisation de l'idolâtrie gaullienne, déjà observée pour Pétain. Est-ce tout simplement une question de disponibilité, sachant que la plupart de ces femmes sont âgées, sans doute à la retraite ? On peut aussi y voir la manifestation d'une sensibilité politique, imprégnée de religion, et qui porte les femmes de cette époque au conservatisme. Mais on peut aussi évoquer la relation particulière à l'homme providentiel, qui est à la fois le père, le guide spirituel, mais aussi l'époux idéal de toutes les Françaises.

Reconnaissons néanmoins que cette idolâtrie gaullienne contraste avec une vague montante de réprobation, qui prend pour cible la figure même du sauveur. Les rapatriés et leurs soutiens lui reprochent l'abandon de l'Algérie française, à l'instar du journaliste André Figueras, ancien résistant mais pétainiste, qui multiplie à partir de 1958 les pamphlets contre le Général. En couverture de *Charles le dérisoire*, pièce en cinq actes publiée en 1964, le chef de l'État est dessiné de dos sur son trône, se grattant l'oreille avec sa main de justice. « Roi d'Imbécillie », il est présenté comme « funeste à ses sujets, lamentable devant son pays, ridicule aux yeux de l'Histoire ». Se considérant comme « à la fois Jésus-Christ, Jeanne d'Arc et lui-même, une trinité surnaturelle », comme un « prodige de l'Histoire », il s'est donné pour mission de « ruiner, de par le monde, la suprématie de l'homme blanc », abandonnant les

« Pieds-Humides », c'est-à-dire les pieds-noirs, à leur triste sort[1]. Il va même jusqu'à décrire l'assassinat du président dans *Le Général mourra*, saisi par la police au début de 1965.

Sans aller aussi loin dans le registre de la haine, les gauches n'en sont pas moins virulentes dans la dénonciation de l'autoritarisme gaullien. Le juriste Maurice Duverger a ouvert le bal dans *Le Monde* du 13 septembre 1962 en affirmant que l'élection du chef de l'État au suffrage universel ouvrait « la voie à l'établissement d'une dictature ». Après avoir comparé de Gaulle à Mac-Mahon lors du congrès radical de Vichy, le 30 septembre, Gaston Monnerville, président du Sénat, assimile le projet gaullien à « une sorte de bonapartisme éclairé », ce qui lui vaut les applaudissements de la Chambre haute et l'affichage de son discours[2]. Le communiste André Wurmser consacre un long éditorial, intitulé « Dieu, César et tribun », au parallèle entre le Général et Napoléon « le petit »[3]. Lors du débat parlementaire du 4 octobre 1962 sur la motion de censure, Maurice Thorez va plus loin encore en assimilant de Gaulle aux « Führer et Duce de sinistre mémoire ». Quant à l'appel du Comité central du Parti communiste, le lendemain, il condamne la « méthode bonapartiste du plébiscite », qui va conduire à « l'abdication du peuple entre les mains d'un seul homme ».

L'aboutissement de cette campagne d'amalgame est l'ouvrage publié en 1964 aux Éditions sociales par Jacques Duclos, le numéro 2 du parti, sous le titre *De Napoléon III à de Gaulle*. La quatrième de couverture nous renseigne sur les intentions de l'auteur, ouvertement polémiques : il s'agit de mettre en parallèle deux dictateurs, animés par « le même autoritarisme, le même mépris pour le peuple, la même soif du pouvoir, le même orgueil, l'égocentrisme de De Gaulle ne cédant en rien à celui de Napoléon III ». La même année est publié un autre ouvrage critique sur le général de Gaulle, mais d'un tout autre bord politique que celui de Duclos. L'historien de Vichy Robert Aron y collecte un certain nombre de réflexions et surtout de lettres reçues, qui donnent un

1. André Figueras, *Charles le dérisoire*, Paris, Au Fil d'Ariane, 1964, p. 10, 21, 22.

2. Discours au Sénat, 9 octobre 1962.

3. *L'Humanité*, 22 septembre 1962.

aperçu non exhaustif mais significatif de l'antigaullisme de droite. Le héros y est délégitimé, car « un général qui fait la guerre derrière un micro n'a rien d'un libérateur », et présenté comme un malade mental doté d'« un égocentrisme prodigieux, un orgueil sans limites, un mépris absolu de tout ce qui n'est pas lui-même, une dureté inhumaine »[1]. Quant à la politologue anticommuniste Suzanne Labin, ne reculant devant aucun paradoxe, elle dépeint de Gaulle comme un « allié de Moscou, mû par un ressentiment personnel envers les États-Unis », et que « rien d'autre n'anime que sa propre ambition »[2].

Mais le pamphlet qui fait le plus de bruit à cette époque est celui que publie François Mitterrand sous le titre *Le Coup d'État permanent*. De Gaulle y est comparé à la fois au « premier des Bonaparte », qui « ne voulait tenir la couronne que de lui-même et l'arracha des mains qui l'offraient à son front », et au « second des Bonaparte », qui « ne désirait qu'un seul consentement au geste omnipotent, le consentement populaire »[3]. Tout en reconnaissant que le Général « ne ressemble à personne », Mitterrand, comme Duclos, choisit de le rapprocher d'un « Louis-Napoléon Bonaparte qu'habiteraient les vertus bourgeoises de Louis-Philippe Ier »[4]. La comparaison est aussi fallacieuse et moins argumentée que dans l'ouvrage de Jacques Duclos, mais l'impact est plus fort, du fait de la personnalité et du style de l'auteur. C'est la rampe de lancement de Mitterrand vers la campagne pour l'élection présidentielle de décembre 1965, centrée sur la dénonciation du « pouvoir personnel »[5]. Au micro d'Europe no 1, Pierre Mendès France, l'oracle de la gauche, redit lui aussi sa méfiance envers « un homme magnifié, un homme sacralisé, un homme et non pas une institution, un homme et rien qu'un homme[6] ». Dans une tribune du *Monde*, le philosophe Étienne Borne refuse le « césarisme paterna-

1. Robert Aron, *Charles de Gaulle*, Paris, Librairie académique Perrin, 1964, p. 18 et 23.
2. Suzanne Labin, *De Gaulle ou la France enchaînée*, Paris, Éd. de la Ligue de la liberté, 1965, p. 37.
3. François Mitterrand, *Le Coup d'État perman*ent, *op. cit.*, p. 69.
4. *Ibid.*, p. 73.
5. *Le Monde*, 2 décembre 1965.
6. Cité *ibid.*, 3 décembre 1965.

liste » du Général, associé « à la personnalisation et à la sacralisation du pouvoir par un héros prédestiné qui transfigure l'histoire en légende »[1]. Et l'écrivain et grand résistant Jean Cassou s'élève « contre le bonapartisme », c'est-à-dire contre « le pouvoir personnel d'un homme providentiel »[2].

L'image du sauveur s'effondre-t-elle au lendemain du premier tour de décembre 1965, dont chacun admet qu'il s'agit d'une défaite pour le Général ? « Le mythe gaulliste est mort[3] », affirme alors François Mitterrand. C'est ce que semble confirmer la contestation de Mai 68, avec sa débauche d'images, d'affiches, de brochures et de slogans hostiles prenant pour cible directe le vieux chef d'État, en mêlant dérision et diabolisation. « Si de Gaulle était petit », s'amuse le dessinateur Bosc, présentant une sorte de mythologie inversée où les mains du Général dépassent à peine de sa voiture découverte lorsqu'il salue la foule, ou dont la tête émerge à peine de l'estrade sur laquelle il harangue la foule[4]. Une affiche dénonce « la voix de son maître », allusion à une publicité pour Pathé-Marconi, dans un écran de télévision que de Gaulle tient dans ses mains. « La chienlit, c'est lui » détourne la formule employée par le Général, ironiquement représenté dans sa posture fameuse du 4 septembre 1958, les bras écartés en signe de victoire[5]. Sur une autre affiche, « Big Charly » est présenté comme un bandit du Far West, recherché mort ou vif, pour avoir organisé un « gang » le 13 mai 1958. Une autre l'assimile même à Hitler, enlevant son masque de général de Gaulle, le brassard à croix de Lorraine en lieu et place de la svastika.

Et pourtant la révolte du printemps 1968 se conclut par une manifestation de confiance, imprégnée par la mythologie de l'homme providentiel. C'est d'abord le défilé des partisans sur les Champs-Élysées, le 30 mai, opposant au péril rouge des gauchistes et des syndicalistes l'image rassurante et protectrice du sauveur républicain. « Paix en France avec de Gaulle », « Assez de violence », peut-on lire sur les banderoles du défilé. « Pas ça ! Mais la réforme

1. *Ibid.*
2. *Ibid.*, 18 décembre 1965.
3. Cité *ibid.*, 14 décembre 1965.
4. Bosc, *Si de Gaulle était petit*, Paris, Jean-Jacques Pauvert, 1968, p. 11 et 96.
5. Atelier des Beaux-Arts, 19-20 mai 1968.

avec de Gaulle », dit une affiche, montrant un paysage de désolation en flammes, tandis que flottent les drapeaux noirs et rouges de la révolution et de l'anarchie. Puis cette marée parisienne devient un « mascaret » en province, à Rouen, Besançon, Montélimar et Marseille, exaltant, au-delà du général de Gaulle, l'étendard du Lamartine de février 1848, le drapeau tricolore qui « a fait le tour du monde avec le nom, la gloire et la liberté de la patrie », c'est-à-dire toute l'histoire républicaine, identifiée à la personne de l'homme providentiel [1].

Par ailleurs, sa démission en avril 1969, puis sa disparition en novembre 1970 sont l'occasion d'un déferlement idolâtre. En témoignent notamment les vingt-six mille lettres qui lui seront adressées dans le mois qui suivra son départ, puis les innombrables courriers de condoléances envoyés à son épouse après sa mort. Nous verrons au prochain chapitre qu'ils racontent la détresse d'un peuple, à travers un exceptionnel brassage qui rassemble jeunes et vieux, ruraux et citadins, ouvriers et bourgeois, nordistes et méridionaux, laïcs et religieux, conservateurs et communistes. Cette séquence de l'hommage et du deuil gaulliens nous apparaît comme la quintessence du déchirement national, qui permet de relancer le mythe. C'est peut-être à ce moment-là que commence véritablement la légende de l'homme providentiel.

1. Voir sur ce point Jean-François Sirinelli, *Mai 68. L'événement Janus*, Paris, Fayard, 2008, p. 297-298.

QUATRIÈME PARTIE

Mythes et légendes de l'homme providentiel

« C'est vrai, les Français ne veulent plus de De Gaulle. Mais le mythe, vous allez voir la croissance du mythe [...]. Dans trente ans d'ici[1]. » Cette confidence faite par le héros du 18 juin 1940 à son secrétaire d'État Jean de Lipkowski, à quelques jours du référendum d'avril 1969, est presque archétypique. C'est en effet un trait commun à tous nos hommes providentiels que de penser à la postérité de leur mythe, persuadés que l'Histoire, qu'ils confondent bien souvent avec la mémoire collective, voire avec la légende, leur donnera raison.

« Je voudrais être ma postérité et assister à ce qu'un poète tel que le grand Corneille me ferait sentir, penser et dire[2] », aurait confié Napoléon à son frère Joseph. « J'ai confiance dans l'Histoire, et quand c'est d'elle seule qu'on attend le jugement suprême, les diffamations, les calomnies passent sans vous effleurer[3] », écrit Léon Gambetta à son père, le 6 juillet 1882, dans une lettre qui apparaît comme une sorte de testament politique. « C'est moi seul que l'Histoire jugera », affirme à son tour le maréchal Pétain dans son message du 30 octobre 1940, qui lance la politique de collaboration. Dans son dernier message du 11 août 1944, non publié mais placardé en quelques endroits, c'est encore à « l'Histoire » de dire s'il a réussi sa « mission de sacrifice » tendant à « préserver le corps et l'âme de la France », et de ne pas oublier qu'il a « tenu patiemment le bouclier des Français » tandis que de Gaulle levait « hardiment

1. Conversation avec Jean de Lipkowski, avril 1969, citée par Jean Lacouture, *De Gaulle*, *op. cit.*, t. 3 : *Le Souverain*, p. 755.

2. *Mémoires et correspondance politique et militaire du roi Joseph*, Paris, Perrotin, 1853-1854, t. I, p. 38.

3. Cité in *Gambetta par Gambetta*, *op. cit.*, p. 372.

l'épée de la France ». Enfin, lors de la déclaration liminaire à son procès, commencé le 23 juillet 1945, c'est toujours « l'Histoire [qui] dira tout ce que je vous ai évité, quand mes adversaires ne pensent qu'à me reprocher l'inévitable ».

Seul parmi les hommes providentiels, Georges Clemenceau, l'absolu républicain, feint d'être indifférent à sa postérité : « L'Histoire ? Je serai à ce moment-là dans un endroit où je m'en soucierai bien peu et je n'en sortirai pas pour rétablir la vérité ! Ce que j'ai fait, je l'ai fait et parce qu'il le fallait. Il m'importe peu qu'on l'ignore[1] », confie-t-il à Georges Wormser. Et pourtant il n'est pas d'homme providentiel sans son mythe, et il n'est pas de mythe sans la reconstitution d'une histoire. C'est une entreprise qui commence au moment même où il s'efface de la scène publique. De Napoléon à de Gaulle, il est rare que le grand homme n'ait pas lui-même travaillé à cette reconstruction mémorielle, qui s'inscrit dans la continuité de sa propre légende. De Las Cases à André Malraux, il s'est toujours trouvé une oreille et une plume pour recueillir les sentences du grand homme et pour enluminer son règne. De Charles-Tristan de Montholon à Pierre Lefranc, il s'est toujours trouvé un collaborateur pour entretenir et organiser le culte. C'est ainsi que se sont fabriqués les mythes, avec plus ou moins de bonheur.

Des historiens tels que Maurice Agulhon, Sudir Hazareesingh, Annie Jourdan ou Nathalie Petiteau les ont longuement étudiés pour ce qui concerne les deux phares de notre panthéon messianique, Napoléon et de Gaulle[2]. Mais qu'en est-il de nos sauveurs républicains, depuis Adolphe Thiers jusqu'à Pierre Mendès France ? Comment le moment du deuil a-t-il relancé leur mythe ? Quels en sont les artisans et les artistes ? Quels sont les thèmes qui nourrissent la légende ? Comment la mémoire collective a-t-elle fait le tri dans ces mythologies messianiques ? Et comment se sont-elles prolongées jusqu'à nos jours ? C'est ce que nous allons essayer de voir à présent.

1. Georges Wormser, *La République de Clemenceau*, Paris, PUF, 1961, p. 2.
2. Maurice Agulhon, *De Gaulle*, *op. cit.* ; Nathalie Petiteau, *Napoléon, de la mythologie à l'histoire*, *op. cit.* ; Annie Jourdan, *Mythes et légendes de Napoléon*, *op. cit.* ; Sudir Hazareesingh, *La Légende de Napoléon*, *op. cit.*, et *Le Mythe gaullien*, *op. cit.*

CHAPITRE XII

Le déchirement

« La voix, drôle de voix / Profonde et saccadée / […] La voix qui racontait une France à ton goût / Quand elle se taira, je te parie cent sous / […] Tu le regretteras beaucoup […] / Cet homme légendaire / Au milieu des vivants / […] Le jour où on l'enterre, je te parie cent francs / […] Tu le regretteras longtemps. » Cette chanson prophétique, écrite par le gaulliste Pierre Delanoë, a été enregistrée par Gilbert Bécaud à l'hiver 1965, dans l'angoisse d'un échec du Général à l'élection présidentielle.

Elle anticipe le traumatisme qui suit le départ du général de Gaulle en avril 1969, puis sa disparition en novembre 1970. Par sa tonalité à la fois populaire et héroïque, elle illustre le phénomène récurrent du deuil et de l'hommage à l'homme providentiel. Elle invalide cette formule fameuse de Gustave Lebon : « Le prestige disparaît toujours avec l'insuccès. Le héros que la foule acclamait la veille est conspué par elle le lendemain si le sort l'a frappé. La réaction sera même d'autant plus vive que le prestige aura été plus grand[1]. » Valable pour le phénomène boulangiste, dont Lebon était le contemporain, cette analyse ne résiste pas à la force légendaire de l'homme providentiel. De Napoléon Ier à Charles de Gaulle, en passant par Thiers, Gambetta, Clemenceau ou Mendès France, le départ du sauveur est un moment fort de son culte idolâtre, parfois même l'occasion de faire renaître le mythe.

1. Gustave Lebon, *La Psychologie des foules* (1895), Paris, PUF, 1963, p. 82.

L'hommage au grand homme

La première émotion qui s'exprime est évidemment l'hommage au grand homme, qui témoigne d'une véritable culture du sauveur. Au moment de s'en séparer, les sentiments de reconnaissance, de nostalgie et d'inquiétude se mêlent pour susciter des manifestations spontanées de fidélité, de déférence et d'admiration, reflétant une relation directe, et particulière, à l'homme providentiel. Les archives conservées à la Fondation Charles de Gaulle, auxquelles nous nous référons ici, témoignent de cette ferveur intacte pour l'homme du 18 juin[1].

« La flamme de la reconnaissance »

Des centaines de lettres, émanant des milieux les plus divers, expriment une reconnaissance absolue au général démissionnaire. Parmi elles, retenons celle d'un dominicain, frère Henry, qui le remercie « au nom de l'homme », c'est-à-dire de l'humanité tout entière, le 28 avril 1969, ou celle de ce professeur à la faculté de médecine de Paris, adressant sa « reconnaissante et respectueuse affection » à celui qui, « seul, a sauvé le pays des périls qui le menaçaient, désordre, asservissement, guerre civile, faillite et misère ». Mais la lettre la plus originale envoyée à de Gaulle après son départ est rédigée le 13 mai 1969 par Irina, Berlinoise « réfugiée de RDA à dix-huit ans », et pour qui de Gaulle a « incarné tout ce qui est juste, bon et droit ».

La plupart des autres témoignages sont imprégnés par l'expérience de la guerre, à l'exemple de la lettre écrite le 13 juin 1969 par l'abbé Corolleur, recteur de Lampaul-Guimiliau, évoquant sa captivité dans un stalag de Berlin où il contemplait la photo du Général cachée dans le double fond de sa valise, ce qui « avait le don de nous rendre optimistes sur l'issue de la guerre ». Sœur Claire-Marie Brousse, de Civrieux, envoie un cahier de dessins de ses élèves en souvenir de l'appel du 18 juin, « jour de résurrec-

1. AFCDG, lettres adressées au général de Gaulle (1944-1969) et correspondance adressée à Mme de Gaulle (1970), fonds AE 3/1 et AE 4/1.

tion », et qu'elle a intitulé « L'histoire d'un grand soldat ». C'est une véritable imagerie d'Épinal, qui montre le petit Charles de Gaulle allant à l'école, quand « personne ne savait que Dieu l'avait choisi pour sauver la France », puis toutes les grandes étapes de la guerre jusqu'à la libération de Paris, lorsque le Général, pareil à « Jeanne d'Arc », a « délivré son territoire avec ses amis ». Il est frappant de constater que cette légende dorée de la Libération, éloignée de la réalité historique, reste si prégnante au bout d'un demi-siècle, au point d'éclipser toute référence à la présidence gaullienne.

Plus surprenants sont les témoignages émanant de milieux *a priori* hostiles au gaullisme. Par exemple celui du journaliste américain John Hess, correspondant du *New York Times* à Paris, publiant un livre pour faire savoir à ses compatriotes que, « dans toutes les controverses qui opposent nos deux pays, on trouve toujours des arguments en faveur du président de Gaulle[1] ». Ou celui de Georges M., ouvrier à l'arsenal de Toulon, écrivant au Général, le 5 mai 1969, que « tous les membres » de sa famille le « vénèrent », car il est « toujours notre sauveur et notre libérateur ». Nicole C., issue d'une « famille ouvrière, socialiste », écrit qu'elle a eu la « révélation » à 15 ans en lisant les *Mémoires de guerre*. Évoquant les nationalisations de la Libération et ses tentatives de promouvoir la « participation », un Marseillais estime que le Général a été, en fin de compte, le « premier véritable socialiste »[2]. Et Mme B., de Lille, affirme dans sa lettre du 3 mai 1969 : « Jamais, vous m'entendez, vous n'avez été aussi grand, jamais le peuple, le vrai, les ouvriers ne vous ont autant aimé. [...] On aura beau nous raconter n'importe quoi, vous resterez à jamais notre idéal[3]. »

Un idéal que certains ont d'ailleurs beaucoup de mal à quitter : « Revenez, mon Général ; de belles années vous attendent. Ne-nous-quittez-pas-de-la-sorte », demande dans sa lettre du 29 avril 1969 Théodore S., employé de la SNCF, « un petit Français, le cœur déchiré, à l'annonce de votre départ qui vient se serrer plus, plus

1. John Hess, *De Gaulle avait-il raison ? Point de vue d'un Américain*, Angers, Mame, 1969, p. 14.

2. AFCDG, registre AG 6, Bouches-du-Rhône (Marseille).

3. *Ibid.*, AE 3/1.

près de vous »[1]. Et même un observateur aussi distancié qu'Hubert Beuve-Méry semble gagné par cette nostalgie du sauveur déchu : « J'imagine très bien un vieillard intervenant de nouveau – comme c'est arrivé d'ailleurs souvent – pour sauver la patrie. Si Poher était élu, si la Chambre était dissoute et si une nouvelle Assemblée disparate nous ramenait les mœurs de la Quatrième République, j'imagine de Gaulle revenir nous sauver une dernière fois[2]. »

« Sa gloire est là comme le phare immense »

C'est ce même sentiment d'hommage et de nostalgie mêlés qu'exprime l'historien Pierre-Hyacinthe Azaïs, publiant en 1815 un ouvrage visant à « montrer Napoléon sous un jour vrai, par conséquent très-honorable », « l'homme le plus frappant, le plus extraordinaire », loin des « clameurs injustes et forcenées »[3]. Le même auteur, cinq ans plus tard, publie un *Jugement impartial sur Napoléon* dans lequel il balance « dans le caractère de Napoléon des choses funestes, odieuses » mais « rachetées par des qualités admirables », l'élevant dans « un Mausolée, gardé par l'histoire », aux côtés de Charlemagne, Saint-Louis, François Ier, Henri IV, Louis XIV, Louis XVI, ainsi que Louis XVIII, le souverain régnant[4].

Certes, la plupart des ouvrages à caractère historique publiés dans les premières années de la Restauration, donc soumis à la censure de Louis XVIII, contribuent plutôt à la légende noire de l'Empereur qu'à sa glorification. *Crimes et péchés de Napoléon Bonaparte*, *Les Crimes secrets de Napoléon Bonaparte* ou *Anti-Napoléon* sont les titres que l'on peut acheter à Paris en 1816[5]. Mais l'étude des

1. *Ibid.*
2. *Le Monde*, 2 juin 1969.
3. Pierre-Hyacinthe Azaïs, *De Napoléon et de la France*, Nancy, Imprimerie Hissette, avril 1815, p. 2.
4. Id., *Jugement impartial sur Napoléon. Considérations philosophiques sur son caractère, son élévation, sa chute et les résultats de son gouvernement*, Paris, A. André, 1820, p. 14 et 304 (BNF, Lb 48-2054).
5. J.-P.-R. Cusin, *Crimes et péchés de Napoléon Bonaparte*, Paris, Davi et Locard, 1816 ; *Les Crimes secrets de Napoléon Bonaparte, faits historiques, recueillis par une victime de sa tyrannie*, Bruxelles et Paris, 1816 ; *Anti-*

archives policières et judiciaires montre que les manifestations d'hommages en faveur de l'exilé de Sainte-Hélène sont nombreuses dès cette époque. L'historien Bernard Ménager les situe dès l'été 1815 à Retournac, en Haute-Loire, à Limoges et à Dammartin, dans la Haute-Vienne, à Moulins, où l'on crie « Vive l'Empereur ! », puis en Côte-d'Or ou dans le Gard, où les partisans du héros déchu célèbrent le 2 décembre 1815[1]. La rumeur de son retour se propage à Toulon, à Grenoble ou à Lyon[2]. Une proclamation apocryphe, diffusée notamment dans les régions du Sud-Est, prétend même qu'il se trouve à la tête d'une armée de plusieurs milliers d'hommes, composée de Turcs et d'Américains[3]. Une chanson de Béranger, *Le Vieux Drapeau*, écrite en 1821, se vend à plus de cent onze mille exemplaires en une semaine. À Lyon, la police interdit la vente d'une liqueur baptisée « Élixir de Sainte-Hélène », distribuée dans une douzaine de départements, et dont l'étiquette représente l'Empereur sur son rocher, à proximité du bateau qui doit le ramener en France. À Grenoble, on envoie en mars 1822 des lettres annonçant que Napoléon, à nouveau proclamé empereur, avance sur Paris, ce qui oblige le préfet à démentir publiquement la rumeur[4].

De même, les milliers de médailles, de pièces, de bustes, d'images, de dessins, de statuettes représentant l'Empereur qui se distribuent et s'échangent partout en France à partir de 1815 sont-ils le reflet tangible de cette adoration préservée pour le sauveur déchu. Quelques mois après sa chute, mille quatre cents boutons décorés de l'aigle impériale sont saisis par la police chez deux tailleurs de Clermont-Ferrand. De véritables usines clandestines produisent les objets du culte dans les bourgs comme dans certaines grandes villes, Paris et Lyon notamment. En novembre 1819, un marchand ambulant parisien avoue à la police qu'il vient d'écouler huit mille bustes

---

Napoléon, ou recueil de faits et d'anecdotes relatifs à Napoléon Bonaparte, depuis sa naissance jusqu'à son embarquement pour l'île de Sainte-Hélène, Paris, Tiger, 1816.

1. Bernard Ménager, *Les Napoléon du peuple*, Paris, Aubier, 1988, p. 19.
2. *Ibid.*, p. 20.
3. AN, fonds du ministère de l'Intérieur, F7 3786.
4. Sudir Hazareesingh, *La Légende de Napoléon*, *op. cit.*, chap. II, « La naissance d'une légende », p. 64-96.

de Napoléon les quatre jours précédents[1]. « Le soldat et le citoyen, le républicain et le monarchiste, le riche et le pauvre placent également les bustes et les portraits de Napoléon à leurs foyers, dans leurs palais ou dans leurs chaumières[2] », écrira Chateaubriand, témoin privilégié de cet engouement mémoriel. Et l'on se récite les paroles du *Cinq Mai*, une autre chanson de Béranger : « Bien au-dessus des trônes de la terre / Il apparaît brillant sur son écueil. / Sa gloire est là comme le phare immense / D'un nouveau monde et d'un monde trop vieux[3]. »

« La fin de la légende »

Que devient la légende impériale au lendemain du désastre de Sedan, qui voit Napoléon III capituler devant les Prussiens ? Si l'on en croit le déferlement de caricatures contre l'empereur captif, à Paris et dans les grandes villes, le mythe bonapartiste est sérieusement écorné. Sur un dessin titré « La fin de la légende », Ancourt représente l'empereur s'enfuyant dans les ténèbres, la tête pansée, le dos courbé et la redingote rapiécée[4]. Dans « La dernière revue », dessin daté du 5 septembre 1871, Pépin le représente affalé sur un cheval squelettique, regardant passer une armée d'éclopés[5].

À cette image du vaincu ridicule est associée celle du traître, plus terrible encore. La chanson de Dumontel intitulée *Le Sire de Fish-Ton-Kan* est rapidement sur toutes les lèvres : « C'est un fameux capitaine / Qui t'nait avant tout à sa peau / Un jour il voit qu'son sabre l'gêne / Aux ennemis il en fait cadeau. » Un dessin de Frondas représente « Napoléon le Petit » attaché à un poteau, avec un écriteau au cou : « Badingue misérable lâche a vendu son pays et livré son armée. Tous les honnêtes gens peuvent lui cracher au visage. »

1. *Ibid.*, chap. III, « Le culte des objets séditieux », p. 97-128.
2. François-René de Chateaubriand, *Mémoires d'outre-tombe*, Paris, Gallimard, « Bibliothèque de la Pléiade », 1951, t. 1, p. 1009.
3. Pierre-Jean de Béranger, *Le Cinq Mai* (1821), in *Œuvres complètes*, Bruxelles, Librairie encyclopédique de Périchon, 1850, p. 218.
4. Maurice Quentin-Bauchart, *La Caricature politique en France pendant la guerre, le siège de Paris et la Commune*, *op. cit.*
5. *Ibid.*, p. 165.

Sur le même thème, le Marseillais Mosnier représente Badinguet le Petit sur le « gibet », agonisant, langue pendante, une pancarte « Lâche, tricheur, assassin » à son cou, avec cette légende : « La fin couronne l'œuvre »[1].

Plus politique, Honoré Daumier dessine dans *Le Charivari* une « Page d'histoire », qui montre l'aigle impériale écrasée par un volume des *Châtiments* de Victor Hugo[2]. Faustin réunit le « 2 décembre » et « Sedan » sur un dessin qui représente Napoléon III en train de faire assassiner Marianne par ses sbires[3]. S'y ajoutent des chansons ou des dessins satiriques qui le représentent sous les traits d'un vieillard gâteux, infirme, hébété, obèse, d'autres qui jouent sur des thèmes érotiques, ou encore la série de *La Ménagerie impériale*, dessinée par Paul Hadol, qui montre Napoléon III en vautour, réplique sordide de l'animal symbole du prestige impérial. C'est ainsi que prend fin le vol de l'aigle, avec la bestialisation du héros providentiel.

Quelle est la portée de cette vague satirique, principalement parisienne et urbaine ? Les archives judiciaires nous indiquent des manifestations de fidélité bonapartiste dans les Charentes, le Puy-de-Dôme, le Limousin et surtout la Corse. À Armentières, les ouvriers fidèles à Napoléon III insultent leurs patrons ralliés à la république. À La Rochelle, le maire Fournier refuse de la proclamer. À Saint-Yriex, en Haute-Vienne, on crie même « Vive l'Empereur ! » et « Vive la Prusse ! », en conspuant les républicains fauteurs de guerre[4]. Néanmoins l'échec cuisant des candidats bonapartistes lors de l'élection de l'Assemblée nationale, le 8 février 1871, avec moins de 20 élus sur 675, montre que la page de l'Empire est bel et bien tournée. Le vote de sa déchéance et de celle de sa dynastie par l'Assemblée quasi unanime, à six voix près, le 1er mars 1871, le place définitivement hors du jeu. Libéré le 19 mars par les Prussiens, il prend la route de l'exil vers l'Angleterre, dans l'indifférence quasi générale d'un pays qui le plébiscitait encore un an plus tôt.

1. Lithographie Martain et Rey, Marseille, *ibid.*, p. 161.
2. *Le Charivari*, 16 novembre 1870.
3. Maurice Quentin-Bauchart, *La Caricature politique en France pendant la guerre, le siège de Paris et la Commune*, *op. cit.*
4. Bernard Ménager, *Les Napoléon du peuple*, *op. cit.*, p. 270-271.

À Golfe-Juan, les républicains renversent alors la colonne qui avait été érigée pour commémorer le débarquement de Napoléon Ier en 1815[1]. Un dessin intitulé « Revers de la médaille de Sainte-Hélène », montrant la France poignardée sur le champ de bataille, rassemble dans une honte commune la défaite de Waterloo et celle de Sedan, avec en frontispice les dates de 1814, 1815 et 1870. « Je vous en prie, n'appuyez pas sur une légende qui n'a été que trop funeste au monde, celle de Napoléon », écrivait déjà Jules Michelet en 1850, exhortant son correspondant à insister davantage « sur les pures et saintes légendes de la Révolution »[2]. Le rejet de Badinguet et du Second Empire semble rejaillir sur le mythe napoléonien.

« Hommage au Washington qui sauva notre honneur »

Au discrédit brutal de Napoléon III s'oppose le concert d'hommages qui accompagne la démission d'Adolphe Thiers, victime de l'Assemblée monarchiste, le 24 mai 1873. Même en relativisant la portée des sources, qui donnent la part belle à la presse et aux pamphlétaires républicains, c'est un contraste saisissant. Autant les Français ont condamné Napoléon III comme responsable de la guerre, autant ils honorent celui qui a ramené la paix.

« Jamais, de mémoire de Parisien, le boulevard n'a offert un aspect comparable à celui de la soirée d'hier », lit-on dans *Le Journal des débats* au lendemain de la démission du chef de l'État. « Vers huit heures et demie, raconte le journal, la foule est devenue énorme, et, de fait, la circulation a été interrompue aux abords du passage Jouffroy et du passage de l'Opéra. [...] Quand on a appris la démission de M. Thiers, aussitôt les chapeaux se sont agités, les cris de Vive la République ! Vive Thiers ! ont été poussés par cette foule devenue énorme [...]. La consternation était universelle. » Et le quotidien libéral fait état d'innombrables pétitions et messages envoyés par les conseils généraux, les étu-

1. Antoine Chollier, *La Vraie Route Napoléon. De Golfe-Juan à Lyon, histoire de dix jours*, Paris, Alpina, 1946, p. 25.

2. Lettre à Eugène Noël, 19 juillet 1850, *in* Jules Michelet, *Correspondance générale*, Paris, Honoré Champion, 1996, t. I, p. 473-474.

diants de la faculté de médecine de Paris, ceux des Beaux-Arts, ceux de Caen, Montpellier, Rennes ou Dijon[1]. À Bruxelles, les kiosques des marchands de journaux sont assiégés par la foule, et la presse belge est unanime à regretter le départ de Thiers[2]. Un notable hollandais, membre des États provinciaux et échevin de la ville d'Utrecht, se dit « profondément indigné de l'ingratitude de la France qui vous doit tout le bien dont elle jouit et son crédit à l'étranger[3] ». Quant au *Times* de Londres, dans son édition du 28 mai, il y voit « un autre exemple de cette ingratitude nationale qui a été si fatale aux souverains et aux hommes d'État français ».

En dépit des consignes de discrétion données par le gouvernement d'ordre moral, qui impose des cérémonies silencieuses lors du départ des dernières troupes d'occupation prussienne, Adolphe Thiers trouve à Belfort et à Mulhouse les témoignages émouvants de sa popularité exceptionnelle. « Rien ne peut vous donner idée de l'accueil que j'ai reçu à Belfort », écrit-il à un ami depuis la Suisse, où il est venu se reposer au mois d'octobre 1873. Il raconte « les populations des environs accourues avec des drapeaux », Belfort « illuminée et debout une partie de la nuit », puis à Mulhouse, devenue allemande, la « foule immense » qui envahit « la gare criant "Vive Thiers ! Vive le Président ! Vive la République !" », « les sanglots de la foule » et cette « femme couverte d'un voile » qui lui remet « un immense bouquet aux rubans tricolores », « en mouillant les mains de ses larmes »[4].

De toute la France, Adolphe Thiers reçoit des témoignages d'admiration, dont font état sa correspondance ainsi que les rapports de police[5]. Parmi bien d'autres, un notaire à la retraite rend hommage à celui dont le « nom figurera dans l'histoire à côté de celui d'Aristide, autre grand criminel, coupable comme vous de toutes les vertus[6] ». Abel Desjardins, doyen de la faculté des lettres

1. *Le Journal des débats*, 16 septembre 1873.
2. *Ibid.*, 29 mai 1873.
3. Lettre du 2 juin 1873, BNF, correspondance Thiers, 1873, NAF, 20627, f. 28.
4. Pierre Guiral, *Adolphe Thiers*, *op. cit.*, p. 493.
5. APP, dossier Adolphe Thiers, B/A 1282.
6. Lettre de Celières, ancien notaire à La Bastide-Murat, 22 juillet 1873, BNF, correspondance Thiers, 1873, NAF, 20627, f. 46.

de Douai, lui rend hommage le 7 juin 1873 à la faculté de Lille, inscrivant « à la première page » du « livre d'or » de « la France du XIXe siècle le nom de l'illustre homme d'État qui, par ses prodiges d'énergie et de bon sens, l'a tirée de l'abîme ». En entendant ces mots, « la salle entière se soulève », éclatant « en longs applaudissements et en acclamations », si bien que le professeur renonce à achever sa leçon[1].

Une brochure est publiée par le conseil municipal de Nancy à l'occasion du 14 juillet 1873 : « Hommage au Washington qui sauva notre honneur, / Signa la paix, paya la rançon de la France, / Dans l'âme de ses fils ranima l'espérance [...], / L'histoire impartiale un jour dira ta gloire, / Et nos fils, comme nous, béniront ta mémoire[2]. » Le 11 octobre, c'est au tour du conseil municipal de Limoges de lui déclarer son « admiration » et sa « profonde reconnaissance », lui demandant d'avoir « confiance » en la « nation », « comme on a confiance » en lui. Le 15 octobre, une adresse des habitants de l'Oise, recouverte de centaines de signatures, est envoyée au « libérateur du territoire ».

Même en tenant compte des codes grandiloquents de l'époque, ces manifestations spontanées reflètent un attachement exceptionnel envers le président déchu. En consultant les listes de signataires de ces adresses, conservées à la Bibliothèque nationale de France, on s'aperçoit que les partisans d'Adolphe Thiers proviennent de toutes les catégories sociales, urbaines et rurales, à l'image de la France républicaine dont il est devenu le représentant. Sur les pétitions imprimées envoyées par les citoyens de Nantes, Saint-Nazaire, Ancenis ou Laval apparaissent aussi bien les élites naissantes du camp républicain, conseillers municipaux, avocats, négociants, armateurs, journalistes, que des employés ou des artisans et commerçants, limonadiers, boulangers, bouchers, menuisiers, cordonniers, tonneliers, maçons, serruriers, forgerons, charpentiers, mais aussi des ouvriers, cultivateurs, fermiers, qui forment l'ossature de la société française.

Les Français de l'étranger ne sont d'ailleurs pas en reste dans ces manifestations thiéristes. « La distance qui nous sépare de la

1. Lettre du 8 juin 1873, *ibid.*

2. Un Nancéen, *À Monsieur Thiers, président démissionnaire de la République française*, 21 juillet 1873, Nancy, Herzelui, 1873.

mère patrie est impuissante à atténuer les souvenirs des services immenses que vous avez rendus au pays[1] », lui écrivent ceux de Yokohama. En janvier 1874, Washburne, ambassadeur des États-Unis à Paris, vient lui remettre une médaille de la part des Français établis à Philadelphie. En février 1874, c'est une délégation des Français de New York qui « fait tout exprès près de deux mille lieues pour pouvoir serrer la main à l'homme qui a été notre sauveur et qui est notre espoir[2] ». Leur représentant écrit quelques jours plus tard à Jules Simon pour lui demander une photographie signée du grand homme « qui me rappellera l'un des moments les plus précieux de ma vie et que je pourrai léguer à mes enfants comme un souvenir mémorable[3] ».

Visitant l'exposition des Beaux-Arts au palais de l'Industrie, début mai 1874, il est immédiatement entouré et acclamé. À Pau, le 5 août suivant, une foule vient l'attendre à la descente du train et un « océan de têtes » se masse devant son hôtel aux cris de « Vive Thiers ! », si bien qu'il doit quitter son repas pour venir saluer la foule. À Nice, le 28 octobre 1874, une sérénade est donnée devant l'hôtel de la Méditerranée où il réside, des coups de canon sont tirés du port en son honneur, et une « foule compacte » se rassemble sous son balcon en acclamant « *il buono patrioto* », « *il signor Thiers* ».

Pourquoi un tel déferlement d'hommages ? Non seulement parce que l'ex-président de la République est considéré comme le libérateur du territoire, mais aussi parce qu'il reste, dans un contexte politique incertain, le premier rempart de la République. Il apparaît ainsi comme doublement providentiel, pour le passé récent comme pour l'avenir immédiat. « Son rôle n'est pas fini et nul ne peut savoir quel héritage nouveau l'avenir lui réserve », dit une brochure populaire intitulée *Portraits de Kel-Kun*, le désignant à la fois comme « l'homme du pays, l'homme providentiel » et « l'ouvrier intelligent et dévoué de la rédemption nationale »[4]. C'est pourquoi, lui écrit

1. Pétition du 25 octobre 1873, citée par Bruno Le Guillou, *Thiers, le pouvoir et l'opinion, 1870-1877*, *op. cit.*, p. 571.

2. Lettre du 27 février 1874, BNF, correspondance Thiers, 1873-1877, NAF, 20628, f. 209.

3. *Ibid.*

4. *Portraits de Kel-Kun*, Paris, Michel Lévy, 1875.

Jules Ferry, « le pays a besoin de savoir que vous n'abandonnerez pas la lutte[1] ». Le 18 octobre 1873, les « fabricants, négociants, commerçants et industriels » du IIIe arrondissement de Paris le prient de « conjurer les malheurs que nous redoutons », c'est-à-dire la menace d'une restauration monarchique. Bernard, le maire de Nancy, lui envoie une lettre publique pour lui demander de revenir parce qu'il « personnifie si dignement la seule politique capable de nous relever de nos désastres et d'assurer l'avenir du pays[2] ». Une autre brochure, se faisant « l'écho des millions de voix du pays », supplie « le seul homme qui puisse rallier et diriger les forces de la République » de ne pas s'arrêter « dans l'accomplissement du grand devoir » qui lui incombe[3].

Le 23 septembre 1874, à Vizille, chez son ami Auguste Casimir-Perier, il promet à la foule qui l'acclame de lui redonner la vraie République, confisquée par l'ordre moral. « Chaque fois que votre nom est prononcé dans nos réunions publiques, et il l'est naturellement très souvent, c'est une explosion d'applaudissements et de vivats », lui écrit Jules Barthélémy Saint-Hilaire, affirmant qu'il n'a « jamais été si populaire »[4]. Un autre de ses amis, « retour d'Égypte, de Naples et de Rome », relate le « sentiment d'admiration trouvé de tous côtés pour mon cher Président »[5]. Racontant la séance de l'Académie française du 25 octobre 1876, Cuvillier-Fleury lui signale que son « nom a été applaudi par tous, acclamé et applaudi[6] ». Un rapport de police constate qu'il « n'est plus un simple cheval de renfort », comme il pouvait l'être en 1871, mais bien « la force motrice qui fait marcher la machine » du camp républicain[7].

Candidat dans le IXe arrondissement de Paris lors des élections générales de février 1876, il laisse distribuer dans les boîtes aux

1. BNF, NAF, 20627.
2. *Lettre de Bernard, maire de Nancy, 2 octobre 1873*, Paris, Le Chevalier, 1873.
3. G. V., *Lettre à Monsieur Thiers sur la gravité de la situation et le devoir qu'elle impose*, Paris, Le Chevalier, octobre 1873.
4. BNF, NAF, 20628.
5. Lettre du 2 juin 1873, *ibid.*, 20627, f. 42.
6. Lettre du 4 novembre 1876, *ibid.*, 20628, f. 297.
7. Rapport du 8 octobre 1874, APP, dossier Adolphe Thiers, B/A 1282.

lettres une brochure qui le réclame comme « le seul député pour toute la France ». La Nation étant « au bord d'un abîme creusé par les divers partis politiques », il faut « créer un nouveau Washington en votant, au premier tour de scrutin, dans toutes les circonscriptions, pour M. Thiers »[1]. Une brochure publiée à la même époque le compare aussi au premier président des États-Unis, car il est « le premier des Français contemporains », « le libérateur, le régénérateur, le pacificateur »[2]. On retrouve d'ailleurs cette comparaison avec Washington sur de nombreuses pétitions ou brochures, comme cette ode qui lui est dédiée en janvier 1877 : « Bonaparte alluma des luttes furieuses ; / Vainqueur, il ne sut pas descendre de son char : / Les Saints sont les premiers pour nos âmes pieuses : / Washington dépasse César ! / [...] Auguste vieillard, l'impartiale histoire, / Te plaçant à côté des plus grands de nos rois, / Te nomme "le Libérateur du Territoire" / Avec sa formidable voix[3]. »

Lorsque, dans la séance parlementaire du 16 juin 1877, le ministre de l'Intérieur Fourtou félicite la Chambre d'avoir libéré le territoire, le député Gustave Gailly lui répond, désignant Thiers : « Le libérateur du territoire, le voilà ! », sous les ovations de la majorité républicaine. Un tableau peint par Benjamin Ulmann immortalisera cette scène fameuse, qui montre à quel point son prestige est grand parmi les républicains[4]. Sur une assiette historiée, diffusée par la manufacture de Sarreguemines, un dessin humoristique d'Alfred Le Petit le représente en uniforme de combat, bicorne sur la tête, arrachant une faux des mains d'un vieillard squelettique, avec cette légende : « En vain, le temps veut l'arrêter ! / Quand à le saisir, il s'apprête, / Thiers lui répond, sans hésiter : / "Mon vieux, c'est moi qui vous arrête !"[5]. » À l'heure d'un combat décisif pour la République, plus de quatre ans après sa démission de la présidence,

1. *Ibid.*

2. Louis de La Guéronnière, *Adolphe Thiers, ancien président de la République française. Le sceptre de l'opinion*, Paris, Leroux, 1876.

3. Arnaud Baron, *Ode à Monsieur Thiers. Le libérateur du territoire*, 27 janvier 1877.

4. Musée national du Château de Versailles.

5. « Les contemporains dans leur assiette », manufacture de Sarreguemines, 1877.

l'octogénaire Adolphe Thiers fait encore figure d'homme providentiel.

« Gambetta reviendra sûrement »

La situation semble bien différente lorsque le « grand ministère » Gambetta est renversé, le 26 janvier 1882. La République n'étant plus en danger comme elle l'était du temps de Thiers, les républicains se divisent, et certains se réjouissent de la chute du gouvernement, à commencer par le président de la République Jules Grévy. Mais c'est surtout à l'extrême gauche que se déchaînent l'ironie et la violence envers celui que l'on considère comme un apprenti dictateur. On distribue dans les rues du Paris populaire *Le Chant du départ de Gambetta*, sur l'air du *Sire de Fish-Ton-Kan*, créé naguère pour Napoléon III : « Aujourd'hui : La morale de l'aventure, / Qui dans les pleurs nous plonge tous, / [...] C'est que jamais la dictature / Ne pourra s'implanter chez nous [1]. » Une autre feuille, vendue 10 centimes par des camelots devant les théâtres, présente le faire-part de décès du « sieur Léon Gambetta, décédé à la Chambre des députés, le 26 janvier 1882, dans sa 73e journée du Grand-Ministériat, des suites de l'opération de la Dictature rentrée, compliquée d'une Scrutindelistomanie aiguë [2] ». Un journal radical estime qu'« entre le césarisme et le gambettisme, il n'y a que la différence du nom [...]. Même favoritisme, même esprit d'aventure, mêmes tripotages financiers, mêmes essais de corruption [3] ». D'où cette conclusion d'un autre journal d'extrême gauche : « On ne veut plus de pouvoir personnel ni d'hommes providentiels. »

Mais cette aversion de l'extrême gauche, hantée par le souvenir de la Commune, contraste singulièrement avec les « centaines d'adresses » qui lui sont envoyées de province, « signées partout des plus vieux lutteurs de la République », ainsi qu'avec la « presse des départements », « presque unanime à blâmer le vote

1. Chanson de Barca, imprimée chez Dumont (APP, rapport du 27 janvier 1882, B/A 924).

2. *Ibid.*, rapport du 28 janvier 1882.

3. *La Marseillaise*, 12 avril 1882.

de la Chambre »[1], si l'on en croit son ami Joseph Reinach. Déplorant sa démission, qui cause la « stupéfaction », *Le Temps* du 28 janvier 1882 rappelle qu'il avait gagné la « confiance » des républicains, « jour par jour depuis dix ans par une vie entièrement consacrée à la République, c'est-à-dire à la France ». Quant au *Journal du Havre*, il dresse un parallèle avec la chute de Thiers, soulignant leur dimension sacrificielle, qui s'intègre parfaitement à la mythologie de l'homme providentiel : « On dira le 26 janvier comme on dit le 24 mai ; M. Gambetta a été sacrifié par une coalition monstrueuse à la peur, à l'envie, à la haine et à la convoitise. »

Comme Thiers après sa chute, il ne tarde pas à vérifier son immense popularité en descendant se reposer à Nice, près de son père, puis en Italie. Fatigué, il se plaint même de la « foule enthousiaste et assommante[2] » qui l'attend à Marseille. Si l'on en croit un rapport de police du 4 avril 1882, relatant une conversation entre trois rédacteurs en chef de journaux provinciaux, « Gambetta reviendra sûrement un jour », car « on ne voit personne en dehors de M. Gambetta qui soit de taille à gouverner ». Un autre rapport du 29 août 1882 raconte que le tribun républicain, entré incognito dans la Librairie nouvelle, boulevard des Italiens, vers neuf heures du matin, y a suscité une véritable émeute, qui témoigne de sa popularité et des espérances messianiques qui l'accompagnent[3]. « Ceux qui l'ont renversé dans la paix de leurs âmes [...] / S'endormiront du lourd sommeil des loirs », écrit son ami photographe Étienne Carjat, « Et réveillés, qui sait ? par le coup de tonnerre, / De quelque grand danger, tout à coup surgissant, / Viendront la bouche en cœur et le front débonnaire, / Implorer le secours du vaincu tout-puissant »[4]. C'est ainsi que la figure de l'homme providentiel survit aux désillusions de la conjoncture politique. Lui-même envisage son retour dans son discours du 10 mai 1882 : « Vous pouvez prendre acte de mes paroles ; quels que soient les

1. Joseph Reinach, *Le Ministère Gambetta. Histoire et doctrine*, Paris, G. Charpentier, 1884, p. 594-595.
2. Lettre à Léonie Léon, 3 février 1882.
3. APP, dossier Léon Gambetta, B/A 924.
4. Étienne Carjat, *Artiste et Citoyen. Poésies*, Paris, Tresse, 1883, p. 198.

hasards ou les accidents de la politique parlementaire, il y a une politique qui domine et surpasse toutes les politiques parlementaires, c'est la politique du suffrage universel [...]. C'est à cette politique-là que je vous convie et, quand vous le voudrez, vous n'aurez qu'à prendre le chemin[1]... »

« Le chef énergique »

« Cette fois, ce sont les Français qui ont brûlé Jeanne d'Arc ! » se serait exclamé le Premier ministre britannique Lloyd George, apprenant la défaite de Clemenceau à l'élection présidentielle de janvier 1920. Cette formule, qui court à l'époque les salles de rédaction, reflète non seulement l'opinion internationale, mais aussi et surtout celle des Français, qui restent fidèles au Père la Victoire après sa chute. « J'aimerais aujourd'hui que M. Deschanel prît modèle sur M. Clemenceau et réalisât tout ce qu'on attendait du grand vaincu du 16 janvier », écrit Arthur Meyer dans son éditorial du *Gaulois* le 18 janvier, « dans l'intérêt supérieur du pays ». Battu par les combinaisons parlementaires, le vieux Tigre reste pour la plupart des Français l'homme providentiel de la victoire, ainsi que la référence incontournable de l'homme d'État.

Ne dissimulons pas l'hostilité virulente des socialistes, qui n'ont pas cessé de le combattre depuis son retour au pouvoir. « C'était le devoir des socialistes français de faire l'effort maximum contre le président du Conseil. Ils n'y ont pas manqué », se réjouit Marcel Cachin dans l'éditorial de *L'Humanité*, titré « Sa défaite » : « C'était le règne d'un entourage suspect et immoral, c'était l'obéissance aux vieux instincts du chauvinisme primitif [...]. Voilà frappé l'un des ennemis les plus déterminés de nos idées. » En une du quotidien socialiste, Gassier propose deux dessins impitoyables : le premier, qui s'intitule « Le rêve », montre Clemenceau vêtu de l'habit présidentiel, une couronne sur la tête, les mains sur les hanches en signe de défi, entouré d'un prêtre et d'un officier hilares ; le second, « La réalité », représente Clemenceau par terre, la main voilant son front,

1. *Discours et plaidoyers politiques de M. Gambetta*, *op. cit.*, partie IX, p. 6-11.

regardant partir au loin l'habit de président, tel le spectre de ses illusions perdues[1].

Mais la majorité des Français continue à le vénérer. Lorsqu'il part visiter l'Égypte quelques jours après sa retraite politique, une foule immense l'accompagne au départ du train. Comme le général Boulanger en partance pour Clermont-Ferrand en juin 1887, il est obligé de monter dans son wagon à la sortie de Paris pour échapper à la meute de ses partisans. Le 2 octobre 1921, « tout le pays de Vendée » se rassemble dans le petit village de Sainte-Hermine, près de dix mille personnes arrivées en « autos, camions, carrioles et bicyclettes », nous dit la presse, pour l'inauguration de sa statue. Le monument en pierre, sculpté par Sicard, le représente dans une tranchée, coiffé de son célèbre chapeau mou, trônant au milieu des poilus qui l'entourent avec vénération. C'est l'image du sauveur patriote dans toute sa splendeur, le catalyseur des énergies et le pourfendeur des défaillances. Son discours est un hymne à la victoire et au sacrifice patriotique, mais aussi un avertissement à ses successeurs : « Soyons vigilants et fermes et ne retenons du passé que la leçon du devoir suprême envers la patrie. » S'il a refusé toute personnalité officielle, et s'il entend rentrer dans sa « modeste chaumière sur la dune » à l'issue du banquet organisé en son honneur, il n'en est pas moins prêt à revenir : « Si, pour l'heure de la réconciliation, mon concours était jugé nécessaire, on le trouverait jusqu'au jour où j'aurais cessé de vivre »[2].

D'autres acclamations l'accueillent lorsqu'il s'embarque au Havre, à la date symbolique du 11 novembre 1922, pour une tournée de conférences très controversée aux États-Unis. Maurice Barrès, chantre du nationalisme, lui envoie un câble saluant « le chef énergique qui, tout seul, son bâton de voyage à la main, s'en va, dans une longue randonnée, servir la France et la vérité ». La presse s'en fait l'écho, qui présente les photos de son embarquement sur le paquebot *Le Paris* en première page[3]. « Cela est très beau et très grand [...]. Clemenceau se dressant seul, tout droit dans la tempête qui ébranle le monde et clamant ce qu'il tient

1. *L'Humanité*, 18 janvier 1920.
2. *Le Petit Journal*, 3 octobre 1921.
3. *Ibid.*, 12 novembre 1922.

pour la vérité [...]. C'est là désormais une figure de légende héroïque que les peuples d'Amérique et d'ailleurs garderont au fond des yeux[1] », écrit le journaliste Roland Marès. L'accueil des New-Yorkais est d'ailleurs exceptionnel, comme en témoignent les avenues pavoisées aux couleurs françaises et américaines, les confettis et les journaux qui tombent des gratte-ciel et la foule enthousiaste qui acclame le symbole vivant de la victoire des démocraties.

Cette popularité nationale et internationale est illustrée par le livre d'hommage qui lui est consacré en 1921, et qui recense non seulement les encouragements et les félicitations de personnalités illustres du monde de la politique, des arts et de la pensée, mais aussi, sur plus de quatre-vingts pages, à peu près quatre mille noms d'anonymes, d'associations, d'élus locaux ou d'entreprises qui ont tenu à lui exprimer leur gratitude[2]. Pour ne prendre que la première page de ce « livre d'or », on y trouve un industriel, un capitaine de frégate à la retraite, un dessinateur, un comptable, un architecte, un tailleur de pierres, un marchand de chevaux, un négociant en vins, un professeur de lettres, un meunier, des maires et conseillers municipaux, une société de photogravure et une autre d'armateurs, ainsi que plusieurs instituteurs... et, chose plus surprenante, plusieurs curés. C'est une esquisse de la France clemenciste qui se dessine, centrée sur les catégories du savoir et de l'information, mais suffisamment ouverte pour refléter un sentiment d'unanimité patriotique autour du Père la Victoire. On n'en dira pas autant pour les sauveurs de l'entre-deux-guerres, Poincaré et Doumergue.

De quelques hommes respectables ?

À défaut de gloire et d'enthousiasme, le sauveur déchu suscite au moins le « respect ». C'est le sentiment qu'éprouvent « tous les Français », écrit l'éditorialiste Maurice Prax au lendemain du départ de Raymond Poincaré, soulignant la « grandeur tragique et émouvante » du « départ brusque et brutal de ce grand honnête homme,

1. *Le Temps*, 26 novembre 1922.
2. *Le Ministère de la victoire*, *op. cit.*

d'idées limpides, de cœur droit, de ferme et rude loyauté »[1]. Lucien Romier tresse lui aussi des couronnes à celui qui « laisse la nation libre, prospère » et « maîtresse, s'il lui plaît, de donner des leçons au monde »[2]. De même pour l'éditorial du *Temps* du 28 juillet, qui salue le « serviteur passionné » de la France. Mais si la presse modérée ou conservatrice chante ses louanges, on ne sent à aucun moment ce frémissement d'enthousiasme populaire qui a marqué le départ de Clemenceau. Du « respect », de l'« estime », mais aucune ferveur, aucune manifestation, aucune vague de pétitions spontanées pour saluer la démission du grand homme d'État.

Il est vrai que le départ de Poincaré, dû à la nécessité d'une intervention chirurgicale, apparaît à beaucoup d'observateurs comme une parenthèse dans sa carrière politique. Lui souhaitant un « prompt rétablissement », Maurice Prax estime que sa « retraite momentanée » ne sera qu'une « courte halte », et *Le Temps* espère qu'il reprendra bientôt « sa place dans les conseils de gouvernement »[3]. Dans les mois puis les années qui suivent, il reste d'ailleurs un observateur attentif de la vie politique française, publiant ses points de vue dans la grande presse, et peaufinant cette image de sage et d'expert que chacun lui reconnaît. Lors de la crise ministérielle qui suit la démission éclair de Camille Chautemps, le 21 février 1930, le chef de l'État Gaston Doumergue lui propose même de revenir à la tête du gouvernement. Il y renonce à cause de son état de santé, accordant son soutien à la combinaison ministérielle formée par André Tardieu, qui fut pourtant l'un des hommes liges de son adversaire Clemenceau. Fidèle à son image de rassembleur, il demande à cette occasion que l'on en finisse « avec les querelles intestines[4] ».

En guise de remerciement et d'hommage, Tardieu, président du Conseil, vient déjeuner avec lui à Bar-le-Duc le 2 octobre 1930. Sénateur de la Meuse, il est ovationné pour la rentrée parlementaire de la Chambre haute. De même est-il honoré par ses pairs du barreau, qui l'élisent en 1931 bâtonnier de l'ordre des avocats de Paris.

1. *Le Petit Parisien*, 28 juillet 1926.
2. *Le Figaro*, 30 juillet 1926.
3. *Le Petit Parisien* et *Le Temps*, 28 juillet 1926.
4. *Le Petit Parisien*, 28 février 1930.

Mais tous ces hommages restent officiels, à distance du peuple, à l'image de ce Lorrain réservé, nettement plus à son aise dans les cabinets ministériels ou à l'Académie française, où il siège depuis 1909, que dans la rue ou à la tribune.

Le méridional Gaston Doumergue bénéficie d'une image plus populaire, illustrée par son surnom familier de « Gastounet ». Mais sa démission, en novembre 1934, apparaît comme une péripétie dans la valse ministérielle de l'entre-deux-guerres. Si la presse modérée adresse un « respectueux hommage » à celui qui « a rendu à la France la confiance en elle-même » et reconnaît « un beau bilan à l'actif du sage de Tournefeuille », elle insiste aussi sur la continuité de la politique de « trêve », incarnée par le nouveau chef du gouvernement Pierre-Étienne Flandin[1]. L'image dominante est celle de l'ultime mission accomplie par un Cincinnatus en fin de carrière, et qui remet les clés d'une France en ordre de marche à la nouvelle génération.

Encore faut-il enregistrer l'indignation des journaux d'extrême droite, qui accusent « les politiciens du Parlement, retournés à leur vomissement d'avant le 6 février », d'avoir fait chuter « l'homme qui espérait assainir le régime afin de le sauver »[2]. Ou celle du quotidien *Le Temps* à l'encontre des « démolisseurs » communistes, socialistes et radicaux, qui l'ont abattu « pour avoir voulu gouverner » et « substituer l'ordre au désordre ». Mais les jugements les plus riches d'enseignements sont formulés d'une part par Lucien Romier dans son éditorial du *Figaro* et d'autre part par Léon Blum dans *Le Populaire*, qui, chacun à sa façon, interrogent la figure de l'homme providentiel. Pour Romier, le sauveur a été trahi par son peuple, prisonnier du régime des partis : « Il s'est tourné, pour faire pression sur la machine, vers la reine supposée des démocraties, la voix populaire. À l'épreuve, la voix populaire s'est montrée impuissante à faire ce qu'il attendait d'elle. » Pour Léon Blum, au contraire, il a échoué parce qu'il n'était pas digne de son image de sauveur : « M. Doumergue n'a rien fait parce qu'il était inégal au rôle où l'avait juché un caprice de l'histoire. Il n'excellait que dans le métier, le "truc" politique [...]. Mais il n'avait pas ce qui permet

1. *Le Petit Journal* et *Le Petit Parisien*, 9 novembre 1934.
2. *L'Ami du peuple*, 8 novembre 1934.

la vraie décision et assure la vraie autorité, ni l'ascendant du caractère, ni la supériorité de la compétence, ni la domination de l'esprit. »

Une génération plus tard, c'est un jugement similaire que porte la presse de gauche sur la personnalité d'Antoine Pinay, le nouveau Cincinnatus de la droite, décrit comme « un petit patron sans envergure qui lockoute ses ouvriers à la première menace de grève », « un parlementaire sans foi démocratique, qui se croit de taille à jouer de l'appel au pays », un « Machiavel de sous-préfecture, à la mesure du "retenez-moi ou je fais un malheur" »[1]. En revanche, *L'Aurore* déplore que « la France voit partir un de ses grands serviteurs », et *Le Figaro* s'indigne que « les manœuvres démagogiques et les intrigues de couloirs l'aient emporté, cette nuit, à l'Assemblée nationale, sur le sentiment le plus élémentaire du devoir civique »[2]. Mais le seul à lui déclarer sa flamme est l'inévitable Albert Fabre-Luce, publiant un ouvrage apologétique à celui que « les Français ont eu la joie profonde d'estimer [...] sans réserve » et auquel tous, selon lui, « accordent leur respect »[3]. S'il a droit aux remerciements rituels du président Auriol, sa chute apparaît comme une péripétie dans le grand jeu tragi-comique du régime des partis. Tout en saluant les « louables et honnêtes intentions » manifestées par le président du Conseil déchu, le général de Gaulle en tire une nouvelle fois la preuve de « l'impuissance du système actuel », appelant à un « regroupement social et national » afin de « réveiller le pays »[4]. Il le redira à propos de Pierre Mendès France, lui aussi victime du régime des partis.

« On se souviendra de M. Mendès France »

Pierre Mendès France, bien qu'il ne soit pas resté au pouvoir plus longtemps que Doumergue ou Pinay, suscite une vague d'hommages et de déceptions sans comparaison avec celles de ses

1. *Le Populaire*, mars 1952.
2. *L'Aurore* et *Le Figaro*, 23 décembre 1952.
3. Albert Fabre-Luce, *Mendès ou Pinay ?*, *op. cit.*, p. 46.
4. *Le Monde*, 25 décembre 1952.

prédécesseurs providentiels. Beaucoup ont en effet le sentiment que la France vient de laisser passer une chance qui ne se reproduira pas de sitôt. « Pourquoi tant de haine » envers « l'homme qui avait réveillé le peuple ? » demande François Mauriac dans son « Bloc-notes » du 7 février 1955, déplorant « la fin d'un grand effort » qui « préfigure peut-être, diront les plus pessimistes, un grand drame »[1]. Ce que redoute aussi le comte de Paris, écrivant au président du Conseil démissionnaire, le 7 février 1955 : « J'ai suivi avec une sympathie attentive votre combat car je vous savais convaincu de la nécessité de cette révolution [...]. Beaucoup d'hommes en France regrettent, comme moi-même, votre départ et s'inquiètent de l'avenir[2]. » Et *Le Monde* déplore que « le régime se défende en dévorant ceux qui veulent le féconder »[3].

À la déception de son départ se mêlent à la fois l'hommage, l'espoir et la reconnaissance de la grandeur. Le général Catroux, gaulliste historique et grand chancelier de la Légion d'honneur, se dit « persuadé que le pays fera de nouveau appel à Pierre Mendès France[4] ». Pour le britannique *Sunday Express*, « on se souviendra de M. Mendès France longtemps après que les autres présidents français auront été oubliés[5] ». Pour le *New York Times*, « le passage au gouvernement de M. Mendès France lui a donné une stature plus importante que jamais, et ses remarquables qualités pourront être utiles au pays, sinon au cabinet ». Mais le plus bel hommage est sans doute celui de Winston Churchill, qui lui écrit (en anglais) depuis Downing Street pour saluer un « courage » et une « vitalité » comparables au « leadership » de Clemenceau[6]. L'homme providentiel des Britanniques fait ainsi entrer Mendès France dans le cercle restreint des grands sauveurs patriotes.

Ces jugements élogieux sont confirmés par les sondages, qui lui sont largement favorables : 53 % des sondés estiment en effet qu'il a fait « un meilleur travail que les autres gouvernements », 30 % « à

1. François Mauriac, *Bloc-notes*, t. 1 : *1952-1957*, Paris, Flammarion, 1958, p. 160.
2. AAIU.
3. *Le Progrès de Lyon* et *Le Monde*, 5 février 1955.
4. *Ibid.*, 5 février 1955.
5. Cité par François Mauriac, *Bloc-notes*, t. 1 : *1952-1957*, *op. cit.*, 7 février 1955.
6. Lettre du 12 janvier 1955, AAIU.

peu près le même travail » et seulement 3 % « un moins bon travail ». Dans les semaines qui suivent son départ, il ne reçoit pas moins de dix mille lettres d'encouragement[1]. Par ailleurs, le courrier des lecteurs de *L'Express* se fait l'écho de cette fidélité collective au sauveur déchu. « Lettres, messages, télégrammes ne cessent de nous parvenir, indiquant une grande émotion, accompagnée le plus souvent d'une évidente impatience[2] », commente la rédaction de l'hebdomadaire. Parmi beaucoup d'autres, la plupart écrites par des étudiants, retenons celle de P. Rouyde, de Strasbourg, exprimant, « après l'espoir », « l'anxiété, l'angoisse », « l'abattement, la consternation », mais qui déclare : « Dites au président Mendès France que tout continue et que la jeunesse garde l'espérance et n'oublie pas »[3]. Une motion unanime des élèves de l'Institut d'études politiques de Strasbourg exprime « leur gratitude profonde pour l'espoir qu'il a suscité dans toute la jeunesse française, pour l'œuvre qu'il a accomplie dans tous les domaines[4] ». Une lettre signée par cent cinquante professeurs et fonctionnaires des lycées et collèges de Lille affirme que « la vérité est en marche » et que le « combat » du sauveur « n'est pas terminé », car il peut « compter » sur eux comme ils comptent sur lui. Pour R. C., de Saint-Mandé, « il était sans doute nécessaire que ce grain Mendès France meure aujourd'hui, pour renaître plus tard avec une vigueur décuplée »[5]. Un groupe d'étudiants catholiques marseillais se propose de « travailler avec lui à construire la France de demain », et Catherine B., de Neuilly, demande à *L'Express* d'« indiquer à ceux qui ne veulent pas renoncer à l'espoir » comment « ils peuvent se trouver prêts à le soutenir pour un retour que nous voulons espérer proche »[6].

Mais cette espérance se heurte aux divisions de la gauche et aux ambiguïtés du mendésisme. « Ramener Mendès France au pouvoir

1. En dépit de nos investigations à l'Institut Pierre Mendès France ou aux archives municipales de Louviers, nous n'avons pu retrouver ces lettres, qui semblent perdues ou détruites.
2. *L'Express*, 12 février 1955.
3. *Ibid.*
4. *Ibid.*, 19 février 1955.
5. *Ibid.*, 12 février 1955.
6. *Ibid.*

bientôt, en supposant que cela soit possible, n'aurait aucun sens et aucune efficacité », peut-on lire dans *L'Express* du 12 février 1955. Dans la perspective des élections législatives de 1956, l'hebdomadaire mendésiste estime que la « République pure et dure » ne « sera pas construite par un homme providentiel », mais par « la masse des citoyens, au prix d'un dur effort, individuel, constant »[1]. On peut y voir un paradoxe, en tout cas un revirement stratégique, émanant de ceux-là mêmes qui ont construit l'image de « PMF ». Le débat a d'ailleurs été posé avant même la chute du président du Conseil, lorsque André Malraux, nouvel éditorialiste de l'hebdomadaire, a esquissé les contours d'une « autre gauche », affranchie de ses attaches marxistes, une « gauche libérale » dont « Pierre Mendès France est le symbole », et qui proposerait un « *New Deal* » à la France[2]. Répondant à cet article, l'éditorial intitulé « Le combat pour 1955 » propose un « extraordinaire rassemblement » allant de « de Gaulle à Malraux, à Mendès France, à Mauriac », des hommes « exceptionnels » désignés par leur « intelligence », leur « compétence » et leur « grandeur »[3].

Si l'objectif électoral de 1956 réinsère l'expérience mendésiste dans la stratégie classique des rapports de forces partisans, l'« effet Mendès » se marque néanmoins dans le triplement des effectifs du vieux Parti radical en quelques mois. En décembre 1955, il en exclut ses opposants, Edgar Faure, René Mayer, Léon Martinaud-Déplat et l'aile droite du parti, animée par Jean-Paul David. C'est autour de lui que se rassemble la coalition du Front républicain, inventée par Jean-Jacques Servan-Schreiber, et réunissant le socialiste Guy Mollet et le gaulliste social Jacques Chaban-Delmas. Dès la publication de leur manifeste commun « pour la défense de la République »[4], on voit se multiplier les tracts électoraux invoquant le parrainage de « PMF », synonyme de réussite et de modernité. *Le Monde*, *Le Canard enchaîné*, *France Soir* et bien sûr *L'Express* s'engagent dans cette nouvelle campagne mendésiste, moins d'un an après son départ de Matignon. Lors d'une réunion contradictoire

1. *L'Express*, 19 février 1955.
2. *Ibid.*, 25 décembre 1954.
3. *Ibid.*
4. *Ibid.*, 5 décembre 1955.

organisée au palais des Sports le 27 décembre 1955, il est pris à partie par le leader communiste Jacques Duclos sur le thème repoussoir du « prétendu homme providentiel », mais la foule crie : « Mendès au pouvoir ! »

Dans l'esprit du public, la victoire électorale du Front républicain, le 2 janvier 1956, apparaît comme la victoire du sauveur Mendès France, même si la SFIO de Guy Mollet dispose de plus de sièges. La nomination de ce dernier à la présidence du Conseil, le 26 janvier 1956, est une déception pour tous ceux, et ils sont nombreux, qui avaient cru en l'homme providentiel de la gauche. « Je crois me faire l'interprète d'une grande partie de la jeunesse, qui cherche désespérément une planche de salut », écrit l'un d'entre eux à *L'Express*, en posant l'éternelle question messianique : « Qu'attend Pierre Mendès France, le seul homme lucide et courageux de notre pays, pour sortir violemment de son silence avant qu'il ne soit irrémédiablement trop tard ? »[1]. Cette espérance reflète une forme de veuvage national, qui se retrouve presque toujours dans le récit de séparation du sauveur.

La France est veuve

« Françaises, Français, le général de Gaulle est mort. La France est veuve », déclare Georges Pompidou, président de la République, devant les caméras de la télévision française, le 12 novembre 1970. Il résume l'état d'esprit d'un peuple touché au plus profond de lui-même par le traumatisme de la rupture. À des degrés divers, mais souvent dramatiques, c'est une récurrence de l'histoire de nos hommes providentiels.

« Chacun se sent orphelin »

Pour ses admirateurs, le Général est mort deux fois. Au lendemain du référendum perdu d'avril 1969, un jeune prêtre gaulliste de la paroisse Notre-Dame de Bercy se sentait déjà « un peu orphelin »

1. *Ibid.*, 9 novembre 1956, courrier des lecteurs.

de son « Père » majuscule, égal à un Dieu. Mme G., de Vaison-la-Romaine, voyait « une ombre tomber sur toute notre terre », pleurant son « départ pire qu'une mort ». Un « groupe de six étudiants de la rue d'Ulm » décrétait la « mort » de l'« enthousiasme », le « sort de la France » étant selon eux « retombé dans les arrière-boutiques » et le « calcul » ayant « remplacé l'idéal » [1].

Après la disparition du Général, le chagrin fait place au désespoir. Odette F., jeune étudiante de La Seyne-sur-Mer, âgée de 17 ans, se lamente dans un poème funèbre, envoyé le 23 décembre 1970 : « L'homme qui sauva la France, / Qui la porta sur ses épaules, / Nous a quittés. Je n'ai plus d'espérance, / Que deviendrons-nous sans Charles de Gaulle ? » À l'autre extrémité de la pyramide des âges, Mme veuve B., âgée de 88 ans, envoie elle aussi un poème depuis le centre hospitalier de Nevers où elle finit ses jours : « Ô ma France chérie ! / Est-ce possible ? Ton fils aimé dort au fond du cercueil ; / Quelle douleur pour ton âme meurtrie ! [...] / Le plus prestigieux, le plus merveilleux, le plus glorieux, / Et le plus noble que la France possède, / Parmi tous ses grands chefs d'État, ses militaires, / Et tous ses héros connus et inconnus » [2]. De l'écolière à la retraitée, elles pleurent la disparition de leur homme providentiel.

Leurs larmes sont celles de Marianne, dessinée par Jacques Faizant à la une du *Figaro* du 11 novembre 1970, pleurant « le chêne qu'on abat [3] ». Ce sont les larmes des élus qui envoient des télégrammes, ou des centaines de conseils municipaux qui présentent leurs condoléances, accompagnées des signatures de leurs administrés [4]. Si Hubert Dubedout, maire socialiste de Grenoble, salue « la mémoire de celui qui fut à la tête de nos libérateurs », la

1. Lettres adressées au général de Gaulle (1944-1969), AFCDG, fonds AE 3/1.

2. Correspondance adressée à Mme de Gaulle (1970), *ibid.*, fonds AE 4/1.

3. Image empruntée au poème de Victor Hugo, écrit le 2 novembre 1872 à la mort de Théophile Gautier : « Ah ! Quel farouche bruit font dans le crépuscule / Les chênes qu'on abat pour le bûcher d'Hercule ! »

4. Le député André Rives-Henrÿs, Paul Alduy, député-maire de Perpignan, les maires de Chartres, Saint-Rambert (Drôme), Bourg-Saint-Andéol (Ardèche), Poggio-Mezzana (Corse) ou La Voulte-sur-Rhône (Ardèche). Les conseils municipaux de Limetz-Villez (Yvelines), Chars (Val-d'Oise), Saulgé et Messemé (Vienne), Cussac (Haute-Vienne), Binarville (Marne), Les Authieux-sur-Calonne (Calvados), Coutures (Maine-et-Loire), Villers-Campsart (Somme),

plupart des lettres émanent de régions rurales, catholiques, plutôt classées à droite de l'échiquier politique. La plus emblématique est peut-être celle de cette « humble paysanne », « tout ce qu'il y a de plus "peuple" », qui n'oublie pas « les jours sombres où, après Dieu, notre seul espoir était le général de Gaulle » et que « chaque fois nous avons été sauvés » [1].

Comme l'observe Jean Daniel, la « magie gaullienne », « dégradée en décembre 1965, cassée en juin 1968, morte en avril 1969 », « a ressuscité, et d'une manière fulgurante », à la faveur de sa disparition [2]. Le centriste Alain Poher le place quant à lui « au Panthéon de nos gloires nationales », et François Mitterrand, qui l'a tant combattu, reconnaît qu'« on ne peut pas aimer la France plus qu'il ne l'a aimée ». Faut-il, comme le prétend Louis Gabriel-Robinet dans *Le Figaro*, saluer « la grande voix qui, par deux fois, nous redonna l'espérance », c'est-à-dire associer le sauveur de 1958 à celui de 1940 ? Ce n'est pas du tout l'opinion de Pierre Mendès France, qui salue la « grande destinée » du héros de la Résistance, mais déplore qu'il se soit « laissé convertir » au « réalisme court », aux « intérêts immédiats », à la « religion de la force » et au « machiavélisme » [3]. C'est ce qui distingue profondément l'hommage de la gauche, exclusivement centré sur la figure du résistant, de celui de la droite, qui voit en lui le sauveur et le père de la France contemporaine.

Ajoutons que se greffe à ce « deuil national », officiellement décrété le jeudi 12 novembre, ce que l'on pourrait considérer comme le premier « deuil planétaire » de l'homme providentiel, identifié à l'appel du 18 juin 1940 [4]. Les Américains Nixon et Kissinger, le Soviétique Kossyguine, le prince de Galles et le premier Britannique Edward Heath, les présidents allemand et italien, le roi Baudouin, le Canadien Trudeau, les Africains Senghor, Bongo, Houphouët-Boigny, Bokassa et bien d'autres seront

---

L'Habit (Eure), Saint-Jean-les-Deux-Jumeaux (Seine-et-Marne), Cauvigny (Oise), Watten (Nord), Tréflaouénan (Finistère) (AFCDG, fonds AE 4/1).

1. Lettre du 28 novembre 1970, *ibid.*
2. *Le Nouvel Observateur*, 16 novembre 1970.
3. *Le Monde*, 12 novembre 1970.
4. *Ibid.*

présents à Notre-Dame pour la messe de requiem, en mondiovision pour trois cents millions de téléspectateurs. Les télégrammes affluent du monde entier, les centraux téléphoniques explosent, et la foule se presse au secrétariat parisien du Général, avenue de Breteuil, pour signer les registres de condoléances, comme aux temps glorieux de la Troisième République.

« La France avait perdu une bataille, elle n'avait pas perdu la guerre ; aujourd'hui elle a tout perdu », écrit l'un des vingt-six mille signataires recensés par la police. À la mairie de Colombey, où un autre registre a été installé, le premier à signer est un descendant du maréchal Mac-Mahon, mais ce n'est qu'un hasard de l'Histoire. Consultant les autres registres disposés dans toutes les préfectures françaises, l'historien Sudir Hazareesingh constate d'abord un « envahissant sentiment de remords », venant notamment des anciens partisans de l'Algérie française et bien sûr de la France de gauche, qui a bien souvent diabolisé le Général. « J'ai fait Mai 68 : j'étais con, j'étais un enfant en rébellion contre son père et sa famille, contre le chef de l'État et contre la France. Avec le recul du temps je constate que vous aviez une fois de plus raison ! » écrit un Normand[1]. On retrouve dans cette manifestation de culpabilité la recherche d'une réconciliation avec la figure du père disparu, caractéristique de l'homme providentiel. Beaucoup de lettres de condoléances adressées à Mme de Gaulle par des femmes mentionnent d'ailleurs explicitement la mort récente de leur époux ou de leur père, mise en parallèle avec celle du Général.

Au remords collectif s'associe l'image du martyr, sauveur et guide rejeté par son peuple lors du référendum de 1969. Certains le comparent à un prophète, au Christ, voire même au Bon Dieu[2]. Dans une ode signée « le Barde » et publiée quelques jours plus tard, on évoque sa « canonisation », justifiée par la perfection de sa vie, ses discours admirables, son souci de justice et surtout

1. AFCDG, registre AG 37 (Seine-Maritime), cité par Sudir Hazareesingh, « Mort et transfiguration : la renaissance du mythe gaullien en novembre 1970 », *Parlement(s). Revue d'histoire politique*, n° 13 : « L'Homme providentiel », 2010.

2. AFCDG, registres AG 14 Corse (Ajaccio), AG 1 Aisne (Laon), cités par Sudir Hazareesingh, *ibid.*

« les persécutions qui se sont abattues sur Lui »[1]. Au micro de Radio Monte-Carlo, le cardinal Daniélou lui-même ne se dit « pas choqué » par l'idée de cette canonisation, le Général étant à ses yeux « le type du laïc chrétien, à la fois dans la valeur de sa vie privée et dans cet esprit de service, de don total de soi-même qu'il a poussé, à un degré héroïque, non seulement au service de la France, mais de Dieu »[2].

Mais si l'imprégnation religieuse est présente aux funérailles du corps privé, au cimetière de Colombey, c'est avant tout le héros patriotique de 1940 qui y est exalté. Recouvert de tricolore, le cercueil est transporté sur un véhicule militaire dans la petite église du village, où sont rassemblés, autour de la famille et des édiles municipaux, quatre cents compagnons de la Libération. Aucune homélie, aucun sermon, puis l'arrêt au monument aux morts, où les troupes défilent en silence, avant l'arrivée au cimetière, où le cercueil est porté par des jeunes gens du village. Puis, jusqu'à la nuit tombée, des dizaines de milliers de Français, « de tous âges et de tous milieux » si l'on en croit la presse, viendront saluer le Général dans sa dernière demeure, marquant l'hommage spontané du peuple à celui qui entendait l'incarner dans la Résistance.

À ces funérailles du corps privé, dans la simplicité voulue par le Général, se superposent celles du corps public, c'est-à-dire celles du premier président de la Cinquième République, honoré par le Te Deum à Notre-Dame en présence des grands de ce monde[3]. Mais s'y ajoute aussi le défilé silencieux sur les Champs-Élysées, entre Concorde et Étoile, qui rassemble cent quatre-vingt mille personnes selon les sources officielles. Inspiré de la marche triomphale du 26 août 1944, qu'il reprend en sens inverse comme pour remonter le cours du temps, le défilé s'achève sur la tombe du soldat inconnu, symbole du sacrifice patriotique. C'est là encore le sauveur du 18 juin honoré par son peuple. Comme l'a montré Pierre Nora,

1. Le Barde, *Son fabuleux destin. Colombey-les-Deux-Églises, 12 novembre 1970*, Paris, Grassin, 1970.

2. Cité dans *Le Monde*, 14 novembre 1970.

3. Voir Évelyne Cohen et André Rauch, « Le corps souverain sous la Cinquième République. Les funérailles télévisées du général de Gaulle et de François Mitterrand », *Vingtième Siècle*, n° 88, octobre-décembre 2005.

cette séquence symbolique des funérailles est un « extraordinaire théâtre de mémoire » qui fonctionne à la fois comme une réponse à l'explosion émotionnelle de Mai 68 et comme une marque de la transcendance de la figure gaullienne[1]. Mais nous voyons surtout dans ce triptyque funéraire, réunissant l'hommage du peuple à son père, celui de la Nation à son chef et celui des partisans au sauveur héroïque, la quintessence d'une histoire du deuil qui remonte à Napoléon Ier, le premier homme providentiel.

« Notre soleil s'est couché »

Si dix-neuf mois seulement séparent la mort du général de Gaulle de sa retraite politique, six longues années à Sainte-Hélène auraient pu éroder l'intensité du sentiment napoléonien dans la France de la Restauration. Pourtant, quand la nouvelle de la mort de l'Empereur arrive en France, en juin 1821, d'innombrables signes donnent à penser que la douleur de la séparation est ravivée pour beaucoup de Français. Les rapports de police nous indiquent par exemple que des centaines de jeunes Lyonnais prennent le deuil en portant des gilets de soie noire, avec des saules pleureurs imprimés dessus[2]. « Depuis que le caporal n'existe plus, je me trouve très malheureux », dit à ses juges un ouvrier fondeur de Strasbourg. « Vive l'Empereur, c'est bien dommage qu'il soit mort », leur lance un garçon tuilier d'Indre-et-Loire. « Il n'est pas mort. Il a de bons soldats. Il est lui-même un bon soldat. Il a été mon souverain. Je l'ai aimé. Je l'aimerai toujours », promet un terrassier vendéen, refusant de croire à la disparition de son héros[3].

De ce déchirement collectif resurgit le mythe, nourri de références au père, mais aussi au héros, au guide et au martyr. Chansons, poèmes, brochures, dessins reflètent la tristesse et le désespoir de ses partisans, telle cette ode à Napoléon, publiée au mois d'août

1. Pierre Nora, « Gaullistes et communistes », *in* id. (dir.), *Les Lieux de mémoire*, *op. cit.*, t. III-1, p. 352-353.

2. Sudir Hazareesingh, *La Légende de Napoléon*, *op. cit.*, p. 114.

3. AN, fonds justice, BB30 204, 219 et 230.

1821, qui exprime la détresse de l'abandon : « Il n'est plus, le Héros dont le front radieux / Ne se montra jamais qu'en un char de victoire ! / Il a pris son essor vers l'asile des cieux, / [...] Il a quitté nos arides déserts / Et tout n'est plus que solitude. / La nature en stupeur semble porter le deuil : / Tout paraît à nos yeux sans couleur et sans vie[1]... » Une élégie est publiée par « la veuve d'un soldat », qui se dit aussi « veuve du grand homme » : « Je me tais, Sainte-Hélène appelle tout mon cœur / Et mes pleurs de l'Europe arrosent le vainqueur [...]. / Et sur sa lèvre illustre, où se peint le tourment, / Le doux nom de la France expire lentement[2]. » C'est le même désarroi qui se dégage du *Colonel Chabert*, publié onze ans après la mort de Napoléon : « J'avais un père, l'Empereur [...]. Notre soleil s'est couché, nous avons tous froid maintenant[3]. »

Le registre symbolique du deuil bonapartiste semble bien différent, moins personnel, moins dramatique, plus convenu à la mort de Napoléon III, le 9 janvier 1873. Pourtant, si l'on en croit un journal qui lui est resté fidèle, « de toutes parts et de toutes les classes de la société » lui parviennent « des témoignages touchants et dont rien, à coup sûr, ne permet à qui que ce soit de suspecter la sincérité »[4]. Plus de cinquante mille personnes se seraient fait inscrire chez Auguste Rouher, rue de l'Élysée, pour signer le grand livre d'hommages à l'empereur disparu, et le *Récit illustré des derniers moments de Napoléon III*, vendu dans les rues de Paris, remporte un grand succès[5]. Selon les estimations, entre vingt mille et deux cent mille personnes font le voyage de Chislehurst pour s'incliner devant le corps du défunt. L'affluence est en tout cas bien supérieure à celle qu'avait suscitée la mort de Louis-Philippe, lui aussi décédé dans son exil britannique. À tel point que le corps embaumé du souverain est déplacé de sa chambre au hall d'entrée du manoir, transformé en chapelle ardente. Une foule importante

1. *À Napoléon*, signé « SD », Paris, Marchands de nouveautés, août 1821.

2. *Élégie sur la mort de Napoléon, suivie de ses adieux à Marie-Louise, par la veuve d'un soldat*, Paris, Marchands de nouveautés, 1821 (BNF, Ye 3446).

3. Honoré de Balzac, *Le Colonel Chabert*, in *La Comédie humaine*, Lausanne, Rencontre, t. V, 1969, p. 47.

4. Edmond Tarbé dans *Le Gaulois*, 12 janvier 1873.

5. *Ibid.*, 14 janvier 1873.

assiste aux obsèques, le 15 janvier 1873, en présence des plus hauts dignitaires du Second Empire, dont Rouher, Haussmann, Schneider et Palikao[1].

Dans les jours qui suivent, la presse signale que des messes funèbres sont célébrées dans dix églises parisiennes, dont la plus importante en l'église Saint-Augustin, rassemblant au total plus de vingt mille personnes[2]. On recense par ailleurs de nombreuses messes dans les communes rurales « restées impérialistes »[3]. Les archives nous apprennent que ces manifestations ont lieu dans une trentaine de départements, principalement dans la moitié ouest de la France et sur les terres de tradition bonapartiste comme la Corse, le Nord, le Pas-de-Calais ou la Normandie. À Noyer, dans l'Eure, les ouvriers sabotiers célèbrent un service funèbre. À Avesnes, dans le Nord, on crie « Vive l'Empereur ! ». Dans l'Aube, une rumeur évoque même son retour, comme on l'avait fait naguère pour Napoléon Ier[4].

Mais la France des grandes villes et des campagnes de l'Est, du Nord-Est et du Midi semble totalement indifférente[5]. La presse républicaine, qui fait désormais l'opinion majoritaire, oscille entre la satisfaction et la haine. « Napoléon est mort ! Ce n'est pas un malheur pour la France, voilà ce qu'on dira », commente *Le Journal des débats* du 10 janvier 1873. Pour *L'Écho du Nord*, « son origine criminelle n'est pas le seul grief que la postérité relèvera contre l'Empire ». Et pour *Le Progrès de Lyon*, « le seul châtiment de l'auteur du 2 Décembre a été de finir sa vie sur son fumier de Sedan. Nous ne voulons pas remuer cette pourriture, qui cependant n'a même pas droit à la réserve que commande ordinairement la mort »[6].

D'ailleurs les bonapartistes eux-mêmes prennent acte de ce rejet majoritaire en reportant leurs efforts sur le prince impérial, devenu leur héraut. Près d'un demi-million de portraits et de photographies

1. Éric Anceau, *Napoléon III*, *op. cit.*, p. 557-558.
2. *Paris-Journal*, 24 janvier 1873.
3. *Le Pays*, 25 janvier 1873.
4. AN, police générale. dossier Bonapartistes, F7 12430.
5. *Ibid.*
6. Cités dans *Le Journal des débats*, 10 janvier 1873.

du jeune homme sont ainsi distribués entre 1873 et février 1875, date à laquelle ils sont interdits par le pouvoir. Pour la cérémonie marquant sa majorité, le 16 mars 1874, plus de neuf cents partisans bonapartistes font le voyage outre-Manche, et plus de trois cent mille lettres lui sont envoyées. C'est la preuve que le soleil bonapartiste brille encore, mais plus pour Napoléon III !

Le deuil républicain des pères fondateurs

Si la Troisième République naissante entend d'abord et avant tout instaurer la souveraineté du peuple, elle n'en est pas moins incarnée par deux hommes, Adolphe Thiers et Léon Gambetta, qui ont dominé les premières années du régime. Ennemis d'hier, ils se sont alliés pour l'ultime combat qui les a opposés à partir du 16 mai 1877 au régime d'ordre moral. Leurs funérailles participent étroitement de l'autocélébration républicaine qui accompagne les obsèques de toutes les grandes figures, notamment celles de Victor Hugo en 1885[1]. Mais si le père Hugo représente l'image tutélaire du « grand homme » des républicains, Thiers et Gambetta ne sont pas des pères fondateurs parmi d'autres. Le contexte même de leur disparition opère comme une réactivation du mythe du sauveur qu'ils ont tous les deux incarné. Le premier parce qu'il décède au beau milieu d'une campagne électorale décisive, laissant le camp républicain orphelin de son patriarche. Le second parce qu'il se blesse mortellement quelques mois à peine après l'échec de son « grand ministère », avivant les regrets de ses partisans et les remords de ses adversaires. Dans un cas comme dans l'autre, c'est un recours providentiel qui disparaît.

C'est peut-être ce que veut exprimer Gambetta à la mort d'Adolphe Thiers, le 3 septembre 1877, évoquant un « coup de foudre » et décrivant la « stupeur » qui « s'est emparée de Paris » à la « première nouvelle de cette catastrophe »[2]. Il s'agit d'un « grand

1. Avner Ben-Amos, « Les funérailles de Victor Hugo », *in* Pierre Nora (dir.), *Les Lieux de mémoire*, *op. cit.*, t. I, p. 474. Voir aussi id., *Funerals, Politics and Memory in Modern France, 1789-1996*, Londres, Oxford Press, 2000.

2. Lettres des 3 et 4 septembre 1877.

malheur », titre *Le Temps* du 5 septembre 1877, reconnaissant en M. Thiers « le plus illustre », mais « surtout, et par excellence, le plus Français de tous les Français ». C'est en effet une lourde perte pour le camp républicain, engagé dans un combat électoral contre le gouvernement d'ordre moral.

Les télégrammes de condoléances affluent depuis la France de l'Est, dont celui de la Ville de Toul exprimant son « inaltérable gratitude au libérateur du territoire », ou celui des Alsaciens du Hochwald déplorant « la plus grande perte qui pût les frapper »[1]. Si l'on en croit un rapport de police du 5 septembre 1877, les visiteurs se pressent pour venir saluer la dépouille du défunt, place Saint-Georges, une file ininterrompue se renouvelant sans cesse devant son hôtel particulier[2]. Ernest Meissonier le dessine sur son lit de mort, tandis que Léon Bonnat représente *Les Mains de Thiers*[3]. Par ailleurs, nous dit le même rapport de police, on s'arrache une brochure à 15 centimes de Maurice Drack, illustrée par un cliché de Nadar, décrivant « la France en deuil » de son héros, dont « l'esprit plane sur nous et ne nous abandonnera pas »[4]. Une autre brochure le fait entrer dans l'immortalité : « Mets un crêpe à ton front, ô ma France chérie, / Terre que le malheur éprouva souvent ! / Pleure, tu viens de perdre, ô ma belle patrie ! / Entre tous, ton plus noble enfant. / [...] Pour la France, à lui seul, il a fait des prodiges. / On l'a vu sur la brèche au moment du danger, / Conservant au pays ses fabuleux prestiges [...] / Thiers, voilà ce qui rend ta mémoire immortelle ! / L'impitoyable mort qui t'a pris sous son aile / N'éteindra pas ton nom[5] ! »

À la proposition gouvernementale d'une « manifestation nationale », Mme Thiers oppose sa volonté d'organiser des obsèques républicaines, afin qu'elles apparaissent comme un ultime geste politique du sauveur. Malgré une pluie battante, les funérailles du 8 septembre 1877 rassemblent une foule considérable. *Le Temps* signale

1. *Le Temps*, 6 septembre 1877.
2. APP, dossier Adolphe Thiers, B/A 1282.
3. Musée du Louvre.
4. APP, dossier Adolphe Thiers, B/A 1282.
5. *La Mort de M. Thiers. Hommage rendu au grand patriote*, brochure anonyme, Paris, Noblet, 1877.

que « les trains venant à Paris, soit de loin, soit de près, contiennent une présence inaccoutumée de voyageurs », comme si « la France voulait être présente aux obsèques de M. Thiers ». Il souligne par ailleurs la dimension « populaire » de la cérémonie, ainsi que la présence de députations venant de la France et même de l'Europe entière, contrastant avec l'absence des représentants du gouvernement d'ordre moral. De l'église Notre-Dame-de-Lorette, où est célébré le service religieux, au cimetière du Père-Lachaise, un cortège de plus de deux kilomètres de long escorte l'ancien chef d'État vers sa dernière demeure. Les rapports de police notent que la foule est dense tout au long du parcours, dans la rue comme aux fenêtres, et relèvent le calme exceptionnel de la cérémonie[1]. « J'ai vu l'enterrement de Thiers. C'était quelque chose d'inouï et de splendide », témoigne Gustave Flaubert, décrivant « un million d'hommes sous la pluie, tête nue ! », un peuple « très recueilli et très religieux »[2].

Jules Ferry parle aussi d'« un million d'hommes, échelonnés en masse profonde sur le passage du cortège funèbre, debout, tête nue, recueillis, l'immortelle à la boutonnière, saluant le char – couvert des montagnes de fleurs apportées par la France entière – d'un seul cri, roulant, grave, résolu, formidable, des deux côtés du boulevard : Vive la République[3] ! ». Gambetta y voit « la plus magnifique cérémonie du siècle, qui en a vu tant et de si grandioses », « un triomphe éblouissant », plus éblouissant même que celui de « César revenu des Gaules » ou que « Bonaparte après Austerlitz ». Il se félicite que « cette foule passionnée du peuple de Paris, bombardé, mitraillé par M. Thiers il y a six ans », ait pu « trouver dans sa raison et son patriotisme le courage d'amnistier le vainqueur et de lui décerner l'apothéose »[4].

Mais, plus encore que les Parisiens, hantés pour certains par le souvenir de la Semaine sanglante, c'est toute la France qui lui fait

1. Rapport du 8 septembre 1877, APP, dossier Adolphe Thiers, B/A 1282.

2. Lettre du 11 septembre 1877, *in* Gustave Flaubert, *Correspondance*, Paris, Louis Conard, 1926-1933, t. IV.

3. Lettre du 8 septembre 1877, in *Lettres de Jules Ferry, 1846-1893*, Paris, Calmann-Lévy, 1914, p. 247.

4. Lettres des 7 et 8 septembre 1877 à Léonie Léon, citées par Paul Deschanel, *Gambetta*, *op. cit.*, p. 212.

cortège. Un tableau peint par Jehan Georges Vibert, avec la collaboration d'Édouard Detaille, le représente gisant recouvert de ses décorations, enveloppé dans un drapeau tricolore tenu à son chevet par la France en deuil[1]. Plus accessible, une imagerie imprimée à Épinal montre le convoi funèbre au milieu de la foule parisienne et des fenêtres pavoisées de tricolore, avec cette légende : « Un immense malheur vient de frapper la France [...]. C'est son génie, son dévouement et la confiance qu'il avait su inspirer qui ont permis à la France de triompher de la plus formidable des insurrections et d'obtenir la prompte libération du territoire occupé par les armées allemandes[2]. »

Au-delà du contexte électoral et de la mobilisation des républicains, le deuil de Thiers exprime un sentiment de reconnaissance de la majorité des Français envers le sauveur qui a ramené la paix et l'ordre social. Plus encore, c'est tout un pan de l'histoire politique du XIXe siècle qui disparaît avec lui, comme le reconnaît la presse monarchiste : « Depuis avant-hier, il manque quelqu'un, non seulement en France, mais en Europe[3]. » Et Flaubert, qui l'avait traité naguère d'« étroniforme bourgeois », considère désormais que le « père Thiers » est un « géant », et que « personne n'a résumé comme lui la France »[4].

Cette mythologie est réactivée lorsque Léon Gambetta disparaît à son tour, victime d'un stupide accident, le 31 décembre 1882. Le commissaire de police de la Bourse rapporte « la conviction de beaucoup de personnes que M. Gambetta disparu, la république n'en aura pas pour longtemps[5]... ». La détresse des militants républicains est relatée par les rapports de police, qui nous apprennent par exemple qu'un jeune ouvrier du nom de Massé, travaillant à la maison de droguerie « À la tête noire », propose très sérieusement d'offrir « tout son sang s'il le faut » pour transfuser son héros agoni-

1. *L'Apothéose aux funérailles de Thiers*, 1877, musée national du château de Versailles.
2. *Funérailles de Monsieur Thiers*, Épinal, Pellerin, 1877, musée national des Arts et Traditions populaires.
3. *Le Figaro*, 5 septembre 1877.
4. Gustave Flaubert, *Correspondance*, *op. cit.*
5. Rapport du 20 décembre 1882, APP, dossier Gambetta, B/A 924.

sant[1]. Les rapports de police émanant de la province font état d'une vive émotion, notamment en Alsace-Lorraine, où il est considéré comme un héros, mais aussi par exemple à Calais ou à La Rochelle, où l'on signale des drapeaux tricolores aux fenêtres et des chapeaux couverts de crêpe en signe de deuil personnel[2]. Du 3 janvier au 7 février 1883, *La République française* publie les dépêches reçues de toute la France, émanant des municipalités, des cercles républicains, d'associations diverses, des journaux, des loges maçonniques, des sociétés positivistes. « La mort de Gambetta est une catastrophe pour la République et pour la France », énonce une dépêche rémoise, signée Commolet. « La ville de Dax a été terrifiée » par la nouvelle, écrit le député Loustalot[3]. Même un quotidien aussi modéré que *Le Journal des débats* reconnaît que Gambetta « a joué dans l'histoire de notre pays un rôle que peu d'hommes ont assumé dans le cours de ce siècle[4] ». En outre, le résumé analytique de la presse parisienne signale que les journaux républicains ne sont pas les seuls à faire « l'éloge de son génie », « les feuilles de la réaction » étant elles aussi « obligées de rendre hommage à son immense talent »[5].

Dans les jours qui suivent le décès, c'est, comme pour Adolphe Thiers, un défilé ininterrompu de sympathisants à son domicile des Jardies, à Ville-d'Avray, où s'amoncellent des montagnes de fleurs. Les peintres Jean-Charles Cazin, Séraphin Layraud, René Souillet représentent sur-le-champ la chambre mortuaire du héros, devenue un lieu de mémoire[6]. La dépouille mortuaire, transférée au Palais-Bourbon au soir du 3 janvier 1883, sous la garde de délégués des villes d'Alsace-Lorraine, est signalée par un immense voile noir de mille cinq cents mètres carrés sur la colonnade. Des dizaines de milliers d'admirateurs se pressent à partir du lendemain pour voir le

1. Rapport du 31 décembre 1882, *ibid.*
2. Rapports des commissaires centraux, 2 janvier 1993, AN, F7 15958.
3. Cité par Odile Sassi, *Léon Gambetta. Destin et mémoire (1838-1938)*, thèse de doctorat sous la direction de Jean-Marie Mayeur, université Paris-IV, 1998, annexes, p. 22-23.
4. *Le Journal des débats*, 2 janvier 1883.
5. Résumé analytique de la presse parisienne, direction de la presse, ministère de l'Intérieur, 2 janvier 1883, AN, F7 15958.
6. Musée d'Orsay.

catafalque, décoré par Bonnat, Falguière et Charles Garnier, et installé dans la salle des fêtes du palais. La file s'étend sur plus d'un kilomètre si l'on en croit la presse, tandis qu'ont lieu des veillées funèbres, auxquelles se joignent notamment Déroulède et des Alsaciens-Lorrains.

« Jamais pareil adieu ne fut adressé par une nation à un homme », commente *Le Temps* à propos des funérailles du 6 janvier 1883. Il est difficile de faire une comparaison précise avec celles de Thiers, qui n'étaient pas « nationales », mais il est certain que l'hommage y est au moins aussi spectaculaire. Du Palais-Bourbon au Père-Lachaise, c'est la même foule compacte et recueillie, « les toits noirs de monde, des grappes humaines dans les arbres », « plus de trois cent mille personnes sur la seule place de la Concorde », « plus de cinq mille couronnes arrivées de toute la France », dont celle, immense, de l'Union française de la jeunesse « au grand patriote » ou celle du lycée Louis-le-Grand « à l'homme de la revanche »[1]. Un rapport de police indique que huit cent mille personnes auraient participé au cortège, sans compter les curieux[2]. On a vu « des ouvriers, à la porte des chantiers fermés, [qui] pleuraient à chaudes larmes[3] ». Ces obsèques à la fois grandioses et populaires sont immortalisées par les peintres Henry Scott, Auguste Lepère et Frédéric Régamey[4]. Et comme pour Thiers, une imagerie d'Épinal leur est consacrée, montrant le convoi funèbre escorté par une foule compacte, sous les fenêtres parisiennes pavoisées de tricolore[5].

Conformément à la volonté du père du défunt, le cercueil est ensuite déposé dans un caveau provisoire de la Ville de Paris, où environ dix mille Parisiens viennent chaque jour le saluer jusqu'à son départ pour Nice, le 12 janvier. Un journal républicain s'extasie sur les admirateurs venus rechercher les couronnes de fleurs restantes, comme pour « garder quelque touchante relique » du héros

1. *Le Temps*, 7 janvier 1883.
2. Rapport n° 2 du 6 janvier 1883, APP, dossier Gambetta, B/A 924.
3. *La République française*, 8 janvier 1883.
4. Henry Scott, *Funérailles de Gambetta, place de la Concorde*, salon de 1883 ; Auguste Lepère, *Funérailles de Gambetta, le 6 janvier 1883, vue des abords de la Chambre des députés* ; Frédéric Régamey, *À Gambetta*, 1884, musée d'Orsay.
5. *Funérailles de Léon Gambetta*, Épinal, Pellerin, 1883.

disparu[1]. Dans chaque gare où s'arrête le train funéraire, à Lyon, Valence, Avignon, la foule est nombreuse pour l'accueillir, surtout à Marseille, où plusieurs milliers de militants, conviés par les sociétés républicaines, l'attendent sous une pluie battante. Les funérailles niçoises, à la fois solennelles et moins rigoureuses qu'à Paris, confirment, si l'on en croit les manifestations de deuil affichées par la population, boutiques fermées, drapeaux voilés aux fenêtres, foule recueillie, la résonance nationale du deuil gambettiste[2]. C'est ainsi qu'en quelques jours des centaines de milliers de Français auront pu apercevoir la dépouille ou le cercueil du héros, à la fois pour lui rendre hommage et pour fixer dans leur mémoire la trace concrète de son exceptionnelle destinée. Quelques-uns, dont Georges Clemenceau, emporteront l'un des masques mortuaires réalisés par le sculpteur Alexandre Falguière le 1er janvier 1883. Dans cette ultime quête du contact avec le défunt, la reconnaissance envers une incarnation de la France, la tristesse et l'angoisse de l'avenir se mêlent inextricablement pour illustrer le traumatisme de la rupture entre le peuple et celui qui, à l'instar de Thiers, fait figure de père providentiel du régime républicain.

Le deuil patriotique

Une fois passée l'époque des pères fondateurs de la République, se déroule une nouvelle séquence du deuil, où l'exaltation patriotique prend le pas sur le sentiment républicain. C'est évident pour Boulanger, dont les obsèques, organisées le 3 octobre 1891 à Bruxelles, suscitent une ferveur populaire tout à fait surprenante. À la différence de Thiers ou de Gambetta, incarnations d'un régime qui s'autocélébrait à la faveur du deuil, c'est pourtant un renégat, un réprouvé, un exilé et, pire encore, un héros oublié que l'on enterre ce jour dans le petit cimetière d'Ixelles. Condamné par contumace en août 1889, battu lourdement aux élections de septembre 1889, il a quasiment disparu de la scène politique depuis deux ans. Si l'on a reparlé de lui, c'était pour évoquer la débâcle de ses candidats lors

1. *Le Voltaire*, 14 janvier 1883.
2. Odile Sassi, *Léon Gambetta*, *op. cit.*, p. 259.

des élections municipales parisiennes d'avril 1890, puis la dissolution de son Comité national le 30 octobre 1890. Apprenant la nouvelle, un petit cabaretier de la rue Frémicourt, à Paris, s'est suicidé d'un coup de couteau dans le ventre. Dans sa poche, on a trouvé un papier avec ces simples mots : « Je n'ai pas le courage de survivre à la ruine de mes illusions et de mes espérances[1]. » Du mouvement boulangiste, on entend surtout les règlements de comptes entre ses lieutenants politiques, Déroulède, Rochefort, Laguerre, et le sordide déballage de leurs turpitudes financières.

Et pourtant, force est de constater que plus de cent cinquante mille personnes, dont un train spécial de dix mille Parisiens, sont venues assister au cortège funèbre du Général Revanche. La presse belge décrit cette foule énorme massée devant le domicile du défunt, rue Montoyer, les fenêtres noires de monde, le cortège ouvert par neuf gendarmes à cheval et par la police, le char funèbre couvert de couronnes, dont celle d'Henri Rochefort « à son compagnon d'exil », les badauds renversés et piétinés à l'entrée du cimetière et la police totalement débordée[2]. Certains sifflent, d'autres acclament, et l'on chante des refrains boulangistes. Maurice Barrès décrira avec lyrisme ce « long troupeau fou » des partisans et des curieux gravissant les « talus de la route » à « travers les champs boueux » menant au cimetière d'Ixelles, afin de « dépasser le corbillard, pour s'assurer les premières places près de la fosse »[3]. Un agent a même le bras cassé en essayant de contenir la foule. À Paris, les rapports de police indiquent un « grand déballage de photographies » qui reparaissent un peu partout comme aux plus beaux jours du boulangisme, et les camelots qui sillonnent les boulevards proposent le « dernier souvenir de Boulanger ». En quelques heures, cinq mille exemplaires sont ainsi vendus d'une brochure de deux pages imprimée chez Gabillaud : *La mort du général Boulanger. Détails complets. La biographie. Son testament*[4]. Le Général Revanche fait encore recette !

Comment expliquer cet hommage populaire, alors que le mouvement boulangiste est moribond ? La mobilisation des héritiers pré-

1. Cité par Jean Garrigues, *Le Général Boulanger*, *op. cit.*, p. 338.
2. *Le Peuple*, 4 octobre 1891.
3. Maurice Barrès, *L'Appel au soldat*, *op. cit.*, p. 571.
4. Rapport du 3 octobre 1891, APP, dossier mort de Boulanger, B/A 977.

somptifs, Henri Rochefort et Paul Déroulède en tête, n'est pas à négliger. D'autre part, la curiosité tient une part importante, les funérailles des célébrités étant un spectacle prisé à l'époque. S'y ajoute bien sûr le romanesque boulangiste, dramatisé par le suicide du général sur la tombe de sa maîtresse. Ce n'est sans doute pas un hasard si la presse note une nette surreprésentation féminine dans le cortège, hommage au sacrifice de l'amour. Mais est-ce l'amant romanesque ou l'homme providentiel qui est pleuré par la foule d'Ixelles ? Il est bien difficile de le dire, d'autant que les autorités belges ont interdit tout discours sur sa tombe.

Si l'on en croit le rapport de l'agent Pépin, il semble que la disparition du général soit « considérée par la plupart de ses anciens partisans comme un événement heureux au point de vue politique » car « Boulanger est mort en léguant un souvenir chevaleresque aux organisateurs du parti, une mémoire à venger contre d'ineptes calomnies et le programme du Parti national »[1]. En somme, le boulangisme est débarrassé d'un leader politique médiocre, mais il conserve précieusement la légende du Général Revanche, comme catalyseur des frustrations et des espérances nationalistes. En dépit de ses fautes, il apparaît encore comme une incarnation du sentiment national. C'est ce que veut exprimer Paul Déroulède en versant sur sa tombe le contenu d'un petit sachet de cuir violet, avec ces mots : « Voilà de la terre de France. » Ainsi nous apparaît, une fois de plus, la force mythologique de l'homme providentiel.

Certes, on pourrait en douter au vu du dessin que Gassier consacre à la fin des années 1920 aux deux « sauveurs » de la décennie écoulée, Clemenceau et Poincaré. Ils y sont représentés avachis dans leurs fauteuils, vieillissants et malades, en train de rédiger leurs Mémoires pour une improbable postérité[2]. Et pourtant, s'ils apparaissent l'un et l'autre comme appartenant déjà au passé, leur disparition donne lieu à des manifestations de deuil populaire qui dépassent l'hommage rituel aux gouvernants défunts.

C'est évident à la mort de Georges Clemenceau, le 24 novembre 1929, presque dix ans après sa retraite politique. Bien qu'il ait

1. Rapport du 2 octobre 1891, *ibid.*

2. « Et vous, vous y croyez encore au traité de Versailles ? », *in* Sennep et Gassier, *Histoire de France, 1918-1938*, *op. cit.*

refusé les obsèques nationales, leur préférant l'inhumation auprès de son père, à Mouchamps, petit cimetière de Vendée, son décès donne lieu à un déferlement d'émotion qui marque bien le veuvage d'une nation privée de celui qui a su l'incarner. « Le Georges Clemenceau de 1917 et de 1918 résume ce qu'il y a de plus haut dans notre histoire », lit-on dans la presse, retenant de sa « vie tumultueuse » ce qui « en a constitué l'accomplissement et la raison d'être » et exprimant « la gratitude de la patrie à son plus authentique sauveur »[1].

Dans le monde entier, chacun y va bien sûr de son hommage, notamment Lloyd George, qui exprime sa « plus grande tristesse », et qui le range « dans l'Histoire parmi les plus grands ». Au nom des socialistes, qui l'ont pourtant combattu, Léon Blum reconnaît dans *Le Populaire* la « grandeur » d'un personnage qui « a imposé quelque chose d'exceptionnel, de surprenant », et qui « a mérité la plus belle louange qu'il eût souhaitée : on n'écrira pas l'histoire de France en omettant son nom ». Mais l'hommage le plus appuyé est celui que prononce à la tribune de la Chambre son ancien collaborateur André Tardieu, devenu président du Conseil. En le présentant comme « l'un de ces hommes rares et prédestinés qui viennent à l'heure où un peuple a besoin d'eux[2] », il l'inscrit dans la lignée des hommes providentiels.

La foule qui se presse aux abords de la rue Franklin, avant que la dépouille mortuaire ne soit transportée en terre vendéenne, est comparable à celles qui se recueillaient auprès de Thiers, place Saint-Georges, ou de Gambetta, au Palais-Bourbon. Les vingt mille anciens combattants, « des riches et des très humbles », qui défilent sur les Champs-Élysées le 1er décembre 1929 pour rendre un dernier hommage au Père la Victoire sont les enfants de ceux qui défilaient dans les cortèges funèbres des pères fondateurs[3]. Au-delà des effets de groupe et des instincts de curiosité, ils expriment une fascination et une adhésion populaires nées du rapport fusionnel entre l'homme providentiel et ses partisans. Plus que tous les discours, un dessin de Nob, bordé d'un liséré noir, résume ce senti-

1. *Le Temps*, 25 novembre 1929.
2. Cité dans *Le Petit Parisien*, 26 novembre 1929.
3. *Ibid.*, 2 décembre 1929.

ment collectif qui accompagne le départ du Père la Victoire : on y voit Marianne assise, coiffée de son bonnet phrygien, entourée de trois enfants et tenant dans ses mains le portrait de Clemenceau, avec cette légende : « Air historique : Parlez-nous de lui, grand-mère / Grand-mère, parlez-nous de lui »[1].

Que faut-il penser des cérémonies qui marquent la disparition de Raymond Poincaré, le 15 octobre 1934 ? La presse en fait ses gros titres, à l'image du *Petit Parisien* du 16 octobre qui consacre sa une et toute sa première page à « l'homme probe, politique clairvoyant, patriote obstiné, homme d'État vers qui la France se tournait dès qu'une ombre voilait le visage de la patrie ». De même, l'hommage de l'État républicain est-il exceptionnel, sans les restrictions politiques conjoncturelles qui avaient obéré les funérailles de Thiers ou de Gambetta. Si l'on en croit la presse, une « foule innombrable » se masse au Panthéon, où est exposé à partir du 19 octobre le catafalque du grand homme, barré d'un immense voile tricolore, tandis qu'un projecteur éclaire le monument à la Convention pour souligner l'héritage de la Révolution française. « Bien avant que s'ouvre la porte de bronze du Panthéon, ils étaient là », raconte le reporter, « gens du peuple, ouvriers, employés », qui « n'ont pas oublié ce que fut pour le pays ce grand citoyen »[2].

La cérémonie des obsèques nationales, organisée le 20 octobre, déroule un faste sans précédent, scandée par l'hommage prononcé par le président du Conseil Gaston Doumergue, puis par le défilé militaire dans un « ouragan de cuivres et de tambours », puis par le cortège qui rejoint Notre-Dame voilée de noir, où est célébré un office funèbre. Selon la préfecture de police, plus de dix-neuf mille personnes sont venues le premier jour au Panthéon pour s'incliner devant la dépouille de Poincaré. Si l'on en croit les journaux, la foule est également très dense sur le trajet du cortège et devant le parvis de Notre-Dame. Et pourtant, l'impression qui se dégage des photographies publiées dans les journaux est celle d'une cérémonie très guindée, très officielle et centrée sur l'hommage des corps constitués, dénuée de la ferveur populaire et spontanée qui s'était manifestée pour les pères fondateurs de la République. C'est

1. *Le Cri de Paris*, 1er décembre 1929.
2. *Le Petit Parisien*, 20 octobre 1934.

seulement le 21 octobre, lors de l'inhumation dans le petit cimetière meusien de Nubécourt, fief de Poincaré, que l'émotion du déchirement semble avoir gagné la foule lorraine, qui perd son plus glorieux enfant. Jusque dans cette séquence du deuil, il aura manqué au sauveur du franc l'exaltation populaire dont son rival Clemenceau avait bénéficié.

En est-il de même pour Gaston Doumergue, qui a quitté le pouvoir quelques jours après la mort de Poincaré ? La veuve de ce dernier apparaît en tout cas comme l'un de ses plus ardents supporters, dénonçant l'« inqualifiable conduite » des partis politiques, « cette bande de traîtres à la patrie qui nous prive du seul homme capable de la sauver », et ajoutant que si son mari vivait encore, « il en aurait pleuré de chagrin »[1]. Parmi d'autres, une pensionnaire de l'institution Ségur à Roubaix lui écrit elle aussi sa tristesse, qui révèle le désarroi de la France catholique et conservatrice : « Nous vous aimons bien et nos papas ont dit : Si Monsieur Doumergue nous quitte, nous sommes fichus ! Et vous êtes parti. Les grandes pleuraient et les Dames étaient tristes[2]. »

Et pourtant, lorsque « Gastounet » disparaît à son tour, le 18 juin 1937, on ne peut pas dire que cela suscite une forte émotion populaire. Il a bien droit lui aussi à des obsèques nationales, mais elles sont organisées dans les arènes de Nîmes, le 22 juin. La démission du cabinet Blum, remplacé par Camille Chautemps, relègue les cérémonies d'hommage aux dernières pages des journaux. Seuls trois ministres du nouveau gouvernement y participent, tandis que le président Lebrun s'est fait représenter. La seule personnalité d'envergure est son ancien ministre d'État, le maréchal Pétain[3].

Pétain, traître ou martyr ?

Ce dernier, banni par la Quatrième République, n'aura même pas droit à un représentant officiel après son décès à l'île d'Yeu, le 23 juillet 1951. En pleine crise ministérielle, il faut bien dire que sa

1. Cité par Jean Rives, *Gaston Doumergue*, *op. cit.*, p. 392.
2. *Ibid.*, p. 397.
3. *Le Petit Parisien*, 23 juillet 1937.

disparition laisse la majorité des Français indifférents. La veillée funèbre ne réunit que quelques centaines de fidèles, dont plusieurs anciens de Verdun et quatre jeunes filles en costume traditionnel vendéen, ce qui nous renseigne quelque peu sur la sensibilité politique de l'assistance. « Monsieur le Maréchal, pardonnez à la France », rugit une voix surgie de la foule recueillie. Le 25 juillet, ils ne sont encore que quelques centaines à accompagner son cercueil recouvert de tricolore, porté par huit combattants de Verdun et deux prisonniers de guerre de 1940. Dans son allocution funèbre, Mgr Cazaux, évêque de Luçon, rappelle que « le vœu et le rêve de sa vie » furent « l'union des Français et la grandeur de la patrie ». Mais peu nombreux sont les participants aux deux messes données à Paris en sa mémoire, l'une à Notre-Dame-des-Victoires et l'autre à Saint-Germain-l'Auxerrois, ou ceux qui viennent, conduits par Charles Trochu, ex-conseiller municipal de Paris, fleurir en son honneur la tombe du soldat inconnu[1].

Néanmoins, le refus par les autorités du transfert de la dépouille mortelle au fort de Douaumont provoque la colère de ses partisans. Son collaborateur, le général Laurie, envoie alors une lettre au *Monde* afin de réhabiliter le héros « humain » de la Grande Guerre, qui selon lui « n'était pas libre » de ses actes sous l'Occupation. Dans le même journal, le journaliste Rémy Roure, qui fut compagnon de captivité du capitaine de Gaulle pendant la Grande Guerre, en appelle à l'apaisement des passions, préférant « évoquer le Pétain d'autrefois, celui de 1917 », qu'il compare même avec Clemenceau, « dressé contre le défaitisme »[2]. *Le Figaro* rappelle que « des millions de Français furent pétainistes, considérant que les condamnations de la France libre par Vichy étaient purement formelles, et persuadés que le général de Gaulle et le maréchal Pétain finiraient par se rejoindre[3] ».

L'hebdomadaire monarchiste *Aspects de la France* en profite pour diffuser une affiche intitulée « Gloire et sacrifice de Philippe Pétain, maréchal de France », le montrant en uniforme de maréchal, canne à la main, et rappelant qu'en juin 1940, comme à Verdun en

1. *Le Monde*, 26 juillet 1951.
2. *Ibid.*, 24 juillet 1951.
3. *Le Figaro*, 24 juillet 1951.

1916, il a fait « à la France le don de sa personne », et se félicitant que « la France [...] mesure enfin toute l'étendue de son sacrifice ». On le retrouve à cheval sur la couverture d'un numéro spécial de *Rivarol*, qui salue « le grand soldat, le grand chef de gouvernement qui mourut en prison pour avoir sauvé trois fois son pays[1] ». Cette brochure d'une quinzaine de pages, qui raconte « la vie exemplaire de Philippe Pétain, maréchal de France », rassemble les archétypes de la vénération messianique : le « chef audacieux » et « pacificateur » de la Grande Guerre, l'homme d'État qui a bâti la « Révolution nationale », le « martyr » qui a « pardonné à ses bourreaux et conjuré les Français de se réconcilier », enfin le grand homme « mort sur le rocher de l'île d'Yeu comme un autre Français mourut sur le rocher de Sainte-Hélène », et dont la « légende commence » au panthéon des hommes providentiels.

Quelques mois plus tard est créée l'Association pour défendre la mémoire du maréchal Pétain, dont le comité d'honneur réunit notamment les académiciens Henry Bordeaux, Louis Madelin, Claude Farrère, Jérôme Tharaud, les généraux Charles Brécard, Dufieux, d'Harcourt, ainsi que des personnalités politiques telles que Gaston Bergery, Jean Borotra, Jérôme Carcopino, Pierre-Étienne Flandin, Pierre Taittinger et Gilbert Renault, dit le « colonel Rémy », résistant de la première heure, sous le haut patronage du général Weygand. L'Association, animée par maître Isorni, parvient à rassembler soixante-dix mille signatures pour demander le transfert des cendres à l'ossuaire de Douaumont. Elle fait par ailleurs éditer *L'Album du maréchal Pétain*[2], publié sous une superbe chemise bleue frappée de sept étoiles d'or et contenant des photographies privées du Maréchal, des fac-similés de lettres et messages, ainsi que des textes des frères Tharaud, du général Weygand et de l'abbé Bailly, curé de l'île d'Yeu.

En revanche, la presse de gauche n'a pas de mots assez durs pour celui dont « le défaitisme était la doctrine, l'humiliation la philosophie », et au nom duquel « le pire fut accompli »[3]. Au moment où est créée la Communauté européenne du charbon et de l'acier,

1. « Philippe Pétain. Le dernier maréchal de France », *Rivarol*, édition spéciale.
2. *L'Album du maréchal Pétain*, Paris, André Bonne, 1951.
3. *Libération* et *Le Parisien libéré*, 24 juillet 1951.

L'Humanité s'indigne que « la politique de trahison et d'atténuation de l'indépendance de la France inaugurée par Pétain continue toujours ». D'où ce commentaire désabusé d'Hubert Beuve-Méry : « Sa place serait donc pour les uns aux côtés de Saint Louis et d'Henri IV dans la galerie des héros nationaux, et pour les autres sur la liste de tous les traîtres à la patrie, de Ganelon à Bazaine. Ainsi se construisent les mythes et se prépare le climat des guerres civiles[1]. »

1. *Le Monde*, 24 juillet 1951.

CHAPITRE XIII

La fabrique de la postérité

Si l'étape de la séparation permet, comme nous venons de le voir, de restaurer ou de relancer le mythe de l'homme providentiel, le tri mémoriel peut en revanche lui être fatal. D'où l'importance d'entretenir le culte en fabriquant la postérité. C'est une entreprise collective, qui mobilise aussi bien le héros lui-même que le plus humble de ses partisans. Les sources sont bien sûr inégales en ce qui concerne les anonymes, et il faudrait des années de recherches dans les archives pour proposer une étude systématique de cette fabrication collective d'une légende héroïque. C'est plus facile lorsqu'on se rapproche du héros lui-même, de son entourage et de ses partisans. Ils témoignent d'une véritable obsession mémorielle, qui est indissociable du mythe de l'homme providentiel.

Le sauveur par lui-même

Tout commence avec le *Mémorial de Sainte-Hélène*, publié par Emmanuel de Las Cases juste après la disparition de l'Empereur, « l'homme le plus extraordinaire que présentent les siècles[1] ». En ouverture des *Chênes qu'on abat*, André Malraux se défendra de s'en être inspiré, considérant le *Mémorial* comme un long monologue de Napoléon, tandis que son ouvrage serait

1. *Mémorial de Sainte-Hélène. Journal de la vie privée et des conversations de l'Empereur à Sainte-Hélène, par le comte de Las Cases*, Londres, Colburn et Bossange, 1823, rééd. Paris, Flammarion, 1983, préface du 15 août 1822.

le fruit d'un véritable dialogue[1]. Il n'empêche que les deux livres poursuivent le même objectif, qui est de poser la première pierre du mythe posthume. C'est là encore un des invariants du récit providentiel.

D'un mémorial l'autre

Le *Mémorial*, publié en 1823 dans son édition originale, n'est pas le premier texte d'apologie napoléonienne. Dès 1817, un certain *Manuscrit venu de Sainte-Hélène d'une manière inconnue*[2], publié à Londres en français et diffusé clandestinement en France, a remporté un grand succès dans les salons parisiens. « Je tiens à paraître tel que j'ai été, aux yeux de mon fils comme aux yeux de la postérité[3] », y affirme le pseudo-Napoléon dans la préface. Ce texte apocryphe, sans doute dû à la plume de l'ingénieur agronome Lullin de Châteauvieux, un proche de Mme de Staël, contribue dès cette époque à la légende dorée de l'Empereur. Présenté comme un libéral, héritier de 1789, il se serait assigné pour « tâche de terminer la Révolution en lui donnant un cours légal afin qu'elle pût être reconnue et légitimée par le droit public de l'Europe ».

Le *Mémorial* s'inscrit dans la même veine de légitimation libérale, avec une dimension supplémentaire qui est celle de la prospective, se présentant comme une sorte de bréviaire d'un bonapartisme en devenir. Cette ouverture vers l'avenir se fait au prix d'une reconstruction de l'histoire napoléonienne, soulignant « l'ascendant irrésistible des idées libérales » et prônant « l'agglomération et la confédération des grands peuples ». Mais c'est précisément cette relégitimation prospective qui fait l'énorme succès du *Mémorial* sous la Restauration. « Tout le monde m'a aimé et haï. Chacun m'a pris, laissé ou repris [...]. Il n'est point un Français que je n'ai remué », aurait confié Napoléon à Las Cases. « Ce qu'il y a de plus

1. André Malraux, *Les Chênes qu'on abat*, *op. cit.*, p. 7.

2. *Le Manuscrit venu de Sainte-Hélène d'une manière inconnue*, Londres, Murray, 1817.

3. *Ibid.*, rééd. *post mortem*, Paris, Baudoin Fils, 14 juillet 1821, p. 1.

distingué parmi les jeunes gens lit le *Mémorial de Sainte-Hélène* et se montre fou de l'Empereur[1] », écrit Stendhal.

Un demi-siècle plus tard, Napoléon III, en captivité en Allemagne, confie lui aussi sa version de l'histoire à Mels, un journaliste allemand correspondant du *Times*, qui avait écrit quelques années plus tôt des articles favorables au coup d'État. L'ouvrage résultant de ces entretiens, publié en 1871, se présente à la fois comme une justification de son règne et de la déclaration de guerre, mais aussi comme un programme d'avenir[2]. Lui-même a signé dès son arrivée à Wilhelmshöhe une brochure, *La Conduite de l'Empereur depuis le commencement de la guerre*, dans laquelle il explique ses décisions. D'autres brochures, publiées sous des noms d'emprunt, tel ceux du marquis de Gricourt ou de La Chapelle, un journaliste devenu son secrétaire, vont dans le même sens. « Le pays a voulu la lutte », écrit-il par exemple, affirmant avoir été « vivement encouragé » à la guerre « si ce n'est contraint par les manifestations de l'esprit public »[3].

D'autres textes commencent à circuler au bout de quelques mois en faveur de sa réhabilitation. François Perron, son ancien secrétaire particulier, ne rédige pas moins de neuf opuscules entre 1871 et la disparition de l'empereur en 1873. Jules Amigues en produit lui aussi un certain nombre, sous des titres évocateurs comme *Ils ont menti*, *Comment l'empire reviendra*, *L'Homme de Sedan et les hommes de septembre*. La plupart sont diffusés par la librairie Amyot, tandis qu'Eugène Rouher, ancien ministre de Napoléon, lance en octobre 1871 le journal *L'Ordre*, organe d'un mouvement bonapartiste en pleine reconstruction. Mais aucun de ces textes ne connaîtra le succès du *Mémorial de Sainte-Hélène*, et ce sont au contraire les *Châtiments* de Victor Hugo qui entretiendront pendant des décennies la légende noire du Second Empire.

À l'instar de la mémoire de Napoléon III, obscurcie par les voiles du coup d'État et du désastre de Sedan, celle d'Adolphe Thiers sera

1. Stendhal, *Mémoires d'un touriste*, Paris, La Découverte, 1993, t. 1, p. 83.

2. *Wilhelmshöhe. Souvenirs de la captivité de Napoléon III, par A. Mels* (1871), Paris, Dupont, 1880.

3. Marquis de Gricourt, *Des relations de la France avec l'Allemagne sous Napoléon III*, Bruxelles, 1871, p. 49-50.

elle aussi poursuivie très longtemps par une flétrissure, celle de la Semaine sanglante. C'est ainsi qu'en 2008, un Comité Valmy « pour une Europe des peuples et nations souveraines » proposera de débaptiser à Aix-en-Provence une rue qui porte le nom du « boucher de la Commune ». Ce n'est pourtant pas faute de s'être expliqué au regard de la postérité. Le 24 mai 1873, dans son dernier discours de président de la République, Thiers s'adresse au « pays qui nous écoute » et à « l'Europe qui nous écoute aussi », présentant sa présidence, « dans une des circonstances les plus graves de notre histoire, peut-être la plus grave », comme un « acte de dévouement ». S'il refuse de « paraître au tribunal des partis », il accepte volontiers de « comparaître » devant celui de « l'histoire » comme « un homme qui aurait servi son pays toute sa vie » et « qui aurait, dans les temps les plus difficiles, sacrifié sa popularité pour la vérité ». Devant les Français du Pérou, le 4 juin suivant, il affirme que l'Europe « admire encore, après ses malheurs, cette France qu'elle a pu jalouser souvent, mais qu'elle a toujours admirée », et se félicite d'avoir « eu une part considérable dans l'accomplissement de ces grandes choses », pour l'« honneur » de ses « vieux jours »[1]. Son Las Cases est l'ancien ministre Jules Simon, auteur d'un ouvrage apologétique sur le gouvernement de Thiers, et qui, inaugurant la statue de son mentor à Nancy, en fait un homme providentiel, au sens plein du terme, parce qu'il a su « faire face à tout[2] ».

Si Jules Simon apparaît comme l'hagiographe officiel de Thiers, celui de Gambetta est Joseph Reinach, qui a été son collaborateur à *La République française* et son chef de cabinet au moment du « grand ministère ». Dès 1884, il raconte cette expérience politique ainsi que la vie de son mentor, tout en continuant la publication de ses discours, commencée dès 1880[3]. « C'est l'âme même de la France », écrit-il dans la préface de l'édition des discours choisis de

1. APP, dossier Adolphe Thiers, B/A 1282.

2. Jules Simon, *Le Gouvernement de M. Thiers, 1871-1873*, *op. cit.*, t. 2, p. 463.

3. Joseph Reinach, *Léon Gambetta*, Paris, Félix Alcan, 1884 ; *Le Ministère Gambetta, op. cit.* ; *Discours et plaidoyers choisis de Léon Gambetta*, Paris, G. Charpentier, 1883 ; *Dépêches, circulaires, décrets, proclamations et discours de Léon Gambetta*, *op. cit.*

Gambetta, quelques mois après la mort de ce dernier, « le plus fier patriote, le plus profond politique et le plus magnifique orateur de ce siècle ». À son héros idéalisé, paré de toutes les « vertus », « courageux, juste, dédaigneux des outrages et des vilenies », « sans rancunes, sans haine, sans jalousie », « généreux et indulgent jusqu'à l'exagération », « affectueux, dévoué », « gai, aimable », « respectueux des vieillards » et passionné par les « jeunes gens », il attribue « l'honneur de la France sauvé après la honte abominable de Sedan, la République fondée grâce à des prodiges d'adresse, de sagesse et d'éloquence, l'avènement régulier et définitif de la démocratie », ainsi que « la France régénérée par la République pour reprendre sa place dans le monde »[1].

Le général Boulanger lui-même trouve un thuriféraire en la personne du journaliste Pierre Denis, devenu son confident d'exil et son porte-parole grâce à son journal *La Voix du peuple*. D'inspiration blanquiste, cet hebdomadaire aux modestes tirages permet au général martyr de régler ses comptes avec ses adversaires comme avec tous ceux qui l'ont trahi. C'est aussi la tonalité d'un ouvrage publié deux ans après la mort du général par le baron Albert de Verly, son ancien secrétaire particulier, et présentant Boulanger comme « l'une des nombreuses victimes de l'Orléanisme, qui n'a reculé devant aucun moyen pour l'accaparer, pour s'en servir, avec l'intention bien arrêtée de le rejeter ensuite comme une vieille loque usée et défraîchie[2] ». L'année suivante, Pierre Denis publie *Le Mémorial de Sainte-Brelade*, directement inspiré de Las Cases et qui partage avec son illustre modèle bonapartiste une perspective très hagiographique sur son héros. Il y montre un Boulanger humaniste qui « rêve de réconciliation des Français et de rénovation sociale », par « une commune bonne volonté et l'amour de la patrie à laquelle il voulait rendre sa suprématie glorieuse »[3]. Quant au testament politique du général, publié dans la presse parisienne

1. Id., *Discours et plaidoyers choisis de Léon Gambetta*, *op. cit.*, p. LXXIII-LXV.

2. Albert de Verly, *Le Général Boulanger et la conspiration monarchique*, Paris, Ollendorf, 1893, p. 289.

3. Pierre Denis, *Le Mémorial de Sainte-Brelade*, Paris, Ollendorf, 1894, p. 258.

le 2 octobre 1891, il souligne surtout sa dimension patriotique : « L'histoire ne sera pas sévère pour moi », écrit le Général Revanche, « elle sera sévère pour mes proscripteurs, pour ceux qui ont essayé de flétrir un loyal soldat par un jugement politique [...]. En quittant la vie, je n'ai qu'un regret : celui de ne pas mourir sur le champ de bataille, en soldat, pour mon pays ».

« Je ne crois pas aux grands hommes »

Poincaré et Clemenceau sont aussi différents face à la postérité qu'ils l'étaient dans l'entretien de leur culte. Le premier choisit une posture classique de mémorialiste, marquée par le souci de se justifier aux yeux de ses contemporains [1]. Au total, dix volumes se succèdent de 1926 à 1933, accompagnés par la publication des « bonnes feuilles » par les grands quotidiens parisiens comme *Le Figaro* ou *Le Matin*. Par ailleurs, il livre ses commentaires politiques à des journaux comme *L'Excelsior*, dont il est un collaborateur régulier à partir de 1930, ou *L'Illustration*, où il tient une chronique mensuelle. De ses ultimes confidences à Adam de Villiers, publiées en 1933, il ressort l'image d'un homme d'exception, « premier partout où il avait passé », « jusqu'au rôle suprême qu'il a tenu », et dont le tsar Nicolas II aurait dit : « En ont-ils beaucoup comme cet homme-là en France ? Un pays qui en posséderait seulement dix pourrait dormir sur ses deux oreilles ! » [2]. Mais l'estime des contemporains suffit-elle pour créer le mythe ? En s'immergeant dans le présent, en acceptant le débat sur ses responsabilités dans le déclenchement de la guerre, puis en redevenant un commentateur de l'actualité politique, Poincaré se prive de la hauteur prestigieuse d'une posture historique, associée à la mythologie de l'homme providentiel.

Tout autre est la démarche de Georges Clemenceau, qui lâche à l'encontre de l'ancien président de la République une de ces formules cinglantes dont il a le secret : « Poincaré est un cerveau bien

1. Raymond Poincaré, *Au service de la France*, *op. cit.*

2. Adam de Villiers, *M. Poincaré parle*, Paris, Tallandier, janvier 1933, p. 11 et 42.

meublé, et puis c'est tout. Il écrira quinze volumes pour démontrer qu'il ne s'est pas trompé, qu'il avait tout prévu, et personne ne les lira[1]. » Son mémorialiste officiel, le fidèle Georges Wormser, attendra trois décennies pour offrir, en historien, sa biographie du grand homme. C'est le portrait d'un « homme libre, totalement », patriote et démocrate absolu, « constamment antiboche, anticlérical, anti-opportuniste, anticollectiviste, au total anticonformiste en tout et toujours »[2]. On notera que cette biographie, qui se voulait définitive, s'intitule *La République de Clemenceau*, afin de bien marquer ses distances envers la tradition de l'homme providentiel, dont le radical vendéen, héritier de la Révolution française[3], avait toute sa vie repoussé les séductions. « Je ne crois pas aux grands hommes », déclare-t-il à Wormser en 1927, alors qu'il prépare justement un article sur ce thème pour une revue américaine. Évoquant « Alexandre, César, Napoléon », il entend montrer qu'« il eût sans doute mieux valu qu'ils n'aient pas existé »[4].

Il est vrai que Clemenceau s'est tout de même occupé de sa postérité dans les dernières années de sa vie, soit par des entretiens avec des journalistes ou écrivains, soit en écrivant lui-même sa vision de la vie et de son œuvre politique. Outre ses deux secrétaires Jean Martet et Léon Abensour, l'écrivain et scénariste Léon Treich, le journaliste Fernand Neuray, directeur de *La Nation belge*, l'Américain Whyte Williams, ainsi que Pierre Drieu La Rochelle, qui n'était pas encore fasciste, ont recueilli les confidences du grand homme[5]. Il y cultive l'image du Cincinnatus revenu de tout,

1. Fernand Neuray, *Entretiens avec Clemenceau*, *op. cit.*, p. 65.
2. Georges Wormser, *La République de Clemenceau*, *op. cit.*, p. 469.
3. *Ibid.*, p. 10.
4. *Ibid.*, p. 468.
5. Léon Abensour, *Clemenceau intime*, Paris, Radot, 1928 ; Jean Martet, *Le Silence de M. Clemenceau*, Paris, Albin Michel, 1929 ; id., *M. Clemenceau peint par lui-même*, Paris, Albin Michel, 1929 ; id., *Le Tigre*, Paris, Albin Michel, 1930 ; id., *La Mort du Tigre*, *op. cit.* ; Léon Treich, *Vie et mort de Clemenceau*, Paris, Éd. des Portiques, 1929 ; René Benjamin, *Clemenceau dans la retraite*, *op. cit.* ; Fernand Neuray, *Entretiens avec Clemenceau*, *op. cit.* ; Whyte Williams, *The Tiger of France. Conversations with Clemenceau*, New York, 1949 ; « Georges Clemenceau, paroles d'outre-tombe, recueillies par Pierre Drieu La Rochelle », *Revue hebdomadaire*, 38e année, no 49, 7 décembre 1929.

profondément déçu par ceux qui lui ont succédé. Préfaçant l'ouvrage de Fernand Neuray, Léon Daudet le montre « comblé d'ingratitude et de dégoût, regardant d'un promontoire souverain, proche d'une mort considérée par lui comme un néant, la sarabande de nains triomphants, de traîtres sur le pavois et de crapules revenues aux affaires [1] ». Relativisons néanmoins cette vision crépusculaire, qui doit beaucoup aux désillusions nationalistes de l'éditorialiste de *L'Action française*, et qui nous renvoie à une séquence archétypique de la mythogénie providentialiste : celle du désenchantement. Anticipant la retraite gaullienne à Colombey, le dernier Clemenceau est celui de la désillusion pessimiste, que l'on pourrait résumer par l'expression « après moi, le déluge ».

Plus distancié que Daudet, Léon Abensour constate avec ironie que son « auréole de carton doré du Père la Victoire, touchante et un peu ridicule, qui faisait de lui un saint laïque pour image d'Épinal, lui est par morceaux arrachée[2] ». Mais Clemenceau semble s'en moquer, si l'on en croit ses confidences, marquées par la hauteur dédaigneuse du grand homme incompris. « On dit que la France a été ingrate avec moi. C'est faux. Est-ce que j'ai demandé quelque chose ? La France n'a été ingrate qu'envers elle, en se fiant à des hommes qui ne méritaient pas sa confiance[3] », dit-il à Fernand Neuray. « Ne parlons pas du passé, parlons plutôt de l'avenir. Peu importe ce qui a été fait ; ne pensons qu'à ce qu'il faut faire[4]. » Et s'il fallait résumer l'état d'esprit du Tigre vieillissant, nous pourrions évoquer ce dialogue décrit par l'académicien René Benjamin, venu le visiter dans sa retraite vendéenne : « Je me fous de mes contemporains. – Monsieur le Président, ils ne se foutent pas de vous. – Eh bien, Monsieur, je me fous qu'ils ne s'en foutent pas[5] ! »

C'est pour l'Histoire et non pour se justifier qu'il entend répondre à la fin de sa vie aux attaques de ses détracteurs, au premier rang desquels le maréchal Foch, un autre héros de la Grande Guerre, qui lui reproche d'avoir bradé la victoire. « Je suis parti dans ce livre en

1. Fernand Neuray, *Entretiens avec Clemenceau*, *op. cit.*, p. 11.
2. Léon Abensour, *Clemenceau intime*, *op. cit.*, p. 2.
3. Fernand Neuray, *Entretiens avec Clemenceau*, *op. cit.*, p. 75.
4. *Ibid.*, p. 67.
5. René Benjamin, *Clemenceau dans la retraite*, *op. cit.*, p. 15.

détestant Foch. Mais chemin faisant j'ai rencontré tous ces hommes. Je me suis rappelé ces moments que nous avions passés ensemble, lui et moi [1] », confie-t-il à Jean Martet. *Grandeurs et misères d'une victoire*, son testament posthume, publié quelques mois après sa mort, sera néanmoins vendu à plus de cent mille exemplaires en deux ans et traduit en dix-sept langues. « J'avais et j'ai encore des provisions de silence au service de ma patrie, écrit-il, mais puisque l'on ne manquerait pas d'imputer ma modération à la défaillance, je ne puis demeurer sans paroles [2]. » C'est aussi une façon détournée de rappeler à la postérité les valeurs patriotiques dont il s'est voulu l'incarnation, à l'écart des mesquineries contingentes de la gloriole militaire : « Je suis ce que j'étais. Qualités et défauts, tout au service de la patrie, dans le désintéressement des honneurs, des grades dûment rentés qui font poids aux balances du succès [...]. C'est une force que de n'attendre rien que de soi [3]. » Face aux périls, il fait « effort pour espérer contre l'espérance », conscient que « des décompositions de la décadence naissent des possibilités de régénération ». Il les voit surgir d'« effroyables journées », semblables à celles de la guerre, et de « l'appel au destin qui refera, de nos membres épars, un autre champion de la Destinée » [4]. Si l'on en croit Georges Wormser, Clemenceau aurait ainsi « deviné » le rôle salvateur du général de Gaulle [5].

De Gaulle, historien de sa légende

Historien de sa propre légende, le Général apparaît dès son départ comme le principal fabricant de son mythe. S'il s'exile du 10 mai au 10 juin 1969 en terre d'Irlande, c'est pour cultiver la posture du grand homme blessé, tel Napoléon à Sainte-Hélène. Revenu à la Boisserie, il s'active à rassembler sans attendre le

1. Jean Martet, *La Mort du Tigre*, *op. cit.*, p. 276.
2. Georges Clemenceau, *Grandeurs et misères d'une victoire*, Paris, Plon, 1930, p. 11.
3. *Ibid.*
4. *Ibid.*, p. 346.
5. Georges Wormser, *La République de Clemenceau*, *op. cit.*, p. 470.

matériau nécessaire à la rédaction de ses *Mémoires d'espoir*, qui font suite aux *Mémoires de guerre*[1]. Il s'agit, comme l'analyse Pierre Nora, de fonder le mythe gaullien aux « normes » que le Général a « lui-même imposées »[2]. L'histoire de la Résistance, selon de Gaulle, est celle d'une incarnation solitaire de la volonté nationale : « En ce moment, le pire de son histoire, c'était à moi d'assumer la France[3]. » L'homme providentiel y apparaît à la mesure de « l'épreuve gigantesque[4] » qui lui est imposée, magnifiée et mythifiée par l'apothéose du verbe gaullien, fondé sur l'abondance métaphorique et sur la sacralisation du récit national[5]. « Ce que je fais ici, en écrivant mes Mémoires, est bien plus important pour la France que ce que je pourrais faire à l'Élysée, si j'y étais encore[6]... », confie-t-il à Michel Droit à son retour d'Irlande.

Dès le mois de septembre, son ancien collaborateur Pierre Lefranc fonde le Centre national d'études de l'œuvre du général de Gaulle, qui deviendra en février 1971 l'Institut Charles de Gaulle, voué à sa mémoire[7]. François Goguel, secrétaire général du Sénat, vient à Colombey le 5 novembre pour préparer l'édition de ses *Discours et Messages* par les éditions Plon. Enfin, le 11 décembre, il accorde à André Malraux un long entretien qui fera la trame de son mémorial, *Les Chênes qu'on abat*, édité après sa mort en 1971[8].

Ajoutons que la légende gaullienne s'inscrit aussi dans le granit de la croix de Lorraine conçue par les architectes Marc Nebinger et Michel Mosser. Elle est érigée sur la colline de Colombey en un temps record, et inaugurée par le président Pompidou le 18 juin 1972, soit trente-deux ans après l'appel et moins de deux ans après

1. Le premier tome, *Le Renouveau, 1958-1962*, sera publié le 23 octobre 1970 et tiré à 750 000 exemplaires.

2. Pierre Nora, « Gaullistes et communistes », *in* id. (dir.), *Les Lieux de mémoire*, *op. cit.*, t. III-3, p. 357.

3. Charles de Gaulle, *Mémoires de guerre*, t. 1 : *L'Appel, 1940-1942*, *op. cit.*, p. 82.

4. *Ibid.*, p. 10.

5. Pierre Nora, « Gaullistes et communistes », art. cit.

6. Michel Droit, *Les Feux du crépuscule. Journal, 1968-1970*, Paris, Plon, 1977.

7. L'Institut est devenu Fondation en 1991.

8. André Malraux, *Les Chênes qu'on abat*, *op. cit.*

la disparition du héros[1]. Des centaines de milliers de Français ont contribué à la souscription nationale qui a permis son érection, notamment dans les bastions gaullistes de l'Est, du Bassin parisien et du Nord.

« Comme il n'y a personne, personne ne la verra. Elle incitera les lapins à la résistance », confie de Gaulle à Malraux en forme de boutade. Mais en réalité cette immense croix haute de quarante-cinq mètres, perchée sur une colline entre la vallée de l'Aube et celle de la Marne, est visible à des kilomètres à la ronde. Elle marque la pérennité du mythe en même temps que le lieu du pèlerinage, c'est-à-dire l'hommage des partisans, et elle a été visitée par plus de sept cent mille personnes entre juin et décembre 1972. Si le pèlerinage à Colombey a été pollué par le *merchandising*, incluant des bustes de toutes sortes, des stylos, des ouvre-bouteilles, des canifs et des pots à tabac à l'effigie du Général, il n'en est pas moins devenu un fleuron du tourisme historique dans l'Hexagone, au même titre que le tombeau de Napoléon aux Invalides ou que ceux des rois de France à Saint-Denis. À défaut de susciter pareils phénomènes de masse, nos autres hommes providentiels ont eux aussi généré fidélités et dévotions.

Les fidèles

La plupart de nos hommes providentiels ont suscité des formes de postérités cultuelles entretenues par leurs fidèles. Pèlerinages sur les lieux de vie et de mort, cérémonies de commémoration, inaugurations de monuments, discours, conférences, publications, colloques sont autant d'occasions de façonner une mémoire empruntant aussi bien à l'objectivité des faits qu'à l'empathie, voire à la vénération hagiographique.

1. Rappelons qu'il avait fallu attendre dix-neuf ans pour que le corps de Napoléon soit rapatrié aux Invalides, et vingt et un ans de plus pour qu'il soit définitivement installé dans la crypte sous le dôme des Invalides. Quant à la dépouille de Napoléon III, elle est restée en exil dans la crypte de l'abbaye Saint-Michel de Farnborough, au sud de l'Angleterre, ce mausolée que l'impératrice Eugénie avait fait édifier à la mémoire de son époux en 1881.

Le pèlerinage des Jardies

C'est notamment le cas de Léon Gambetta, dont la mort coïncide avec une éclipse politique, incitant ses partisans à une sorte de revanche mémorielle. Dans une conférence donnée en son honneur boulevard des Capucines, le jeune avocat Émile Jamais déplore que la « patrie » se montre « oublieuse », « car c'est à peine si aujourd'hui quelques-uns de nous pensent à agiter le cadavre de Gambetta pour rappeler à la foule, qu'il a tant dominée, ses vues patriotiques et sa politique d'unification républicaine » [1]. Et pourtant la souscription nationale offerte par les voyageurs de commerce pour l'érection à Paris d'un monument à Gambetta semble couronnée de succès. Le quotidien *La Presse* offre un portrait du tribun aux concierges ayant fait souscrire leurs locataires [2]. Le monument grandiose, sculpté par Jean-Paul Aube et Louis-Charles Boileau, sera finalement inauguré le 13 juillet 1888 par le président de la République Sadi Carnot place du Carrousel à Paris [3]. Il montre Gambetta en héros patriotique, le bras tendu dans la posture du chef, entouré d'un marin et d'un ouvrier, au pied d'une colonne surmontée par une Marianne victorieuse. C'est l'image populaire que la Troisième République naissante veut conserver de son père fondateur.

Elle est entretenue par les fidèles qui se réunissent chaque année aux Jardies, la dernière résidence de Gambetta, non seulement pour commémorer sa disparition, mais aussi pour honorer l'ensemble de sa vie et de son œuvre. « Un pieux pèlerinage a commencé hier à Ville-d'Avray », note *La République française* du 2 janvier 1884, employant pour la circonstance un vocabulaire religieux qui marque bien la dimension mystique de la mémoire gambettiste. La presse catholique s'en offusque, voyant une forme de blasphème dans

1. APP, dossier sur la mort de Gambetta et ses suites, B/A 924, rapport du 1er janvier 1884.

2. Rapport du 23 avril 1883.

3. Il sera ensuite installé dans la cour Napoléon du palais du Louvre, puis démantelé. La statue seule de Gambetta sera remontée dans le square Édouard-Vaillant à l'occasion du centenaire de la mort du tribun, en 1982.

cette « parodie du culte catholique[1] ». Ils sont des centaines, notamment les membres du Cercle des Alsaciens-Lorrains, de la Société positiviste et du comité républicain du XIXe arrondissement de Paris, à prendre le train gare Saint-Lazare pour se rendre à la commémoration[2]. Pour la seule journée du 6 janvier 1884, point d'orgue d'une semaine de manifestations, plus de huit mille visiteurs seraient venus aux Jardies, si l'on en croit la presse[3]. Notons que le pèlerinage est aussi l'occasion pour *La République française* de célébrer chaque année, par de longs éditoriaux, la mémoire de son fondateur. C'est avant tout l'homme Gambetta qui est célébré dans les discours prononcés dans la décennie qui suit sa disparition. Ensuite, au tournant du siècle, lorsque l'Association des gambettistes, en 1895, puis la Société Gambetta, en 1905, prennent en charge l'organisation du pèlerinage, celui-ci devient plus politique et plus institutionnel. La mémoire du tribun s'identifie de plus en plus à la célébration d'une politique, celle de la république dite « opportuniste », dont René Waldeck-Rousseau se présente comme le nouveau porte-parole. À partir de 1911, ce n'est plus la mort de Gambetta qui est commémorée, mais bien sa date de naissance, le 31 mars, comme pour mieux marquer la dimension prospective de l'hommage au grand républicain.

En dépit de cette évolution et de la disparition progressive des contemporains du défunt, les rapports de police nous indiquent une participation soutenue à ce rendez-vous commémoratif, soit plusieurs milliers de fidèles jusqu'aux années 1900[4]. Ils sont encore très nombreux lors du dernier pèlerinage aux Jardies, le 28 mars 1920, dans « l'immuable tradition de pieuse fidélité » au père fondateur de la République[5]. C'est une cérémonie exceptionnelle, puisque y participent notamment le président de la République Paul Deschanel, l'ancien président Émile Loubet, les présidents des deux chambres, ainsi qu'une pléiade de ministres, parlementaires et généraux. « On a pu dire que l'âme de Gambetta avait lutté

1. *L'Univers*, 2-3 janvier 1884.
2. *La Petite République*, 6 janvier 1884.
3. *Ibid.*, 7 janvier 1884.
4. APP, B/A 924, rapports de janvier 1885, 1887, 1898.
5. *Le Temps*, 29 mars 1920.

avec nos héros », proclame Gaston Thomson, l'un des quatre orateurs de la cérémonie. Échappant aux fidèles, la mémoire gambettiste est reconnue, au sortir du premier conflit mondial, comme un référent patriotique du patrimoine national.

Des messes de Saint-Augustin au cimetière d'Ixelles

En dépit de la légende noire qui accompagne sa chute puis son exil, Napoléon III est lui aussi l'objet de commémorations récurrentes dans les quinze années qui suivent sa disparition. « À la légende des *Châtiments* a succédé l'histoire impartiale », écrit un journaliste bonapartiste en janvier 1877, à l'occasion du quatrième anniversaire de sa mort, se félicitant que « la nation », « en rendant enfin justice à l'Empire », reprenne « de l'estime pour elle-même »[1]. En fait de « nation », il s'agit de quelques milliers de fidèles, qui participent aux messes anniversaires organisées en terre bonapartiste, par exemple dans la cathédrale d'Angoulême, dans l'église paroissiale de Biarritz ou même à la cathédrale d'Amiens, où deux mille personnes, « en majorité de la classe ouvrière » et des « braves habitants de nos campagnes », se sont rassemblées[2]. Si l'on en croit la presse républicaine, il y a peu de monde à la messe de l'église Saint-Augustin, et « pour faire foule » les fidèles de l'empereur disparu ont « convoqué les bonapartistes de province et même ceux de l'étranger », « comparses valets de bonne maison », « anciens membres de la société des gourdins réunis ». Leurs cris, « Vive Cassagnac ! À bas la République ! », se noient dans ceux des badauds qui leur répondent « Vive la République ! »[3]. Les rapports de police des années suivantes témoignent d'une érosion progressive mais sensible du culte impérial, qui se resserre de plus en plus autour du noyau dur des chefs de parti et des fidèles. Si l'on en croit ces rapports, plus de trois mille personnes assistent aux messes commémoratives de 1878 et 1879 en l'église Saint-Augustin, autour d'Eugène Rouher et Paul de Cassagnac. Mais dix ans plus

1. *La Nation*, 10 janvier 1877.
2. *L'Ordre*, 12 janvier 1877.
3. *Le XIXe Siècle*, 17 janvier 1877.

tard ils ne sont plus que cinq cents, dont le baron Haussmann, le prince Murat ou le journaliste Jules Amigues[1].

Il est vrai qu'à cette époque les militants bonapartistes peuvent espérer en Boulanger, le nouvel homme providentiel du camp plébiscitaire. « Notre chef a totalement échoué, son heure n'était pas venue, mais il donne son nom à un mouvement pareil aux fièvres qui sauvèrent trente fois la France [...]. À chaque fois que des hommes nés français prendront le temps de se faire eux-mêmes une idée de Boulanger, ils honoreront ses intentions au temple de leur conscience[2] », écrit le héros barrésien François Sturel.

Disparu de la scène politique aussi vite qu'il y était apparu, le Général Revanche suscite une véritable fidélité cultuelle dans les dernières années du XIXe siècle. C'est ainsi par exemple que le Dr Paulin-Méry, député boulangiste de la Seine, anime un Comité pour la tombe du général, qui se réunit chaque année en septembre. Si l'on en croit *L'Intransigeant* du 1er octobre 1900, « plusieurs centaines de visiteurs » viennent encore se recueillir au cimetière d'Ixelles, dont Barrès, Rochefort et Déroulède, neuf ans après le suicide du général. Mais le Comité ne compte qu'une quinzaine de membres et pas plus de 150 francs en caisse, d'après les rapports de police. « Malheureusement nous ne sommes pas nombreux car beaucoup de ceux qui l'ont soutenu le renient aujourd'hui, voyant qu'ils n'ont plus rien à espérer ; ils ont abandonné non seulement la mémoire de cet homme mais aussi les principes qu'il représentait », se lamente Paulin-Méry[3].

Pourtant quelques ouvrages visent à le réhabiliter aux yeux d'une opinion majoritairement hostile, comme les *Mémoires* (apocryphes) *du général Boulanger*, ou ceux de son ancien chef de cabinet, le général Iung[4]. *L'Intransigeant* de Rochefort le place « devant l'histoire » comme « un grand patriote, un républicain honnête et sincère, un soldat intrépide »[5]. Pour le troisième anniversaire de sa mort, Maurice Barrès rappelle que « la revanche » était « son idée

1. APP, rapports sur les anniversaires de la mort de Napoléon III, B/A 68.
2. Maurice Barrès, *L'Appel au soldat*, *op. cit.*, p. 564-565.
3. Rapports sur les anniversaires de la mort de Boulanger (APP B/A 977).
4. *Mémoires du général Boulanger*, Paris, Edinger, 1890 ; Henri Iung, *La République et l'Armée*, Paris, Charpentier et Fasquelle, 1892.
5. *L'Intransigeant*, 7 avril 1892.

fixe », estimant que « la postérité », si elle « était juste, classerait le général Boulanger comme un ardent patriote qui s'est brisé, ainsi qu'il arrive le plus souvent, à chercher la réalisation d'un rêve – d'un noble rêve militaire »[1].

Le député-écrivain fait du sauveur déchu le fil conducteur de sa trilogie, *Le Roman de l'énergie nationale*, publiée entre 1897 et 1902[2]. « Une parole extraordinaire venait de retentir par tout le pays », écrit-il dans *L'Appel au soldat*. « Ce fut un frisson sur toute la patrie et dans ce fond moral, vraiment notre substance française, qui nous rend si excitables, si oratoires, si généreux, si sensibles à l'honneur, qui nécessite tous les caractères de notre civilisation et dont pourtant nul étranger ne peut sentir la réalité »[3]. Au-delà du récit partiellement autobiographique des espérances et des désillusions boulangistes, l'intellectuel Maurice Barrès fait ainsi entrer son héros dans la dimension mythologique de l'homme providentiel : « Je crois à l'utilité passagère des hommes-drapeaux, à la nécessité de reconnaître systématiquement et de créer, dans des périodes de désarroi moral, un homme national[4]. »

Aux yeux de Barrès, Boulanger peut ainsi apparaître comme l'héritier du mythe napoléonien. Le grand écrivain nationaliste, dont le bureau est orné d'un portrait de Bonaparte, fait de la réunion des jeunes Lorrains, « tous petits-fils des soldats de la grande armée », au tombeau des Invalides une scène majeure des *Déracinés*. C'est « l'émotion de Brumaire » qui résonne autour de ce « César-cadavre », c'est « Napoléon, professeur d'énergie »[5]. Et cela nous renvoie bien sûr à ce phénomène fondateur et unique dans l'histoire de la fascination française pour l'homme providentiel : l'engouement d'une génération, et notamment d'une génération intellectuelle, pour le mythe bonapartiste.

1. *La Cocarde*, 30 septembre 1893.
2. Maurice Barrès, *Les Déracinés*, Paris, Fasquelle, 1897 ; *L'Appel au soldat*, *op. cit.* ; *Leurs Figures*, Paris, Fasquelle, 1902.
3. Id., *L'Appel au soldat*, *op. cit.*, p. 44-45.
4. Id., *Les Déracinés*, *op. cit.*, p. 69.
5. *Ibid.*, p. 243, 244, 248.

Une génération bonapartiste

Seul Napoléon semble avoir engendré une véritable mythologie générationnelle. « Stendhal et Hugo, Balzac et Béranger ont "fait" Napoléon[1] », écrit Régis Debray dans un ouvrage consacré à la modernité du gaullisme. Car le mythe napoléonien est devenu sous la monarchie de Juillet celui d'une génération, souvent frottée de légitimisme et de royalisme sentimental, et que l'on pourrait qualifier de « romantique ».

Henri Beyle, dit Stendhal, en est le pionnier, qui écrit dès 1818 une *Vie de Napoléon*, afin de défendre « un homme en butte à la vengeance de toutes les puissances de la terre ». Et bien que le « génie du grand homme » lui semble « corrompu » par sa « tyrannie », il le peint comme « l'être le plus admirable par ses talents qui ait paru depuis César, sur lequel il nous semble l'emporter »[2]. Tel son héros Julien Sorel du *Rouge et le Noir*, paru en 1830, Stendhal ne « passe pas une heure de sa vie sans se dire que Bonaparte, lieutenant obscur et sans fortune, s'était fait le maître du monde avec son épée[3] ». C'est pourquoi *La Chartreuse de Parme*, publiée en 1839, s'ouvre sur l'entrée du héros à Milan le 15 mai 1796 : « Après tant de siècles, César et Alexandre avaient un successeur. »

Il fait écho aux récits de Goguelat, vétéran de la Grande Armée, dans *Le Médecin de campagne*, ou du colonel Chabert, blessé à la bataille d'Eylau, sous la plume d'Honoré de Balzac. Ce dernier, qui travaille sous un buste de Bonaparte dans son cabinet de la rue Cassini, proclame : « Ce qu'il a accompli par l'épée, je l'accomplirai par la plume[4]. » Fils d'un officier de l'Empire, Victor Hugo se fait lui aussi le héraut de l'épopée napoléonienne. « Toujours lui ! Lui partout ! – Ou brûlante ou glacée, / Son image sans cesse

1. Comme Malraux et Mauriac ont « fait » de Gaulle (sans oublier Bernanos et Pierre-Jean Jouve). Régis Debray, *À demain de Gaulle*, Paris, Gallimard, 1990, p. 34.

2. Stendhal, *Vie de Napoléon*, Paris, Stock, 1998.

3. Id., *Le Rouge et le Noir*, Paris, Garnier-Flammarion, 1964, p. 53.

4. Cité par Gérard Gengembre, *Balzac. Le Napoléon des lettres*, Paris, Gallimard, « Découvertes », 1992.

ébranle ma pensée. / Il verse à mon esprit le souffle créateur[1]... », écrit-il en 1828. Puis, dans sa seconde « Ode à la colonne de la place Vendôme », deux ans plus tard : « Dors, nous t'irons chercher ! Ce jour viendra peut-être ! / Car nous t'avons pour Dieu sans t'avoir eu pour maître[2] ! » Et cette vénération des intellectuels pour le mythe impérial est à la mesure du rêve européen de Napoléon, comme en témoigne Chateaubriand : « On ne peut pas faire un pas en Italie qu'on ne le retrouve ; on ne pénètre pas en Allemagne qu'on ne le rencontre[3]... » Jusqu'en Russie, où Pouchkine, en 1823, décrit dans son « Ode à Napoléon » « son regard merveilleux, vivant, insaisissable, / tantôt perdu dans les lointains, tantôt irrésistible, / [qui] brillait comme le feu de la guerre, comme un éclair ».

À cette fascination de la « génération romantique » répond celle du peuple, dont le chansonnier Béranger se fait le porte-parole : « On parlera de sa gloire / Sous le chaume bien longtemps. / L'humble toit, dans cinquante ans, / Ne connaîtra plus d'autre histoire [...] / Bien, dit-on, qu'il nous ait nui, / Le peuple encor le révère. / Oui le révère. / Parlez-nous de lui / Parlez-nous de lui, grand'mère[4]... » En témoignent de très nombreux poèmes et chansons publiés sous la Restauration par les admirateurs anonymes de l'Empereur. Parmi les fonds de la Bibliothèque nationale, nous en avons sélectionné deux, qui nous semblent emblématiques. Le premier, « À Napoléon », publié au moment de sa mort, invite le héros à ne pas redouter « des méchants la langue meurtrière », en attendant que « la postérité évoque ta grande ombre et te rende à la terre »[5]. Le second, cinq ans plus tard, se situe dans la même tonalité d'exaltation héroïque et de réhabilitation du héros victorieux : « Maintenant qu'il n'est plus, le fils de la victoire, / Cessons, faibles mortels, d'outrager sa mémoire ; / Relevons ses lauriers trop longtemps avilis : / Puisque de ses revers il a porté la peine / Oublions

1. Victor Hugo, *Odes et Ballades*, Paris, Gallimard, 1969, p. 106.

2. Id., *Chants du crépuscule*, Paris, Gallimard, p. 35.

3. François-René de Chateaubriand, *Mémoires d'outre-tombe*, *op. cit.*, t. 1, p. 1009.

4. Pierre-Jean de Béranger, « Souvenirs du peuple », in *Œuvres complètes*, *op. cit.*, p. 363.

5. Signé « SD », Paris, Marchands de nouveautés, août 1821.

les erreurs du serf de Sainte-Hélène / En songeant aux exploits du héros d'Austerlitz[1] ! » L'auteur de ce poème n'est autre que le jeune Gérard de Nerval, inconnu de 17 ans à peine, qui témoigne de cette convergence entre l'engouement de la génération romantique et la légende populaire de la Révolution et de l'Empire. « Plus une conjuration habilement ourdie [...] s'applique à nous enlever les conquêtes de la révolution [...], plus le nom de Napoléon devient populaire[2] », écrit en cette même année 1826 l'historien Jean-Joseph Ader.

Par la volonté d'Adolphe Thiers, président du Conseil de Louis-Philippe et historien du Consulat et de l'Empire, cet enthousiasme générationnel pour le mythe napoléonien trouvera son aboutissement politique avec le retour des cendres de l'Empereur, en décembre 1840. Le projet a pourtant été vivement contesté par l'une des plus grandes figures de la génération romantique, Alphonse de Lamartine. Le 26 mai 1840, ce dernier a prononcé à la Chambre des députés l'un de ses plus grands discours, refusant de sacrifier à la « religion napoléonienne », à « ce culte de la force que l'on veut substituer dans l'esprit de la Nation à la religion sérieuse de la liberté », et ne voulant « susciter de cette cendre, ni la guerre, ni la tyrannie, ni des légitimités, ni des prétendants, ni même des imitateurs ». Ce discours prophétique représentait la négation même du mythe providentialiste... auquel Lamartine lui-même allait sacrifier en février 1848 !

L'opinion publique est néanmoins largement favorable au retour des cendres, salué par Casimir Delavigne, le poète « officiel » de la monarchie de Juillet, par un poème intitulé « La Napoléonne » : « France [...] / Ton peuple, un peuple entier qui sur tes bords s'élance, / Tend les bras à Napoléon. » Si l'on en croit le récit de l'historien Elias Regnault, « jamais de si innombrables multitudes ne s'étaient pressées dans les flancs de la capitale », tel « un immense océan populaire [...] mugissant au passage du cercueil. Toutes les paroles que peuvent imaginer l'admiration passionnée,

1. « Napoléon et Tama », *Élégies nationales nouvelles*, par Gérard [de Nerval], Paris, Touquet, 1826 (BNF, Ye 32262).

2. Jean-Joseph Ader, *Napoléon devant ses contemporains*, Paris, Baudoin Frères, 1826, p. 4.

l'enivrement des souvenirs, la poésie des traditions, sortaient de ces rangs amoncelés. Il s'y racontait des merveilles étranges, des légendes fantastiques ; chacun apportait son hymne à l'apothéose, et les diverses scènes de l'histoire du grand homme, retracée par ces poètes improvisés avec toutes les hyperboles de l'enthousiasme, formaient dans la bouche populaire une gigantesque *Iliade* »[1].

Sous la plume d'un républicain comme Regnault, secrétaire de Ledru-Rollin en 1848, cette description emphatique nous semble tout à fait révélatrice de l'imprégnation de la légende napoléonienne dans la France du premier XIXe siècle. Elle explique le succès de *Des idées napoléoniennes*, publié en août 1839 par l'inconnu Louis-Napoléon Bonaparte et réédité trois fois en quelques mois : « Depuis que le monde existe, le progrès a toujours eu lieu [...]. La trace en est marquée par des grands hommes qui en sont comme les bornes militaires ; chacun à un degré supérieur qui nous rapproche du but ; et l'on va d'Alexandre à César, de César à Constantin, de Constantin à Charlemagne, de Charlemagne à Napoléon[2]. » C'est un phénomène unique, qui ne s'est plus jamais retrouvé dans l'histoire du mythe providentiel... avant de Gaulle ?

Les ingrédients du mythe

« Qu'est-ce qui fait de lui un personnage légendaire ? » s'interroge André Malraux à la mort du général de Gaulle. « Il n'est pas un grand capitaine, il n'est pas un saint. Il n'est pas le vainqueur d'une guerre au sens où le fut Clemenceau », mais « il a été le libérateur, le solitaire vainqueur, l'intraitable, la résurrection de l'énergie nationale, et par conséquent de l'espoir [...], le seul homme que l'on ait pu opposer au désastre, non parce qu'il ferait une "union nationale" à la manière de Poincaré ou de Doumergue, mais parce qu'il portait la France en lui [...], un peu le prophète [...] et aussi le talent »[3].

1. Elias Regnault, *Histoire de huit ans, 1840-1848* (1852), Paris, Pagnerre, 1860, p. 424.

2. Louis-Napoléon Bonaparte, *Des idées napoléoniennes*, Paris, Plon-Aymiot, 1840, p. 18.

3. André Malraux, *Les Chênes qu'on abat*, *op. cit.*, p. 53.

Cet inventaire subjectif nous invite à réfléchir aux éléments constitutifs d'une mythologie de l'homme providentiel. On y voit apparaître les figures récurrentes de l'Histoire messianique que nous avons décrites dans les précédents chapitres, telles que le prophète, le guerrier, le libérateur, le rassembleur et le régénérateur. Le processus mythogénique s'adosse aux matériaux qui ont fait la légende de l'homme providentiel, et que le tri sélectif de la postérité recompose en un panthéon toujours renouvelé. De cet essorage mémoriel émergent quelques lignes de force, qui méritent d'être soulignées.

Le modèle de référence est celui du héros conquérant. C'est l'image forte associée à Bonaparte, comme par exemple dans cette ode populaire de 1826 intitulée « Napoléon et la France guerrière » : « Ses gloires, toujours aux nôtres enchaînées, / Lui promettent un nom qui ne doit pas finir. / Monument éternel, enfant du souvenir, / Qui ne croulera pas sous le poids des années, / Mais grandira dans l'avenir[1]. » C'est aussi l'image forte que retient Chateaubriand, exaltant le « génie immense dans la guerre » comme source de légitimité politique, car c'est « sans autre autorité que celle de son génie » que Napoléon a su « se faire obéir par trente-six millions de sujets »[2]. Cette légende militaire imprègne naturellement le centenaire de sa mort, « au lendemain de la terrible guerre » de 1914-1918, le maréchal Joffre incitant les Français à se tourner, « pour lui rendre un tribut d'admiration, vers celui qui nous a valu tant de victoires »[3]. Elle reste encore très présente lors du bicentenaire de sa naissance, lorsque le président Georges Pompidou rappelle à Ajaccio « l'éclat d'une prodigieuse épopée militaire[4] », qu'il compare d'ailleurs à celle du général de Gaulle. Rappelant que ce dernier avait écrit son « admiration » pour la « prodigieuse carrière » de Napoléon, le journaliste André Fontaine rapproche à son tour le héros du 18 juin de celui du pont d'Arcole : « comme lui soldat,

1. *Élégies nationales, par Gérard L.*, Paris, Ladvocat, 1826, (BNF, Ye 1830).
2. François-René de Chateaubriand, *Mémoires d'outre-tombe*, Paris, Flammarion, 1949, t. 2, p. 640 et 653.
3. Georges Lacour-Gayet, *Napoléon. Sa vie, son œuvre, son temps*, Paris, Hachette, 1921, p. 1.
4. *Le Monde*, 16 août 1969.

comme lui parvenu au pouvoir à la suite d'un coup de force, mais s'appuyant constamment sur l'appel au peuple, comme lui esprit littéraire et romantique, plus sensible à la gloire de la France qu'au bonheur des Français[1] ».

Cette dimension héroïque et glorieuse s'associe dans la mythologie bonapartiste à celle du surhomme, comme dans cette ode anonyme qui le décrit « trop grand pour l'univers qui ne le connut pas[2] », ou dans les Mémoires de Caulaincourt, fidèle parmi les fidèles : « L'empereur ne m'a paru, dans aucune circonstance, au-dessous de sa gigantesque position [...]. Nulle comparaison n'était possible de cet homme à un autre homme : ceux qui ne le jugeront pas ainsi ne l'ont pas compris[3]. » Mais c'est aussi l'opinion d'un historien contemporain : « Si le pouvoir de Napoléon paraissait excessif à la Nation, si elle se voyait avec peine sous un maître, du moins ce maître était-il un grand homme [qui] remplissait les devoirs d'un prince, avec une application et une constance qu'elle n'avait vues, peut-être au même degré, dans aucun de ses rois, Charlemagne et Louis XIV exceptés[4]. » Et l'historien de l'élever « entre les trois dynasties comme un géant dont aucun de leurs princes n'atteignit la hauteur, et dont leurs héritiers devront un jour interroger les actions, les vertus, les talents, les fautes et les services, comme la plus éloquente des leçons du trône[5] ».

Le sauveur est donc celui qui se hisse à la hauteur du génie, tel un « instrument désigné » par la Providence, écrit le général de Gaulle, échappant à « un temps de toutes parts sollicité par la médiocrité » afin d'« agir pour la grandeur »[6]. Pour Léon Abensour, confident et biographe de Clemenceau, c'est aussi une « sorte de génie qui, à certaines heures, fait de certains hommes des caisses de résonance où viennent s'amplifier en s'ordonnant toutes les voix éparses d'une élite ou d'un peuple, qui leur suggère les paroles, les actes

1. *Ibid.*, 17-18 août 1969.

2. *À Napoléon*, *op. cit.*

3. *Souvenirs du duc de Vicence*, Paris, Alphonse Levavasseur, 1837, t. 1, p. 13-15.

4. Jean-Joseph Ader, *Napoléon devant ses contemporains*, *op. cit.*, p. 462.

5. *Ibid.*, p. 463.

6. Charles de Gaulle, *Mémoires d'espoir*, t. 1 : *Le Renouveau (1958-1962)*, *op. cit.*, p. 16, 24, 37.

qu'il faut, au moment où il faut[1]... », c'est-à-dire le génie par excellence de l'homme providentiel. « Il ne s'agit point là d'un homme, d'un simple homme de chair et de sang[2] », nous dit le journaliste André Chaumeix, ancien rédacteur en chef du *Figaro*, succédant à Clemenceau sous la coupole de l'Académie française. « Pour moi, ce n'est pas un homme qui disparaît, c'est une flamme qui s'éteint », renchérit son ancien secrétaire Jean Martet, c'est une « belle source d'idées, de rêves, de folies, d'enthousiasmes qui se tarit »[3].

Mais à cette idée de génie surhumain Arthur Conte préfère celle de « héros de la volonté » : elle lui semble distinctive d'un « grand homme » comme le général de Gaulle, Churchill, Staline ou Mao, « dans ce siècle tumultueux où les hommes de vouloir sont infiniment plus rares que les hommes d'intelligence »[4]. Si Gambetta apparaît au prince de Hohenlohe, chancelier de l'Empire allemand, comme un « homme de génie[5] », le mythe gambettiste est d'abord et avant tout celui de la volonté en armes. « À aucun moment il n'a été dominé par l'événement. Il l'a regardé en face, sans broncher », nous dit Jean Martet de son héros Georges Clemenceau, saluant son « entêtement magnifique », « la victoire par la pensée et par la force », « la sainte et grande force », qui fait de lui, « dans l'histoire des hommes », l'égal de Napoléon[6].

Fort de ce principe de volonté et d'action, Gambetta, avant Clemenceau, est par excellence le modèle du patriote, exalté le jour de ses obsèques par l'historien Henri Martin, « dans la continuité de cette âme nationale qu'ont faite les siècles », et par Henri Brisson, président de la Chambre, qui souligne sa « faculté puissante d'entrer en communication avec les masses », c'est-à-dire le charisme de l'homme providentiel. Lors de l'inauguration du monument Gambetta à Cahors, le 14 avril 1884, Jules Ferry lui sait gré d'avoir incarné « l'âme de la France », « le culte », « la folie sublime de la patrie ». Faisant parler le tribun agonisant dans une

1. Léon Abensour, *Clemenceau intime*, *op. cit.*, p. 10.
2. Cité par Jean Martet, *La Mort du Tigre*, *op. cit.*, p. 219.
3. *Ibid.*, p. 143.
4. Arthur Conte, *Sans de Gaulle*, Paris, Plon, 1970, p. 11.
5. *Mémoires du prince de Hohenlohe*, Paris, Louis Conard, 1909, t. 3, p. 104.
6. Jean Martet, *La Mort du Tigre*, *op. cit.*, p. 226, 229, 306.

biographie romancée publiée pour le centenaire de sa naissance, un auteur lui fait prononcer ces ultimes paroles en guise de testament politique : « La France… Défense nationale ! […] La Patrie en danger… Ma République[1]… » De même pour Georges Clemenceau, que Raymond Poincaré, « microphone où s'amplifiaient les mille bruits de l'opinion », a appelé à la présidence du Conseil « parce qu'il voyait en lui, à l'exclusion de tout autre, l'homme d'énergie et d'audace », capable de mettre le pays « en état de grâce »[2].

C'est ici que l'on touche au cœur de l'appropriation républicaine de l'homme providentiel. « Dans une de ces crises formidables » auxquelles la Nation française a été confrontée, dans cette crise fondatrice de la République, Gambetta accomplit ce que Jules Ferry appelle un « acte de piété nationale », qui lui confère « la gloire la plus haute à laquelle un mortel puisse prétendre ». Et le moteur de cet héroïsme est « l'amour de la France », sa « passion maîtresse », « la flamme incomparable de ce cœur débordant »[3]. Cette identification amoureuse à la Nation a joué, nous l'avons vu dans les précédents chapitres, un rôle central dans le processus de fabrication de l'homme providentiel. Il n'est pas surprenant de la retrouver comme l'un des invariants majeurs de sa mythologie.

« Il aime la France ! » s'exclame André Chaumeix pour résumer d'une formule la vie de Clemenceau. C'est un amour d'une « profondeur farouche », qui ne se trouve pas dans les livres et qu'« aucune foule n'a jamais incarné pleinement », un « idéal » de « grandeur » et de « grâce » pour cette France adorée comme la « personnalité morale peut-être la plus réelle et la plus vivante »[4]. Cette fusion amoureuse, moteur du récit providentiel et de sa mythogénie, est la condition de l'incarnation messianique.

C'est ainsi qu'à sa mort le général de Gaulle apparaît à l'un de ses tout premiers biographes comme ayant été « désigné par le destin et par la nature des choses pour assumer la nation[5] ». Toute

1. Paul B. Gheusi, *Le Roman de Gambetta*, Paris, 1938, p. 234-235.
2. Léon Abensour, *Clemenceau intime*, *op. cit.*, p. 27.
3. *Le Temps*, 16 avril 1884.
4. Jean Martet, *La Mort du Tigre*, *op. cit.*, p. 228.
5. Edmond Pognon, *De Gaulle et l'histoire de France. Trente ans éclairés par vingt siècles*, Paris, Albin Michel, 1970, p. 327.

la mythogénie gaullienne est d'ailleurs fondée sur cette capacité d'incarnation, et ce dès les premiers discours du Général au micro de Radio-Londres. À la légalité pétainiste, associée à la « confusion des âmes françaises » et à la « liquéfaction d'un gouvernement tombé sous la servitude ennemie », il opposait d'emblée la légitimité historique de celui qui a « conscience de parler au nom de la France »[1]. Héritier de Jeanne d'Arc, dont il célébrait la fête le 10 mai 1942, il lui appartient de « révéler à elle-même la nation opprimée par l'ennemi et divisée contre elle-même[2] ». Il exalte en Jeanne un principe d'espérance, « cette jeune fille, venue combattre au moment où tout semblait perdu », qui « allait droit au cœur, à l'âme de ses concitoyens et parvenait à leur rendre l'espoir, alors qu'il paraissait perdu »[3]. Et c'est pourquoi, si l'on en croit Alain Peyrefitte, thuriféraire de la mystique gaullienne, le Général avait l'habitude de s'asseoir dans la dixième rangée de l'église de Colombey entre deux vitraux, à droite celui de Saint Louis et à gauche celui de Jeanne[4].

Mais l'incarnation gaullienne de la Nation en armes n'est pas exclusivement johannique, loin de là. Lorsqu'il évoque le patriotisme de Jeanne, c'est le plus souvent aux côtés d'autres héros d'Ancien Régime, tels du Guesclin, Louis XIV, Coligny, mais aussi des républicains Dumouriez, Gambetta et Joffre, qui ont comme elle « arrêté la France au bord de l'abîme[5] ». Son histoire syncrétique commence avec Vercingétorix, dont, chaque année, entre 1947 et 1957, il visite la statue, érigée par Napoléon III, le 5 septembre, date hypothétique de la chute d'Alésia. « Il a été le premier résistant de notre race », explique-t-il à Alain Peyrefitte, lui associant Clovis, qui, « en mariant la Gaule romaine et le christianisme [...] a vraiment créé la France », et Hugues Capet, fondateur de la « dynastie qui a étendu le pré carré jusqu'à

1. Allocution du 19 juin 1940, *in* Charles de Gaulle, *Discours et Messages*, t. I : *Pendant la guerre (juin 1940-janvier 1946)*, *op. cit.*, p. 4.

2. Discours du 10 mai 1942, *ibid.*, p. 184-185.

3. Discours du 8 mai 1959, archives municipales d'Orléans, 1 J 190-191.

4. Alain Peyrefitte, « De Gaulle et les grands personnages de l'histoire de France », in *De Gaulle en son siècle*, t. 1 : *Dans la mémoire des hommes et des peuples*, Paris, Plon-La Documentation française, 1990, p. 107.

5. Charles de Gaulle, *Vers l'armée de métier*, Paris, Plon, 1934, p. 43.

l'Hexagone »[1]. Et si Jeanne apparaît comme la référence du sursaut patriotique et Napoléon de la « grandeur »[2], Clemenceau représente dans le panthéon gaullien la quintessence de l'incarnation nationale, celui dont la « rage exprime la France »[3].

Puis, au-delà de cette incarnation nationale, qui fait le grand homme d'État, apparaît une dimension sacrificielle, qui le rapproche du champ mystique du sauveur. « J'ai beaucoup sacrifié aux exigences, aux mille contributions de ma vie publique, j'en ai toujours été récompensé par l'ingratitude ou la trahison », écrit Gambetta en juillet 1882, dans la posture du martyr attendant de la postérité « le jour de la justice [qui] viendra tôt ou tard »[4]. Ce que Jules Ferry lui accorde deux ans plus tard en inaugurant le monument à sa gloire : « Au-dessus de la victoire, plus haut que le succès, plus haut que la gloire même, il y a le sacrifice[5] ! »

Cette image, omniprésente dans la propagande pétainiste des années noires, infuse la campagne de réhabilitation lancée à la Libération par le Maréchal et ses amis. L'armistice y est présenté comme un « acte nécessaire et sauveur », Pétain ayant usé de son pouvoir « comme d'un bouclier pour protéger le peuple français », tel « le plus illustre des vieillards lié à la colonne du martyre »[6]. Mais on la retrouve aussi dans la légende mendésiste, après la démission dramatique du 5 février 1955. « Je ne cache pas mon émotion ni ma peine, non pour moi, mais pour le pays », déclare à la presse et à l'opinion le président du Conseil désavoué par l'Assemblée. Dans la mémoire de la gauche française, cette image restera associée au rendez-vous manqué de la France avec celui qui en était à la fois la conscience et le régénérateur.

La thématique de la régénération est en effet omniprésente dans la postérité de l'homme providentiel, comme elle l'était dans sa

1. Alain Peyrefitte, « De Gaulle et les grands personnages de l'histoire de France », art. cit., p. 110.

2. Cité par André Malraux, *Les Chênes qu'on abat*, Paris, Plon, 1971, p. 102-109.

3. *Ibid.*, p. 155 et 158.

4. Lettre à son père, 6 juillet 1882, in *Gambetta par Gambetta*, *op. cit.*, p. 372.

5. *Le Temps*, 16 avril 1884.

6. Déclaration du 23 juillet 1945.

construction. Inaugurant en 1909 le mausolée de Léon Gambetta, Georges Clemenceau rappelle que son ancien adversaire « nous a refait une patrie », fondant « la République sur le roc immuable des volontés populaires »[1]. Si les valeurs sont très différentes, le concept est le même sous la plume de l'amiral Fernet, thuriféraire de Pétain, qui voulait « tracer l'image d'une France régénérée[2] ». Quant au général de Gaulle, se confiant à Malraux, il se félicite d'avoir « voulu ressusciter la France » et d'y avoir réussi, « dans une certaine mesure »[3].

Fort de cette légitimité régénératrice, l'homme providentiel est présenté et reconnu par ses thuriféraires comme un prophète et comme un guide de l'avenir. C'est le sens de la *Marche héroïque* composée en 1871 et dirigée par Camille Saint-Saëns à Bordeaux en avril 1905, à la mémoire de Léon Gambetta : « Ton grand nom ranime notre foi [...] / Ô grand tribun, ton souvenir / Nous guidera vers l'avenir. » Ce que confirme le discours de Gaston Doumer, président de la Chambre des députés, appelant les Français à « entendre les paroles de foi républicaine, les conseils de sagesse, d'union, de patriotisme ardent et vigilant que nous apporte la grande voix de Gambetta ». C'est aussi le sens de nombreuses lettres reçues par la famille de Gaulle au moment de son départ puis de sa disparition, et qui attestent de l'immortalité prophétique. « Pour les héros, il n'est pas de retraite. Par le pouvoir, par la parole ou par l'écriture, nous attendons que vous manifestiez encore et encore votre existence[4] », lui écrit par exemple Hubert G., assistant d'histoire à l'université de la Réunion, le 28 avril 1969. Cette correspondance nous renvoie par ailleurs à la mystique du sauveur idéal, qui est centrale dans le culte gaulliste : « Du haut de son Éternité bienheureuse les grands pas du Général s'étendent sur la France qu'il a tant aimée pour la sauvegarder toujours[5] », affirme à ses fidèles le curé de Saint-Émilion le 30 décembre 1970.

1. *Le Temps*, 28 avril 1909.
2. *En attendant Douaumont. Hommage à Philippe Pétain, maréchal de France*, Paris, 1952, p. 64.
3. André Malraux, *Les Chênes qu'on abat*, *op. cit.*, p. 175.
4. Correspondance reçue en avril-mai 1969, AFCDG, AE 3/1.
5. *Ibid.*, AE 4/1.

Mais cette pérennisation posthume n'est-elle pas l'apanage du général de Gaulle, quintessence du mythe salvateur ? Peut-on la considérer comme un invariant de l'homme providentiel ? Pour les gaullistes, et notamment pour Michel Debré, le Général est un « homme hors série », « entré vivant dans la légende »[1]. Cela pose évidemment la question centrale du tri mémoriel entre les légendes noires ou dorées, mais aussi entre les étoiles filantes de l'Histoire et les mythologies durables de notre imaginaire collectif.

1. Michel Debré, *Trois Républiques pour une France. Mémoires*, t. 1 : *Combattre*, Paris, Albin Michel, 1984, p. 60.

CHAPITRE XIV

Le tri mémoriel

Le succès d'un mythe se mesure à sa pérennité autant qu'à son ampleur. Si fort qu'ait pu être l'engouement pour le général Boulanger, il n'aura duré qu'un ou deux ans, laissant très vite place à l'indifférence, au mépris, puis à l'oubli. De Lamartine, idole éphémère de la révolution de 1848, Maurice Barrès écrit qu'il fut « un arbre planté sur les eaux vives de l'Espérance et dont le feuillage se dessèche dès l'instant qu'elles lui manquent[1] ». À l'inverse, la popularité « tranquille » d'un Antoine Pinay, sans commune mesure avec l'enthousiasme lamartinien ou le raz de marée boulangiste, aura engendré une mythologie durable pour le sauveur du franc, devenu un archétype référent de l'expertise et du bon sens en politique. Il nous faut donc opérer un tri, si subjectif soit-il, dans cette mémoire kaléidoscopique des hommes providentiels.

Légendes noires

Mettons d'abord de côté ceux que l'imaginaire collectif a longtemps associés à une légende noire, du côté obscur de la postérité. Les deux archétypes en sont le maréchal Pétain et Napoléon III, associés l'un comme l'autre à la défaite et à l'occupation. En ce qui concerne Pétain, les débats mémoriels qui ont agité la France des années 1950 ont débouché sur l'impasse de la mythologie pétainiste du « glaive » et du « bouclier », à mesure que les historiens, à commencer par Robert Paxton, démontraient la responsabilité

1. Cité par Fernand L'Huillier, *Lamartine en politique*, *op. cit.*, p. 155.

terrible du régime de Vichy, et du Maréchal lui-même, dans la politique de collaboration[1]. Rappelons néanmoins que 31 % des sondés estimaient encore en 1980 que les rôles du général de Gaulle et du maréchal Pétain avaient été « complémentaires », et que le pourcentage était le même trois ans plus tard pour ceux qui auraient prôné l'acquittement lors de son procès[2]. Rappelons aussi qu'il a fallu attendre 1990 pour que le dépôt rituel d'une gerbe présidentielle sur la tombe de Pétain provoque une émotion médiatisée, et trois années encore pour que François Mitterrand y renonce définitivement.

L'évolution a été différente en ce qui concerne Napoléon III, dont l'identification mémorielle avait été érigée sur le désastre fondateur de Sedan et sur les imputations de dictature, de lâcheté et de trahison que la vulgate hugolienne et républicaine lui avait accolées. À l'inverse de l'historiographie du pétainisme, on peut dire que celle du Second Empire a conduit peu à peu à revisiter la légende noire, la colorant de tricolore, voire même de rose pour certains[3].

Néanmoins cette réhabilitation mémorielle n'a été que tardive, et partielle. Il est frappant de constater à quel point l'image négative du règne de Napoléon III a contaminé ces deux autres grands moments de notre histoire providentielle que sont l'aventure boulangiste et la présidence gaullienne.

Le repoussoir du Second Empire

Souviens-toi du Deux-Décembre est le titre d'une brochure publiée par Jules Simon, grande figure républicaine et hagiographe de Thiers, à quelques jours de l'élection parisienne du 27 janvier

1. Robert Paxton, *La France de Vichy, 1940-1944*, Paris, Seuil, 1973.

2. Sondage publié dans *Le Figaro-Magazine*, 17 mai 1980 ; Henry Rousso, *Le Syndrome de Vichy. De 1944 à nos jours*, Paris, Seuil, 1987, p. 306.

3. Raymond Sereau, *Connaissez-vous Napoléon III ?*, Paris, Bloud et Gay, 1960 ; Robert Christophe, *Napoléon III au tribunal de l'histoire*, Paris, France-Empire, 1971 ; Henri Pajot, *Napoléon III. L'empereur calomnié*, Paris, Beauchesne, 1972 ; Éric Leguèbe, *Napoléon III le Grand*, Paris, Guy Authier, 1978 ; Philippe Séguin, *Louis-Napoléon le Grand*, Paris, Grasset, 1990.

1889, décisive pour l'avenir politique du général Boulanger[1]. Alors même que ce dernier, triomphalement élu, se refuse au putsch militaire que lui suggèrent certains de ses conseillers, la presse républicaine commente la victoire boulangiste comme la préparation d'un coup d'État. Si l'on en croit par exemple *Le Temps* du 29 janvier, « l'empire plébiscitaire [est] dissimulé derrière le prétendu parti national ». Cette imputation fantasmatique permet d'alimenter la thèse du complot boulangiste contre la République, une thèse qui permettra d'aboutir dans un premier temps à l'exil du général, puis à sa condamnation par la Haute Cour de justice en août 1889. À défaut d'un véritable coup d'État, on a fabriqué un complot imaginaire qui a profondément discrédité l'image républicaine de Boulanger.

En mai 1958, les antigaullistes disposent quant à eux d'un véritable complot et d'un véritable coup de force pour nourrir la légende noire. S'il est avéré que le général de Gaulle n'a suscité ni l'insurrection algéroise du 13 mai, ni les projets de putsch militaire, il est non moins patent que l'homme du 18 juin s'est habilement servi de la déstabilisation du régime pour imposer à la fois son retour au pouvoir et la mise en place de la Cinquième République[2]. Dans *L'Humanité* du 19 mai 1958, Pierre Courtade inscrit de Gaulle « dans la tradition de tous les dictateurs qui ont accédé au pouvoir sous prétexte de sauver ce qu'ils allaient détruire », évoquant notamment « le coup d'État du 2 décembre ». Le même, dans l'édition du lendemain, demande « à ceux qui ont tendu la perche » à de Gaulle de « méditer sur un illustre précédent », celui de Louis-Napoléon qui « prêta serment de rester fidèle à la République démocratique et indivisible ». Dans celle du 31 mai, il observe que, « conformément à la pratique de tous les dictateurs », M. de Gaulle « attend le 2 décembre », « dans l'espoir que la République affaiblie mourra sans un cri et – pour ainsi dire – sans s'en apercevoir ».

C'est ainsi que l'on aboutit aux deux ouvrages de 1964, évoqués dans un précédent chapitre, qui identifient la république gaullienne

1. *Le Temps*, 24 janvier 1889.

2. Michel Winock, *L'Agonie de la IVe République*, Paris, Gallimard, 2006, p. 158-161.

à la dictature honnie de Napoléon III. Le plus brillant est *Le Coup d'État permanent*, publié par François Mitterrand, qui compare le Général au « premier des Bonaparte », qui « ne voulait tenir la couronne que de lui-même », et surtout au second, qui « ne désirait qu'un seul consentement au geste omnipotent, le consentement populaire »[1]. L'ouvrage de Jacques Duclos *De Napoléon III à de Gaulle* emprunte une démarche systématiquement comparatiste entre deux dictateurs, animés à ses yeux par « le même autoritarisme, le même mépris pour le peuple, la même soif du pouvoir, le même orgueil, l'égocentrisme de De Gaulle ne cédant en rien à celui de Napoléon III ». Cette instrumentalisation du repoussoir bonapartiste dans les années 1960, alors même que le spectre du nazisme en a supplanté depuis longtemps le souvenir diffus, prouve l'intensité et la pérennité de cette légende noire dans une partie de l'opinion française. C'est d'ailleurs un thème qui a refleuri dans la presse comme dans les blogs de gauche au moment de l'élection de Nicolas Sarkozy à la présidence de la République, en mai 2007.

Boulanger, le préfasciste

Contaminée par la légende noire du Second Empire, l'image du général Boulanger a elle aussi généré une postérité critique dont les retombées sont encore actives de nos jours. L'antiboulangisme va bien au-delà de la boutade fameuse, et sans doute apocryphe, que Georges Clemenceau aurait lancée en apprenant sa mort : « Ci-gît le général Boulanger qui mourut comme il vécut, en sous-lieutenant... » La veine ironique s'est prolongée sous la plume d'Anatole France pastichant Boulanger sous les traits de son personnage « émiral Chatillon », « héros des Pingouins », dont « on vend [la] gueule en têtes de pipe et en bouteille de liqueur »[2]. Elle s'est poursuivie très longtemps, adossée à la dimension tragicomique du personnage et de ses amours avec Mme de Bonnemains. De ce courant romanesque, nourri par *Le Journal de la Belle Meunière*, tiré en 1895 à plus de cent cinquante mille

1. François Mitterrand, *Le Coup d'État permanent*, *op. cit.*, p. 69.
2. Anatole France, *L'Île des Pingouins*, Paris, Calmann-Lévy, 1909, p. 213.

exemplaires, a découlé toute une série d'ouvrages, tels *Les Amants d'Ixelles* de Théodore Cahu et *Le Brave Général Boulanger* de Branthôme, ainsi que des pièces de théâtre, comme celle de Maurice Rostand, qui fut montée en 1931 au théâtre de la Porte-Saint-Martin[1]. La figure du général y est traitée avec bienveillance, voire empathie, comme le réclame Branthôme dans sa conclusion : « L'histoire rendra justice au brave général Boulanger[2]. » Mais on est bien loin de la mythologie du grand homme, et encore plus de l'homme providentiel.

Dressant la liste des successeurs de Napoléon, le journaliste communiste André Wurmser présente Boulanger comme un vulgaire pasticheur de l'Empereur, après Napoléon III et Mac-Mahon, et avant La Rocque, Pétain et de Gaulle[3]. De même le sénateur Jacques Duclos inscrit-il dans la tradition boulangiste le recours gaullien « à la méthode plébiscitaire » pour obtenir l'élection du président au suffrage universel[4]. C'est ainsi que la légende grise du boulangisme contamine à son tour une autre incarnation de l'homme providentiel. Mais elle se transforme elle-même en légende noire, par exemple lorsque les radicaux des années 1930 jettent l'anathème sur André Tardieu, le « nouveau Boulanger », ou, bien pire, lorsque Léon Daudet compare en 1936 la montée en puissance de l'« hitlérisme » à celle du « boulangisme, qui marqua le relèvement, après 1870, du sentiment national et militaire français »[5].

L'année suivante, c'est au tour de l'Italien Elio Zorzi de comparer les deux périodes, Hitler ayant réussi, « quarante ans plus tard, dans un autre pays vaincu et mutilé par la défaite », à incarner

1. Marie Quinton, *Le Journal de la Belle Meunière. Le général Boulanger et son amie, souvenirs vécus*, Paris, Dentu, 1895 ; Théodore Cahu, *Les Amants d'Ixelles. Georges et Marguerite*, Paris, Tallandier, 1904 ; Branthôme, *Le Brave Général Boulanger*, Paris, Marcel Seheur, 1930.

2. Branthôme, *Le Brave Général Boulanger*, *op. cit.*, p. 324.

3. Pierre Barlatier, *L'Aventure tragi-comique du grand général Boulanger*, Paris, Bibliothèque française, 1949, p. 8.

4. Sénat, séance du 17 juillet 1962.

5. François Mornet, *Refaire la République. André Tardieu, une dérive réactionnaire (1876-1945)*, Paris, Fayard, 1993, p. 135 ; Léon Daudet, *Panorama de la IIIe République*, *op. cit.*, p. 84.

comme Boulanger la figure du « sauveur, rédempteur, vengeur », qui « a pu conquérir le pouvoir par des moyens légaux »[1]. De quoi alimenter les analyses de ceux qui ont cru découvrir dans le boulangisme les origines de l'extrême droite française, européenne, voire même celles du fascisme[2]. C'est ainsi qu'un documentaire diffusé en 2002 le présente comme le point de départ de « l'extrême droite dans l'Histoire », dont l'aboutissement serait Jean-Marie Le Pen[3]. Il y aurait beaucoup à dire sur ce raccourci généalogique qui oublie la complexité politique du phénomène boulangiste ainsi que les convictions républicaines et sociales que le général a toujours proclamées. Mais, si excessive soit-elle, cette diabolisation du boulangisme nous intéresse parce qu'elle met en lumière un élément récurrent de cette étude : la défiance historique de la gauche française envers la figure de l'homme providentiel.

Mémoires grises

L'hostilité récurrente de la gauche explique en grande partie la disgrâce mémorielle d'Adolphe Thiers, pourtant si populaire lors de sa disparition. À partir du moment où il est remplacé dans l'iconologie républicaine par les pères fondateurs de la République, Jules Ferry, Jules Grévy, Léon Gambetta, son image de Washington français s'estompe pour laisser place à la légende noire du massacreur de la Commune. Ses héritiers symboliques, les Cincinnatus de la République modérée, Poincaré, Doumergue et Pinay, ont pâti eux aussi de leur image de conservateurs avérés.

1. Elio Zorzi, *L'Avventura del generale Boulanger. Storia di una rivoluzione mancata*, Milan, Mondadori, 1937, p. 13.

2. Zeev Sternhell, *La Droite révolutionnaire. Les origines françaises du fascisme, 1885-1914*, Paris, Seuil, 1984 ; Edward J. Arnold, *The Development of the Radical Right in France. From Boulanger to Le Pen*, Londres, Macmillan, 2000.

3. Documentaire de Gilles Nadeau, Morgane Productions, 2002, 52 minutes.

Ennemis du peuple

Icône de la République au moment de sa disparition, l'image d'Adolphe Thiers se colore en quelques années du sang indélébile des communards. Si l'on érige en 1880 des statues du grand petit homme à Saint-Germain-en-Laye et à Nancy, le monument sculpté par Auguste Clesinger, destiné à Marseille, sa ville natale, est finalement décommandé en 1881. Le maire radical Jean-Baptiste Brochier a renoncé à l'installer, à la suite d'une virulente campagne du *Radical de Marseille* et du *Petit Marseillais*, dépositaires de la mémoire communarde[1]. Les rapports de police nous indiquent « peu de monde[2] » lors de la messe commémorant les dix ans de sa disparition en la chapelle du Père-Lachaise. Et dans un ouvrage publié en 1909 son ami Jules Simon déplore que l'image de Thiers se soit si rapidement ternie et que l'on n'ose plus donner son nom à une rue[3].

S'il figure à cette époque sur les cartes de réclame du chocolat Ibled, « illustre homme d'État, historien et premier président de la IIIe République française », ou sur les assiettes décoratives de la manufacture de Sarreguemines honorant les « personnages célèbres », rien de grand n'est organisé pour le centenaire de sa naissance, en avril 1897, ou pour les cinquante ans de sa mort, en septembre 1927. « Elle [la Troisième République] n'aurait pas pu se fonder sans M. Thiers[4] », confie le général de Gaulle à Alain Peyrefitte. Et pourtant le mausolée du Père-Lachaise à la gloire du père fondateur est plastiqué en 1971, au moment du centenaire de la Commune. Comme si l'on avait voulu effacer la mythologie thiériste de l'homme providentiel sous la légende noire de la Semaine sanglante.

Celle de Poincaré est sa responsabilité dans le déclenchement de la Grande Guerre. Au lendemain de sa disparition, l'éditorial du

1. La statue de Saint-Germain-en-Laye sera fondue par les Allemands en décembre 1941 et celle de Nancy remplacée en 1978 par un parking.

2. APP, dossier Adolphe Thiers, B/A 1282, rapport du 3 septembre 1887.

3. Jules Simon, *Figures et Croquis*, Paris, 1909, p. 20.

4. Alain Peyrefitte, *C'était de Gaulle*, Paris, Fayard, 1997, t. 2, p. 152.

communiste Paul Vaillant-Couturier l'accuse d'avoir provoqué la Première Guerre mondiale afin de favoriser les intérêts des marchands de canons : « Il représentait tout ce que nous détestions [...]. Quand ses continuateurs eurent achevé de tuer le franc, ce fut encore au nom des morts qu'il revint, comme son sauveur, pour imposer son fantôme à quatre sous [...]. Poincaré-la-guerre a bien mérité des industriels[1] ! »

De même pour Doumergue, dont le retour au pouvoir en février 1934 est considéré par *L'Humanité* comme une nouvelle étape vers la « fascisation » de la France, tandis que le socialiste Léon Blum assimile ses projets de révision constitutionnelle au « bonapartisme »[2]. Lorsqu'il démissionne, le 8 novembre 1934, le dessinateur Gassier lui dédie un ironique « Chant du départ », le représentant coiffé du béret et de la canne des Camelots du roi[3]. Et sur une affiche dessinée par Cabrol pour le Parti communiste, il est juché sur le nénuphar du 6 février 1934, représenté en grenouille qui voulait être aussi grosse qu'un bœuf à tête de Mac-Mahon[4]. Triste fin pour un radical bon teint assimilé à la tradition catholique de l'ordre moral, voire même à l'Action française.

« C'est si pauvre en temps de guerre »

Antoine Pinay est à son tour victime de cette légende grise, tel « le Gastounet de Tournefeuille », « mais sans le sourire »[5]. Les communistes ne voient dans « le bon monsieur Pinay » que « le fondé de pouvoir de la grande bourgeoisie capitaliste sous l'égide des milliardaires américains »[6]. « Antoine Pinay est irremplaçable. Il n'y en a pas deux comme lui. Il y en a quarante millions »[7], ironise *Le Canard enchaîné*. C'est ainsi que l'image du *common*

1. *L'Humanité*, 16 octobre 1934.
2. *Ibid.*, 9 février 1934 ; *Le Populaire*, 25 octobre 1934.
3. Sennep et Gassier, *Histoire de France, 1918-1938*, *op. cit.*
4. Cabrol, *Leurs Figures*, 1935.
5. *Le Canard enchaîné*, 26 mars 1952.
6. *L'Humanité*, 24 décembre 1952.
7. *Le Canard enchaîné*, 24 décembre 1952.

man providentiel est renvoyée, non sans injustice, à sa médiocrité ontologique.

On rejoint ici la dérision condescendante souvent accolée aux Cincinnatus français, pour leur manque de charisme et de panache. « Poincaré ! [...] C'est si pauvre en temps de guerre [1] », s'exclame Clemenceau dans un livre d'entretiens publié quelques mois après la démission du sauveur du franc. Le général de Gaulle n'est pas plus indulgent : « Poincaré, commis de premier ordre, si quelque très grand Français l'avait mis en œuvre, que n'eût-il pas donné sous Louis XIV ! Mais livré à lui-même, demi-grand, demi-honnête, demi-compréhensif. Bref, un homme d'État à la mesure de la République [2]. »

L'hommage lui vient en revanche de Pierre Mendès France, un autre homme providentiel, dont la thèse de droit portait sur « l'œuvre financière du gouvernement Poincaré [3] ». À la fin de son premier discours d'investiture du 1er juin 1953, le député de Louviers rappelle qu'il a, « tout jeune », admiré « en Raymond Poincaré l'homme d'État, digne de la France qu'il gouvernait » [4]. Cet hommage d'une figure du centre gauche, elle-même réputée pour sa rigueur et son expertise, contribue à universaliser la référence au grand républicain. On l'évoquera notamment à propos de Raymond Barre, considéré par Valéry Giscard d'Estaing comme « le meilleur économiste de France », et qui fait figure pour certains de « nouveau Poincaré » [5].

Les mêmes se réfèrent aussi, et surtout, à Antoine Pinay, considéré lui aussi comme un sauveur du franc. C'est au nom de cette « expérience » que le général de Gaulle l'appelle au ministère des Finances en juin 1958, que Valéry Giscard d'Estaing lui demande publiquement de se porter candidat à l'élection de juin 1969, et

1. René Benjamin, *Clemenceau dans la retraite*, *op. cit.*, p. 112.

2. Charles de Gaulle, *Lettres, notes et carnets*, *op. cit.*, t. 1 : *1905-1941*, p. 285-286.

3. Pierre Mendès France, *L'Œuvre financière du gouvernement Poincaré*, préface de Georges Bonnet, Paris, Librairie générale de droit et de jurisprudence, 1928.

4. *Le Monde*, 2 juin 1953.

5. « Raymond Barre au déjeuner de *La Revue des Deux Mondes* », *La Revue des Deux Mondes*, novembre 1985.

que Georges Pompidou lui propose le ministère de l'Économie et des Finances dans le gouvernement Chaban-Delmas[1]. D'où ce commentaire du journaliste Pierre Drouin, qui nous renvoie à la force de la légende Pinay : « Peut-on sortir d'un chapeau une politique économique pour la France ? Sûrement pas, mais il apparaissait à M. Pompidou que dans le chapeau de M. Pinay on aurait pu puiser quelque chose de plus rare qu'une politique économique : ce qui permet d'y croire[2]. » La fonction de médiateur de la République, créée pour lui en janvier 1973, est bien à la mesure de son image de *common man* en prise directe avec les aspirations de ses concitoyens. Devenu le sage de référence du septennat Giscard d'Estaing, il est reçu à déjeuner par le Premier ministre Raymond Barre à chaque fois qu'une grande décision se prépare, aussi bien en septembre 1976 qu'en septembre 1980, puis à l'Élysée, le 8 avril 1981, juste avant l'élection présidentielle.

À sa disparition, en décembre 1994, le Premier ministre Édouard Balladur souligne à la fois l'œuvre de « redressement économique et financier » dont il a été l'artisan, mais aussi les valeurs de « bon sens », de « sagesse », de « courage » et de « probité » qui sont associées à la mythologie du Cincinnatus. « L'honnêteté et la simplicité » sont les vertus majeures que lui attribue Valéry Giscard d'Estaing, qui lui a souvent été comparé[3]. « Je suis un homme simple qui vit comme tout le monde et c'est peut-être pour cela que les gens ont assimilé mon nom à celui de la confiance[4] », déclarait Pinay lui-même en décembre 1976.

Mais que vaut cette capacité d'identification à l'aune de la mythologie messianique ? Si elle conduit à des phénomènes de vénération quasi mystique dans le culte napoléonien ou gaulliste, elle n'engendre que la familiarité, ou au mieux la référence ou le respect en ce qui concerne la postérité d'un Poincaré ou d'un Pinay. La sensibilité libérale, rationnelle et conservatrice qu'ils incarnent apparaît d'ailleurs aux antipodes du champ émotionnel où se

1. *Le Monde*, 29 avril 1969.
2. *Ibid.*, 24 juin 1969.
3. *Le Figaro*, 14 décembre 1994.
4. Sylvie Guillaume, *Antoine Pinay ou la confiance en politique*, *op. cit.*, p. 1.

déploie la mystique de l'homme providentiel. En revanche, les grands républicains patriotes, Gambetta et Clemenceau, adossent leur postérité à une dimension charismatique qui tient à la fois aux circonstances dramatiques de leur engagement et à la force de leur personnalité.

Les grands patriotes

À la différence de Thiers ou de Poincaré, que la postérité a éloignés du peuple, Gambetta et Clemenceau sont restés dans notre inconscient collectif comme des piliers incontestables de la mythologie républicaine. Ils le doivent non seulement à leur fidélité inexpugnable aux principes et aux valeurs de la démocratie, mais surtout à leur identification au moment patriotique, source majeure de légitimation symbolique de l'homme providentiel. À la fois grands républicains et grands patriotes, ils réunissent les critères d'homologation de la reconnaissance officielle, mais aussi d'une mystique populaire associée à l'image du sauveur.

Gambetta, la fierté de la Nation

Gambetta est resté l'une des références incontournables de la mémoire républicaine, associé à l'image forte du départ en ballon, ainsi qu'à la formule du « commis voyageur de la démocratie ». Rejeté de son vivant par une classe politique qui lui reprochait son autoritarisme, il apparaît après sa mort comme la statue du Commandeur de l'unité et de l'efficacité républicaine. En témoigne une *Histoire illustrée de la Troisième République*, publiée peu de temps après sa mort, qui le présente non seulement comme le parangon du « patriotisme », le « meilleur » des Français, mais aussi comme un grand « républicain et démocrate », dont « on ne conçoit pas, vraiment, que certains l'aient accusé de rêver la dictature »[1]. C'est ainsi que la mythogénie gambettiste évacue d'emblée la

1. Henri Girard, *Histoire illustrée de la Troisième République*, Paris, Librairie contemporaine, 1884, p. 716.

dimension césariste de la légende messianique pour n'entretenir que l'incarnation patriotique, associée au dévouement absolu à la République et à la dimension prophétique de son action. « Toi qui rêvais la revanche prochaine, / Ô Patriote, effroi de nos vainqueurs, / Aux noms de l'Alsace-Lorraine / Sur ton cercueil nous apportons des fleurs[1] », dit un poème qui reflète l'air du temps. « Il est là maintenant et pour toujours », « le regard tourné vers l'avenir rayonnant de cette jeune démocratie républicaine », déclare son ami Eugène Spuller lors de l'inauguration du monument de la place du Carrousel, « donné en exemple à notre jeunesse comme un patriote digne des beaux temps de l'antiquité, comme un républicain pur et sans tache, comme un homme généreux et grand, qui fait honneur à notre humanité »[2].

Pour un observateur américain de la République adolescente, il représente avec Victor Hugo, Ferdinand de Lesseps et Louis Pasteur « les aptitudes et le caractère de la nation », car « il savait montrer au peuple le vrai chemin, l'y conduire, l'y entraîner », tel le sauveur providentiel de « l'honneur du pays », dont les « idées ont guidé les gouvernants qui lui ont succédé »[3]. C'est pourquoi l'*ABC de la démocratie*, fondé en 1895 sur « les enseignements de Gambetta », se propose de « rendre à la France ce trésor d'idées et de sentiments, qu'il avait puisés dans le fonds commun des idées et des sentiments français »[4]. Trois ans plus tard, le Dr Jean-Baptiste Vincent Laborde, professeur d'anthropologie à la faculté de Paris, dédie aux « vrais amis de Gambetta » sa recherche anatomo-physiologique sur le cerveau du tribun, « le plus complet qui ait été rencontré », afin de « faire ressortir davantage le véritable rôle de l'homme d'État [...] et l'immensité de sa perte », « au moment où le pays a plus que jamais tant besoin d'un

1. « L'Alsace et la Lorraine au tombeau de Gambetta » *in* Louis-Gaston Villemer, *Lucien Delormel. Chansons d'Alsace-Lorraine*, Paris, Marpon et Flammarion, 1885, p. 134-135.

2. *Discours d'Eugène Spuller, inauguration du monument Gambetta, 13 juillet 1888*, Paris, Quantin, 1888, p. 6-15.

3. *La France. Notes d'un Américain recueillies et mises en forme par A. de Rougemont*, New York, The Writer's Publishing Company, 1886, p. 146.

4. Henri Genevois, *ABC de la démocratie. Les enseignements de Gambetta*, Paris, Chamuel, 1895, p. X.

guide »[1]. Lors de la cérémonie annuelle des Jardies, le 14 janvier 1906, Joseph Reinach affirme qu'il n'y a « pas d'autre exemple, ni dans notre histoire, ni dans celle d'aucun autre pays, d'un homme d'État qui ait marqué si profondément sa trace dans l'âme de sa nation qu'après un quart de siècle [...] son pays ne puisse être secoué d'une crise sans que le regret "Ah, s'il était là !" ne sorte de toutes les bouches[2] ».

Il n'est pas une gravure, pas un dessin de la fin du XIXe siècle qui ne le fasse figurer au panthéon des grands hommes de l'histoire républicaine, aux côtés des héros de la Révolution française, voire de Napoléon. Certaines allégories le représentent d'ailleurs dans la posture de ce dernier au pont d'Arcole, archétype du dévouement patriotique[3]. Le musée de la ville de Cahors, dont il était originaire, conserve de nombreux objets produits à son effigie avant 1914, des bustes sculptés, des médaillons, des assiettes, qui attestent, sinon d'un culte, au moins d'une vraie popularité.

En témoigne par ailleurs une véritable statuomanie gambettiste. « Ainsi, de Cahors où il est né jusqu'à Nice où il repose, de ville en ville, comme à Paris, à Bordeaux, à Tours, à Cavaillon, des bronzes et des marbres, élevés par le culte pieux de la démocratie, marquent en quelque sorte les étapes de sa glorieuse existence[4]. » Dès sa disparition, la municipalité de Cahors appelle à une souscription nationale pour ériger une statue de « la personnalité la plus éminente et la plus populaire de la démocratie française[5] ». Individuels, tel ce directeur d'un journal de Mexico qui rassemble 4 000 francs au Mexique, ou collectifs, tel le conseil général du Lot qui en offre 5 000, les souscripteurs du monde entier dépassent un an plus tard la somme considérable de 133 000 francs[6], ce qui permet au président du Conseil d'inaugurer le monument

1. Jean-Baptiste Vincent Laborde, *Léon Gambetta. Biographie psychologique. Le cerveau. La parole, la fonction et l'organe. Histoire authentique de la maladie et de la mort*, Paris, Kleinman, 1898.

2. Joseph Reinach, *La Vie politique de Léon Gambetta, suivie d'autres essais sur Gambetta*, Paris, Félix Alcan, 1918, p. 306.

3. *À Gambetta*, estampe d'Olivier Pinot, Épinal, 1883.

4. Discours de Gaston Thomson aux Jardies, 28 mars 1920.

5. *Le Républicain du Lot*, 21 janvier 1883.

6. Odile Sassi, *Léon Gambetta*, *op. cit.*, p. 426.

cadurcien, œuvre du sculpteur Falguière, le 14 avril 1884. « La Cité qui jadis aux Romains résista / Salue en ce jour tous ses hôtes, / Républicains et patriotes / Admirateurs de Gambetta [...]. / Français, vénérons sa mémoire ; / Si l'étranger revient fouler le territoire / Que sa grande âme au vainqueur disputa, / Nous entendrons retentir dans l'histoire / L'appel vengeur de Gambetta[1] ! » dit un hymne chanté lors de l'inauguration. Campé dans l'attitude du chef de la Défense nationale, dans sa veste de fourrure, la main droite posée sur un canon, la main gauche tournée vers les frontières de l'est, Gambetta est revendiqué par Ferry comme « le bien commun de tous les Français[2] ».

Il l'est encore plus lors de l'inauguration à Paris, sur la place du Carrousel, le 13 juillet 1888, à la veille de la fête nationale, d'un monument « conçu, voulu, édifié par toute la France républicaine[3] », *dixit* Eugène Spuller. Lancée en mars 1883, la souscription de ce monument parisien, destiné à « glorifier » à la fois « la Défense nationale et la fondation de la République », aurait rapporté selon la presse plus de 380 000 francs, venant de deux cent quatre-vingt mille souscripteurs, « du plus petit au plus grand, de l'humble artisan au citoyen indépendant par la position ou la fortune »[4]. Gambetta y est cette fois dominé par une allégorie de la Démocratie triomphante, assise sur un lion ailé, symbole du peuple souverain. Le doigt pointé vers l'ennemi, comme sur la statue cadurcienne, le chef républicain apparaît là encore comme l'incarnation de la patrie en action, entourant de ses bras un soldat blessé, tandis qu'un marin et un citoyen, fusil à l'épaule, semblent suspendus à ses ordres. C'est pourquoi la présence des militaires est particulièrement imposante tout au long des cérémonies inaugurales, comme une sorte de répétition du défilé du lendemain. De même n'est-il pas indifférent que le dernier discours soit prononcé par Charles de Freycinet, qui fut le collaborateur de Gambetta pendant

1. *Hymne à Gambetta*, musique de Poudou, paroles de Marius Pracy, *in* Marius Pracy, *Le Monument Gambetta à Cahors. Souvenirs des fêtes des 14 et 15 avril 1884*, Cahors, Girma, 1884, p. 22.

2. *La Justice*, 16 avril 1884.

3. *La République française*, 14 juillet 1888.

4. *Ibid.*, 6 juillet 1888.

la guerre et qui occupe les fonctions de ministre de la Guerre. Et si le long poème de Sully Prudhomme, lu par l'acteur Mounet-Sully, exalte « le citoyen fidèle et l'orateur superbe, / l'homme qui ne rêvait pour illustrer son nom / que de la pure conquête, où se tait le canon, / du droit par la lumière et du beau par le verbe [1] », le défilé des anciens combattants de 1870 et des sociétés alsaciennes-lorraines vient rappeler que c'est avant tout le patriote qui est exalté ce jour-là.

De même le 6 novembre 1891, quand est inauguré aux Jardies le monument de l'Association générale d'Alsace-Lorraine, œuvre de Bartholdi, qui contient le cœur de Gambetta enfermé dans un coffret de bois d'Alsace. Au centre d'un arc de cercle supportant les écussons des villes et communes annexées en 1871, la statue du tribun grand patriote se dresse, tenant un drapeau tricolore, devant des allégories féminines des provinces perdues. De même encore sur le monument « en souvenir de la Défense nationale » installé à Bordeaux face au Grand Théâtre, à la place de la statue de Napoléon III, où Gambetta apparaît sur un socle, les bras croisés d'un air de défi, dans la posture du combattant indomptable. Ce groupe, largement financé par des subventions officielles, a été confié au grand sculpteur Jules Dalou et à son élève Camille Lefèvre. Plus de cent mille personnes se pressent le 25 avril 1905 à Bordeaux, aux abords des allées de Tourny, « aux balcons des maisons, sur les toits en terrasses, jusque sur les cheminées [2] », afin d'assister à l'inauguration par le président de la République Émile Loubet, entouré par neuf ministres. Certes, la cérémonie bordelaise est d'abord et surtout une autocélébration de la République trentenaire et de ses représentants, Émile Loubet en tête. Mais la mémoire gambettiste dépasse les limites du panthéon républicain, comme le reconnaît un journaliste du *Figaro*, soulignant en 1898, au cœur de l'affaire Dreyfus, « la valeur intrinsèque de Gambetta [3] ». Et si des Camelots du roi ont l'idée malsaine de dérober en février 1909 une couronne déposée par les libres penseurs au pied du monument parisien, puis de

1. *Ibid.*, 14 juillet 1888.
2. *Le Petit Journal*, 26 avril 1905.
3. *Le Figaro*, 3 janvier 1898.

l'apporter au siège de l'Action française, il faut noter que Léon Daudet les en chasse aussitôt, par respect pour le grand patriote[1].

Quelques mois plus tard, le 26 avril 1909, c'est un autre président de la République, Armand Fallières, qui se déplace en personne à Nice afin d'inaugurer le monument à Léon Gambetta exécuté par Maubert, qui le représente dans une attitude similaire à celui de Bordeaux. Le moment le plus marquant de la cérémonie est le discours prononcé par le président du Conseil Georges Clemenceau, dont chacun sait qu'il fut l'un des plus farouches adversaires politiques de Gambetta. On en retiendra notamment l'éloge vibrant au patriote solitaire, au sauveur providentiel dont « la gloire éternelle [...] est d'avoir agi pour l'idéal quand l'action ne pouvait tenter personne ayant autorité pour commander[2] ». On ne peut s'empêcher d'y voir une prémonition de la légende que le Tigre se construira huit ans plus tard.

Avant, pendant et après la Grande Guerre, Gambetta est célébré comme le symbole même du patriotisme. Un croiseur-cuirassé est baptisé de son nom en 1910. Les Alsaciens-Lorrains manifestent au pied de sa statue parisienne le 10 mai 1914, quelques mois avant la déclaration de guerre. En juillet 1915, la Société positiviste, déplorant au passage que « nul homme de sa taille n'ait surgi pour nous guider », rend hommage à « l'homme d'État de génie, conducteur du peuple français », qui mérite de figurer « avec Vercingétorix, avec sainte Geneviève, avec Charlemagne, avec Philippe-Auguste, Jeanne d'Arc et Danton » dans « la grande lignée de ceux en qui l'âme héroïque de la Patrie française s'est incarnée aux heures tragiques de notre histoire »[3]. Et au sortir du conflit Joseph Reinach dédie au maréchal Joffre une nouvelle biographie de son mentor, citant dans la préface cette formule de Gallieni : « Il n'y a pas un seul jour depuis la guerre où Gambetta n'ait encore grandi[4]. »

Il est d'ailleurs honoré lors de la cérémonie du 11 novembre 1920, qui voit son cœur, placé dans un coffret de cristal, faire son

1. APP, B/A 924, rapport du 14 février 1909.

2. *Le Temps*, 27 avril 1909.

3. Émile Corra, *Gambetta*, Société positiviste, 18 juillet 1915, publié dans la *Revue positiviste internationale* en 1917.

4. Joseph Reinach, *La Vie politique de Léon Gambetta, suivie d'autres essais sur Gambetta*, *op. cit.*

entrée au Panthéon sur un char précédant le corps du soldat inconnu, placé sur l'affût d'un canon. « Leur voisinage forme la plus noble allégorie », commente un journaliste, « le héros sans nom » et « l'homme célèbre en qui s'incarna l'âme de la résistance, et, dans nos heures mauvaises, toute la fierté de la nation »[1]. Et c'est donc en se référant au « vœu de Gambetta » de conserver « intact et toujours présent le souvenir de nos provinces perdues » que le président de la République Alexandre Millerand exalte le sacrifice du soldat inconnu, « représentant anonyme et triomphal de la foule héroïque des poilus », avant que son cercueil, accompagné par le char qui portait le cœur du tribun, ne soit déposé sous l'Arc de Triomphe[2]. Il est significatif que cette cérémonie célébrant à la fois le sacrifice patriotique des deux guerres de 1870 et de 1914, ainsi que le demi-siècle de la Troisième République, ait été placée sous la figure tutélaire et fédératrice de Gambetta. La translation de son cœur au Panthéon, couplée à celle du soldat inconnu sous l'Arc de Triomphe, achève l'identification République-Nation, dont il était l'incarnation[3].

Pour le cinquantenaire de sa mort, le 31 décembre 1932, le président du Conseil Joseph Paul-Boncour, le ministre de l'Intérieur Camille Chautemps et le ministre de la Guerre Édouard Daladier viennent aux Jardies, où il est décédé, pour dire leur respect et leur admiration devant les Amis de Gambetta. Le lendemain, une cérémonie a lieu à Cahors, où est inauguré son musée, sous la présidence du maire Anatole de Monzie, ministre de l'Éducation nationale, qui rend hommage au « fondateur de la République », « type de chef français dont il n'y eut point d'autre exemplaire jusqu'à Édouard Herriot », « entre l'esprit de conservation et l'esprit de révolution », c'est-à-dire modèle du radicalisme[4]. De même célèbre-t-on le centenaire de sa naissance en avril 1938 parce qu'il est le « modèle du patriote républicain[5] ». Cette commémoration

1. *Le Petit Parisien*, 12 novembre 1920.
2. *Ibid.*
3. Avner Ben-Amos, *Molding the National Memory. State Funerals in Modern France*, thèse de doctorat, Berkeley, 1989, 4 vol., p. 357.
4. *Le Temps*, 2-3 janvier 1933.
5. *Ibid.*, 15 mars 1938.

nationale se déroule simultanément dans plusieurs grandes villes, notamment Cahors et Nice, qui tiennent une place à part dans son histoire. « Nous sommes à nouveau menacés par les Barbares », comme en 1870, titre *Le Journal du Lot*, barrant sa une du 6 avril 1938 d'un large titre, « Le centenaire de Gambetta ». À Nice, Gabriel Hanotaux, qui fut son chef de cabinet lors du « grand ministère », rend hommage au « grand républicain » et « grand homme d'État »[1]. La manifestation la plus officielle se déroule à Paris, au soir du 6 avril 1938, dans le grand amphithéâtre de la Sorbonne, en présence du président de la République Albert Lebrun. « Puisse son souvenir nous inspirer des disciplines nécessaires à l'heure où tant de périls qu'il avait dénoncés renaissent dans l'Europe et dans la France d'aujourd'hui », s'exclame Paul Strauss, exaltant le sauveur de la patrie en danger. Mais la manifestation de clôture a lieu le lendemain aux Jardies, où les discours appellent à suivre l'exemple de l'« union française et républicaine » légué par Gambetta[2]. C'est ainsi que le mythe patriotique est devenu le mythe républicain par excellence.

En témoignent encore les noms des rues et les places de nos préfectures, où il s'impose devant Victor Hugo, Jean Jaurès, Leclerc, Clemenceau, et Lazare Carnot. Pourtant les monuments gambettistes de Nice et de Bordeaux ont aujourd'hui disparu, les bronzes du monument parisien ont été fondus en 1941, et les visiteurs du musée Gambetta, aux Jardies, ne se chiffrent que par dizaines. Le mythe Gambetta n'a pas survécu à la disparition de la Troisième République.

Clemenceau, l'« archange moderne »

De Georges Clemenceau, la postérité retient avant tout l'image du combattant inlassable et du Père la Victoire, qui l'élève à une dimension héroïque et messianique. « Seule, une démocratie comme celle de notre race et de notre histoire pouvait produire à pareille heure un pareil champion, non indigne des héros qu'il

1. *L'Éclaireur de Nice et du Sud-Est*, 3 avril 1938.
2. *Le Temps*, 7, 8, 9 avril 1938.

commande et des siècles qu'il ouvre[1] », s'exclame le sénateur Béranger dans le livre d'hommage qui lui est dédié. Le dramaturge Henry Bernstein le place encore plus haut, parmi « le petit groupe de ces personnages exceptionnels, qui ne paraissent qu'aux suprêmes instants de l'histoire et qu'on dirait enfantés par les circonstances elles-mêmes pour être les sauveurs d'une race », personnages immortels dont le « nom ne périra plus et que la légende prolongera à l'infini »[2]. Jean Richepin demande que le Tigre « soit désormais le roi des Fauves symboliques », car il a sauvé « à la fois toutes les républiques, et la France, et l'Humanité ! »[3]. Paul Féval fils le peint comme l'« archange moderne », qui a « vaincu Guillaume comme Michel terrassa Lucifer »[4]. Paul Fort le voit comme « le bon fétiche de la France », Jean de Bonnefon comme « la lumière dans la nuit de nos doutes », et Gustave Geffroy, de l'Académie Goncourt, affirme que « son nom désormais traverse l'Histoire avec la force et la clarté de la foudre ». Ces registres métaphoriques, empruntés aussi bien à la religion qu'au naturalisme romantique, sont caractéristiques du providentialisme. Aussi n'est-il pas surprenant de lire sous la plume de Georges d'Esparbès cette formule qui résume toutes les autres : « À cet homme providentiel était réservé le destin d'apparaître à tous comme le sauveur, au moment le plus redoutable que la Patrie ait traversé[5]. »

C'est ce qu'exalte la dernière phrase de Georges Suarez dans la biographie héroïque qu'il consacre en 1932 à cette « figure d'épopée – la plus grande depuis Napoléon – mais à qui la Patrie avait dû la vie[6] ». C'est ce qui va surtout l'associer à la mythologie gaullienne. Au petit matin du 11 novembre 1940, l'avocat résistant André Weil-Curiel dépose au pied de la statue du Tigre, au bas des Champs-Élysées, une gerbe accompagnée d'une immense carte de visite d'un mètre de long, entourée d'un ruban tricolore et portant

1. *Le Ministère de la victoire*, *op. cit.*, p. 24.
2. *Ibid.*, p. 26.
3. *Ibid.*, p. 83.
4. *Ibid.*, p. 36.
5. *Ibid.*, p. 51.
6. Georges Suarez, *La Vie orgueilleuse de Clemenceau*, Paris, Tallandier, 1932, p. 451.

ces mots : « le général de Gaulle » [1]. C'est ce que rappelle à Londres le Général, le 11 novembre 1941, promettant à son modèle patriotique que « la France vivra », et lui jurant, au nom des Français, qu'« elle sera victorieuse ». C'est à cette condition que le Tigre, « avec tous les morts dont est pétrie la terre de France », pourra enfin « dormir en paix ». En août 1944, c'est dans le bureau du Père la Victoire au ministère de la Guerre que s'installe symboliquement le Général libérateur[2]. Et c'est sur la tombe de son modèle qu'il vient se recueillir le 12 mai 1946, rappelant qu'il a fait le « serment d'être fidèle » à son « exemple ».

La captation gaullienne du mythe Clemenceau est patente en novembre 1959, lors des cérémonies du trentième anniversaire de sa mort, marquées par un hommage en Sorbonne où sont mis en parallèle le discours prononcé par le Tigre le 20 novembre 1917 à la Chambre et celui du Général le 11 novembre 1941[3]. De même lorsque le Général, revenu en terre vendéenne, le 20 mai 1965, exalte à Féole-la-Réorthe « un grand homme, un grand Vendéen, un grand Français, un homme qui a été la France, la France malheureuse et enfin la France victorieuse[4] ». Mais si la légende du Tigre apparaît comme un référent majeur de la mythogénie gaullienne, pourquoi n'a-t-elle pas suscité sa propre mythologie ?

Selon le général de Gaulle, la « différence essentielle » entre son « aventure » et celle de son modèle patriotique tient dans l'absence d'une « mystique » propre à Clemenceau. Si le Tigre lui apparaît comme « le souffle qui a ému le balancier » et « qui a fait changer la victoire de camp », il lui manque la « grande vague de fond » spontanée qui a surgi de l'appel du 18 juin, et qui « dépassait infiniment » la personne même du général de Gaulle[5]. Clemenceau incarne la victoire, adossée à la mystique républicaine et patriotique, tandis que de Gaulle suscite sa propre mystique, *ex nihilo*, fondée sur le

1. Henri Amouroux, *La Vie des Français sous l'Occupation* (1961), Paris, Fayard, 1990, p. 539.

2. Jean-Louis Crémieux-Brilhac, *La France libre*, *op. cit.*, p. 908.

3. *Le Monde*, 26 novembre 1959.

4. Cité par Jean-Paul Ollivier, *Le Tour de France du Général*, Paris, Julliard, 1989, p. 269.

5. Claude Guy, *En écoutant de Gaulle. Journal, 1946-1949*, Paris, Grasset, 1996, p. 63.

charisme du « personnage quelque peu fabuleux[1] » qu'il entend incarner. Ce déficit légendaire serait l'origine du déficit mémoriel dont souffre le providentialisme de Clemenceau.

D'un point de vue plus politique, on peut tout simplement considérer que la fidélité intangible du Père la Victoire à la tradition républicaine l'éloigne de la dérive messianique dont le général de Gaulle fera quant à lui le fondement de son mythe. C'est d'ailleurs à cette dimension républicaine que rend hommage le discours du chef de l'État Valéry Giscard d'Estaing à l'occasion du soixantième anniversaire de l'armistice, devant la statue de Clemenceau[2]. Dans un article publié au moment du cinquantième anniversaire de la mort du Tigre, Maurice Plantier, secrétaire d'État aux Anciens Combattants, rappelle lui aussi qu'il ne faut pas « limiter » la mémoire de Clemenceau au chef patriotique de la Grande Guerre, mais bien célébrer « toute une vie au service de la République et de la France »[3]. Outre une allusion incontournable au général de Gaulle, héros tutélaire de la Cinquième République, on notera que cet article, recherchant des « similitudes dans l'histoire plus récente », fait aussi référence au « destin éphémère » de Pierre Mendès France, intégré dans ce panthéon des républicains. Mais peut-on graver sur les colonnes du temple de la démocratie le récit mythologique de l'homme providentiel ?

Mendès, ou le refus de l'homme providentiel

De Mendès France, critiqué par les droites pour avoir « trahi » la Nation en bradant son empire, la légende retient surtout « l'ardeur, la vigueur et la valeur » que le général de Gaulle lui a reconnues au moment de sa présidence du Conseil, ainsi que la « morale » en politique, dont il est le gardien posthume[4]. Si Clemenceau et

1. Charles de Gaulle, *Mémoires de guerre*, t. 3 : *Le Salut*, Paris, Plon, 1989, p. 599.
2. *Le Monde*, 12-13 novembre 1978.
3. *Ibid.*, 21 novembre 1979.
4. *Pierre Mendès France, la morale de la politique*, documentaire de Jean Lacouture et Jean-Christophe Rozé, 2005, 52 minutes.

Gambetta incarnent la foi patriotique, Poincaré et Pinay la sagesse et le bon sens, le mythe Mendès est incontestablement associé aux notions d'intégrité et d'éthique qui en ont fait une figure politique unanimement respectée. Son expérience gouvernementale lui vaut non seulement une réputation de fermeté et d'efficacité, mais aussi et surtout une image forte de « conscience » politique, au risque de la solitude ou de l'impopularité. Comme il le proclame dans son discours d'Évreux du 23 juillet 1955, « il faut que soit admis partout que l'intégrité dans la vie publique est au moins aussi nécessaire que dans la vie privée ».

Au nom de l'éthique

Il incarne la conscience de la tradition parlementaire, lorsqu'il s'oppose, en 1958, aux institutions de la Cinquième République que les autres ténors de la gauche ont acceptées. C'est au nom de l'éthique qu'il désapprouve le processus ramenant de Gaulle au pouvoir, redoutant que ce dernier n'adopte, « de l'Ancien Régime, les mœurs les plus blâmables » et réclamant du Général « l'assainissement politique, le retour de l'honnêteté et de la droiture dans la vie publique »[1].

C'est au nom de cette droiture qu'il est balayé par le raz de marée gaulliste lors des élections de novembre 1958, perdant son fief électoral de Louviers qui lui était si cher. Et si Maurice Clavel lui reproche aigrement de « prendre des poses à Guernesey pour que de Gaulle soit forcé d'être Bonaparte », François Mauriac estime quant à lui qu'il « n'a pas besoin de la tribune parlementaire pour nous dire la vérité », saluant « ce noble destin » avec « admiration, affection et respect »[2]. La « vérité », la « droiture », allant de pair avec le « respect » qu'elles inspirent, tels sont les mots qui reviennent le plus souvent pour qualifier le parcours politique de Pierre Mendès France. Ils lui confèrent, selon le grand commis de l'État François Bloch-Lainé, ce « statut exceptionnel pour un

1. Lettre à François Mauriac, 21 juin 1958.

2. *Combat*, 30 novembre 1958 ; François Mauriac, « Bloc-notes », *L'Express*, novembre 1958.

conducteur d'hommes, statufié indépendamment des occasions de statuer », « Commandeur présent en permanence sur le théâtre politique et toujours extérieur au jeu des acteurs en scène »[1].

La mythologie mendésiste s'articule autour de cette posture d'extériorité, imposée en partie par les circonstances, mais aussi par l'exigence éthique du personnage. Elle lui permet par exemple d'obtenir le soutien de quatre prix Nobel français, François Jacob, Jacques Monod, André Lwoff et Alfred Kastler, ainsi que de Jean Rostand, Jean Vilar, Daniel Mayer, Maurice Duverger et Jacques Brel, lorsqu'il se présente à Grenoble pour les législatives de 1967. Elle justifie l'appel qui lui est fait par François Mitterrand, au nom de la gauche non communiste, en vue de former un « gouvernement provisoire de gestion » lors de la crise de Mai 68.

C'est, il est vrai, un appel *a minima*, laissant la première place à celui qui fut le challenger du général de Gaulle en 1965 et qui ne veut à aucun prix abandonner le *leadership* de la gauche non communiste à Mendès France. Mais l'article publié par Albert Fabre-Luce sous le titre « Mendès à l'Élysée », dans *Le Monde* du 28 mai 1968, prouve bien que l'ancien président du Conseil apparaît à beaucoup comme un recours crédible en cas de vacance du pouvoir. « Il existe un homme capable d'assurer la succession dans un large consentement de l'opinion et digne de montrer à l'étranger le nouveau visage de la France », écrit Fabre-Luce, opposant la force de « caractère » du « démocrate » Mendès France aux « méfaits de l'obstination » chez l'« autocrate » de Gaulle.

Lors de la campagne présidentielle de 1969, c'est au tour de Claude Bourdet, grande figure de la gauche résistante, de faire appel à l'« homme courageux et unanimement respecté », tandis que Gaston Defferre se déclare prêt à se retirer si Mendès France se porte candidat[2]. Dans un ouvrage publié à cette époque, le journaliste et juriste Louis Guitard, nostalgique du maréchal Pétain, qui « voulut ranimer et rassurer les Français », oppose comme Fabre-Luce les « jactances » et les « outrances » du général de Gaulle aux « espoirs » représentés par Mendès France, dont « l'heure sonnera

1. Cité par Jean Lacouture, *Pierre Mendès France*, *op. cit.*, p. 522.
2. *Le Monde*, 6-7 mai 1969.

d'autant plus impérativement que la crise qui, tôt ou tard, suivra le gaullisme sera plus grave »[1]. Mais l'exigence éthique, qui est l'essence même de la philosophie politique mendésiste, le conduit à refuser de prendre la parole lors du meeting du stade Charléty, le 27 mai 1968, comme de se porter candidat à l'Élysée un an plus tard.

Les rendez-vous manqués

L'objet de ce livre n'est pas de discuter les motivations qui expliquent ces rendez-vous manqués du grand homme avec son destin politique. La réaction courroucée de Georges Marchais au lendemain de l'appel de Claude Bourdet nous donne l'une des clés du choix mendésiste : « Est-ce qu'on veut nous le présenter à nouveau comme une espèce d'homme providentiel[2] ? » s'indigne le chef communiste au micro d'Europe n° 1. Dans le contexte de l'après-gaullisme, et compte tenu des positions affichées depuis toujours par Pierre Mendès France, c'est une imputation qu'il lui était historiquement et politiquement impossible de supporter.

C'est donc en tant que « conscience » de la gauche qu'il a accompagné, bon gré mal gré, l'ascension de François Mitterrand. Salué par ce dernier comme son « maître » lors du meeting de Grenoble, le 17 mai 1974, honoré en 1976 par une promotion de l'ENA baptisée de son nom, il est statufié dans son rôle de Commandeur lors de l'investiture élyséenne de mai 1981. « C'est la justification de tant d'années, dont vous avez été l'initiateur. Sans vous, rien n'aurait été possible », lui déclare ce jour-là François Mitterrand, rendant un incontournable hommage au père d'une « deuxième gauche » qu'il a pourtant combattue[3]. On sait par ailleurs que le Commandeur sera bien déçu par la suite d'être mis sur la touche par le chef d'État

1. Louis Guitard, *De Gaulle-Mendès France*, *op. cit.*, p. 136 et 159.

2. *Le Monde*, 6-7 mai 1969.

3. Témoignage de Marie-Claire Mendès France, cité par François Stasse, *La Morale de l'histoire. Mitterrand-Mendès France, 1943-1982*, Paris, Seuil, 1994, p. 13.

socialiste, qui ne l'invitera que pour la forme à quelques déjeuners élyséens[1].

Sa disparition en octobre 1982 prive l'Histoire d'un dialogue sur le pouvoir entre les deux grandes figures de la gauche française. Dans la course aux recueillements de l'époque, le président François Mitterrand n'est pourtant pas en reste, célébrant le 27 octobre 1982 la mémoire de Pierre Mendès France dans la cour d'honneur du Palais-Bourbon, après que le Premier ministre Pierre Mauroy et le président de l'Assemblée nationale Louis Mermaz l'ont honoré dans l'hémicycle une semaine plus tôt, et avant que le ministre de l'Éducation nationale Alain Savary ne demande que ce « citoyen exemplaire » soit évoqué dans toutes les classes, le 4 novembre suivant. Un an plus tard, le chef de l'État, inaugurant le centre étudiant de Tolbiac, rebaptisé « Mendès France », rappelle que sans lui « la gauche n'aurait pas été ce qu'elle est ou elle ne serait pas ce qu'elle doit être[2] ».

Au nom de l'autre gauche, celle qu'incarnait Mendès France, Jean Daniel célèbre quant à lui « le dernier des justes[3] ». La presse de droite oppose sa « rigueur » à la « pitoyable gestion socialiste »[4]. Même les communistes, auxquels il s'est si « souvent opposé », lui rendent hommage pour s'être « retrouvé à leurs côtés à des moments décisifs pour l'avenir du pays »[5]. D'où il ressort une statue du Commandeur faite de vérité, de rigueur et d'intransigeance, polie à la façon du consensus républicain et exempte des aspérités gênantes que son parcours politique atypique pourrait susciter. Raymond Aron laisse entendre une analyse plus contrastée, soulignant le fait que le mythe Mendès tient largement à l'échec de sa carrière politique, celle d'« un homme d'État dont les vertus le destinent à gouverner mais lui laissent bien peu de chances de diriger le gouvernement[6] ». Ce qu'écrit aussi, à sa manière, Jean-François Kahn : « C'était le meilleur, le plus grand,

1. Éric Roussel, *Pierre Mendès France*, *op. cit.*, p. 519.
2. *Le Monde*, 21 octobre 1983.
3. *Le Nouvel Observateur*, 23 octobre 1982.
4. *Le Quotidien de Paris*, 20 octobre 1982.
5. *L'Humanité*, 19 octobre 1982.
6. *L'Express*, 2 octobre 1982.

le plus honnête ? Mais que ne l'a-t-on pas dit aux Français avant ? Lorsqu'on avait besoin de lui, par exemple, et que, ne le sachant pas, ils le battaient à l'issue de chaque élection[1]. » Au fond, c'est comme si l'hommage consensuel au politique intègre s'apparentait à une sorte de repentance envers le héros-martyr.

Le paradoxe du mythe Mendès

Les historiens s'en étonnent à l'époque, tel Jean-Pierre Rioux rappelant la nécessité d'étudier en détail les contradictions de l'homme et les vicissitudes du parcours politique afin d'arracher le mythe Mendès au carcan des idées reçues[2]. Un quart de siècle plus tard, un autre historien se demande si ce mythe n'a pas succombé à la disparition de la plupart de ses compagnons de route et à la marginalisation de la « deuxième gauche » dont il était l'incarnation. Il en veut pour preuve l'« indifférence » mémorielle qui a marqué le cinquantième anniversaire du gouvernement de 1954, sous la présidence de Jacques Chirac. Nous pouvons le rejoindre lorsqu'il déplore l'« oubli » qui entoure la postérité mendésiste, que ce soit dans la mémoire collective ou dans celle des élites, de plus en plus éloignée des valeurs incarnées par l'ancien président du Conseil[3]. Si la référence à Mendès est toujours présente, y compris à droite, elle résonne un peu à vide, dans le registre de la nostalgie incantatoire.

Tout autant que les valeurs de Mendès, est-ce son mythe qui nous manque, en tant que représentation symbolique d'une figure particulièrement attachante de l'homme providentiel ? Le problème est précisément que cet effacement mythologique tient à la nature même de la pensée mendésiste, qui se voulait enracinée dans la tradition républicaine conçue comme un combat collectif et avant tout démocratique, c'est-à-dire aux antipodes d'une idéologie du

1. *Le Matin de Paris*, 19 octobre 1982.
2. Jean-Pierre Rioux, « Tombeau pour Mendès France », *Vingtième Siècle*, avril 1984, p. 43.
3. Vincent Duclert, « Mendès, l'oublié de la gauche », *Le Monde*, 16 janvier 2007.

sauveur. « Il faut affirmer nos positions politiques, nos idées et notre programme et non appeler nos amis à se réunir purement et simplement derrière tel ou tel d'entre nous », rappelait-il en 1961, exhortant ses partisans à rejeter la « personnalisation » de la vie politique[1].

Selon Gilles Martinet, c'est ce qui le sépare fondamentalement du général de Gaulle. Si les deux hommes lui paraissent également capables de drainer « un fort mouvement d'opinion derrière » eux et de « faire éclater les partis pour provoquer un renouveau dans le pays », il faut distinguer le « mendessisme », qui ne s'adresse qu'à des « électeurs républicains », et le gaullisme, qui n'hésite pas à faire « appel à la foule boulangiste »[2]. Ce jugement, formulé à la chute du gouvernement Mendès France, peut paraître sévère pour le Général, qui a toujours respecté la légalité républicaine, mais on peut aussi considérer que les circonstances troubles de son retour au pouvoir en 1958 justifient la méfiance dont faisait preuve le fondateur de *L'Observateur*. C'est surtout un hommage à la philosophie politique de Pierre Mendès France, qui n'a jamais dévié de la tradition démocratique dont il se réclamait.

Si le mendésisme a pu apparaître comme l'une des incarnations de la fascination pour l'homme providentiel, ce fut donc comme un paradoxe de l'Histoire, à contresens de l'héritage politique dont il était porteur. Refusant le culte du chef, appelant à la raison plutôt qu'à la magie, acceptant la médiation partisane plutôt que la rupture, il incarne un moment de pouvoir charismatique, mais totalement inscrit dans le cadre de la légitimité démocratique. En cela, il peut nous sembler exemplaire, même si ses partisans, à l'instar de Pierre Viansson-Ponté, lui reprochent d'« avoir quelquefois manqué d'audace et de brutalité sinon d'obstination », et de s'être « résigné à la fatalité au lieu de [s']insurger contre elle »[3]. Dans son « Bloc-

1. Lettre à Pierre Avril, 20 janvier 1961, citée par Émeric Bréhier, « *Les Cahiers de la République*, *Le Courrier de la République* : survivance d'une épopée et gestation du mythe », *Matériaux pour l'histoire de notre temps*, n°s 63-64, juillet-décembre 2001, p. 90.

2. *France Observateur*, 10 février 1955.

3. Pierre Viansson-Ponté, *Lettre ouverte aux hommes politiques*, Paris, Albin Michel, 1976, p. 10.

notes » du 21 décembre 1954, François Mauriac se demande si Mendès France va se retirer « sous la tente à l'ombre du fanion radical » ou s'il concevra « son destin comme ont conçu le leur Clemenceau ou de Gaulle ». Une décennie plus tard, après avoir rêvé d'une « conjonction » entre le Général et son ancien ministre, il déplore que « l'impossibilité en [soit] inscrite » dans « cette inflexibilité qui fait sa grandeur, mais qui [...] l'aura condamné à ne pas servir ». Comparant ces deux figures de sauveurs, il privilégie la seconde, estimant qu'« en politique l'inflexible fidélité aux principes n'est peut-être pas une vertu »[1]. C'est en tout cas une explication de l'« oubli » mendésiste. Si l'on peut regretter cette disgrâce mémorielle, qui prive notre débat public de l'un de ses référents messianiques majeurs, force est de constater qu'elle est en conformité avec la tradition démocratique dont Pierre Mendès France était le porteur.

De Bonaparte à de Gaulle

Cette question de la cohérence républicaine ne se pose pas pour les deux légendes qui dominent et structurent la mythologie française de l'homme providentiel : Napoléon, le fondateur, et de Gaulle, l'aboutissement.

Étudiant les registres de condoléances à la mort du Général, l'historien Sudir Hazareesingh montre à quel point est récurrente la comparaison, voire la filiation entre ces deux figures dominantes de notre imaginaire national. Si de Gaulle y est fréquemment comparé à Jules César, à Jeanne d'Arc ou encore à Louis XIV, c'est à l'Empereur que se réfèrent le plus souvent ses admirateurs, voyant en lui le « Napoléon du XXe siècle », « le plus illustre des Français depuis Napoléon », « le second après Bonaparte » ou encore le « plus génial chef de guerre et chef d'État français depuis Napoléon »[2]. Les Mémoires de l'amiral Philippe de Gaulle nous signalent

1. François Mauriac, *Le Nouveau Bloc-notes, 1965-1967*, Paris, Flammarion, 1970, p. 295.

2. AFCDG, registres AG 44 Vienne (Lencloître), AG 14 Corse (Ajaccio), AG 29 Marne (Châlons-sur-Marne), AG 77 Nièvre (Nevers), cités par Sudir

par ailleurs que le Général évoquait souvent l'Empereur, reconnaissant en lui « le père de l'État français moderne[1] ». Auprès d'André Malraux, qui lui-même avait publié en 1930 une *Vie de Napoléon par lui-même*, le Général rappelait que les « défaites » avaient « peu atteint la gloire de Napoléon », s'extasiant de « la force de son nom », qui « remue les âmes »[2]. Enfin, si l'on en croit Jean Mauriac, le livre de chevet du Général dans son exil irlandais n'était autre que le *Mémorial de Sainte-Hélène*, preuve d'un mimétisme mythogénique incontestable[3].

Précisons cependant que, pour les partisans du Général, de Gaulle n'est pas l'héritier de Napoléon, mais au contraire son perfectionnement, une sorte d'« idéal type » de l'iconologie politique du sauveur. L'appropriation républicaine du mythe gaullien le distingue fondamentalement du mythe bonapartiste, comme l'illustre le fait que plus de 3 630 communes de France ont choisi de nommer une voie ou une place Charles-de-Gaulle, tandis que les rues dédiées à la mémoire napoléonienne restent rares. Notons au passage que le Général arrive largement en tête dans ce classement odonymique, loin devant Léon Gambetta, classé sixième avec 1 284 communes, et Georges Clemenceau septième avec 1 095[4]. Les héros emblématiques de notre panthéon républicain, dont Jaurès, troisième du palmarès, sont donc relégués au second plan de notre mémoire officielle par la figure syncrétique du général de Gaulle. *A contrario*, les fidèles du culte napoléonien sont scandalisés qu'aucune rue ou place de Paris ne porte le nom de leur héros. On voit bien qu'il y a là l'indice d'un déclassement mémoriel, qui tient notamment à la persistance d'une légende noire associée à l'ère napoléonienne, aux excès de l'autoritarisme impérial comme aux massacres de la Grande Armée.

Est-ce parce que le mythe gaullien a mieux réussi que le mythe napoléonien à se délester des scènes les plus gênantes de son récit,

---

Hazareesingh, « Mort et transfiguration : la renaissance du mythe gaullien en novembre 1970 », art. cit.

1. Philippe de Gaulle, *De Gaulle, mon père. Entretiens avec Michel Tauriac*, Paris, Plon, 2003-2004, 2 vol., t. 1, p. 399.

2. André Malraux, *Les Chênes qu'on abat*, *op. cit.*, p. 109.

3. Jean Mauriac, *Mort du général de Gaulle*, Paris, Grasset, 1972, p. 60.

4. D'après une enquête de la Poste citée par Sudir Hazareesingh, *Le Mythe gaullien*, *op. cit.*, p. 179.

tant en ce qui concerne le retour controversé de mai 1958 que les atermoiements de la guerre d'Algérie ou de la révolte de mai 1968 ? Il nous semble que l'explication de cette distinction mythologique va au-delà de ce tri mémoriel. Elle réside dans la capacité d'assimilation de la mythogénie gaullienne, qui a réussi à synthétiser tous les éléments traditionnels du récit providentialiste, tels que l'événement fondateur, le discours charismatique, l'apparition prodigieuse, les rites cultuels, au confluent des traditions chrétienne, républicaine et bonapartiste qui l'ont façonnée. « La France a eu de nombreux Grands Hommes – elle n'a eu qu'un Charles de Gaulle », écrit un Corrézien à la mort du général de Gaulle. Il est le « plus grand homme de tous les temps », renchérit un autre, tandis qu'un troisième explique : « De Gaulle est le plus grand, car il est le seul à réunir quatre vertus – la liberté, la foi, la grandeur et la paix »[1].

La magie de l'homme seul

C'est dans la dimension historique, associée au moment fondateur du 18 juin 1940, que la mythologie gaullienne s'est depuis toujours enracinée. Les célébrations décennales scandent cette référence à l'homme providentiel des années de guerre, tandis que les commémorations de la fondation de la Cinquième République sont marginalisées. Preuve en est un micro-trottoir récent, réalisé par un grand quotidien auprès de cinq jeunes Français de moins de 20 ans : si de Gaulle y apparaît pour deux d'entre eux comme le héros libérateur du 18 juin, pour un autre comme celui qui a mis fin à la guerre d'Algérie, pour un quatrième comme le représentant d'une « période sans liberté pour la jeunesse », et pour un cinquième comme un « passage ennuyeux au lycée », aucun ne fait la moindre référence à l'homme providentiel de 1958[2]. Notons qu'un sondage plus probant, réalisé en 1980 par un magazine d'histoire, le représentait pour un tiers des sondés comme « l'homme du 18 juin »,

1. AFCDG, registres AG 13 Corrèze (Brive), AG 3 Alpes-Maritimes (Menton), AG 137 Seine-Maritime (Rouen).

2. *Le Parisien*, 28 avril 2009.

pour un quart comme « l'homme de la Libération », et pour 15 % seulement comme « le fondateur de la Cinquième République ».

Ces deux enquêtes confirment, en dépit des facteurs érosifs du mythe dans les jeunes générations, que la légende gaullienne fonctionne encore, et qu'elle fonctionne essentiellement sur la magie de l'« appel », alors que la réalité historique est évidemment beaucoup plus large et complexe. « De Gaulle, pour l'Histoire, c'est et ce sera à jamais l'homme du 18 juin 1940 [...]. L'homme qui, seul, aura dit non à la défaite de la France », écrivait Jacques Fauvet à la une du *Monde*, titrant « L'homme du refus », à la mort du Général[1]. Là réside le secret de la mythologie gaullienne, dans cette image du héros solitaire, fort de sa propre volonté, bravant les déterminismes de la grande Histoire pour en inverser le cours. Ici commence le processus d'identification entre les Français, écrasés par la défaite, et celui qui a choisi de les représenter face à l'Histoire, celui qui leur a permis en quelque sorte de combattre par procuration. « De même qu'un Messie prend sur lui les fautes de tous les hommes, pourvu qu'ils croient en lui, de même les Français sentaient que la communion avec de Gaulle effaçait leur absence de quatre ans », écrit Claude Bourdet, expliquant ainsi « l'immense pouvoir quasi magique » du Général, et « sa prise en charge si aisée, en 1958, de tout un peuple qui se livrait à son "sauveur" »[2].

Et cette messianique image de l'homme seul, mû par son énergie et par la force de son destin, nous renvoie à celle de Bonaparte au pont d'Arcole, représenté par le peintre Gros au détriment de la vérité historique, dans l'exaltation des vertus du chef, le courage, la fougue, l'indomptable volonté, et qui apparaît comme l'image fondatrice du mythe napoléonien. « Le tombeau de l'Empereur, pour les Français de vingt ans [...] c'est le carrefour de toutes les énergies qu'on nomme audace, volonté, appétit. Depuis cent ans, l'imagination partout dispersée se concentre sur ce point[3] », commente un héros barrésien. Ce pourrait être la métaphore des deux mythologies politiques, napoléonienne et gaulliste, qui encadrent et expliquent notre histoire contemporaine.

1. *Le Monde*, 11 novembre 1970.
2. *Ibid.*, 13 novembre 1970.
3. Maurice Barrès, *Les Déracinés*, *op. cit.*, p. 216-217.

La religion de la Nation

Faut-il y voir le triomphe de cette sensibilité politique que René Rémond a définie comme « bonapartiste »[1] ? C'est l'adhésion au chef, incarnant les valeurs d'autorité, d'unité et de grandeur nationale, et en même temps soucieux d'un rapport direct avec son peuple. C'est le principe d'autorité et de rassemblement, qui l'emporte sur celui de l'individualisme libéral et parlementaire. Mais il faut rappeler que Bonaparte a été le fossoyeur de la Première République et Louis-Napoléon celui de la Seconde, tandis que le général de Gaulle a au contraire rétabli la légitimité républicaine en 1944, puis fabriqué une nouvelle république en 1958. Cette différence fondamentale, soulignée notamment par l'historien Maurice Agulhon, éloigne cette communauté mythologique du champ des idées politiques pour la ramener dans celui qui est ici le nôtre, celui du sensible et de la représentation.

Pour l'écrivain Denis Tillinac, la distinction mémorielle propre à Bonaparte et à de Gaulle tient à leur volonté commune d'incarner un idéal distinct du patriotisme français, c'est-à-dire de notre histoire républicaine, en proposant une conception de la patrie comme « idéal quasi religieux[2] ». Ce serait dans cette religion de la Nation, supérieure à tous les principes politiques, que résiderait la magie fédératrice de leur postérité. On pourrait discuter longuement cette interprétation, qui ne tient sans doute pas assez compte de la religiosité patriotique dont sont aussi imprégnés les valeurs, les rituels et les actes des autres grands sauveurs de notre panthéon républicain.

Elle est néanmoins intéressante à plusieurs niveaux. D'abord, parce qu'elle nous ramène au registre de l'émotionnel et du sacré, qui sont indissociables de la mythologie providentialiste. Ensuite, parce qu'elle rejoint les remarques formulées un peu plus haut sur la légende mendésiste, arrimée à une conception irréductiblement républicaine et démocratique du politique, dans l'héritage des

1. René Rémond, *Les Droites en France*, Paris, Aubier, 1983.
2. *Le Figaro Magazine*, 15 novembre 2003.

pères fondateurs de la Troisième République. De fait, la légende patriotique d'un Gambetta, d'un Clemenceau, voire d'un Boulanger, ne se dissocie à aucun moment du socle des valeurs républicaines qui la portent et la justifient, tandis que la mystique napoléonienne ou gaullienne est imprégnée de références à la tradition chrétienne de notre histoire prérévolutionnaire. *A contrario*, la légende pétainiste est à ce point immergée dans la tradition contre-révolutionnaire qu'elle apparaît totalement déconnectée de notre vécu républicain.

Si l'on se réfère au schéma de Max Weber, on voit bien que l'exception historique de Napoléon et du général de Gaulle réside dans leur capacité à synthétiser le fondement « traditionnel » et le fondement « rationnel » du pouvoir, intégrés dans une légende messianique elle-même associée au troisième fondement « charismatique ». Ainsi pourrait s'expliquer, à notre avis, cette suprématie mémorielle de nos deux hommes providentiels de référence.

L'exception gaullienne

Au palmarès de notre mémoire nationale, évaluée par sondage en 2000 pour un magazine d'histoire, de Gaulle arrive en tête et Napoléon derrière lui, loin devant toutes les autres personnalités. De tous nos autres hommes providentiels, seul Clemenceau, classé douzième, semble avoir résisté au tri mémoriel[1]. Dans un autre sondage de 2005, cette fois télévisuel et plus contestable, visant à choisir « le plus grand Français de tous les temps », le Général arrive à nouveau en première position, tandis que Napoléon n'est que seizième (derrière Coluche ou Fernandel), Clemenceau quatre-vingt-cinquième (entre Arthur Rimbaud et Gilbert Bécaud), alors que nos autres hommes providentiels sont exclus du palmarès[2]. Quoique sans grande valeur scientifique, ces deux sondages indiquent une hiérarchie mémorielle qui fait

1. *L'Histoire*, nº 242, avril 2000, p. 32-39.

2. Sondage BVA pour l'émission *Le Plus Grand Français de tous les temps*, Antenne 2, 14 mars et 4 avril 2005.

émerger les deux figures structurantes de la mythologie du sauveur.

Des spécialistes ont analysé avant nous les éléments constitutifs de ces deux mythes dominants, qui coïncident avec des tournants essentiels de notre histoire nationale, ainsi qu'avec deux personnalités hors du commun[1]. Maurice Agulhon leur reconnaît des structures légendaires identiques, articulées d'abord sur un acte fondateur, le 18 brumaire et le 18 juin, puis sur une phase de « dilapidation » de leur capital messianique, l'un se perdant dans une course militaire effrénée, l'autre au contraire dans une « traversée du désert » ponctuée par une prise du pouvoir controversée, puis par une troisième phase de réhabilitation posthume qui leur confère une place à part au panthéon des grands hommes[2]. C'est pourquoi Napoléon est encore aujourd'hui constamment l'objet d'ouvrages historiques et fictionnels, d'expositions et de films, et il ne passe pas un jour que l'on n'écrive sur lui. De Gaulle, devenu l'homme politique le plus vénéré des Français, apparaît lui aussi comme une figure universelle, respectée dans le monde entier, comme l'était celle de Napoléon au XIXe siècle. Au cœur de Paris, l'Arc de Triomphe célèbre la gloire de l'Empereur, sur la place qui porte le nom du Général. En somme, ils sont les référents majeurs de notre imaginaire politique national, les deux figures emblématiques de nos passions et de nos craintes.

Encore faut-il noter que le mythe napoléonien a traversé deux siècles, tandis que la mémoire gaullienne, incarnée encore par les derniers « barons » du gaullisme, commence à peine à être confrontée aux vicissitudes de l'Histoire. Mais le succès récent des biographies et des témoignages consacrés au Général, ainsi que l'affluence des visiteurs au mémorial de Gaulle à Colombey indiquent que ce passage d'une mémoire mythifiée à une reconnaissance historique a

1. Jean Tulard, *Napoléon ou le mythe du sauveur*, *op. cit.* ; Brigitte Gaïti, *De Gaulle prophète de la Cinquième République, 1946-1962*, *op. cit.* ; Nathalie Petiteau, *Napoléon, de la mythologie à l'histoire*, *op. cit.* ; Maurice Agulhon, *De Gaulle*, *op. cit.* ; Annie Jourdan, *Mythes et légendes de Napoléon*, *op. cit.* ; Sudir Hazareesingh, *La Légende de Napoléon*, *op. cit.*, et *Le Mythe gaullien*, *op. cit.*

2. Maurice Agulhon, *De Gaulle*, *op. cit.*, p. 53.

été couronné de succès. « Le Général vit aujourd'hui une apothéose posthume dans l'esprit des Français : jamais sa gloire n'a été moins contestée, jamais sa légende n'a triomphé à ce point[1] », écrivait déjà le journaliste Alain Duhamel lors du vingtième anniversaire de sa mort. Au même moment, l'historien René Rémond reconnaissait le gaullisme comme un « élément du consensus national », « patrimoine de souvenirs et de références qui constitue la mémoire collective et fonde l'identité nationale »[2].

Lors du trentième anniversaire, Maurice Agulhon, historien républicain s'il en est, étudiait à son tour le « mythe de Gaulle » comme l'un des mythes surplombant notre « geste nationale », ceux « dont se souviennent vaguement même les gens qui ont tout oublié de l'histoire »[3]. À cette occasion, l'inauguration d'une plaque reproduisant l'appel du 18 juin sous l'Arc de Triomphe par François Mitterrand, chef d'État socialiste et premier opposant au général de Gaulle, marquait symboliquement l'appropriation par la gauche du mythe gaullien.

À partir de cette reconnaissance syncrétique, il semble que se soit développée une véritable « gaullolâtrie » dont les thuriféraires sont aussi bien issus de l'entourage du Général que des journalistes ou historiens fascinés par sa légende et par son mythe. Le témoignage de l'amiral Philippe de Gaulle, incarnation mimétique de son père, apparaît comme la quintessence de cette mythogénie cultuelle, adossée à une interprétation pour le moins subjective des événements de l'Histoire[4]. Le Général y est présenté comme une figure de héros catholique pour lequel la monarchie est « théoriquement préférable » à la démocratie[5], une figure mythique que Pierre Nora analyse comme un de Gaulle « maréchalisé » par son fils[6]. À cette interprétation filiale, qui rejoint une tradition cultuelle dont la correspondance gaullienne nous a montré l'importance, l'historien

1. Alain Duhamel, *De Gaulle-Mitterrand. La marque et la trace*, Paris, Flammarion, 1991, p. 229.

2. René Rémond, *Notre Siècle*, Paris, Fayard, 1991, p. 642.

3. Maurice Agulhon, *De Gaulle*, *op. cit.*, p. 107.

4. Philippe de Gaulle, *De Gaulle mon père*, *op. cit.*

5. *Ibid.*, t. 1, p. 393.

6. Pierre Nora, « Du général à l'amiral », *Le Débat*, n° 134, mars-avril 2005, p. 156-157.

préfère une autre interprétation, référée aux quatre figures de sauveur identifiées par Raoul Girardet dans son essai pionnier sur les mythologies politiques. La mythogénie gaullienne se nourrit en effet à la fois de l'image d'Alexandre, le héros glorieux de l'appel du 18 juin, de celle de Cincinnatus, le vieux chef appelé comme un recours au moment de la crise de mai 1958, de celle de Solon, le législateur qui met en place la Cinquième République, et enfin de celle de Moïse, le guide et le prophète dont se nourrit la France post-gaullienne. Par ailleurs, ce qui couronne la supériorité du mythe gaullien sur le mythe napoléonien, c'est sa création *ex nihilo*, au moment précis où l'imaginaire national tourne le dos aux figures héroïques pour se donner à la figure pétainiste du père sacrificiel. Alors que le principe même du recours bonapartiste apparaît plébiscité par une fraction décisive des élites politiques comme par une bonne partie des Français, le général de Gaulle fabrique tout seul sa propre légende à partir de l'appel du 18 juin. Par cette capacité unique à « échapper au destin »[1], il impose une mythologie unique, par ailleurs adossée aux différentes strates de la tradition politique française, monarchique, bonapartiste et républicaine, donc une sorte de mythe national absolu[2]. À l'aune de cette quintessence mythologique, la suite du récit national peut apparaître comme un théâtre d'ombres.

1. André Malraux, *Les Chênes qu'on abat*, *op. cit.*, p. 41-42.
2. Nous rejoignons ici les conclusions de Sudir Hazareesingh, *Le Mythe gaullien*, *op. cit.*

Épilogue

Les poussières du mythe

« Peut-être aurai-je écrit les dernières pages du livre de notre grandeur », se demande déjà le général de Gaulle dans sa conférence de presse du 12 novembre 1953, avant de commencer sa traversée du désert. Pour André Malraux, les choses sont claires à la mort du Général, mythifié dans son incarnation absolue du sauveur français : « Maintenant, le dernier grand homme qu'ait hanté la France est seul avec elle », et « la nuit tombe »[1].

Est-ce pour autant la fin du mythe messianique ? C'est ce que laisse entendre Édouard Balladur dans son ouvrage sur Jeanne d'Arc, expliquant la disparition du mythe par la maturité du système politique établi sous la Cinquième République, ainsi que par la médiocrité relative de ses acteurs principaux. À l'appui de cette hypothèse, on peut avancer la solidité de nos institutions, qui semblent nous protéger des crises politiques majeures dont avaient pâti ses devancières. L'entrée dans la normalité démocratique, qui a signé avec l'alternance et la cohabitation « la fin de l'exception française[2] », serait un garde-fou contre la tentation du sauveur. Par ailleurs, l'avènement de la démocratie d'opinion et de son corollaire, la « pipolisation », contribue à une banalisation de l'homme politique, désormais noyé dans le flux des gloires éphémères du show-business. Il n'y a plus de place pour le « grand homme » qui

1. André Malraux, *Les Chênes qu'on abat*, *op. cit.*, p. 236.

2. François Furet, Jacques Julliard, Pierre Rosanvallon, *La République du Centre. La fin de l'exception française*, Paris, Calmann-Lévy, 1988.

devait tout au « temps cumulatif », à la « patience » et à « l'énergie qui se renforce en elle-même au quotidien »[1].

Alors quelle place pour l'homme providentiel ? Faut-il se conformer à la vulgate gaullienne, qui fait du Général une sorte de point d'aboutissement de notre histoire messianique, l'incarnation idéale et ultime de ce fantasme collectif de l'homme providentiel, dont Bonaparte avait marqué l'avènement ? On peut retourner l'argumentaire d'Édouard Balladur en montrant que le régime de plus en plus présidentialisé de la Cinquième République est un facteur déterminant de la personnalisation de la vie politique, qui favorise précisément l'appel au sauveur. D'autre part, on voit bien que la démocratie de l'émotion et de l'image, du *storytelling* et du « coup d'éclat permanent », consacrant la victoire de la séduction sur la conviction, le triomphe de l'image sur le verbe, de l'émotion sur la réflexion et de la subjectivité sur la rationalité, est un terreau particulièrement propice à l'éclosion de postures providentielles. Si les « grands hommes » de l'envergure de Bonaparte, de Clemenceau ou de De Gaulle semblent avoir déserté la scène politique, peut-on réellement parler d'une « éclipse du sauveur[2] » ? Le temps des gestionnaires et des stars éphémères a-t-il réellement supplanté le temps du héros ? Ce serait oublier quelques moments majeurs de notre histoire récente, qui ont fait resurgir la fascination du sauveur. Mais leur histoire est-elle à la hauteur de cette fascination ?

Monsieur X

Le premier avatar de cette mythologie pourrait être le candidat antigaulliste dont Jean Ferniot, dans *L'Express* du 19 septembre 1963, brosse le portrait-robot : « Monsieur X », « l'idéal politique de l'homme d'État moderne », un homme d'action, qui « sait écouter » et qui « sait foncer », un homme d'expérience qui connaît « toute la complexité de la vie économique et sociale du monde moderne »[3] ;

1. Jean-Noël Jeanneney et Philippe Joutard, *Du bon usage des grands hommes en Europe*, Paris, Perrin, 2003, p. 16.
2. Didier Fischer, *L'Homme providentiel*, *op. cit.*, p. 135.
3. « Defferre est-il Monsieur X ? », *L'Express*, 24 octobre 1963, p. 12.

bref, une sorte de nouveau Mendès France, cousin français du président américain John F. Kennedy. Lancée comme une opération publicitaire, cette figure virtuelle d'homme providentiel s'incarne au bout de quelques semaines, lorsque la presse l'identifie avec humour comme « l'homme au masque Defferre [1] ». Le 18 décembre, Gaston Defferre déclare officiellement sa candidature, avant d'être investi par la SFIO, le 2 février 1964. Figure de la gauche non communiste, le maire de Marseille peut en effet apparaître comme le rassembleur idéal des antigaullistes.

Pourtant son premier discours de candidat, prononcé le 12 janvier dans la cité phocéenne, prouve qu'il est tout le contraire d'un homme providentiel. S'étant appuyé sur la presse et sur l'opinion publique pour imposer de l'extérieur sa candidature au parti, jouant à fond le jeu de la personnalisation qui accompagne l'élection présidentielle, il encourt le soupçon de faire du « gaullisme sans de Gaulle », ce qui pourrait lui aliéner une gauche farouchement hostile au pouvoir personnel. C'est pourquoi son discours vise à s'opposer trait pour trait à l'image gaullienne de l'homme providentiel : face au « sauveur », à l'homme des situations exceptionnelles, il se pose en gestionnaire du quotidien ; face à l'homme seul, qui n'a d'autre programme que sa personne, il oppose une équipe et une politique. « Les Français auront alors à choisir entre, d'une part, cette politique et l'homme qui se sera engagé à l'appliquer et, d'autre part, le personnage historique, séduisant, mais mystérieux, et qui considère qu'il n'a pas à exposer une politique, ni à rendre des comptes [2]. »

Parti trop tôt en campagne, Gaston Defferre stagne bientôt dans les sondages, et se heurte à l'hostilité conjuguée du PCF et des leaders socialistes et démocrates-chrétiens, qui renoncent au candidat unique de la gauche et du centre : il se retire de la compétition le 25 juin 1965, laissant la voie libre à François Mitterrand. S'il a paru incarner pendant quelques semaines une solution politique nouvelle qui pouvait l'associer à une figure de sauveur, Monsieur X s'est heurté à une double impasse symbolique : d'une part, celle d'une culture de gauche rétive à toute forme de

1. *Le Canard enchaîné*, 9 octobre 1963.
2. Cité dans *Le Monde*, 14 janvier 1964.

personnalisation du pouvoir ; d'autre part, à la stature écrasante du général de Gaulle, qui occupait pour la majorité des Français ce champ symbolique de l'homme providentiel.

De Jaurès à Doumergue

François Mitterrand occupe-t-il ce champ lors de l'élection présidentielle historique de 1981 ? Candidat de la « force tranquille », il apparaît sur les affiches de campagne, inspirées par l'iconographie pétainiste, comme le rassembleur des Français, enraciné dans la France profonde et terrienne, tel un Cincinnatus venu de la gauche mais désireux d'incarner toute la Nation. Au soir de son triomphe, Jean-Pierre Chevènement, bousculant la chronologie, le voit entrer « dans l'histoire de France comme Gambetta, il y a un siècle, quand il a effacé Mac-Mahon [1] ». Si la fête socialiste de la Bastille, à laquelle ne participe pas le nouvel élu, se fait sous le signe de la révolution populaire, c'est à Pierre Mendès France qu'il est fait hommage le 21 mai 1981, lors de la cérémonie à l'Élysée. En revanche, celle du Quartier latin, organisée par Jack Lang, tend à sacraliser le rite d'intronisation de François Mitterrand, autocélébré dans l'héritage des grands hommes. Dans cette mise en scène d'une rencontre avec l'Histoire, qui le voit entrer seul au Panthéon, l'église de la République, et déposer les roses rouges de la sociale sur les tombeaux de Victor Schœlcher, Jean Jaurès et Jean Moulin, il y a l'ambition de se frotter à la mythologie de l'homme providentiel.

Cela semble une évidence pour Ernest Carlier, directeur d'école normale à Mons, en Belgique, qui publie dans *Le Monde* du 2 juin 1981 une lettre rassemblant dans les hauteurs de l'Histoire Clemenceau, de Gaulle et François Mitterrand, tous trois ayant selon lui réussi à « faire éclater les cloisons partisanes », et partageant la même idée « d'une France-personne, d'une identité historique, d'un destin national exemplaire ». Mais il y a loin de l'ambition à l'Histoire. Celle des présidences mitterrandiennes, marquée notamment par les séquelles de la crise mondiale, ne

1. Cité *ibid.*, 11 mai 1981.

relève pas d'une légende glorieuse propre à la fabrication du mythe. On en retiendra plutôt le slogan de « génération Mitterrand », inventé par le publicitaire Jacques Séguéla pour la campagne de 1988, et la « tontonmania » qui s'ensuivit, autour d'un chef d'État monarchique, de plus en plus identifié à un père de la Nation, au mieux dans la tradition d'un Clemenceau, au pire dans celle d'un Doumergue. Et, de fait, on pourrait considérer qu'il y a du « Gastounet » dans ce vieil homme fatigué qui décide de se représenter le 22 mars 1988, afin d'éviter au pays le « risque de retomber dans les querelles et les divisions qui, si souvent, l'ont miné », et refusant que la France soit « prise en main par des esprits intolérants, par des partis qui veulent tout, par des clans ou par des bandes »[1]. Il y a du « Gastounet », encore, dans le slogan de la « France unie », qui était déjà le leitmotiv de Doumergue, incarnant l'union nationale. Il y a du « Gastounet » enfin dans la *Lettre aux Français* diffusée à trois millions d'exemplaires, et présentée par François Mitterrand comme « une sorte de réflexion en commun, comme il arrive le soir, autour de la table, en famille », exactement dans l'esprit des causeries radiophoniques dispensées par le président du Conseil en 1934.

Soyons clair ! Il est évident que le rôle historique du premier président de l'alternance, figure majeure de la gauche française et de notre légende nationale, l'installe à un tout autre niveau mémoriel que Gaston Doumergue, incarnation parmi beaucoup d'autres de la république radicale de l'entre-deux-guerres. Mais la perception collective de François Mitterrand, entré en présidence sous le signe de Gambetta et de Jaurès, l'en fait sortir à l'image d'un Cincinnatus plus que d'un César, sans avoir pu égaler le référent gaullien. Ce que souligne avec cruauté Jacques Faizant dans *Le Figaro* du 1er janvier 1990, dessinant le Général comme un géant auquel Marianne ouvre la porte, tandis qu'en arrière-plan un petit Mitterrand fronce les sourcils. « Il fallut François Mitterrand pour redécouvrir Charles de Gaulle[2] », écrit le philosophe André Glucksmann à la fin du second septennat.

1. Intervention au journal de vingt heures d'Antenne 2 le 22 mars 1988.
2. André Glucksmann, *De Gaulle, où es-tu ?*, Paris, Jean-Claude Lattès, 1995, p. 203.

Et, de fait, le déclassement de l'illusion mitterrandienne ouvre la voie à une assimilation par la gauche française de la mythologie gaullienne, remettant en cause ses réticences historiques envers la figure de l'homme providentiel. Au-delà des appropriations politiques du volontarisme gaullien[1], la réflexion mémorielle la plus stimulante vient de Régis Debray, qui non seulement réhabilite la figure d'exemplarité historique du Général, mais en fait aussi, aux yeux de la gauche, un modèle porteur d'avenir, celui qu'il appelle « le premier homme du XXIe siècle[2] ». Nous avons vu à propos du *Mémorial de Sainte-Hélène* à quel point cette dimension prophétique est centrale dans le processus mythogénique, en ce sens qu'elle permet à la postérité de l'homme providentiel de se reconnaître dans son parcours et dans ses idées.

Ce n'est pas un hasard si la posture de Jacques Chirac, porte-parole de la famille politique gaulliste lors des élections de 1995, semble précisément renouer avec le principe de rupture volontariste associé au mythe gaullien. Le discours de combat qui marque la campagne chiraquienne, engagée dans la réduction de la « fracture sociale », résonne comme un retour aux sources du gaullisme, non seulement dans sa dimension politique, mais aussi dans le champ symbolique de la mythogénie. Le contraste n'en est que plus saisissant avec la perception collective de l'immobilisme présidentiel, puis avec la résurgence appuyée de la posture du vieux sage rassembleur lors de la réélection de Jacques Chirac en 2002. Le voici désormais en situation d'incarner l'unité républicaine face au péril de l'extrême droite, incarné par Jean-Marie Le Pen au second tour de l'élection présidentielle. L'analogie avec la menace dite « fasciste » du 6 février 1934 ne serait pas de mise, tant il est vrai que le recours à Gaston Doumergue s'est fait sous la pression des ligues, et non pour les contrecarrer. Tandis que c'est très explicitement pour « faire barrage à l'extrême droite », au nom du « socle commun de nos valeurs républicaines », que Jacques Chirac sollicite le vote des électeurs de gauche et du

1. Jean-Pierre Chevènement, *Le Courage de décider*, Paris, Robert Laffont, 2002.
2. Régis Debray, *À demain de Gaulle*, *op. cit.*, p. 139.

centre entre les deux tours[1]. Ce qui rapproche néanmoins ces deux moments de notre histoire messianique, c'est l'image du sauveur, rassembleur et restaurateur de l'ordre républicain. Mais on est loin de la mystique collective qui accompagne l'homme providentiel.

« Ce soir nous célébrons la République », déclare Jacques Chirac au soir de sa réélection, « nous la célébrons comme chaque fois dans l'Histoire quand elle remporte une victoire [...], fière, fidèle à ses valeurs, forte et rassembleuse »[2]. Sa victoire est celle de la défense républicaine, rempart ultime contre nos fièvres hexagonales. Raymond Barre n'a pu sauver le franc comme Poincaré, Jacques Delors a refusé de jouer les Mendès France, et Jacques Chirac termine son quinquennat en René Coty plutôt qu'en de Gaulle. En ce début du XXIe siècle, le mythe du sauveur semble bel et bien dépassé. Il est d'autant plus surprenant de le voir resurgir avec force lors de la campagne présidentielle de 2007.

Le trio messianique de 2007

De façon paradoxale, la posture gaullienne n'est pas celle du candidat des gaullistes Nicolas Sarkozy. C'est le démocrate-chrétien François Bayrou qui s'en est emparé, comme de la seule stratégie possible pour contourner la logique présidentielle bipolaire régulièrement fatale aux candidats du centre. En intitulant son ouvrage programmatique *Projet d'espoir*[3], il fait explicitement référence aux *Mémoires d'espoir* du général de Gaulle. À l'exemple du RPF de 1947 ou de l'UNR de 1958, il s'agit de proposer aux Français un « rassemblement », dont « la vague dépassera de beaucoup l'élection présidentielle »[4]. À l'instar du Général, en guerre contre les intérêts et contre les clans, il dénonce « le cercle des puissants » et les « grands médias qui ont orchestré pour les Français

1. *Ouest-France*, 3 mai 2002.
2. *Le Monde*, 6 mai 2002.
3. François Bayrou, *Projet d'espoir*, Paris, Plon, 2007.
4. *Le Monde*, 18 avril 2007.

un choix dicté à l'avance», se présentant comme la victime des « puissances économiques » qui détiennent le pouvoir médiatique et faussent le jeu républicain[1]. Face à un «pays en danger d'épuisement, de révolte, de fracture», il se décrète, lors de son meeting du 18 avril 2007, en état de « résistance » et se pose en « rassembleur » des Français[2]. Cette posture gaullienne, face aux périls qui menacent, lui vaut une popularité exceptionnelle, que son charisme personnel transforme parfois même en idolâtrie: « Vous êtes la révélation de ma vie», lui déclare par exemple une militante à Châteauneuf-du-Pape[3]. C'est ainsi qu'il rassemble 18,5 % des suffrages au premier tour de l'élection présidentielle, un score historique dans l'histoire des centres. D'où le lancement d'un nouveau parti, le Modem, créé le 10 mai 2007 à la Mutualité, avec ce mot d'ordre, renvoyant à nouveau à la mythologie gaullienne: «résister».

Ce résultat exceptionnel aurait pu lui suffire pour accéder au second tour s'il n'avait pas trouvé sur sa route une candidate socialiste elle aussi atypique, et elle aussi très inspirée par la mythologie de l'homme providentiel. Prenant à revers les canons de la social-technocratie, Ségolène Royal bâtit sa candidature sur les fondements d'une religiosité démocratique dont elle se veut l'incarnation. «On dirait une apparition venue du ciel, comme l'Immaculée Conception. On est dans l'ordre du mystique, de la mission[4]», interprète le psychanalyste Serge Hefez au lendemain de sa victoire aux «primaires» socialistes. L'un de ses jeunes supporters, créateur de l'association Ségolène-Sciences Po, évoque son « magnétisme », son «charisme, cette émotion qui soudain se dégage»[5]. Émaillant ses discours de références bibliques, d'expressions religieuses ou directement christiques, comme « gravir la montagne » ou « aimez-vous les uns les autres», elle se présente comme une sorte de Vierge en veste blanche, s'adressant sur un mode prophétique aux

1. Interview du 2 septembre 2006, journal de vingt heures de TF1 ; François Bayrou, *Au nom du Tiers-État*, Paris, Hachette, 2006.
2. *Le Monde*, 20 avril 2007.
3. *Ibid.*, 17 avril 2007.
4. *Le Parisien*, 16 novembre 2006.
5. «La présidentielle vue de mon amphi», *Le Monde*, 20 janvier 2007.

pèlerins venus « communier » dans ses meetings. Surnommée par certains « la Madone », filmée dans les Deux-Sèvres portant un agneau dans les bras, telle la bergère de Domrémy, elle renvoie inévitablement à l'image emblématique de Jeanne d'Arc, dont elle se réapproprie l'héritage messianique et national[1].

Comme Jeanne, elle se veut issue du peuple, « qui [l]'a faite, qui a écrit cette histoire[2] ». Comprenant l'efficacité des identifications miroirs, par lesquelles chacun se reconnaît dans la figure de l'autre, elle se met systématiquement en scène au cœur de la foule, en meeting comme dans les débats participatifs. Accessible, disponible, à l'écoute, elle est au milieu de son peuple, au même rang que les Français. Comme Jeanne, elle renoue avec la simplicité du paraître et des émotions, ce dont témoigne sa déclaration télévisée, depuis son fief électoral de Melle, au soir de sa désignation : « Je voudrais simplement vous dire tout le bonheur que je ressens. Je suis très heureuse et je ressens intensément ce moment de bonheur[3]. » Mais, comme Jeanne aussi, elle se présente dans la posture du sauveur, en « mission de reconquête pour la France », guidant sur « le chemin de ce nouvel élan partagé » tous ceux qui veulent « se mettre en marche » afin de « redresser la France » et « mettre fin à ce vécu de déclin et de pessimisme », qui justifie l'appel à l'homme providentiel[4]. Photographiée dans *Paris-Match* lors de sa dernière réunion de campagne, « la Madone des meetings » avance seule au milieu de la foule, lentement, « d'un pas qui sied à la lévitation », les bras tendus, paumes entrouvertes, « tournées comme une offrande », montant à la tribune où elle « soulève les foules »[5]. C'est le sacrifice de Jeanne pour la Nation.

Mais face à Ségolène-Jeanne se dresse le petit Bonaparte, celui dont les codes se rapprochent le plus de la tradition messianique contemporaine. Un jeune militant UMP de l'Oise, interrogé dans *Le Monde* en janvier 2007, retrouve les poncifs historiques de cette idolâtrie séculaire pour parler de ce « chef » à « poigne », se

1. Journal télévisé du 14 janvier 2007.
2. *Le Monde*, 21 février 2007.
3. *Ibid.*, 17 novembre 2006.
4. *Ibid.*, 1-2 octobre et 27 novembre 2006.
5. *Paris-Match*, 3-9 mai 2007, p. 48-53.

déclarant « ébloui, halluciné, galvanisé par la force de son discours » qui redonne « de l'énergie, du rêve, de la confiance aux jeunes », mais « sans nostalgie du gaullisme »[1]. C'est pourtant de cet héritage du Général dont se réclame sans cesse Nicolas Sarkozy. En meeting à Saint-Étienne le 9 novembre 2006, il se reconnaît dans celui qui fut « l'homme de la rupture ». À Épinal, lieu emblématique du gaullisme, il invoque le discours du 29 septembre 1946, dans lequel le Général fustigeait le « régime des partis »[2]. À six jours de l'élection présidentielle, le 16 avril 2007, il vient se recueillir à Colombey sur la tombe du Général pour, dit-il, « s'inscrire dans cette partie de l'histoire de France ». Inaugurant l'Historial Charles de Gaulle aux Invalides, le 22 février 2008, il se veut « inspiré » par celui qui fut « toujours, de son vivant, là où personne ne l'attendait »[3].

Le journaliste Alain Duhamel préfère le comparer au « Premier Consul commençant », sans toutefois « lui en conférer l'envergure »[4]. *Le Point* du 9 janvier 2009, présentant les bonnes pages de l'ouvrage cité, fait sa une sur « Nicolas Bonaparte », coiffé du bicorne de l'Empereur. C'est d'ailleurs cette image, « si c'était un tableau », que reprend son collaborateur, l'écrivain José Frèches, brossant son portrait chinois[5]. Comme Bonaparte, dont il partagerait selon Alain Duhamel l'« ambition immense », « le volontarisme, l'ascendant, l'éloquence », ainsi que la « vitalité bouillonnante » et la « détermination d'airain », Nicolas Sarkozy se propose de « rompre » avec l'ordre établi, fort de sa capacité à la « mise en scène publique » de son action. C'est ainsi qu'il peut apparaître comme « un bonapartiste inaugurant le XXIe siècle français »[6].

C'est en tout cas une référence symbolique que Nicolas Sarkozy a cultivée tout au long de sa campagne présidentielle, imprégnée d'une tonalité propre à suggérer l'homme providentiel. « Sa campagne a été celle de la réappropriation de l'Histoire par la poli-

1. « La présidentielle vue de mon amphi », *Le Monde*, 20 janvier 2007.
2. *Ibid.*, 12 février 2007.
3. *Ibid.*, 23 février 2008.
4. Alain Duhamel, *La Marche consulaire*, *op. cit.*, p. 13.
5. *Paris-Match*, 3-9 mai 2007, p. 60.
6. *Ibid.*, p. 13-19.

tique », déclare Henri Guaino, le rédacteur de ses discours, car il « a compris à quel point il était nécessaire de reparler de la France, de son histoire »[1]. On sait à quel point cette « réappropriation » sélective a pu faire débat, y compris parmi les historiens eux-mêmes. « La France ne cesse de se chercher des occasions d'espérer des moments pleins d'histoire nationale », dit-il, citant l'historien des « lieux de mémoire » Pierre Nora, dans son discours de Nîmes du 9 mai 2006[2]. Cette France en crise de la fin de règne chiraquienne, cette France qui « tombe[3] », décrite par ceux que Dominique de Villepin surnomme les « déclinologues », il est temps pour Nicolas Sarkozy de la sauver. C'est la mission qu'il s'assigne au nom de « l'écrasante responsabilité morale de la politique », lors de la cérémonie d'intronisation du 14 janvier 2007, devant les militants de l'UMP réunis porte de Versailles.

Il y déclame, au nom du gaullisme, les codes incontournables de la rencontre messianique entre l'homme providentiel et son peuple, à savoir le « refus » du « renoncement » et du « déclin », la nécessité de la « rupture » par le rassemblement, car « la France n'est forte que lorsqu'elle est rassemblée ». Tout cela repose évidemment sur le « don de soi » et sur l'identification amoureuse à la France et à son histoire, qui seule fait l'étoffe du sauveur[4]. À l'instar du général de Gaulle, c'est une France idéale, « la France dont je rêve », dira Nicolas Sarkozy au soir du premier tour[5]. C'est « l'âme de la France » rencontrée aux points cardinaux de son histoire mythifiée, tels qu'il les énumère à Montpellier le 3 mai suivant : le Mont-Saint-Michel, symbole de la France chrétienne, Verdun, emblème du patriotisme républicain, et Colombey, point d'ancrage du gaullisme. C'est surtout une France incarnée, qui a cessé « de n'être qu'une idée pour devenir presque une personne », vers ce mariage symbolique que constitue l'élection présidentielle : « La France, elle ne m'a pas quitté, je n'ai parlé que d'elle, je n'ai pensé qu'à elle, je n'ai fait campagne que pour elle », dira-t-il encore,

1. *Ibid.*, 9-15 mai 2007, p. 88.
2. *Le Monde*, 10 mai 2006.
3. Nicolas Baverez, *La France qui tombe*, Paris, Perrin, 2003.
4. *Le Monde*, 16 janvier 2007.
5. *Ibid.*, 24 avril 2007.

prétendant au cœur de la Nation[1]. À l'écoute de la France, il est le candidat thaumaturge qu'une jeune femme demande à toucher en février 2007 pour porter bonheur à son enfant malade[2]. Au soir de sa victoire, salle Gaveau, le 6 mai 2007, il dira sa « fierté indicible d'appartenir à une grande, vieille et belle nation, la France », qu'il « aime comme un être cher qui m'a tout donné », et à laquelle il veut maintenant « tout donner »[3]. On est là encore dans la tradition rhétorique de l'homme providentiel.

De même lorsqu'il s'identifie aux icônes de notre histoire messianique. C'est ainsi qu'il évoque le « visage lumineux » de Jeanne, « fille de Lorraine », celui de Gambetta, comme lui d'origine étrangère, « émigré italien naturalisé français », ainsi que « la force du Tigre » en 1917 et, bien sûr, « la voix du général de Gaulle le 18 juin 1940 ». Il leur adjoint d'autres figures, notamment Georges Mandel, « l'homme qu'on attendait », et dont il fut le biographe, le jeune résistant-martyr Guy Môquet, dont il fera une référence controversée, ainsi que « la grande voix de Jaurès » et celle de Léon Blum, qui n'étaient pourtant pas de son bord.

Car, nous l'avons vu, l'homme providentiel se doit d'être un fédérateur, un rassembleur, qui revendique l'histoire de France tout entière, « celle de Saint-Louis et celle de Carnot, celle des croisades et celle de Valmy », et qui tend la main « à tous les Français ». Il le proclamait déjà à Périgueux le 12 octobre 2006 : « Nous sommes les héritiers de tous ceux qui dans l'Histoire ont porté haut les idées de nation quel que fût leur parti[4]... » Et puisque « la République est un combat toujours recommencé pour l'émancipation de l'homme », il mènera ce combat avec toute l'ardeur nécessaire, car le sauveur est un combattant, qui a « l'obligation du résultat » et qui ne conçoit que « la victoire de la France ». Il lui offrira la « rupture » avec le passé, la « démocratie irréprochable » que les élites en place n'ont pas su garantir, « l'audace, l'intelligence et la création » d'une « ère nouvelle », afin qu'elle donne « l'exemple au monde ». Mis en scène dans la

1. *Ibid.*, 5 mai 2007.
2. Raconté dans *Paris-Match*, 3-9 mai 2007.
3. *Le Monde*, 8 mai 2007.
4. *Ibid.*, 13 octobre 2006.

posture du prophète et du guide, il invite ses partisans à se mettre en marche vers l'idéal, c'est-à-dire « la France d'après », puisque « ensemble, tout devient possible »[1].

Un nouveau Prométhée ?

Henri Guaino reconnaît à son discours un style « prométhéen », frisant le « ridicule ». Mais il y voit avant tout un éloge du « politique » et de la « volonté »[2]. C'est cette image volontariste qui doit entraîner l'adhésion à l'homme providentiel, comme dans cet autre discours du 11 février 2007 à la Mutualité, où le candidat Sarkozy emploie dix fois la formule « je veux », comme le leitmotiv de sa détermination bonapartiste. C'est pourquoi le philosophe André Gluscksmann lui accorde son soutien, « dans un moment gaullien où il convient d'oser penser, fût-ce contre ses propres certitudes, puis d'oser entreprendre[3] ». Filmé à cheval en Camargue deux jours avant le premier tour de l'élection, n'évoque-t-il pas le jeune Bonaparte, prêt à caracoler vers toutes ses victoires[4] ? À l'instar de son illustre modèle, n'a-t-il pas transformé ses victoires politiques, plus ou moins probantes, en autant de coups d'éclat médiatiques ? Et n'est-il pas, à l'instar de l'Empereur qui rédigeait lui-même ses bulletins de victoire, le principal acteur du *storytelling*, que Bonaparte avait inventé bien avant les conseillers de Bill Clinton[5] ? Ses quatre mille deux cents passages à la télévision en dix ans[6], de 1996 à 2006, soit plus d'un par jour, avant même la campagne présidentielle, indiquent que l'hyperprésidence était déjà en germe dans l'épopée ministérielle sarkozyste, comme Napoléon pointait sous Bonaparte. Présente sur 20 % des couvertures de l'hebdomadaire *Paris-Match* en 2007, la saga de la famille Sarkozy ne le cède

1. *Ibid.*, 15 janvier 2007.
2. Cité par Ghislaine Ottenheimer, *Le Sacre de Nicolas. Petits et grands secrets d'une victoire*, Paris, Seuil, 2007, p. 147.
3. « Pourquoi je choisis Nicolas Sarkozy », *Le Monde*, 30 janvier 2007.
4. Olivier Duhamel et Michel Field, *Le Starkozysme*, Paris, Seuil, 2008, p. 10.
5. Christian Salmon, *Storytelling. La machine à fabriquer des histoires et à formater des esprits*, Paris, La Découverte, 2007.
6. Estimation fournie par *VSD*, 15 novembre 2006.

en rien à celle des Buonaparte, jusque dans le bal des épouses, Carla prenant la place de Cecilia comme Marie-Louise avait succédé à Joséphine [1].

Dans ce registre de la représentation, si important pour la compréhension du phénomène providentialiste, on pourrait aussi comparer la petite taille et l'hyperactivité du président à celles de l'Empereur, leur statut d'immigrés dans l'Hexagone, leur ambition démesurée, leur goût des femmes ou leur familiarité. Mais c'est plutôt à Napoléon III que l'assimilent en majorité les blogs et caricatures, souvent hostiles. Peu après son élection, l'hebdomadaire *Marianne* ne titrait-il pas sur « le IIIe Empire », dessinant en couverture Nicolas Sarkozy coiffé du bicorne impérial pour faire son jogging, à l'image d'une présidence frénétique et hypermédiatisée [2] ? De même circule sur la Toile un extrait significatif du *Napoléon le Petit* de Victor Hugo : « Que peut-il ? Tout. Qu'a-t-il fait ? Rien. [...] Dieu sait pourtant que le Président se démène : il fait rage, il touche à tout, il court après les projets ; ne pouvant créer, il décrète ; il cherche à donner le change sur sa nullité ; c'est le mouvement perpétuel ; mais, hélas ! cette roue tourne à vide. L'homme qui, après sa prise du pouvoir, a épousé une princesse étrangère est un carriériste avantageux. Il aime la gloriole, les paillettes, les grands mots, ce qui sonne, ce qui brille, toutes les verroteries du pouvoir. Il a pour lui l'argent, l'agio, la banque, la Bourse, le coffre-fort. Il a des caprices, il faut qu'il les satisfasse. [...] Triste spectacle que celui du galop, à travers l'absurde, d'un homme médiocre échappé. »

Nicolas Sarkozy ne serait-il donc qu'un « de Gaulle au petit pied », comme le désigne ironiquement le socialiste Pierre Moscovici, voire même le « mauvais génie de la France », comme le redoute le Mouvement des indigènes de la République [3] ? Qu'est devenu le rêve messianique qui devait « transformer la France », à l'instar de Martin Luther King qui avait « changé l'Amérique » [4] ?

1. Dix couvertures de *Paris-Match* sur cinquante-deux présentent en 2007 un ou plusieurs membres de la famille Sarkozy.

2. *Marianne*, n° 532, 30 juin 2007.

3. I Télé, 1er avril 2009 ; blog de René Saba, 14 janvier 2007.

4. *Le Monde*, 21 avril 2007.

Ce sera à l'Histoire d'en juger. L'état de grâce du soir de l'élection, marqué par l'image des « trente mille fidèles » en « transe » place de la Concorde, décrits par une certaine presse comme les « nouveaux visages de la jeunesse de France », a laissé place au bout de quelques mois à la rogne et à la grogne[1].

Si l'on croit l'évolution de ses courbes de popularité, qui ont chuté de 65 % d'opinions favorables après l'élection de 2007 à moins de 30 % trois ans après, la légende noire semblerait l'emporter sur la vénération des débuts. Le même magazine britannique qui le représentait en avril 2007 en Bonaparte au pont d'Arcole ironise en septembre 2010 sur « l'incroyable président qui rétrécit », ses jambes dépassant à peine du bicorne impérial qui le recouvre entièrement[2]. Mais on a connu dans l'histoire de la Cinquième République d'autres fluctuations sensibles de la notoriété présidentielle, et il faut se garder d'en inférer une conclusion définitive. Ce qui compte pour notre propos, c'est le registre référentiel et métaphorique dont ont été imprégnées la campagne puis la présidence sarkozystes, et qui nous renvoie à la mythologie de l'homme providentiel.

Le temps des Olybrius

On peut évidemment considérer que c'est une mythologie galvaudée, qui s'utilise à tout bout de champ et dans tous les domaines. C'est presque pathétique si l'on se réfère aux grandes heures de l'histoire nationale qui lui ont été associées. On peut y voir le « nivellement propre à la société démocratique », en tout cas une tendance à « sacraliser la liberté de l'individu »[3]. De fait, le XXIe siècle voit triompher la démocratie d'opinion, que Jacques Julliard appelle la « doxocratie[4] », et qui produit des vedettes, mais rarement des hommes d'État. L'atelier de la politique fabrique des

1. *Paris-Match*, 9-15 mai 2007.
2. *The Economist*, 14 avril 2007 et 10 septembre 2010.
3. Jean-François Chanet, « La fabrique des héros. Pédagogie républicaine et culte des grands hommes de Sedan à Vichy », *Vingtième Siècle*, n° 65, 2000, p. 32.
4. Jacques Julliard, *Que sont les grands hommes devenus ? Essai sur la démocratie charismatique*, Paris, Saint-Simon, 2004, p. 22.

communicants plus ou moins charismatiques, mais plus de grands hommes, encore moins des héros. Or, si ces derniers ont vocation à tirer le corps national vers le haut, les idoles éphémères du *storytelling* ont plutôt tendance à rejoindre le populisme de la médiocrité. Tombé de son piédestal, l'homme politique moderne s'est désormais installé sur les plateaux de télévision, où il tend complaisamment à ses concitoyens le miroir narcissique de leurs propres pulsions.

Reconnaissons par ailleurs que cette banalisation du politique est la contrepartie de la stabilité institutionnelle et sociale de la Cinquième République. On peut d'ailleurs considérer que la présidentialisation du régime fonctionne dans une certaine mesure comme une sorte de ritualisation banalisée de l'homme providentiel. La compétition électorale de 2007, mettant en lumière trois figures d'incarnation du sauveur, a été l'illustration parfaite de cette répétition symbolique. Et n'est-il pas troublant qu'à l'horizon d'une nouvelle campagne présidentielle se soit profilée l'image d'un nouvel homme providentiel, aux initiales proches de celui qui fut le recours de l'Amérique des années 1960, et qui apparaissait d'autant plus désirable qu'il était lointain et silencieux ?

Une fois de plus se reproduit le phénomène de fascination pour le sauveur, dont on attend des miracles et que la démocratie des sondages semble faire émerger comme le recours. Toute la démarche de ce livre a consisté à montrer à quel point cette quête avait hanté notre imaginaire politique national depuis la Révolution française. Du point de vue de l'historien, c'est bien la récurrence du phénomène qui s'impose, au-delà des adaptations circonstancielles et générationnelles qui l'accompagnent. Aux époques de César, puis de Périclès, de Cincinnatus et de Solon, qui ont scandé cette histoire symbolique depuis deux siècles, on pourrait donc ajouter celle d'Olybrius, qui régna sur l'Empire romain du 11 juillet au 23 octobre 472, symbole malheureux de la décadence d'une civilisation.

Conclusion

Pourquoi l'histoire de la France contemporaine, qui raconte d'abord et avant tout la construction d'une démocratie républicaine, est-elle à ce point imprégnée par la fascination de l'homme providentiel ? Pourquoi cet effort séculaire entamé depuis 1789 pour instaurer une souveraineté collective « à la française » est-il à ce point scandé par des moments de recours au surhomme ?

On peut y voir en premier lieu un aveu d'impuissance, un témoignage de notre incapacité à résoudre ensemble les problèmes qui se posent à la société française. Cette déficience démocratique est compréhensible dans les situations où la défaite et l'occupation étrangère disloquent les structures de pouvoir incarnant la souveraineté collective. De la Révolution française à la guerre d'Algérie, presque chaque génération a connu la guerre, donc le culte du combattant. C'est ainsi que sont apparus les sauveurs de guerre, Bonaparte en 1799, Gambetta en 1870, Thiers en 1871, Clemenceau en 1917, de Gaulle en 1940, permettant à la Nation ébranlée de recréer une unité symbolique autour d'une figure d'incarnation fédératrice.

Il est plus étonnant de recourir à cette figure symbolique du sauveur lorsque l'identité de la France n'est pas menacée. C'est pourtant ce qui arrive à la Seconde République, incapable de résoudre la crise économique et sociale du milieu du XIXe siècle autrement que par la résurrection du bonapartisme. C'est aussi le péché originel de la Troisième République, submergée quelques mois par la vague protestataire du boulangisme. C'est sa coupable faiblesse, lorsqu'elle cède en février 1934 à la pression des ligues pour appeler Doumergue, et surtout lorsqu'elle se livre pieds et poings liés au maréchal Pétain, le 10 juillet 1940. Quant à la Quatrième République, c'est encore à la figure de l'homme providentiel qu'elle sacrifie par trois fois son identité parlementaire, déléguant à Antoine Pinay le soin de sauver le franc, à Pierre Mendès France celui de mettre fin à la guerre d'Indochine et au général de Gaulle celui de régler le problème algérien.

L'homme providentiel apparaît ainsi comme un mode de régulation périodique des antagonismes sociaux et politiques que le système démocratique n'a pas su résoudre. Une telle continuité, unique dans l'histoire des démocraties occidentales, renvoie inévitablement aux déficits culturels français, tels que Pierre Rosanvallon les a décrits dans plusieurs ouvrages, mettant en lumière le manque de dialogue entre l'État et le corps social, ainsi que les carences de l'esprit de négociation et de compromis[1]. Notre histoire républicaine est celle de l'affrontement binaire et dramatisé, de la tension plutôt que du consensus, de la révolution plutôt que de la réforme, tout ce qui engendre la crise du système et fait le lit du recours au sauveur, parfois irrationnel et populiste. Mais c'est aussi parce qu'elle s'adosse à une histoire pluriséculaire qui a pesé de tout son poids sur le processus de démocratisation, et qui explique en grande partie la fascination récurrente pour l'homme providentiel.

Le poids des héritages

Le premier élément d'explication de cette fascination est évidemment la permanence du sentiment monarchique enraciné depuis des siècles dans l'histoire de la France, et que la Révolution française n'a que provisoirement et superficiellement arraché à l'imaginaire collectif des Français. Au sortir de la décennie révolutionnaire, qui semblait avoir disloqué la société française et ses repères mentaux et culturels, c'est tout naturellement vers une figure de monarque que s'est tournée la France du Directoire. Que cette image de toute-puissance absolue, voire surnaturelle, soit associée à un général des armées républicaines n'enlevait rien à la force nostalgique de cet idéal monarchique, bien au contraire. En opérant la fusion politique entre la tradition monarchique et les valeurs issues de la Révolution française, Bonaparte s'inscrit dans le processus de construction démocratique initié par les hommes de 1789. En incarnant la fusion symbolique entre le héros républicain et le monarque d'Ancien Régime, il fait entrer l'histoire de nos représentations politiques dans ce balancement dialectique récurrent dont se nourrit notre imaginaire national.

À cette figure historique du monarque absolutiste est bien sûr associée la dimension religieuse du droit divin. C'est pourquoi la fascination de l'homme providentiel est avant tout une mystique messianique, aussi bien dans son eschatologie que dans sa liturgie.

1. Pierre Rosanvallon, *La Démocratie inachevée. Histoire de la souveraineté du peuple en France*, Paris, Gallimard, 2000 ; *Le Modèle politique français. La société civile contre le jacobinisme de 1789 à nos jours*, Paris, Seuil, 2004.

Il est troublant de constater à quel point cette religiosité du sauveur est présente tout au long de notre histoire républicaine, comme une sorte de référence nostalgique à la France chrétienne en voie de laïcisation. Elle s'arrime parfaitement à la sensibilité de la droite catholique, dite « légitimiste », incarnée par le comte de Chambord au XIXe siècle, et que l'on retrouve, à des degrés divers, dans l'idolâtrie pétainiste ou gaulliste. Même la famille républicaine des hommes providentiels, de Lamartine à Mendès France, n'échappe pas à cette imprégnation mystique, tant dans le discours prophétique qu'elle incarne que dans les manifestations cultuelles dont elle est l'objet.

Ce qui nous renvoie au troisième élément d'explication de cette fascination messianique, liée à la nature même de notre tradition républicaine. Si elle se définit en effet par sa vocation à structurer la souveraineté du collectif, force est de constater qu'elle s'est en même temps constituée dès l'origine sur le culte des grands hommes. Cette volonté d'incarner le collectif dans ces héros, inspirés des hommes illustres de Plutarque, remonte à l'événement fondateur qu'est la Révolution française. La « panthéonisation » républicaine répond à la nécessité politique de combler symboliquement ce que Claude Lefort décrit comme le « lieu vide » de la démocratie, « impossible à occuper, tel que ceux qui exercent l'autorité publique ne sauraient prétendre se l'approprier »[1]. Comme l'écrit aussi Jacques Julliard, la « volonté générale a besoin d'être incarnée » et « le peuple a besoin toucher du doigt sa propre souveraineté »[2], ce qu'un pouvoir parlementaire ne lui permet pas. La République a besoin de héros pour se reconnaître et s'identifier, comme elle a besoin d'hommes providentiels pour trancher le nœud gordien de ses crises. Cette ritualisation cultuelle du héros républicain fonctionnerait en quelque sorte comme un sas d'initiation culturelle à la figure de l'homme providentiel. Au point d'ailleurs que les deux imaginaires se confondent bien souvent dans l'interprétation du mythe du sauveur.

De même faut-il associer à ce champ symbolique commun, qui fusionne l'image du grand républicain et celle de l'homme

1. Claude Lefort, *L'Invention démocratique*, Paris, Fayard, 1971, p. 92.
2. Jacques Julliard, *Que sont les grands hommes devenus ?*, *op. cit.*, p. 17.

providentiel, une figure dominante de notre patrimoine politique : celle du héros patriotique. Dans la mesure où notre histoire contemporaine s'est construite sur l'image dominante de la grande Nation, assiégée par les tyrannies, le culte national s'est longtemps présenté comme le fil conducteur de notre identité républicaine. Ce culte s'est forgé un panthéon syncrétique remontant à Vercingétorix, et que la Troisième République a en quelque sorte ritualisé. Il y a là encore un champ symbolique qui prédispose à la mythologie de l'homme providentiel, notamment dans les moments de crise de souveraineté nationale que sont les guerres. C'est pourquoi le génie militaire de Bonaparte ou l'ardeur patriotique de Gambetta ou Clemenceau sont des éléments essentiels pour la fabrication de cette mythologie nationale. Son aboutissement est la figure du général de Gaulle, incarnation ultime de l'individu en révolte, celui que Malraux appelle « l'homme qui échappe au destin – ce qui est peut-être la définition de l'homme légendaire[1] ». Cette « légende » gaullienne nous renvoie à une autre dimension de la fascination du sauveur, qui échappe à l'explication historique *stricto sensu* pour nous faire entrer dans le champ de l'imaginaire.

Mythe et réalité

Si la politique est peut-être « l'art de mettre les chimères à leur place », comme le confie de Gaulle à Malraux, si rien de « grand » ne peut se faire sans « chimères »[2], à condition de ne pas s'y soumettre, l'homme providentiel n'est-il pas le vecteur idéal de la grandeur ? Comme toutes les traditions politiques, la tradition républicaine a besoin de mythes, fondés sur la mémoire et sur l'expérience historique, mais aussi sur l'invention et sur l'oubli du réel, pour se ressourcer, pour se réinventer en permanence. Raoul Girardet en a inventorié quatre : le complot, l'âge d'or, l'unité et le sauveur. Ces quatre champs mythologiques apparaissent dans les moments de crise d'identité nationale, liés aux événements traumatiques que sont les guerres, les chocs économiques ou les fortes

1. André Malraux, *Les Chênes qu'on abat*, *op. cit.*, p. 57-59.
2. *Ibid.*, p. 181.

mutations de la société et du mode de vie. Le mythe fonctionne ainsi comme une nécessité psychique et symbolique, comme une réaction de l'imaginaire collectif face à une situation ressentie comme dramatique, voire catastrophique.

Or il nous semble que l'image de l'homme providentiel est le produit des quatre mythes inventoriés par Raoul Girardet. En premier lieu, elle se construit en général sur la thématique de la conspiration, l'homme providentiel apparaissant comme celui qui veut briser le complot des élites pour redonner la parole au peuple. C'est un schéma qui se vérifie sans interruption de Bonaparte à de Gaulle, comme se manifeste ensuite l'aspiration au mythe unitaire et rassembleur dont l'homme providentiel se veut l'incarnation. Le troisième thème, celui d'un retour à l'âge d'or, est plus discutable, si l'on prend en compte les aspirations à la rupture dont Gambetta, Mendès France ou de Gaulle se proclament porteurs. Mais tous les trois intègrent aussi à leur manière la référence à un passé idéalisé, celui des hommes de la Révolution française pour Gambetta, celui de Jaurès ou de Léon Blum pour Mendès France, et pour le général de Gaulle toute l'histoire glorieuse de la France, de Vercingétorix à Clemenceau. Enfin, il est indéniable que chacun d'entre eux occupe le quatrième champ mythologique, celui du sauveur, prophète du déclin et guide du renouveau. C'est pourquoi l'homme providentiel nous apparaît comme le mythe politique ultime, la clé de compréhension incontournable de notre histoire politique contemporaine, et c'est pourquoi il a exercé une telle fascination.

Mais s'agit-il précisément d'un mythe ? Ne peut-on considérer, au terme de cette étude, que la réalité du phénomène l'emporte sur sa dimension fictionnelle ? Si la fabrication de l'homme providentiel s'appuie sur la production d'un récit partiellement légendaire et fantasmé propre à susciter l'émotion et le rêve, force est de constater que son incarnation est apparue comme le moteur de notre histoire. « L'abus qu'en d'autres temps on a fait de l'expression “homme providentiel” l'a rendue ridicule. Il n'empêche que l'Histoire, à certaines heures, a toujours sécrété elle-même, pour le mal comme pour le bien, l'homme par qui elle devait s'accomplir[1] », écrit François Mauriac. De fait, on peut considérer que de Bonaparte à de

1. François Mauriac, *Le Nouveau Bloc-notes, 1958-1960*, *op. cit.*, p. 105.

Gaulle la fonction prophétique et salvatrice a bel et bien été assumée, et que les nœuds gordiens de l'impuissance démocratique ont bel et bien été tranchés. On peut même penser, avec Jacques Julliard, que, « dans la plupart des cas, le leader, dans son tête-à-tête avec les masses », a mieux perçu « les aspirations inconscientes que les assemblées, toujours polarisées par leurs mécanismes institutionnels et leur dynamique interne ».

Cela pose la question majeure de l'adéquation du système représentatif « comme forme suprême et achevée de la démocratie »[1]. Sans aller aussi loin, force est de constater que l'homme providentiel n'a pas seulement reflété nos carences démocratiques, mais qu'il en a été bien souvent la solution. Pour se référer au schéma de Max Weber, on pourrait considérer que le pouvoir charismatique a permis de résoudre ce que le pouvoir traditionnel associé à l'Ancien Régime, puis le pouvoir rationnel associé au modèle républicain parlementaire n'avaient pas réussi à trancher[2].

Aux hommes providentiels de l'histoire républicaine

N'en déduisons pas pour autant que notre ouvrage se présente comme une hagiographie de l'homme providentiel. Au contraire, l'essentiel de notre propos visait à démontrer à quel point ce concept reposait sur une fabrication légendaire puis mythologique, parfois édifiée sur le mensonge ou l'omission, et qu'il avait suscité non seulement les dérives populistes du boulangisme ou du poujadisme, les excès de l'autoritarisme gaullien, mais aussi les dictatures bonapartiste et pétainiste, fatales pour la démocratie. Et ne parlons pas évidemment des hommes providentiels « prophétiques » de l'entre-deux-guerres, qui ont entraîné les pays voisins de la France dans le gouffre du totalitarisme. Il est important d'observer que notre démocratie républicaine a toujours su relativiser ses élans messianiques et les cantonner aux moments de crise qu'il lui fallait surmonter.

De façon assez paradoxale, le tri mémoriel a fait émerger une mythologie dominante articulée sur le couple Bonaparte-de Gaulle,

1. Jacques Julliard, *Que sont les grands hommes devenus ?*, *op. cit.*, p. 16.
2. Max Weber, *Le Savant et le Politique* (1919), Paris, UGE, « 10/18 », 1959.

qui incarne essentiellement un principe d'unité et de grandeur nationales. Des éléments objectifs justifient cette focalisation bicéphale, tant par les personnalités hors du commun des deux protagonistes que par les circonstances exceptionnelles de leur avènement. « Je n'ai pas eu de prédécesseur, je n'aurai pas de successeur[1] », aurait confié le général de Gaulle à ses proches. Aux yeux de ses thuriféraires comme de certains historiens, il aurait incarné mieux que quiconque le « mythe national », par sa capacité même à s'appuyer sur les mythes précédents pour donner un sens contemporain aux valeurs qui traversent notre histoire contemporaine, telles que la sacralisation du politique, le sentiment d'appartenance à la Nation, le refus de la fatalité et l'héroïsme patriotique, ou encore le sens de l'État républicain. C'est ainsi que le 18 juin, devenu en 2006 « journée nationale commémorative », apparaît comme le seul moment de notre récit providentiel national consacré par notre panthéon mémoriel.

Mais on peut aussi se demander si la force de ce culte napoléo-gaullien ne reflète pas également une certaine fragilité de notre imaginaire démocratique, faute d'incarnations et de légendes suffisamment affirmées. L'explication de ce déficit d'incarnation tient évidemment à la tradition républicaine, qui respecte les héros mais se défie des chefs, au point de les rejeter au second plan de sa mémoire, à l'instar de Gambetta, Clemenceau ou Mendès France. Cette défiance est surtout l'apanage de la gauche, qui assimile l'homme providentiel aux légendes noires du bonapartisme, du thiérisme ou du pétainisme. Par exemple, elle n'a pas su ou pas voulu cultiver l'héritage symbolique de Pierre Mendès France, que les communistes ont combattu et que les mitterrandistes ont écarté.

Est-ce à dire que l'homme providentiel est une fascination de droite ? Cette interprétation réductrice imprègne la tradition de gauche, à l'image de François Mitterrand déclarant en 1967 que « la vilaine droite a trouvé dans le Général son grand homme fort, qu'elle a manqué avec Boulanger et Pétain[2] ». Et, de fait, nous avons constaté au cours de cet ouvrage que la tentation du sauveur à poigne s'est épanouie à droite au XXe siècle, de Poincaré à de

1. Jean Mauriac, *Mort du général de Gaulle*, *op. cit.*, p. 53.
2. Cité par Claude Estier, *Journal d'un fédéré*, Paris, Fayard, 1970, p. 129.

Gaulle, en passant par Pétain, quintessence de la France conservatrice, voire réactionnaire. De même avons-nous observé que la dérive populiste était toujours en lisière de la fascination messianique. Mais nous avons aussi rappelé que Bonaparte s'était imposé aux royalistes comme aux jacobins, que les adversaires les plus virulents de Gambetta et de Thiers étaient les monarchistes, que Clemenceau et Mendès France étaient soutenus par la majorité des gauches et que le général de Gaulle lui-même fédérait des électorats très divers.

Et l'on en revient au fil conducteur de ce livre, qui voudrait proposer une lecture de notre histoire politique contemporaine à travers le prisme du sensible et des représentations. S'il est vrai que la mythologie de l'homme providentiel se nourrit de légendes, comme celles de l'appel à Bonaparte, du « Spectre rouge de 1852 », du Général Revanche, du bouclier pétainiste ou de la France résistante incarnée par le seul général de Gaulle, ce qui compte n'est pas tant la vérité du mythe que sa capacité à susciter l'espérance et le rêve. Notre propos consistait à démontrer que cette force d'incarnation et de sublimation du politique n'a pas été réservée aux deux sauveurs mythiques de notre panthéon mémoriel, Bonaparte et de Gaulle, mais qu'elle s'est aussi attachée aux grands républicains de la Troisième et de la Quatrième république, de Thiers à Mendès France.

« Je me promène entre les nuages et les arbres comme entre les rêves des hommes et leur histoire[1] », disait le général de Gaulle à André Malraux. Il est probable que cette approche du politique soit à jamais révolue. Au temps de l'incarnation héroïque a succédé celui de l'imitation et de la citation mémorielle, et au temps du symbole celui de la familiarité. Dès lors, la référence à l'homme providentiel peut apparaître comme l'un de ces récits anecdotiques dont se nourrit presque quotidiennement le feuilleton politique aseptisé, un épisode parmi d'autres du *storytelling*. Mais faut-il pour autant refuser notre mythologie nationale, sous prétexte qu'elle est polluée et instrumentalisée par la récupération politicienne ?

Chacun de nos héros républicains, en dépit des hiérarchies mémorielles dont certains ont pâti, a su incarner la représentation par un homme du principe de la souveraineté populaire. Au-delà des cli-

1. André Malraux, *Les Chênes qu'on abat*, *op. cit.*, p. 190.

vages mémoriels, voire des « batailles de mémoire » qui opposent les libéraux aux bonapartistes, les conservateurs aux progressistes, la droite à la gauche, ils s'inscrivent dans un champ imaginaire syncrétique, qui transcende les lignes de partage traditionnelles. Lamartine, Gambetta, Thiers, Clemenceau, Poincaré ou Mendès France sont des noms gravés sur les tables de notre légende nationale. Il appartient notamment à l'historien, comme à tout citoyen, d'être vigilant sur les usages circonstanciels de ce panthéon mémoriel. Mais il est vital de restituer toute leur valeur symbolique, exemplaire et émotionnelle aux hommes « illustres » de notre histoire républicaine, à condition de comprendre leurs parcours, leurs intentions et leurs rêves. Puisse cet ouvrage y avoir un peu contribué.

Sources

Bibliothèque nationale de France (BNF)

Gallica (bibliothèque numérique)

Fonds Napoléon Ier (16 404 résultats consultés), Alphonse de Lamartine (9 680), Napoléon III (26 293), comte de Chambord (3 848), Adolphe Thiers (2 887), Léon Gambetta (4 943), général Boulanger (11 441), Georges Clemenceau (1 727), Raymond Poincaré (786), Gaston Doumergue (276)

Nouvelles Acquisitions françaises (NAF)

Correspondance Léon Gambetta (NAF, 13177, 13580, 13581, 13609)

Correspondance Adolphe Thiers (NAF, 20627, 20628, 20670, 20671, 20680, 20683, 20684)

Correspondance Raymond Poincaré (NAF, 15992, 15993, 16020, 16021, 16022, 16023)

Archives nationales (AN)

Ministère de l'Intérieur, police générale (1789-1985)

Bulletins de police (F7 3786), rapports de la préfecture de police (F7 3829), dossier bonapartiste (F7 12430), dossiers boulangistes (F7 12445-12448), dossier sur l'activité de Georges Clemenceau (F7 12950), hommes politiques, dossiers individuels, 1922-1940 (F7 14874), fonds Panthéon, 1890-1939 (F7 15924-16028)

Secrétariat général de la présidence du Conseil

Politique intérieure, état d'esprit de la population (F60 502)

Papiers des chefs de l'État

État français (2 AG 438)

Secrétariat général de la présidence du Conseil, renseignements généraux, synthèses des rapports mensuels des préfets, mars 1952 (4 AG 66)

Archives du gouvernement provisoire de la République française et archives du général de Gaulle (Londres et Alger : 3 AG1 271, dossier 2 radio, GPRF : 3 AG4 70)

Archives du secrétariat général de la présidence de la République, 1947-1958, correspondance (4 AG 53, 4 AG 148)

Archives de la présidence de la République, présidence du général de Gaulle, 1959-1969, cabinet, voyages officiels, 1959-1962 (5 AG1 286), télégrammes arrivés, janvier-février 1959 (5 AG1 312), télégrammes arrivés, novembre 1962 (5 AG1 336)

Archives de la préfecture de police (APP)

Rapports sur les anniversaires de la mort de Napoléon III (B/A 68)

Rapports quotidiens, 1871-1873 (B/A 86), 1881 (B/A 90), 1882 (B/A 91), 1883 (B/A 92)

Dossiers Léon Gambetta (B/A 917, 918, 923, 924)

Dossiers général Boulanger, banquets, voyages (B/A 971, 977)

Dossiers Adolphe Thiers (B/A 1281, 1282)

Renseignements généraux (B/A 1966)

Cérémonies et commémorations (F/D3 1954)

Renseignements généraux, 1930-1995 (G/A F18)

Archives de l'Alliance israélite universelle (AAIU)

Fonds Pierre Mendès France, correspondance et divers (carton E1 X, divers)

Archives de l'Institut Pierre Mendès France (AIPMF)

Correspondance alphabétique

Dossiers chronologiques (DPMF 54 et 55)

Archives municipales de Louviers

Fonds Pierre Mendès France, correspondance reçue, juin-novembre 1954 (B36 et B37)

Archives de la Fondation Charles de Gaulle (AFCDG)

Lettres adressées au général de Gaulle, 1944-1969 (fonds AE 3, six cartons)

Correspondance adressée à Mme de Gaulle après le décès du Général (fonds AE 4, dix-neuf cartons)

Presse

Ont été consultés les périodiques suivants :

L'Action française (1919-1944), L'Ami du peuple (1934), Le Canard enchaîné (1917-2007), Le Courrier de l'armée d'Italie (1797), La Croix (1919-1944), L'Écho de Paris (1934), L'Événement (1848), L'Express (1953-1958), Le Figaro (1870-2007), Le Flambeau (1931-1932), La France vue de l'armée d'Italie (1797), Fraternité française (1955-1956), Le Gaulois (1871-1889), L'Homme enchaîné (1914-1917), L'Homme libre (1913-1918), L'Humanité (1919-2007), L'Illustration (1918-1944), L'Intransigeant (1880-1889), Le Journal des débats (1848-1914), Le Journal de l'Empire (1806), Le Monde (1945-2007), Le Moniteur (1798-1799), Le Moniteur universel (1849), Le Napoléonien (1848), le New York Herald Tribune (1954-1955), Paris-Match (1952-2007), Le Pays (1851-1873), Le Petit Journal (1905-1936), Le Petit Parisien (1919-1944), Le Populaire (1930-1952), La Presse (1888-1889), La République française (1879-1889), Le Temps (1870-1940), L'Univers (1851-1873).

Remerciements

Je tiens d'abord à exprimer mes remerciements à tous ceux qui ont facilité ou orienté ma recherche : Michel Mendès France, Léone Nora, Philippe Pinay, ainsi que Jean-Claude Kuperminc, conservateur aux Archives de l'Alliance israélite universelle, Vincent Laniol, attaché scientifique à l'Institut Pierre Mendès France, Lise Lentignac, conservatrice du Musée Clemenceau, Christophe Lombard, directeur des Archives municipales de Louviers, Christian Oppetit, directeur de la section du XXe siècle aux Archives nationales, Philippe Oulmont, directeur d'études et de recherches à la Fondation Charles de Gaulle à Paris, et l'ensemble des personnels des Archives de l'Assemblée nationale, de la Préfecture de police de Paris, de la Bibliothèque internationale de documentation contemporaine et du Département des manuscrits de la Bibliothèque nationale de France.

Par ailleurs, ma gratitude est immense envers les collègues et amis qui m'ont enrichi de leurs conseils, tels Bertrand Joly, Laurent Theis et Isabelle Veyrat-Masson, et surtout Nicolas Rousselier et Éric Anceau, dont les relectures précises et savantes ont considérablement enrichi mon travail.

Mes pensées vont vers ceux dont les travaux ont particulièrement éclairé ma recherche, Maurice Agulhon, Michèle Cointet, Marc Ferro, Didier Fischer, Raoul Girardet, Annie Jourdan, Jacques Julliard, Nathalie Petiteau, Sudir Hazareesingh, Michel Winock, sans oublier Jean-Marie Mayeur, mon ami et l'un de mes maîtres.

Table

Introduction 9

Une pulsion ancestrale 10
Un mythe contemporain 11
Une fascination française 13

PREMIÈRE PARTIE
L'espérance

I. Le temps de César 23

L'attente du « messie botté » 23
Le moment Lamartine ? 26
« L'Ange populaire », 27. – Paris dans sa main, 29. – « La popularité m'a abandonné », 31
La force d'un nom 33
« L'ombre de l'Empereur », 33. – « L'oncle dans le neveu », 36

II. Le temps de Périclès 39

Le héros et le sage 40
Le patriote de 1870, 40. – L'artisan de la paix, 46
Le rendez-vous manqué du sauveur monarchique 49
L'attente d'Henri V, 49. – Le grand refus du comte de Chambord, 51. – « Le roi est mort ! », 54
Le Général Revanche 56
Une légende militaire, 57. – Un héros populaire, 59. – Le sabre qu'on attendait, 61. – Le martyr des élites, 62. – Sérénade pour un général, 64
« La France a M. Clemenceau » 65

III. Le temps de Cincinnatus ... 69

Le syndrome de l'Union sacrée ... 69
La valse des sauveurs ... 72
Ceux que l'on n'attend pas, 73. – Le chevalier-patriote, 74. – « L'homme de demain », 78. – « Le mirobolant », 80
Du sage de Tournefeuille au héros de Verdun ... 84
« Un père de la patrie », 85. – « Le plus populaire des chefs de guerre », 87. – C'est Pétain qu'il nous faut !, 90. – Comme à Verdun, 93

IV. Le temps de Solon ... 97

L'homme qui attendait ? ... 98
« Mandel le Grand », 98. – « Le roi de France », 100
Le Poincaré de Saint-Chamond ... 101
L'effet Mendès ... 104
Le Boulanger de Saint-Céré ... 107
De Gaulle, l'éternel retour ... 111

DEUXIÈME PARTIE
Le recours

V. L'incarnation ... 121

Le « héros italique » ... 121
Quatre ans pour un prénom ... 125
Gambetta, le héraut de la République ... 130
La réclame boulangiste ... 137
Les dividendes de la Grande Guerre ... 143
Pétain et le salut de la France ... 149

VI. Le double recours gaullien ... 153

L'homme du refus ... 154
« L'heure de Clemenceau ! », 154. – Se faire connaître, 156
Le temps du rassemblement ... 160
Le commis voyageur du RPF, 161. – « Le métro à six heures du soir », 163
Le temps du recours ... 164
« Le peuple n'est pas tellement là », 165. – « Gouverner, c'est choisir », 166
Le temps de l'appel ... 169
« Nous voici pour vous servir », 170. – « Notre dernière chance », 171

VII. La prophétie 175

Le peuple trahi 176
Le rassembleur des mécontents, 179. – « Vos fils, qu'avez-vous fait ? », 180. – Les « profiteurs » de l'« État-Vampire », 182. – Les renoncements et la facilité, 184. – Les « politichiens », 187
La catastrophe imminente 188
Le Spectre rouge, 189. – Les raisonnables et les enchanteurs, 191. – De Gaulle en Cassandre, 192
L'espérance du renouveau 194
Incarner l'espérance, 195. – « L'union des cœurs et des volontés », 197. – Guérir et redresser, 199

TROISIÈME PARTIE

Grâce et disgrâce

VIII. Les rédempteurs 209

Le héros 209
Un enthousiasme sous contrôle, 209. – Un conquérant et un sage, 212. – Le divin rédempteur, 214
Le restaurateur 216
« Que Dieu sauve la France ! », 217. – L'appel du peuple, 218. – L'héritier de l'Empereur, 220. – Le bienfaiteur, 221
Le vénérable 224
L'élan régénérateur, 224. – Les enfants du Maréchal, 226. – « Écoute ce vieil homme qui parle comme un père », 229. – La résurgence du bain de foule, 231. – « Le Maréchal est vieux et loin », 233

IX. Les patriotes 237

L'énergie du chef 237
Le Père la Victoire 242
« Un grand frisson public », 243. – « C'est l'homme de la France ! », 246. – « Étais-je donc digne d'éloges ? », 248
Le premier des résistants 251
La voix de la France, 252. – « Lève-toi et marche ! », 254. – L'œuvre de reconstitution, 256. – « Notre cœur s'est levé », 258. – Une flambée ?, 259

X. Les protecteurs 261

Le Washington français 261
Adolphe le Petit ?, 262. – « La France entière est avec vous », 264
Poincaré la Confiance 267

Un « grand citoyen » 271
« Merci pour la France », 271. – « J'ai pleuré en vous écoutant », 273. – « M. Doumergue parle au pays », 275
Pinay la Chance 277
« L'homme à figure d'électeur », 277. – « En guerre contre la vie chère », 279. – Le « nouveau Sauveur » ?, 280

XI. Les rénovateurs 283

Mendès France, « la vérité en marche » 284
« Le ciel s'est éclairé », 284. – « Le sauveur du monde », 288. – « Héros national », 293. – « C'est un surhomme », 296
Quand le général devient monarque 301
« Tout dépend du général de Gaulle », 301. – « Le premier des Français est le premier en France », 304. – « Vive le Général ! », 305. – « Le mythe gaulliste est mort », 309

QUATRIÈME PARTIE

Mythes et légendes de l'homme providentiel

XII. Le déchirement 319

L'hommage au grand homme 320
« La flamme de la reconnaissance », 320. – « Sa gloire est là comme le phare immense », 322. – « La fin de la légende », 324. – « Hommage au Washington qui sauva notre honneur », 326. – « Gambetta reviendra sûrement », 332. – « Le chef énergique », 334. – De quelques hommes respectables ?, 336. – « On se souviendra de M. Mendès France », 339
La France est veuve 343
« Chacun se sent orphelin », 343. – « Notre soleil s'est couché », 348. – Le deuil républicain des pères fondateurs, 351. – Le deuil patriotique, 357. – Pétain, traître ou martyr ?, 362

XIII. La fabrique de la postérité 367

Le sauveur par lui-même 367
D'un mémorial l'autre, 368. – « Je ne crois pas aux grands hommes », 372. – De Gaulle, historien de sa légende, 375
Les fidèles 377
Le pèlerinage des Jardies, 378. – Des messes de Saint-Augustin au cimetière d'Ixelles, 380. – Une génération bonapartiste, 383
Les ingrédients du mythe 386

XIV. Le tri mémoriel 395

Légendes noires 395
Le repoussoir du Second Empire, 396. – Boulanger, le préfasciste, 398
Mémoires grises 400
Ennemis du peuple, 401. – « C'est si pauvre en temps de guerre », 402
Les grands patriotes 405
Gambetta, la fierté de la Nation, 405. – Clemenceau, l'« archange moderne », 412
Mendès, ou le refus de l'homme providentiel 415
Au nom de l'éthique, 416. – Les rendez-vous manqués, 418. – Le paradoxe du mythe Mendès, 420
De Bonaparte à de Gaulle 422
La magie de l'homme seul, 424. – La religion de la Nation, 426. – L'exception gaullienne, 427

Épilogue 431
Les poussières du mythe 431
Monsieur X, 432. – De Jaurès à Doumergue, 434. – Le trio messianique de 2007, 437. – Un nouveau Prométhée ?, 443. – Le temps des Olybrius, 445
Conclusion 446
Le poids des héritages, 448. – Mythe et réalité, 450. – Aux hommes providentiels de l'histoire républicaine, 452

Sources 457

Table 463

Du même auteur

Le Général Boulanger
Perrin, 1991, rééd. 1999

Le Boulangisme
PUF, 1992

La France de 1848 à 1914
Seuil, 1997

La République des hommes d'affaires,
1870-1900
Aubier, 1997

La France au XIXe siècle
(avec Philippe Lacombrade)
Armand Colin, 2001

Les Patrons et la Politique
De Schneider à Seillière
Perrin, 2002

La France de 1848 à 1870
Armand Colin, 2002

Les Grands Discours parlementaires
de la Troisième République
Armand Colin, 2004

Histoire du Parlement de 1789 à nos jours
Armand Colin, 2007

La France de la Ve République
1958-2008
Armand Colin, 2008

Les Scandales de la République
De Panama à l'affaire Clearstream
Nouveau Monde, 2010

Le Seuil s'engage pour la protection de l'environnement

Ce livre a été imprimé chez un imprimeur labellisé Imprim'Vert, marque créée en partenariat avec l'Agence de l'Eau, l'ADEME (Agence de l'Environnement et de la Maîtrise de l'Énergie) et l'UNIC (Union Nationale de l'Imprimerie et de la Communication).
La marque Imprim'Vert apporte trois garanties essentielles :
• la suppression totale de l'utilisation de produits toxiques ;
• la sécurisation des stockages de produits et de déchets dangereux ;
• la collecte et le traitement des produits dangereux.

COMPOSITION : IGS-CP À L'ISLE-D'ESPAGNAC
IMPRESSION : NORMANDIE ROTO IMPRESSION S.A.S. À LONRAI
DÉPÔT LÉGAL : FÉVRIER 2012. Nº 97457 (114956)
IMPRIMÉ EN FRANCE

11. Comment de la Fce républ... –
Moments de crise et de fièvre.
~~les fondateurs~~ = Bonaparte – Boulanger (Clemenceau ?) Pétain
guerre

14. les h. 19e et 20e s.
– 15 – 3 étapes.

---

86. Dommage, l'h. à aller sur place ds les catastrophes
87. Pétain 1934 ds le "Petit journal"
89. Pétain : "Nous refoulerons les Huns..."
94. Années 30 – Rôle de la radio (lien direct ...)
L'onction de la guerre (Pétain)

---

120. Incarnation et prophétie.

---

432. La 5e Rép. "présidentialisme"
+ triomphe de l'image.

436 La gauche s'approprie De Gaulle
Prophétie et postérité

441. Sarko (par Guaino) : "réappropriation de l'histoire".

446. 5e Rép = "ritualisation banalisée" de l'HP.

447. Les HP de la 2e, 3e et 4e Rép.
= Faiblesse de la démocr.

448. < monarchisme – républicanisme – Mythologie révolutionnaire.

450. 4 ~~[illegible]~~ mythes.
452. La Fr. a ~~[illegible]~~ "cantonné" les HP
453. Respecte les héros mais se méfie des chefs